KB271382

광무양안과 충주의 사회경제구조

신 영 우 편

이 저서는 2005년도 정부재원(교육과학기술부 인문사회연구
역량강화사업비)으로 한국연구재단(구 한국학술진흥재단)의
지원을 받아 연구되었음(KRF-2005-078-AM0001)

충북대 중원문화연구소
광무양안연구총서 2

광무양안과 충주의 사회경제구조

신 영 우 편

혜안

저자 및 소속 논문게재순

최윤오 | 연세대학교 사학과 부교수
신영우 | 충북대학교 사학과 교수
강은경 | 충북대학교 중원문화연구소 연구원
김의환 | 충북대학교 중원문화연구소 연구원
서태원 | 충북대학교 중원문화연구소 연구원
박경안 | 충북대학교 중원문화연구소 연구원
임용한 | 충북대학교 중원문화연구소 연구원

충북대 중원문화연구소 광무양안연구총서 2

광무양안과 충주의 사회경제구조
신 영 우 편

2010년 8월 30일 초판 1쇄 인쇄
2010년 9월 27일 초판 1쇄 발행

펴낸이 | 오일주
펴낸곳 | 도서출판 혜안
등록번호 | 제22-471호
등록일자 | 1993년 7월 30일

㉾ 121-836 서울시 마포구 서교동 326-26번지 102호
전화 | 3141-3711~2 / 팩시밀리 | 3141-3710
E-Mail hyeanpub@hanmail.net

ISBN 978 · 89 · 8494 · 405 · 3 93910

값 30,000 원

책을 내면서

충북대학교 중원문화연구소에서는 한국연구재단(구 한국학술진흥재단)의 인문사회역량강화사업 중 토대기초연구 지원을 받아 2002년부터 광무 양안을 전산화해서 데이터 베이스화하는 작업을 수행하여 왔다. 그 첫 번째 작업으로 충북 진천군 양안을 전산화하였고(2002~2004), 이를 토대로 진천의 사회경제적 구조를 분석한 '광무 양안과 진천의 사회경제 변동'을 2007년에 간행한 바 있다.

2005년부터 2007년까지 두 번째 지원을 받아 충주와 여주 양안의 전산화와 분석 연구를 수행하였다.(남한강 유역(충주, 여주)의 양안과 지역사 자료의 조사 및 전산화)[1]

광무양안 전산화의 목표는 양안을 군 단위로 전산화하고, 연구에 필요한 각종 통계와 자료를 제공한다는 취지로 시행하였다. 양안이 사회경제사 연구의 기초 자료임에도 분량이 너무 방대하여 연구자들이 잘 이용할 수 없고, 간혹 이용하는 경우에도 일개 면이나 그 보다 더 적은 마을 단위의 통계만을 이용해야 했기 때문이었다. 하지만 면 단위의 통계로는 주요 지주의 토지소유 규모를 알아내기도 어려워서 연구의 방법론도 극히 제한될 수밖에 없었다. 더욱이 양안은 현대의 토지대장과 달리 토지 외에 가옥, 인물, 지명, 지리, 상점, 주막, 관청, 종교시설 등에 대한 다양한 정보를 광범위하게 수록하

---

1) 이 연구는 2005년도 정부재원(교육과학기술부 인문사회연구역량강화사업비)으로 한국연구재단의 지원을 받아 연구되었다.(KRF-2005-078-AM0001).

고 있지만 면 단위의 통계자료로는 이러한 정보를 전혀 이용할 수가 없었다. 이와 같은 문제를 극복하고 양안 자료의 활용도를 높여 보자는 것이 연구의 취지였다.

그런데 군 단위로 양안을 전산화하고 통계를 추출하는 과정에서 양안이 지닌 중요한 자료적 가치를 확인하는 동시에 지금까지의 이해와는 다른 새로운 사실들을 발견하게 되었다.

새로운 사실이란 대한제국기 한국 사회의 촌락이 갖는 인적구성과 그들의 경제 사정, 토지와 농업을 매개로 형성된 사회관계를 구체적으로 알 수 있게 되었다는 점이다. 더욱 중요한 점은 양안을 통해 밝혀진 지주층의 토지소유 규모, 방법, 성분, 마을 주민의 구성과 그들 간의 경제적 관계, 지주층과 소작인의 토지소유와 경작의 양상이 지금까지 우리가 상정하던 내용과는 상당히 다르다는 것이다. 이러한 내용은 일단 체계적으로 규명될 경우 지역사 연구, 일상 생활사나 미시사 연구에 좋은 자료와 새로운 연구방법론을 제공해 줄 수 있다는 점을 확인하였다. 보다 중요한 사실은 그동안 우리가 가설적으로 이해해 왔던 전통사회의 변동 양상을 새롭게 인식하고, 한국 근대의 자본가 즉 산업화 추진세력의 형성과정에 대해 실증적 자료와 혁신적 연구방법을 제공해 줄 수 있다는 확신을 얻었다.

돌이켜 보면 한국 근현대사 연구의 최대 과제가 조선후기로부터 한말로 이어지는 동안 발생한 한국 사회의 내재적 변화와 그것이 19세기 이후 한국

현대사의 형성과정에 미친 영향을 밝히는 작업이라고 할 것이다. 이러한 의문에 답하기 위해 1970년대에 조선후기 내재적 발전의 연장선에서 자본주의 이해과정이 연구되었고, 그 이후로 이에 대한 수정론과 반론, 식민지 근대화론 등이 제시되기도 하였다.

그런데 지금까지의 논쟁을 극복하고, 그간에 제시된 의문을 규명하기 위해서는 이 시기 한국 사회에 대한 구체적이고 실증적인 조망이 필요하다고 생각된다. 한국은 20세기 들어서 일제 강점기를 거쳐 급속한 산업화와 고도성장기를 경험하였다. 이 같은 격동의 시대에 한국의 전통사회와 촌락은 과연 어떤 사회경제적 구성을 유지하고 있었으며, 토지와 촌락을 매개로 어떠한 관계를 맺고 있었는가? 그들과 그들의 후손은 이후의 역사를 통해 어떤 삶을 살았고, 그것이 한말의 사회경제적 위치와 어떠한 연관성을 보여주느냐는 것은 한국 현대사의 여러 사건과 한국 현대 사회의 특성, 그리고 현대 한국 사회의 추동세력과 주역을 이해하고 평가하는데 있어서 핵심적인 준거가 될 것이다.

과거 이러한 연구에 대한 관심이 없었던 것은 아니지만 총괄적이고 실증적인 자료를 확보하기가 곤란했다. 이에 개인이나 가문연구, 사례연구와 이론적 가설을 접목시켜 연구를 진행할 수밖에 없었다. 그러나 이러한 방법은 마을, 지역사회의 총체적 사정을 반영하지 못하고, 사례의 선정이나 한말 사회의 실상에 대한 통념과 선입견이 반영될 우려가 있었다.

8

광무양안의 분석은 이 같은 연구의 한계와 오류를 교정하고, 한말 사회의 총체적 실체에 접근하는 것을 가능하게 한다. 일례로 광무 양안에 보이는 지주층과 부농층은 우리가 알고 있던 것과는 상당히 다른 양상을 보여준다. 마을별, 지역별로 이들의 토지분포, 성장방식, 이동, 개인과 후손의 활동상황을 추적하다 보면 상당히 흥미로운 내용을 찾을 수 있었다.

따라서 중원문화연구소에서는 장기적으로 광무 양안 전체를 전산화하는 동시에 본격적인 지역별, 마을별, 개인별 조사, 연구를 추진하여 20세기 한국 사회의 변동과 시민층의 형성과정을 실증적이며 역동적으로 규명하는 연구를 구상하게 되었다. 그러나 2007년 충주, 여주 양안의 전산화를 마지막으로 한국연구재단(구 학술진흥재단)의 연구비 지원이 지속되지 않아 아쉽게도 이 연구를 계속 추진하지 못하고 있다.

이에 2007년까지 진행한 충주 양안의 전산화 작업의 결과를 일단 정리하고, 새로운 연구의 가능성과 방법론을 타진하기 위해 기존에 수행했던 기초연구의 성과를 모아 간행하기로 하였다.[2]

---

2) 한국연구재단의 토대기초연구 지원은 충주와 여주 2개 군을 대상으로 수행하는 것이었고, 연구사업은 2개 군을 대상으로 수행, 완료하였다. 그런데 38개 면의 충주는 전국 5위의 대읍으로서 양안 규모가 보통 군현의 5배나 되고, 여주도 상층에 속하는 큰 읍이기 때문에 함께 다루는 것이 어려웠다. 따라서 연구방법론을 제시하는 이 연구서는 일단 충주를 대상으로 한정해서 진행하였다.

이 책은 1부는 논문, 2부는 충주 양안의 통계 자료로 구성하였다. 1부에는 각 연구원들이 분담 작성해서 학술지에 게재했던 7편의 논문을 수록한 것이다. 이 연구들은 군 단위 통계의 연구사적 의미와 실증성을 부각시키는 동시에 양안을 활용한 새로운 연구 주제와 방법론을 모색한다는 목적 하에 집필된 것이다.

최윤오의 글은 광무양안 연구의 전통을 잇는 총체적인 연구로서 충주 양안의 전체 통계를 분석하여 토지 소유와 경작 구조를 분석하였다. 이 연구는 면 단위의 통계가 아닌 군 단위의 통계를 사용하여 기존 연구의 패러다임과 결론을 재검토한 것이다. 샘플링을 통한 추정으로 진행되던 양안 연구의 한계를 벗어나 진정한 계량 방법에 의한 분석과 결론을 제시하였다는 점에서 연구사적 의미와 가치가 크다고 하겠다.

신영우의 연구는 양안에 기재된 가옥의 종류와 면적, 규모를 분석하여 대한제국기 충주의 주거현황을 분석한 것이다. 이 연구는 방법론 상으로도 최초의 연구인 동시에 가옥 및 주거현황에 대한 상당히 충격적인 결과를 제시하고 있다. 조선의 사회상과 사회경제적 사정에 대한 일반의 인식을 바꾸어 놓는 계기가 될 것으로 기대된다.

강은경, 서태원, 김의환은 충주의 여러 마을 중에서도 역 소재지와 상업지구, 사족가문의 집성촌, 세곡 창고 소재지를 선정하여 각 촌락의 구조, 가옥, 마을 주민의 구성과 재산, 소유, 경작관계를 분석한 것이다. 각각 1개의 마을을 대상으로 했다는 점에서 부족함을 느낄 수 있지만, 연구 진행과정에서 1인 당 100여개에 가까운 마을을 검토하고 그 중에서 상징성과 시사성이 큰 마을을 선정하여 수록한 것이다. 박경안, 임용한은 소재를 조금 달리하여 주막과 주막거리, 사원의 경제상태와 사하촌의 구조를 분석하였다.

이상의 연구는 양안을 이용한 미시사 연구의 가능성을 시험하고 가늠하는 동시에 한말 농촌사회의 구체적인 삶의 모습을 들여다보고, 복원해 내려고 했다는 점에서 학술사적 의미를 설정할 수 있다. 또한 아직은 예시적인 단계이지만 각각의 연구를 통해 이 시대의 마을과 주민들의 모습이 기존의 연구에서 상정하고 있는 사회상과는 상당히 다른 모습을 밝혀내게 되었다. 학계에 많은 시사점과 동기를 제공할 것이라고 믿어 의심치 않는다.

아쉽게도 이 연구들은 시론적이며 기초적인 연구로서 대부분 아직은 일부 지역의 사례 연구에 제한되어 있으며, 실험적이며 도전적인 단계임은 인정하지 않을 수 없다. 좀 더 많은 자료와 분석, 더 심화된 연구방법론에 대한 의욕과 구상이 없었던 것도 아니었다. 그러나 앞서 밝힌 것처럼 본 연구가 애초에 토대연구로 설정된 관계로 주어진 기간 내에 더 이상의 심화연구를 수행하기는 곤란하였다. 아직은 가능성을 모색하고 예시하는 단계라는 점을 연구자 여러 분께서 양해해 주시기를 부탁드린다. 차후에라도 구상했던 다음 단계의 연구를 진행하게 된다면 보다 엄정하고 수준 높은 연구성과를 제시할 것임을 약속드린다.

　역촌, 서원, 주막과 사원과 같은 주제는 보다 분명한 결론을 도출하기 위해서는 여러 군의 통계를 집약, 비교해야 한다. 진천과 여주, 충주 3개군의 양안 자료를 섭렵, 비교하고, 충주군의 경우는 데이터의 수만 15만 개가 넘으며, 일반 군현 3~5개의 규모를 지닌 자료였음에도 불구하고, 아직은 양안의 전산화가 충분하지 않다는 문제점도 있었다.

　그러나 전체 양안의 전산화가 아직 결정되지 않은 상황에서 무한정 연구를 미룰 수도 없었다. 또한 이 공동연구의 일차적 목적이 양안의 활용 가능성에 대한 예시와 증명에 있다고 보았기에 우리 스스로도 아쉽고 미흡한 부분은 다음 과제로 남기기로 하였다. 아무쪼록 이 연구가 양안 연구의 활성화와 한국 근대 형성기의 사회구조에 대해 새롭게 이해하는 계기가 되기를 기원한다.

　이 공동연구를 진행하면서 관계기관과 많은 분들의 도움을 받았다. 한국연구재단의 연구비가 없었다면 여러 명의 연구보조원과 함께 수행한 방대한 자료의 입력과 현지조사가 불가능하였을 것이다. 충주의 152,870필지를 26개 항목에 따라 각각 입력하고, 반복 교열을 하는 작업은 대사업이 아닐 수 없었다. 한국연구재단의 연구비 지원이 갖는 의미를 모든 연구 참여자가 절실히 체험한 연구였다. 충북대학교 산학협력단과 중원문화연구소는 차질 없이 연구 진행을 할 수 있도록 여러 지원을 해주었다.

조항범·신호철 전 중원문화연구소장께 감사드린다.

충주시 매남면 전주 이씨 화의군파 문중 분들께서는 문중 소장의 귀중한 문서를 제공해 주셨다. 이 자리를 빌어 감사를 드린다. 아울러 충주시청, 충주문화원 관계자 여러 분들에게 이 자리를 빌어 감사를 드린다. 고수연, 유동호, 홍일교, 송지현, 정경임, 김정은, 안종애, 성옥진, 박유화, 김혜미, 김두영, 박종헌, 오욱진, 탁태운, 정민영, 이용철, 신미경 등 충북대학교 사학과 대학원생들과 학부생들은 연구보조원으로서 전산화를 위한 입력 작업에 수고해 주었다. 김미성, 유혜선 등 연세대학교 사학과 대학원생도 같이 참여해서 수고해 주었다.

한여름의 학술회의에서 핵심을 찔러 지적해주신 토론자 연세대학교의 왕현종 교수, 충북개발연구원의 김양식 연구원, 충주박물관의 길경택 실장 등 여러분께 고마움을 표한다. 학술서 간행으로 유수의 출판사를 이뤄낸 오일주 사장과 편집부 여러분께 이 책을 '혜안의 책들'에 포함시켜주고 잘 만들어 주신 것에 대해 감사드린다.

2010년 9월
집필자 일동

목 차

대한제국기 충주의 사원전과 사하촌 | 임용한　235

제2부

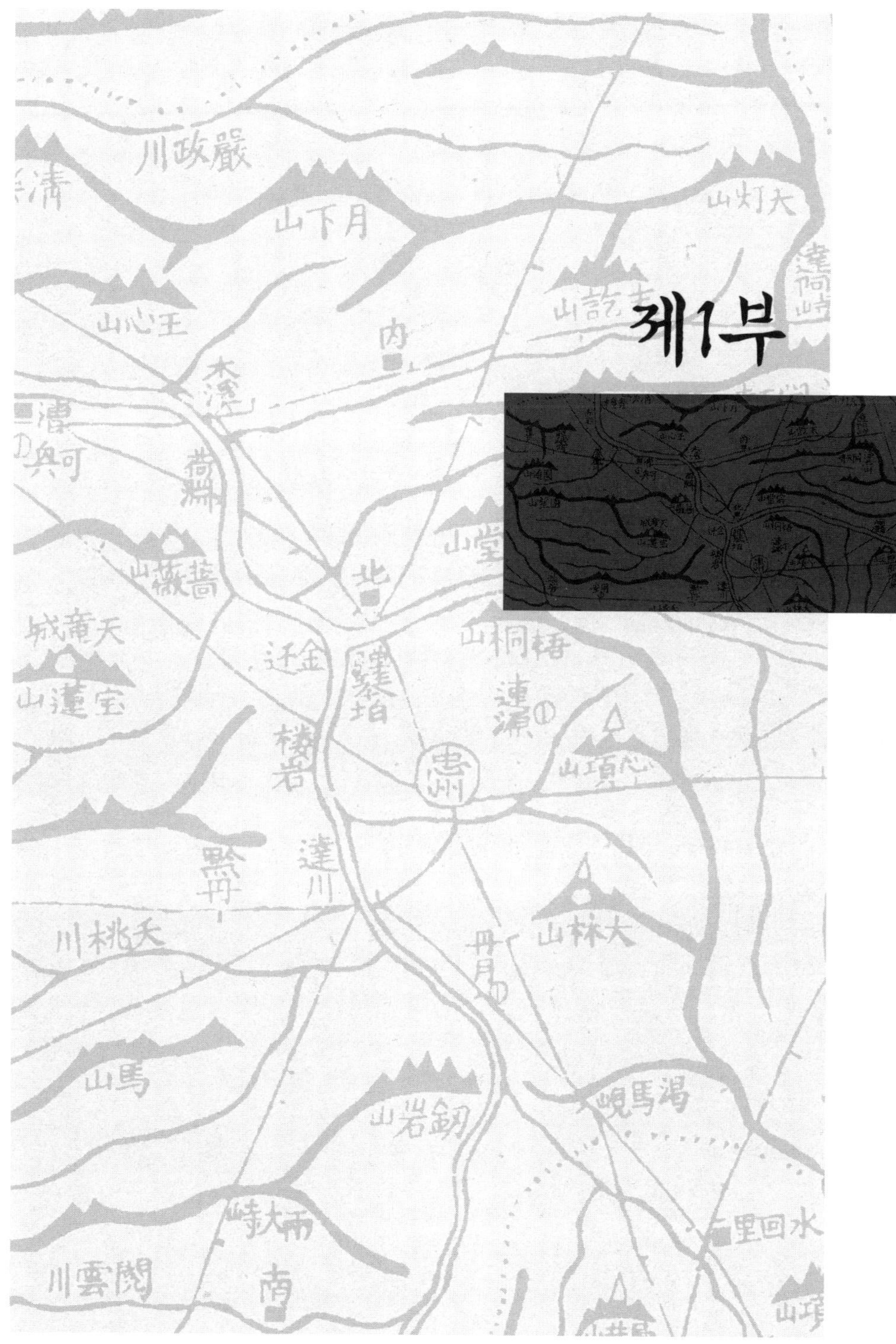

제1부

대한제국기 충주군 양안의 지주제와 농민층분해[*]

최 윤 오

1. 머리말

본 연구는 1902년(光武 6) 地契衙門에서 작성한 忠州郡 38개 면에 대한 양안[1] 분석을 기반으로, 19세기 말~20세기 초 충주군 전체의 농업생산력 수준과 농민층의 존재형태를 추적하는 데 목적을 두고 있다. 이 같은 연구는 한말 일제하 농촌사회 해체와 농민층 몰락의 양상을 추적하는 기본자료로 이용될 수 있을 것으로 기대하며, 더 나아가 새롭게 성장하던 농민층의 토지소유 및 경영형태 연구를 위한 토대연구 자료로 제시하고자 한다. 나아가 지역사 연구 차원에서 대한제국의 양전사업이 군현단위 충주를 어떻게 파악하고 있었는지 확인하는 작업이 될 것이다.

기존의 광무양전 연구는 한국근대화 과정에서 마지막으로 시도되었던 근대화정책의 일환으로 평가되었다. 광무년간 양전지계사업이 한국근대화에 있어서 위로부터의 근대화 노선의 중요한 계기가 되었다는 1960년대 선구적인 업적에서 출발하여,[2] 토지소유권자에 대한 官契 발급과 납세자로

---

* 이 글은 『동방학지』 150, 2010에 게재한 논문을 수정, 보완하였다.

1) 『忠淸北道忠州郡量案』(奎17681), 地契衙門(朝鮮) 編, 38冊, 1902.

2) 김용섭, 「광무년간의 양전·지계사업」, 『新訂 增補版 韓國近代農業史研究 II』, 지식산업사, 2003.

서의 結戶 파악 등 대한제국기 양전지계사업의 근대적 성격을 추적한 연구로 계승되면서 양안의 토지장부로서의 역할이 적극적으로 평가되었다.3) 이후 근대적 토지측량이라는 측면을 중심으로 가옥과 토지소유권에 대한 증명제도로서의 양전지계사업을 주목하고4) 일제침략에 대한 토지소유권 보호 차원의 토지정책을 확인하는 한편,5) 토지권법에 대한 정리를 통해 한말 일제하에 걸친 시기의 토지제도를 주목한 연구로 이어지게 되었다.6)

이러한 기존의 광무양안 연구는 대한제국의 지계사업을 바탕으로 한 지배층 중심의 근대지향적 양전사업이었다는 점을 주목했으며, 나아가 개별 時主의 소유권과 時作의 경작권을 확정하고자 했다는 점으로 요약될 수 있다. 이러한 연구를 바탕으로 본고에서는 農家戶 분석을 시도할 예정이며, 이를 통해 충주지역의 농촌위기 상황을 명확히 드러낼 예정이다.

본 연구에서는 이러한 점을 토대로 광무양안에 나타난 시주층의 토지소유와 농가경영을 중심으로 군현단위 사례분석을 제시하고자 하며 진천군 양안 분석을 비교대상으로 삼고자 한다.7) 이러한 군현단위 양안자료를 토대로 확인된 지주제와 부농경영의 특징, 농민층몰락의 양상은 진천군 사례에서 제시된 바 있다.8) 이러한 연구는 이전의 온양군 일북면, 남상면, 서면에

---

3) 한국역사연구회 토지대장반(이세영, 이영호, 이영학, 이종범, 최원규, 박진태, 최윤오, 왕현종 공저), 『대한제국의 토지조사사업』, 민음사, 1995.

4) 왕현종, 「대한제국기 한성부의 토지·가옥조사와 외국인 토지침탈 대책」, 『서울학연구』 10, 1998 ; 최원규, 「19세기 후반 地契제도와 家契제도」, 『지역과 역사』 8, 2008.

5) 박진태, 「甲午改革期 국유지조사의 성격」, 『成大史林』 12·13, 1997 ; 박진태, 「韓末 驛屯土調査를 둘러싼 紛爭事例－京畿道 楊州郡을 중심으로」, 『史林』 14, 2000 ; 이영호, 「大韓帝國時期의 國有地의 所有構造와 中畓主」, 『(金容燮敎授 停年紀念 韓國史學論叢 3) 韓國 近現代의 民族問題와 新國家建設』, 知識産業社, 1997.

6) 이영호, 「대한제국시기의 토지제도와 농민층분화의 양상」, 『韓國史硏究』 69, 1990 ; 최원규, 「대한제국과 일제의 土地權法 제정과정과 그 지향」, 『東方學志』 94, 1996.

7) 최윤오, 「대한제국기 광무양안의 토지소유와 농업경영에 관한 연구－충북 진천군양안의 전체분석을 중심으로」, 『역사와현실』 58, 2005.

8) 최윤오, 「대한제국기 광무양안의 토지소유 구조와 농민층의 동향－충북 진천군

대한 분석을 토대로 하면서,[9] 기존의 연구를 확장하여 비교연구 하고자 하는 목표의 일환이기도 하다.

양안자료가 갖는 한계는 여러 측면에서 지적되어 왔다. 우선 양전사업이 시행된 해당 시기 자료라는 점에서 시계열적 변동양상을 충분히 보여주지 못한다는 점, 時主가 농가세대를 대표하는 존재가 되지 못한다는 점 등이 가장 크게 지적되고 있다. 이러한 한계를 극복할 수 있는 방안을 찾아내는 것이 필수적이다. 본 연구에서는 가호 단위의 農家戶 분석을 통해 기존의 時主 분석의 문제점을 다소나마 보완하고자 한다. 아울러 토지소유층의 추수기 자료나 개별 농민의 호적, 족보 등의 향촌자료 발굴을 통해 본 연구의 문제점을 보완할 수 있기를 기대한다. 양안의 한계를 보완하고 그것을 통해 농촌사회 구조를 보다 세밀하게 복원해 내는 것이 양안 연구의 궁극적인 목표라고 할 수 있다.

본 연구에서 분석의 대상으로 삼은 충주군 지계아문 정서 양안 38책은 1900년 量地衙門에서 작성한 양안[10] 98책을 저본으로 하여 正書한 것이다. 양안의 제일 앞 쪽 郡總目에는 충주군의 境界뿐 아니라 田畓 實積과 結總의 총액을 기재하여 충주군의 경제적 규모를 總額으로 명확히 기록해 놓았는데 이는 조선후기 이래의 총액제적 수취를 가능하게 했던 토지문서라는 것을 잘 보여준다. 그 뿐 아니라 田畓의 時主 및 時作을 기재하여 토지소유주와 작인농민을 구분하고, 나아가 居民을 垈主 및 家主로 기록하여 대지의 소유

양안을 중심으로」, 『歷史敎育』 86, 2003 ; 同, 「대한제국기 충주군 양안의 지주제와 부농경영」, 『東方學志』 128, 2004 ; 同, 「대한제국기 진천군양안의 자작농과 경영지주」, 『韓國史硏究』 132, 2006.

9) 이세영・최윤오, 「光武量案과 '時主'의 실상－충청남도 溫陽郡 光武量案 사례분석」 ; 이세영・최윤오, 「光武量案에 나타난 土地所有構造와 農民層 분화－충청남도 溫陽郡 一北面, 南上面 光武量案 사례분석」. 이상은 『대한제국의 토지조사사업』, 민음사, 1995 소수.

10) 『忠淸北道忠州郡量案』(奎17682), 量地衙門(朝鮮) 編, 98冊, 1900.

주와 가옥의 거주민을 파악하고 있었다.

이러한 양안의 방대한 정보는 충주군 농촌사회의 존재형태 및 농민의 전체 동향을 파악하는 데 필수적인 자료가 될 수 있다.[11] 나아가 충주군 양안은 1900년(양지아문 양안)에서 1902년(지계아문 양안)에 이르는 시기의 충주군 농민층의 토지소유 및 농업경영 형태를 잘 드러내 주며, 이를 통해 대한제국기 양전사업의 역사적 성격과 근대적 토지소유로의 전환과정을 잘 보여줄 수 있을 것이다.

여기에서는 이러한 광무양전사업의 역사적 성격을 추적하기 위하여 두 가지 점을 주목하였다. 첫 번째로는 남한강 유통망의 중요한 근거지였던 충주군을 연구대상으로 삼아 충주라는 지역의 농촌사회 분해와 농민층의 양극화 양상을 살피고자 한다. 두 번째로는 농민층의 존재형태를 더욱 구체화시키기 위해 農家戶를 중심으로 농민층의 분해양상을 추적하고자 한다. 時主를 기준으로 분석하되 家戶에 거주하는 인물을 중심으로 농민층의 존재형태를 추적한다면 기존의 농가세대 중심의 농민층분해 양상을 좀 더 명확히 추적하는 계기가 될 수 있을 것으로 기대한다.

---

11) 군현단위 양안 입력과 분석은 대단히 공력이 많이 들어가는 작업으로서 충북대 중원문화연구소의 충주군 3년에 걸친 토대연구의 결과물이기도 하다. 이러한 군현단위 자료입력과 분석이 가능한 것도 모두 공동연구원과 보조원들의 입력, 수정작업이 있었기 때문이다. 향후 이러한 자료는 지역사 연구 방법론을 개발하고 그것을 한 단계 진전시킬 수 있는 토대자료로 활용될 수 있기를 기대한다.

2. 충주군의 토지경계와 농업환경

1) 충주군의 토지경계

忠州는 19세기에 들어 대단히 발달한 都會로 기록되고 있으며 한강을 통해 서울과 연결되는 지방도시 가운데 가장 큰 도시 중의 하나로 인식되고 있었다.

茶山 丁若鏞의 1817년 『經世遺表』에 의하면 군현제도를 民戶의 많고 적음과, 田結의 넓고 좁음으로써 등급을 매겨 經世의 근거로 삼아야 한다고 했다.[12] 8도 여러 고을을 민호와 전결로써 大小를 분간한 내용 가운데, 민호 3만 호 이상의 平壤 다음으로 2만3천900호인 忠州를 꼽고 있다는 점이 주목된다. 이렇듯 2만 호 이상인 충주, 상주, 밀양, 나주 등의 邑勢는 1만9천 호 이상의 경주, 전주, 강계보다 발달한 것으로 기록하고 있다.

전결의 넓이로 평가하더라도 충주는 공주, 전주와 함께 2만 결 이상의 도회로 구분하고 있다. 이들보다 전결이 많은 도회는 해주와 나주를 꼽을 정도로 충주의 읍세는 대단했다고 할 수 있다. 다산의 분류에 의하면 민호와 전결을 합하여 大州와 大郡, 中郡, 小郡, 그리고 大縣, 中縣, 小縣으로 나누어 이에 미치지 못하는 것은 합병해서 통치의 근거로 삼는다고 했는데, 이러한 분류 가운데 가장 큰 大州의 범주에 충주를 포함시키고 있다.

충주는 남한강 상류로서 물길로 왕래하기 편하여 예부터 서울 사대부가 자리를 잡은 곳이 많다고 하였다.[13] 충주는 경상도에서 서울로 가는 길목으로 竹嶺과 鳥嶺을 거쳐 올라온 경상도 지방의 물산이 남한강을 거쳐 서울로 올라가게 된다. 또한 충주 동쪽의 淸風, 丹陽, 永春, 그리고 제천, 평창, 영월, 연풍의 물산 역시 충주를 거점으로 유통되고 있다. 이러한 남한강

---

12) 『經世遺表』 卷4, 天官修制 郡縣分等.
13) 『擇里志』 八道總論 忠淸道.

수원의 중요성은 경기도 지역의 이천, 여주, 광주와 연결되는 가운데 충주의 읍세를 더욱 풍요롭게 만들어주고 있었다.

　조선후기 남한강의 稅穀은 모두 可興倉(현 충주시 가금면 가흥리 위치)과 興原倉(현 강원도 원주시 법천리 위치)을 통해 서울로 운반되고 있었다. 충주와 원주의 인근 군현(충청, 강원, 경상도)의 세곡을 거두어들이고 내보내는 역할을 맡고 있었던 것이다. 남한강 하류 지역의 경기 지역(음죽, 여주, 이천, 지평, 양근, 광주 등) 세곡 역시 남한강으로 집결되고 흩어지는 가운데 서울로 보내지고 있었다. 충주군 양안에 기록된 <표 1>의 38개 면은 충주 지역 읍세를 잘 보여준다.

<표 1> 『忠州郡量案』의 행정구역 변천

	명칭	비고1*	비고2*		명칭	비고1*	비고2*
1	南邊面			20	金目面	金目洞面	음성군
2	北邊面			21	申尼面	申尼谷面	
3	東良面	東良洞面		22	薪石面		
4	山尺面			23	德面		
5	嚴政面			24	老隱面	老隱峴面	
6	薛臺陽面	省臺陽面		25	可興面		
7	仰嚴面			26	可次山面		
8	福城面	福城洞面		27	金生面		
9	居谷面		음성군	28	金遷面		
10	甘味面	甘味谷面	음성군	29	利安面		
11	笙洞面		음성군	30	周柳面	周柳等面	
12	法旺面		음성군	31	沙伊面	沙伊浦面	음성군
13	豆衣面	豆衣谷面	음성군	32	蘇坡面		음성군
14	枝內面		음성군	33	佛頂面		괴산군
15	沙多山面		음성군	34	栗枝面	栗枝洞面	음성군
16	川岐音面		음성군	35	甘勿面	甘勿內彌面	괴산군
17	大鳥谷面		음성군	36	柳等面	柳等谷面	
18	所呑面		음성군	37	巭味面		
19	孟洞面		음성군	38	德山面		제천시

　비고 1 : 『輿地圖書』(1757~1765) 忠淸道 忠原의 행정구역 명칭.
　비고 2 : 『舊韓國地方行政區域名稱一覽』(1912), 忠州市 蘂城文化硏究會, 1997, 53~68쪽.

<표 1>에 정리된 38개 면은 현재 음성, 제천, 괴산 등에 편입된 것까지 모두 포함된 것으로 18세기 중엽의『輿地圖書』이래 광무년간에 이르기까지 그 읍세를 그대로 유지하고 있었다. 일부 면의 명칭이 다른 경우가 있지만 38개 면은 현재의 충주시를 포함하는 가운데 인근의 음성, 제천, 괴산군의 인접 면까지 포함하고 있었다. 명칭이 바뀐 경우는 대개 洞(동량동면, 복성동면, 금목동면, 율지동면), 谷(감미곡면, 두의곡면, 신니곡면, 유등곡면), 峴(노은현면), 浦(사이포면) 등의 지명, 계곡, 고개, 포구 명칭이 탈락하거나, 周柳等面, 甘勿內彌面처럼 等, 內彌 등이 탈락해서 바뀐 것이고,『輿地圖書』의 省臺陽面이 蘚臺陽面[14]으로 변화된 것 외에는 면의 명칭이 그대로 유지되고 있었다.

충주군 양안처럼 충주군 전체의 농업생산력을 잘 보여주는 기록은 없다. 충주군 양안에 기록된 전답과 인물에 관한 기록을 통해 충주의 농업생산력 수준을 살펴보자.

양안에는 각 필지마다 해당 토지의 정보를 자세하게 담고 있다. 우선 해당 토지의 소유권을 확인할 수 있는 起主(田畓主, 時主)와 字號地番, 四標를 기록했고, 나아가 납세액을 정확히 책정하기 위하여 結負, 田品等級, 尺數를 측량하여 기록으로 남겼다. 나아가 해당 토지의 형태와 위치(字號地番, 田形, 四標)를 표시하여 양전도 기능을 하게 하였다.[15] 이러한 기본적인 기록 외에 토지와 관련된 거주민의 家主·垈主 및 草家·瓦家의 間數까지 기록하였으며, 欄外上段에는 해당 토지의 위치를 확인할 수 있는 지명(洞里·谷·坪 및 垈名)이 기재되어 있다.

<표 2>의 통계는 충주군 전체의 결총을 면별로 나타낸 것이다.[16]

---

14) 蘚臺陽面은 대한제국기 蘇台面으로 줄여 불렀으며 1914년 일제 하의 행정구역 통폐합에 따라 蘇台面으로 바뀌었다.

15) 최윤오,『조선후기 토지소유권의 발달과 지주제』, 혜안, 2006의 2장 3절 '量案의 재정비와 行審冊' 참조.

<표 2> 『忠州郡量案』 郡總目의 田畓結總

		전답 결총 (단위 : 결-부-속)					
		전결	(%)	답결	(%)	합계	순위
1	남변면	390-64-8	54.5	325-53-0	45.5	716-17-8	2
2	북변면	542-65-7	53.3	476-07-1	46.7	1018-72-8	1
3	동량면	311-79-9	61.1	198-52-5	38.9	510-32-4	9
4	산척면	197-24-3	48.6	208-93-5	51.4	406-17-8	17
5	엄정면	254-67-2	46.9	287-86-9	53.1	542-54-1	7
6	소대양면	192-52-5	48.4	205-60-8	51.6	398-13-3	18
7	앙엄면	240-02-9	61.7	148-81-4	38.3	388-84-3	19
8	복성면	267-09-7	58.9	186-01-6	41.1	453-11-3	13
9	거곡면	171-43-3	38.1	278-65-0	61.9	450-08-3	14
10	감미면	98-23-8	38.3	158-52-0	61.7	256-75-8	33
11	생동면	185-96-7	39.8	281-16-4	60.2	467-13-1	12
12	법왕면	115-69-7	31.9	246-56-8	68.1	362-26-5	23
13	두의면	70-34-0	29.1	171-40-6	70.9	241-74-6	35
14	지내면	124-26-1	32.7	255-53-6	67.3	379-79-7	21
15	사다산면	69-54-9	22.9	233-96-9	77.1	303-51-8	30
16	천기음면	49-16-0	21.7	177-05-2	78.3	226-21-2	36
17	대조곡면	77-55-8	24.0	245-13-9	76.0	322-69-7	27
18	소탄면	50-31-6	23.9	159-82-8	76.1	210-14-4	38
19	맹동면	277-07-6	42.8	369-56-2	57.2	646-63-8	3
20	금목면	245-48-2	42.8	328-60-5	57.2	574-08-7	5
21	신니면	122-59-1	41.9	169-84-7	58.1	292-43-8	32
22	신석면	148-91-7	36.1	263-97-0	63.9	412-88-7	15
23	덕면면	194-73-9	35.9	346-97-1	64.1	541-71-0	8
24	노은면	304-33-1	50.1	302-66-4	49.9	606-99-5	4
25	가흥면	132-34-1	54.5	110-70-8	45.5	243-04-9	34
26	가차산면	153-91-6	47.4	170-97-7	52.6	324-89-3	26
27	금생면	181-58-9	46.9	205-96-5	53.1	387-55-4	20
28	금천면	188-77-2	50.8	182-60-4	49.2	371-37-6	22
29	이안면	175-52-4	42.8	234-91-4	57.2	410-43-8	16
30	주류면	140-71-5	40.8	204-59-5	59.2	345-31-0	25
31	사이면	120-32-8	39.4	184-78-5	60.6	305-11-3	29
32	소파면	124-32-8	39.9	187-16-2	60.1	311-49-0	28
33	불정면	264-43-5	54.4	221-35-7	45.6	485-79-2	10
34	율지면	106-46-1	47.5	117-62-0	52.5	224-08-1	37
35	감물면	188-60-3	63.0	110-91-5	37.0	299-51-8	31

---

16) 『忠淸北道忠州郡量案』(奎17681), 地契衙門(朝鮮) 編, 38冊 참조.

36	유등면	209-18-9	59.6	141-92-5	40.4	351-11-4	24
37	살미면	374-98-5	65.5	197-43-9	34.5	572-42-4	6
38	덕산면	228-86-5	48.8	240-12-3	51.2	468-98-8	11
	총계	7292-37-6	46.1	8537-90-8	53.9	15830-28-4	

　　<표 2>와 <그림 1>은 충주군 전체의 결총을 잘 보여주고 있다. <그림 1>에서 가장 위쪽에 겹선으로 표시된 것이 田畓結摠을 모두 포함한 통계이고, 점선이 田摠, 실선이 畓摠이다. 1~38까지의 면은 <표 2>의 순서를 보여준다.

<그림 1> 충주군 양안의 38개 면 전답결총 현황

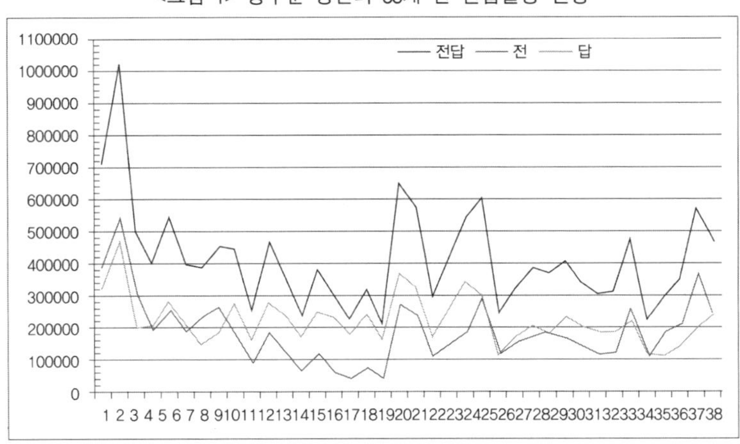

　　전답결총 전체를 대상으로 할 때는 남변면(1)과 북변면(2)이 각각 전답결총 1, 2위를 차지하고 있는 것을 알 수 있다. 읍내면에 포함되는 지역이다. 이어 맹동(19), 노은(24), 금목(20), 살미(37), 엄정(5), 덕면(23), 동량(3), 불정면(33) 순으로 농업생산량이 높게 나타난다. 답총을 대상으로 할 때는 북변(2), 맹동(19), 덕면(23), 금목(20), 남변면(1)이 1~5위까지의 쌀농사 지대이고, 노은(24), 엄정(5), 생동(11), 거곡(9), 신석면(22)이 그 뒤를 잇고 있는 것이

잘 드러난다. 전총을 보면, 북변(2), 남변(1), 살미(37), 동량(3), 노은면(24)이 1~5위까지를 차지하며, 맹동(19), 복성(8), 불정(33), 엄정(5), 금목면(20)이 밭농사를 많이 하고 있는 것으로 드러난다.

면별 전답을 비교해 보면 주로 읍내를 이루는 남변, 북변면 지역이 제일 넓어 생산량이 많고, 그 외에 읍내의 서쪽편 노은면의 평야지대, 덕면을 중심으로 한 이안, 유등, 주류면 일대, 그리고 금목과 맹동을 중심으로 한 지역이 남한강과 달천이 만나 농업생산력이 발달한 지역으로 나타나고 있다. 또한 읍내면 북쪽의 엄정면과 동량면 역시 천등산에서 발원한 원곡천을 중심으로 평야지대를 만들고 있다.

이러한 양상은 남한강과 달천강 유역 일대의 충주평야의 발달양상을 그대로 보여준다. 요도천은 신니, 주덕, 이류면을 중심으로 평야지대를 만들어내고 있었고, 복성천은 앙성면 일대에 평야지대를 이루며, 봉황천과 한포천은 노은면 일대를 적시고 있었으며, 원곡천은 산척, 엄정면에 평야를 만들어내어 충주 곡창지대의 중심을 이루고 있었다.

충주의 농산물은 논작물로서 쌀이 가장 큰 비중을 차지하고 있고, 밭작물로서는 보리, 밀, 콩을 비롯하여 養蠶, 麻, 棉花 등이 재배되고 있었다.[17] 이러한 농업생산물은 남한강과 충주평야의 농업생산력을 배경으로 상품화되고 있었던 것으로 추정되며 서울과 자연스럽게 연결되고 있었던 것으로 보인다. 남한강 유통망은 충주 농민을 서울 장시망과 연결시켜 줌으로써 더욱 발달할 수 있었다. 다산 정약용이 19세기 지역경제 단위로서 충주군을 가장 큰 범주의 大邑-大州로 파악한 것은 이러한 남한강 유통망 중심의 정치경제적 위상을 전제한 것이라는 것을 잘 알 수 있다.

2) 충주군 양안의 농업환경

---

17)『韓國忠淸北道 一斑』後篇, 1909, 509~523면, 제13장 충주군 참조.

충주군의 농업환경과 토지경계에 대해 살펴보았지만, 충주군 농업의 구조적 특징은 각 농민층의 토지소유 및 농업경영을 통해서만 분석될 수 있다. 19세기 말~20세기 초 충주군 농민의 존재형태는 어떠한 양상으로 나타나고 있었는지를 검토함으로써 농촌사회의 구체적 해체양상을 추적해볼 필요가 있다.

충주군 38개 면 양안에는 5결 단위 字號로 전답을 기록하고 있다. 그 중 각 전답의 척수와 결부수, 그리고 시주 및 시작에 대한 기록은 이 시기 地代를 매개로 결합된 농민의 상호관계를 잘 표현해 주고 있다. 뿐만 아니라 居民의 戶數와 草家(또는 瓦家)의 間數를 기록하여 垈主와 家主 간의 관계를 잘 알 수 있도록 기록하여 농업경영과 관련한 농민의 거주양상을 잘 보여주고 있다.18) 게다가 각 관청의 公廨 및 鄕校, 書堂, 講堂, 旌門, 祠宇, 寺刹 등을 기록하고 있을 뿐 아니라 농업관련 시설(防築, 水舂 등)과 수공업 관련시설(陶店, 水鐵店 등)까지 기록하고 있어 일정 지역의 문화생활 공간상을 잘 보여주고 있다.19)

충주군 양안에는 충주군 38개 면의 상황을 기록하고 있을 뿐 아니라 충주군 전체의 농업현황이 어떠한지를 잘 보여주고 있다. 그것을 위해서는 우선 田畓의 넓이와 농업생산, 田品별 토지비옥도, 그리고 이러한 토지를 소유하고 경영하는 농민들의 거주형태를 통해 충주군 농업현황 및 농민의 존재형태를 추적할 필요가 있다.

---

18) 거주호를 보여주는 양안상의 垈主, 家主는 호적상의 戶主와 일치하는 경우도 있겠지만 토지소유관계를 기록한 양안이라는 점에서 호적과 일치하지 않는다고 할 수 있다. 양안과 호적을 결합시켜 분석할 경우에도 양자의 목적이 다르기 때문에 단순비교를 하는 것은 위험하다. 비교를 하더라도 일치율이 높지 않으며 분석에 주의가 필요하다.

19) 이러한 기록 역시 토지와 관련된 시설만 기록한 것이지 모든 시설물을 다 파악한 것은 아니다. 양안에 기록될 필요가 없는 지역의 사찰이나 기타 시설물에 대해서는 누락된 것이 그러한 사례를 보여준다.

1909년의『韓國忠淸北道 一斑』에 나타난[20] 충청북도 전체의 토지면적 가운데 가장 큰 도읍인 충주와 청주의 현황을 참고하여 대체적인 추세를 살펴볼 예정이다.[21] 면적 단위는 斗落(100평)으로 환산한 것으로 통계상의 성확도를 확인할 방법은 없으며, 전체 추세를 이헤하는 방편으로 참고하고자 한다.[22]

<표 3> 1909년 충청북도 군현별 인구 및 전답 현황

	인구 (명)	답			전		
		(斗落)	(%)	1인당두락	(斗落)	(%)	1인당두락
충주	80406	104602	14.8	1.30	159316	12.1	1.98
청주	85006	180538	25.5	2.12	250000	19.1	2.94
…	…	…	…	…	…	…	…
합계	502028	706917	100	1.41	1311616	100	2.61

<표 3>은 충청북도 전체의 인구 502,028명과 답 706,917두락, 전 1,311,616두락을 각 군현 단위로 정리한 통계 가운데 가장 큰 도읍인 충주와

---

20)『韓國忠淸北道 一斑』(융희 3년, 1909)의 서문에 地方情況 조사의 취지와 그 어려움을 말하고 있어 자료의 성격을 잘 보여주고 있다. 즉 "한국의 官民에게 아주 새로운 경험이며 관리들도 어떻게 조사해야 할지를 알지 못하고 人民 역시 그 뜻을 이해하지 못하고 아마도 徵稅자료로 할 것이라고 오해하여 사실을 숨기거나 은폐하고 있다고 하고 있다. 또한 도량형이 통일되어 있지도 않고, 단위 호칭도 천차만별이며 제반 통계도 정확치 않다고 하면서, 임무를 맡은 지 20여 개월간 여러 가지 방법을 이용하여 2책을 만들었다고 하였다. 이러한 점을 고려한다면 內務部長 書記官 神谷卓男의 조사를 한국인들이 의심하고 숨기려 했던 사정을 잘 알 수 있다.
21)『韓國忠淸北道 一斑』, 1909, 46~49면, 제6장 農業 참조.
22) 1909년 충청북도의 1두락 넓이를 100평으로 환산한 것은, 1두락이 150평인 경우도 있고, 70~80평인 경우도 있어 정확한 면적을 알 수 없기 때문이라고 하고 있다. 결부제나 두락제 모두 일정 면적을 기준으로 소출을 환산한 것이기 때문에, 量田尺으로 환산된 尺數 면적을 알아야만 넓이를 알 수 있는 것이다. 이러한 통계처리 방식은 대한제국기 양전제도와 결부제를 제대로 이해하지 못한 결과라고 할 수 있다.

청주를 뽑은 것이다.

이 중 충주와 청주의 인구는 각각 80,406명과 85,006명으로서 충북 전체 인구의 약 33%를 차지하고 있으며, 토지면적의 경우를 보더라도 전체 畓 면적의 40.3%(충주 14.8%, 청주 25.5%)를 차지할 정도로 비중이 높다. 충주의 경우 청주보다 적게 나타나지만, 1902년 충주군 양안의 충주군은 음성군, 괴산군 일부를 포함하는 것이기 때문에 1909년의 통계보다 더 크게 나타난다는 점을 고려할 필요가 있다. 충청북도는 이 시기에도 이미 충주와 청주를 중심으로 인구와 토지가 집중되고 있었던 것을 잘 보여준다.

1인당 경작면적을 보면 답의 경우 평균 1.41두락, 전의 경우 2.61두락으로 나타나고 있어 평균경작 규모가 열악하다는 것을 잘 보여준다. 농민층의 양극분해가 가속화되면서 토지소유와 경영이 분해를 거듭한 결과로 보인다. 농민층의 몰락은 더욱 가속화되면서, 지주부농층에게 토지집적이 이루어지고 있음을 잘 보여준다.

이러한 추세는 양안에서 비교적 정확히 확인될 수 있다. 1902년 충주군 양안의 전체 통계를 통해 국가가 파악하고자 했던 전답의 면적과 소출에 대해 알아보자.

<표 4>는 충주군 양안 38개 면의 전답결총을 정리한 것이다. 해당 토지의 비옥도를 함께 살피기 위해 田品도 함께 파악했다. 충주군의 전품별 전답 총액은 이 <표 4>에 잘 나타나 있다. 田摠은 <표 4>의 총액 7,301결 97부 7속, 畓摠은 총액 8,522결 26부 2속으로 집계되고 있다. 전품을 중심으로 살펴보면, 밭(田)의 경우 4등전이 36.3%로 가장 높게 나타나며 3등전이 24.5%, 5등전이 20.5%의 비율로 높다. 논(畓)의 경우에는 3등전이 42.5%로 가장 높고, 4등전이 27.3%, 2등전이 20.8%의 비율로 나타난다. 충주의 토지비옥도는 전답 모두 3, 4등급이 중심을 이루고 있다는 것을 알 수 있다.

<표 4> 충주군 양안의 전품별 전답 結摠(결-부-속)

	田		畓	
	결-부-속	비 율	결-부-속	비 율
1등	118-41-4	1.6	212-18-1	2.5
2등	826-56-1	11.3	1769-88-1	20.8
3등	1786-37-0	24.5	3621-03-7	42.5
4등	2652-74-2	36.3	2327-43-2	27.3
5등	1497-39-1	20.5	556-97-9	6.5
6등	416-83-8	5.7	34-60-0	0.4
一易	3-60-6	0.0	15-2	0.0
二易	5-5	0.0	0	0.0
계	7301-97-7	100.0	8522-26-2	100.0

국가에서 과세하는 實結은 <표 4>의 結摠에서 陳田이나 災頉田, 免稅田을 제외한 토지에 부과한다. 一易, 二易은 休閑田을 기록한 것이다. 개간이 이루어지면서 이 같은 토지도 양안에 오른 것을 알 수 있다.

조선후기 결부제 운용은 肅宗 庚子量田 때의 「量田事目」에 규정한 대로 1등 양전척을 이용하여 田積 10000尺을 1등전 1결로 하고 이하 차례대로 체감하여 해당 토지의 소출량을 조세액으로 환산해 내었다. 즉 2등은 85부, 3등은 70부, 4등은 55부, 5등은 40부, 6등은 25부로 정해 놓음으로써 6등전의 소출량은 1등전의 1/4로 환산하면 되었다.[23] 양안이 조세장부로서 기능한 것은 이 같은 결부제 운용방식을 통해서 가능했다.

충주군 전체 토지의 면적은 <표 5>에 잘 나타나 있다.

밭(田)의 경우는 4등전이 34.7%로 가장 높은 비율로 나타나고, 논(畓)의 경우는 3등전이 39.1%로 가장 많고 4등전, 2등전, 5등전, 1등전 순으로 나타나고 있다. 6등전은 1% 비율로 거의 없다고 봐도 된다. 충주의 전답은 3, 4등전이 주류를 이루며 비교적 높은 비옥도를 갖고 있다고 할 수 있다.

---

23) 『度支志』 外篇, 卷4, 版籍司 田制部 2, 量田規式 ; 『續大典』『大典會通』 卷2, 戶典 量田條.

<표 5> 충주군 양안의 전품별 전답면적(尺數, 町步)

	田			畓		
	尺數	비율	町步	尺數	비율	町步
1등	1,184,099	0.9	129.1119	2,120,464	1.6	231.2135
2등	9,724,037	7.0	1060.3005	20,818,529	15.7	2270.0346
3등	25,522,805	18.4	2782.9923	51,706,361	39.1	5638.0317
4등	48,163,555	34.7	5251.7294	42,280,562	32.0	4610.2479
5등	37,411,967	26.9	4079.3745	13,910,426	10.5	1516.7823
6등	16,592,366	11.9	1809.2173	1,361,197	1.0	148.4242
一易	291,140	0.2	31.7454	12,580	0.0	1.3716
二易	6,910	0.0	0.7535	0	0.0	0
총계	138,896,879	100.0	15145.227	132,210,119	100.0	14416.107

尺數로 기록된 토지면적은 해당 토지의 결부제 기록을 보완하기 위한 것이다. 즉 결부제는 소출과 조세, 그리고 면적단위로 기록하지만, 그것을 보완하기 위해 尺數를 중심으로 절대면적을 표기하고 있었다. 양안에 표기된 尺數는 해당 시기의 양전척을 중심으로[24] 해당 토지의 절대 면적을 기록한 것이다.

해당 토지의 면적은 1등 양전척 10000척을 1결의 넓이로 정한 것이다. 같은 넓이의 토지라면 1등전의 소출량이 6등전의 4배가 된다. 따라서 같은 소출량을 내기 위해서는 1등전의 면적이 6등전의 1/4이 되지만, 양안에 기록할 때는 해당 토지의 尺數를 이용하여 절대면적으로 기록한다.[25] <표 5>의 町步와 坪은 이러한 방식으로 환산한 것이다.[26]

---

24) 조선후기 결부제는 인조 12년 甲戌量田尺으로 대체되면서 결부제 운영에 변화를 맞이한다(김용섭, 「결부제의 전개과정」, 『韓國中世農業史硏究』, 지식산업사, 2000 의 2장 結負·量田制 참조). 遵守尺(周尺 4.775尺)에서 甲戌尺(周尺 4.9996尺)으로 변동하면서, 양전척 1척의 길이는 4.9996周尺, 즉 1.04m(4.9996×0.2081m)가 되었다.
25) 단지 收租할 때만 각각의 전품등수에 따라 체감하여 조세액을 계산하면 되는 것이다.
26) 1尺평방의 넓이란 양전척 1척평방의 넓이로서 1.081㎡이고, 이것과 현재의 1평 넓이 1步(36尺평방, 즉 36×0.303×0.303)는 3.305㎡와의 관계를 통해 1결의 넓이를 환산할 수 있다. 즉 1결 10000척(10000×1.081㎡)은 약 3270.8평으로 환산된다. 따라 서 평으로 환산하기 위해서는 해당 척수를 3.057(10000/3270.8)로 나누면 된다.

<표 6>은 충청북도 전체의 곡물 생산추세를 보여주는 표이다.

<표 6> 1909년 충북지역의 미곡, 대맥, 소맥, 대두 생산

	米穀		大麥		小麥		大斗	
	坪	石,斗	坪	石,斗	坪	石,斗	坪	石,斗
충주	10460200	23467.09	3807220	16708	1308940	4230	5563800	5024.02
청주	18053800	37836.00	7420660	26913	1714490	3825	12115800	30202.00
옥천	3342100	26528.00	3719094	14236	546358	2077	1600000	800.00
영동	5005500	26478.00	2105974	5351	412281	999	2700300	4050.11
진천	6823000	23930.10	1870000	9250	580100	3000	401200	601.16
…	…	…	…	…	…	…	…	…
합계	70691700	208860.12	37270394	129242	10787568	25462	31382860	52111.07

이 표는 1909년의 통계로서 1902년 충주군 양안의 곡물생산과는 차이가 있겠지만 그 추세를 볼 수 있다는 점에서 참고된다. 표에서 알 수 있는 것은 미곡, 대맥, 소맥, 대두 등의 주요 농업통계이다.[27] 이외에도 養蠶, 木花, 麻, 南草, 製油원료, 荒草, 楮, 蜂 등의 부업통계도 있어 충청도 전체의 상품작물 재배현황 전체를 살필 수 있다.[28] <표 6>은 충청북도 군현 가운데 2만 석 이상의 쌀을 생산하는 곳만 뽑았다.[29]

충주지역의 농업생산력은 쌀뿐 아니라 대맥, 소맥, 대두의 생산량을 보더라도 청주와 함께 충북 전체 생산량 순위 1, 2위를 다투고 있다는 것을 알 수 있다.

충주지역의 농업생산을 좌우하는 시설에 대한 기록은 농업생산 방식을

1000척은 327.1평, 100척은 32.71평이 된다.

27) 『韓國忠淸北道 一斑』, 1909, 509~513면, 제13장 忠州郡 農業統計 참조.

28) 『韓國忠淸北道 一斑』, 1909, 517~523면, 제13장 忠州郡 副業統計 참조.

29) 표에서 알 수 있듯이 충주의 미곡생산은 전체 208,860석 12두의 약 11.2%인 23,467석 9두이다. 청주의 37,836석에 미치지 못하지만, 행정개편 이전의 충주 38개 군현이라면 청주보다 생산량이 적지 않았을 것이다. 옥천, 영동, 진천군과 함께 2만 석 이상의 쌀을 생산하고 있다.

엿볼 수 있다는 점에서 중요하다. 그 중 수리시설과 물레방아에 대한 기록은 전근대 농촌의 생산시설의 일 단면을 보여주고 있다는 점에서 중요하다.

충주군 양안에는 防築 57座, 물레방아(水舂) 105座가 기록되어 있다.[30] 우선 제언에 관한 기록을 보면『輿地圖書』忠原의 堤堰은 총 62곳을 기록하고 있고,[31] 1909년의『韓國忠淸北道 一斑』에서는 堰堤 14곳과 洑 42곳을 기록하고 있는 것을 보아 전체 숫자는 커다란 변화가 없다고 할 수 있다. 물레방아 水舂의 경우 脫穀, 精米, 製粉 등에 있어 필수적이며, 맷돌이나 절구, 디딜방아, 연자매보다 훨씬 큰 규모로서 비교적 물이 풍부한 마을에 설치되어 이용하고 있었다. 물레방아의 건립주체나 용도에 대해서는 대체로 물레방아가 필요할 정도의 대단위 상품화를 추진할 수 있던 농민층이 주목될 수 있다. 19세기 중반 丹城縣 金麟燮家의 경우 役丁 300여 명을 동원하여 한 달 이상 걸려 완성한 것으로 보아 재력 있는 양반가를 그 건립주체로 추정한다.[32] 물레방아를 소유한 층에 대해서는 더욱 많은 사례연구가 필요하겠지만, 부농층뿐 아니라 더 나아가 물레방아를 전업으로 하는 층도 물레방아를 운영할 가능성을 배제할 수 없을 것이다.

<표 7> 충주군의 농업시설 및 건축물 현황

	防築	水舂	公廨	寺利	祠宇	講堂	기타
남변면	7		16	2			
북변면		3	3		1		
동량면	1		1				
산척면		2	1				
엄정면		6	1	1			
소대양면		2	1	1			

---

30)『忠淸北道忠州郡量案』(奎17681), 地契衙門(朝鮮) 編, 38冊 참조.

31)『輿地圖書』忠原, 258~259쪽.

32) 정진영,「19세기 물레방아(水舂, 水砧, 水確)의 건립과정과 그 주체」,『古文書硏究』 23, 2007.

앙엄면						
복성면		1	1				陶店1, 水鐵店1
거곡면		3	1	1		
감미면		1				
생동면		2				
법왕면	8	4	2			
두의면		2				
지내면	2	7				
사다산면	4	6				
천기음면	5	3			1	
대조곡면	10	3	1			
소탄면	6	2				1
맹동면	6	6	1			
금목면		5	1			
신니면					1	
신석면	5	5			1	1	旌門1
덕면면		2	1			
노은면		5				1
가흥면		1	2			
가차산면						
금생면						
금천면	1	1				
이안면						
주류면	2	1				
사이면		3				
소파면		1				
불정면		4			1	1
율지면		2				
감물면		1				1
유등면						
살미면			1			
덕산면		21	8	4		1
계	57	105	42	9	5	6	

충주군 양안에 기록된 건축물로는 관아 시설물이 모두 42座가 파악되고 있는데, 읍내인 남변면 16좌는 대개가 충주 관아시설이라는 것을 보여준다. 內衙, 外衙, 館宇, 府衙, 營廳, 將廳, 使令廳, 軍器所, 稅務廳, 刑房廳, 守門廳,

郵遞司, 社倉 등의 시설물에 대해 가옥의 間數까지 기재하여 그 규모를 상세하게 잘 보여주고 있다. 이외에도 鄕校나 書堂, 小學校, 講堂 등의 교육시설뿐 아니라 寺刹, 祠宇, 忠烈祠 등까지도 기록하고 있다. 陶店과 水鐵店 등의 대표적인 수공업 생산시설을 언급하고 있는 것은 지역특산물로서 비교적 잘 알려져 있기 때문인 것 같다. 이외에도 충주군 양안의 농업환경과 농민의 존재형태는 역둔토나[33] 궁방전, 洞田畓, 宗中田畓 등의 운영과 밀접한 관련을 가지기 때문에 자세하게 기록하고 있다.

3. 충주군 양안의 지주제와 농민층분해

1) 충주군 양안의 지주제 발달 양상

충주군 양안은 38개 면(뒤에서 살펴보겠지만 총 35,775명의 농민과 총 19070호의 농가호)을 대상으로 그들의 농업경영형태를 구체적으로 드러내 보여주고 있다. 이 같은 양안자료는 면 단위를 넘어 군현 단위 차원의 토지소유와 농업경영을 보여주기 때문에 과거의 면 단위 연구와는 다른 결과를 나타내 준다. 그 중의 대표적인 형태가 지주경영 형태이다. 특히 부재지주 경영방식은 면 단위를 넘어서 군현단위, 더 나아가 전국 단위의 지주경영을 보이고 있다는 점이 주목된다.

<표 8>은 1909년의 충청북도 100석 지주의 현황을 조사한 것이다.[34] 전체 207명 가운데 충주의 지주현황을 짐작할 수 있다. 충주와 진천의 지주가 충북 전체의 30.4%를 차지하고 있다는 것을 보여준다.

---

33) 서태원, 「대한제국기 충주군 연원마을을 통해서 본 연원마을」, 『역사와 실학』 37, 2008.

34) 『韓國忠淸北道 一斑』(1909). 이 표를 통해 대체적인 추세를 확인할 수 있을 뿐 정확한 지주의 숫자를 확인하기는 어렵다.

<표 8> 1909년의 충청북도 100석 지주 현황 (단위 : 石)

	100~	150~	200~	300~	400~	500~	700~	1000~	계(名)
전체	138	21	30	9	1	5	1	2	207
충주	27	1	3	1					32
청주	24	1	3	2				1	31
진천	3	2	4						9

그러나 『韓國忠淸北道 一斑』의 충주군 지주 숫자는 충주군 양안의 그것에 비해 현저히 축소된 형태로 조사된 것을 알 수 있다. 즉 1909년의 1두락(100평)당 미곡 생산량을 3두 5승으로 보고 있다. 따라서 이 기록을 그대로 믿는다면 100석(1000두)을 생산하기 위해서는 285.7두락(9.52정보) 정도를 소유해야 한다. 대략 10정보를 경작하면 100석의 생산이 가능하며 20정보는 200석을 생산하는 지주로 볼 수 있다. 충주의 경우 10정보 이상의 지주가 32명으로 조사되었지만, 충주군 양안에 나타난 10정보 이상의 지주는 훨씬 많다.[35] 1909년 內務部長書記官의 조사에 응하지 않은 지주가 많다고 할 수 있다.

충주군 양안에 나타난 지주층 가운데 40정보 이상을 소유하고 있던 지주층을 중심으로 그들의 토지소유와 경영형태를 살펴보기로 하자. 진천군 양안의 지주 분석에서는 20정보 이상의 대지주 17명을 검토대상으로 하였는데, 최대의 지주 李景八의 경우 49.01정보를 소유하고 있었고, 2위인 安大福 정도가 42.49정보를 가졌을 뿐 나머지는 20~33정보를 소유하는 정도였다. 을사조약 체결 때 끝까지 반대하여 파면된 韓圭卨의 지주경영도 총 33.66정보로 3위를 차지할 정도였고, 아래 <표 9>의 14위 지주였던 閔泳駿은 충주에 63.85정보를 소유한 대지주였던 동시에 진천에서는 27.83정보를 소유한 지주로 5위를 차지하고 있는 정도였다.[36]

---

35) 충주군 양안에 나타난 10정보 이상의 지주는 총 336명에 이르며 모두 31183필지에 7474.3962정보에 달한다. 1인당 22.25정보를 소유한 것으로 나타난다.

36) 최윤오, 앞의 글, 2005, 323쪽 참조.

아래의 <표 9>는 충주군 양안의 지주 가운데 40정보 이상을 소유하던 지주층이다.

<표 9> 충주군 양안의 40정보 이상 대지주 명단 (단위 : 정보)

	지주명		筆地	所有	貸與	直營	家垈
1	민응식	閔應植	468	144.58	143.42	1.17	
2	민병한	閔炳漢	429	123.77	123.39	0.38	*
3	홍순형	洪順亨	469	109.64	108.14	1.50	*
4	한성회	韓性懷	448	105.62	95.07	11.63	이안면 大召院洞
5	민형식	閔炯植	334	89.33	87.90	1.43	*
6	한경회	韓敬會	257	83.44	58.89	25.28	*
7	민병석	閔丙奭	301	80.85	80.85	0.00	*
8	이종건	李鍾健	234	71.99	69.18	2.81	*
9	민병승	閔丙承	262	71.87	60.11	11.76	생동면 新昌洞垈
10	김영시	金永始	331	69.94	69.29	0.64	감물면 桂潭洞
11	이종태	李宗台	258	67.98	58.42	9.81	동량면 兩牙
12	김갑규	金甲圭	152	67.95	60.54	7.42	동량면 大也
13	김용규	金用圭	281	66.69	63.36	3.98	신석면 龍堂洞
14	민영준	閔泳駿	223	63.77	63.77	0.00	*
15	한백영	韓百英	225	61.09	56.21	5.03	이안면 大召院洞
16	조순구	趙舜九	215	58.44	53.88	4.56	주류면 倉田二里
17	민형기	閔衡基	209	55.75	51.23	4.52	생동면 新昌洞垈
18	홍정희	洪正憙	191	51.75	36.01	15.74	소파면 雪皮四里垈
19	정보원	鄭普源	209	49.99	46.33	4.15	금천면 光垈
20	조장복	趙長卜	184	49.16	37.00	12.16	*
21	구형조	具亨祖	205	48.43	38.54	9.89	금생면 毛山洞
22	정필원	鄭必源	209	47.55	42.15	5.40	금천면 琴亭
23	민만돌	閔萬乭	134	44.62	44.62	5.74	*
24	민영익	閔泳翊	165	42.26	41.58	0.67	*
25	김정규	金定圭	146	42.12	42.12	0.00	*
26	윤우영	尹宇榮	132	40.71	27.61	13.10	신니면 本里
27	윤양계	尹養桂	188	40.67	32.56	8.11	엄정면 美谷洞,里門洞

비고 : *표는 가대지가 없는 경우로서 부재지주를 표시함.

27명의 지주들은 충주군의 최고 지주들로서 40정보 이상의 토지를 소유하고 있던 지주들이다. 이들은 충주에 家垈地를 소유하고 현지에서 농업경영을 하고 있거나, 가대지도 없는 상태로 부재지주 경영을 하던 인물로 크게 나누어 볼 수 있다. 家垈가 '*'표로 나타난 경우가 부재지주의 대표적인 경우라고 할 수 있으며 이들 가운데는 우연히도 한말의 민씨 가문이 많이 발견된다. 부재지주와 재지지주로 나누어 1902년 시점의 지주층의 소유와 경영형태를 살펴보면 아래와 같다.

⑴ 不在地主 사례

부재지주의 경우 대부분이 한말 민씨 일가의 척족세력들로 보이며, 충주에 거대지주로 등장하고 있음을 발견할 수 있다. 이들 대부분은 중앙정계에 진출한 가운데 남한강을 이용하여 지주경영을 행하던 인물들이라 볼 수 있다. 이를 통해 충주군 양안이 1902년 당시의 지주경영 실태를 비교적 정확히 드러내고 있음을 알 수 있다. 각 지주층의 농업경영 현황을 살피기 위해 1902년 전후의 활동을 추적해 보면 아래와 같다.

1위의 閔應植(1844~1903)이란 인물은 1882년 閔妃의 피신 때 忠州 長湖院의 집을 은신처로 제공한 공로로 중앙정계에 진출한 민씨 척족으로 알려져 있다. 1886년 이후 이조판서, 병조판서, 예조판서를 차례로 역임했으며 閔台鎬, 閔泳翊 등과 척족의 중심인물로 활동했다. 이외에도 민씨 집안의 인물로 보이는 閔丙漢, 閔炯植, 閔丙奭, 閔丙承, 閔泳駿, 閔衡基, 閔萬㐀,[37] 閔泳翊 등이 순위에 올라 있다.

閔應植은 충주군 양안에 의하면 총 468필지에 144.58정보를 소유했던 대지주로 나타나고 있다. 거곡면 上谷의 懼字 81번 畓 35負 4束의 時主로 등장하는데, 다른 여타 시주와 달리 '判書 閔應植'이라고 하여 '判書'임을 시주란에 기록하고 있다. 『國朝文科榜目』에는 1882년 丙科 급제시 거주지가

---

37) 閔萬㐀이라는 이름은 민씨 집안의 관리인으로서 '萬㐀'이라는 戶名을 사용하고 있는 것으로 보이기 때문에, 실제 閔萬㐀이라는 인물을 추적하기는 쉽지 않다.

서울로 표기된 것으로 보아 충주군 양안이 작성될 당시에는 서울 부재지주로서 충주의 토지를 경영한 것으로 보인다. 1902년 당시에는 宮內府特進官에 임용하고 勅任官 1등에 敍任되었으며[38] 1903년 생을 마감하였다.[39]

2위의 閔丙漢(1861~?) 역시 충주의 여흥 민씨 인물로서 1889년 문과에 병과로 급제한 이후 중앙정계의 요직을 거친 인물이다. 1900년 당시에는 特進官 閔應植과 함께 勅任官에 敍任되면서 4등으로 서임되었다. 이때의 관직은 宮內府特進官이었고 칙임관 4등이었다.[40] 그가 소유한 토지는 총 429필지에 123.77정보이고, 0.38정보를 제외한 나머지 전부를 병작 경영한 것으로 나타났다. 직영지의 경우는 時作에게 대여를 하지 않고, 노비경영 혹은 임노동경영을 통해서 경영하던 경우로서 아주 미미하며, 가대지도 없는 것으로 보아 서울에서 부재지주 경영을 행한 것으로 보인다.

5위 閔炯植(1861~?)도 1882년 민비 피난시 호위를 맡은 공로로 중앙정계로 진출한 인물이다. 1894년(고종 31) 金弘集 내각 때 척신세력으로 몰려 鹿島에 유배되기도 하였다. 후에 1898년 中樞院一等議官에 임용되었고 칙임관 3등에 서임되었으며,[41] 1900년에는 공로를 인정받아 훈장을 수여받기도 했다.[42] 1910년 '합방'의 공로로 男爵이 된 인물이다.

그의 소유지 면적은 334필지에 89.33정보로서 1.43정보 외에는 대부분을 병작으로 경영하였으며, 주거지가 서울이었기에[43] 부재지주 경영을 했던 것으로 보인다.

7위의 閔丙奭(1858~1940)은 1884년 갑신정변 이후 도승지로서 閔應植 등과 金玉均 암살을 모의한 인물이다. 1900년 직전에는 內部大臣, 軍部大臣,

---

38) 『高宗實錄』 고종 37년(1900) 11월 20일, 3책 189쪽.
39) 『高宗實錄』 고종 40년(1903) 3월 22일, 3책 282쪽.
40) 『高宗實錄』 고종 37년(1900) 8월 20일, 3책 176쪽.
41) 『高宗實錄』 고종 35년(1898) 9월 8일, 3책 54쪽.
42) 『高宗實錄』 고종 38년(1901) 8월 5일, 3책 218쪽.
43) 漢城 南署 大通坊 棗洞 二十五統 八戶 거주(『大韓帝國官員履歷書』 24책 619쪽).

農商工部大臣을 거쳐 度支部大臣에 임용되었고,[44] 또 奎章閣學士를 겸임하기까지 하였다.[45] 이후 '합방'의 공로로 일제하 자작의 작위와 은사금을 받고 中樞院議官까지 지낸 친일 대지주였다. 서울에 거주하면서 충주의 301필지 80.85정보를 소유하고 모두 병작으로 경영했다.

14위 閔泳駿은 泳徽의 초명이며, 민씨 척족세력의 우두머리로 알려져 있다. 1884년 갑신정변을 진압하는 데 앞장섰고 經理使·이조판서 등을 역임했다. 1894년 갑오농민전쟁 때는 청의 위안스카이(袁世凱)에게 도움을 요청해 토벌하려 했으며 갑오개혁이 실시되자 탐관오리로 논죄되어 귀양을 갔다. 1896년 大赦令으로 귀국한 뒤 중추원의장·헌병대사령관 등을 지낸 인물이다. 1900년 정1품으로 宮內府特進官에 임용되고 勅任官 1등에 서임된 인물로서 역시 서울에서 활동하면서 충주의 토지를 경영한 것으로 보인다. 63.77정보 모두를 병작 경영했던 전형적인 부재지주였다.

24위 閔泳翊은 민씨 세도정권의 중추적 인물로서, 1882년의 한미수호통상조약 체결 후, 1883년 報聘使가 파견될 때 전권대신으로 미국에 파견되었다. 미국 방문기간 동안 얻은 지식들을 이용하여 郵政局 설치, 경복궁의 전기설비, 육영공원, 농무목축시험장 설립·운영 등에 관여하기도 하였다. 1899년 이후에는 特進官으로 表勳院總裁를 맡고 있었다.[46]

민영익 역시 부재지주로서 165필지 42.26정보를 소유하던 대지주로서 충주 외에도 전국에 걸쳐 많은 토지를 소유하고 경영했던 것으로 보인다. 이외에도 3위 洪順亨(1857~?)은 남양 홍씨가의 척족세력으로 잘 알려진 인물로서 갑신정변으로 공조판서가 되었으며, 갑오개혁 때는 중추원지사를 거쳤다. 이러한 이력을 바탕으로 1902년 충청도양안에는 판서로 기록되고 있다. 469필지에 109.64정보를 소유하던 부재지주였다. 8위 李鍾健 역시

---

44) 『高宗實錄』 고종 37년(1900) 10월 24일, 3책 185쪽.
45) 『高宗實錄』 고종 37년(1900) 5월 3일, 3책 154쪽.
46) 『高宗實錄』 고종 36년(1899) 7월 8일, 3책 106쪽.

병조판서 圭徹의 아들로 중앙정계에서 활동하였으며 진천의 韓圭高[47])과
친분이 있던 인물이었다. 10위 韓敬會 역시 충주인으로서 承政院同副承旨
韓應弼을 養父로 모시던 양반관료였지만 가대지가 없는 부재지주로 보인다.

충주에는 이들과 같이 관료층이면서 부재지주 경영을 행하던 인물들이
전국에 걸쳐 존재했던 것을 잘 보여주며, 특히 남한강 유통망을 이용하여
서울로 쉽게 진출할 수 있다는 점을 잘 이용하고 있는 사례로 보인다. 권력을
이용하여 토지를 집적할 수 있었을 뿐 아니라 부재지주 경영에 있어서도
그러한 이점을 충분히 이용한 경우라고 할 수 있다.

⑵ 在地地主 사례

在地地主란 충주군에 가대지와 가옥을 동시에 소유하고 있으며, 현지에
거주하면서 농업경영을 행하던 지주로 분류할 수 있다. 물론 이들도 부재지주
의 경우처럼 읍내면에 살거나 면 단위를 넘어 토지소유를 행하는 가운데
관리인을 두고 병작경영을 행하는 면에서는 차이가 없지만 충주에 거주지를
갖고 있으면서 직접 경영에 관여한다는 점에서는 부재지주보다 영향력이
컸다고 할 수 있다.

우선 4위 韓聖會의 경우 이안면 大召院洞에 가대지를 갖고 있으면서
448필지 105.62정보를 소유하고 그 중 95.07정보를 병작경영으로 대여하고
나머지 11.63정보를 직영지 경영형태로 운영하고 있다.

9위의 閔丙承은 민씨 일족으로서, 앞에서 보았던 부재지주 閔應植의 아들
이다. 1885년 별시 병과에 급제한 후, 政院同副承旨, 成均館大司成[48])을
지냈으며, 1899년 이후 宮內府特進官에 임용되었고 勅任官 4등에 서임되었
다.[49]) 아버지 민응식의 토지소유가 144.58정보로 1위를 차지할 정도였는데,

---

47) 최윤오, 앞의 글, 2005, 326쪽 참조.

48) 『高宗實錄』 고종 23년(1886) 12월 15일, 2책 256~257쪽.

그 아들인 민병승 역시 71.87정보를 소유한 대지주로 등장한다. 민병승의 경우 생동면 신창동에 家垈地를 갖고 있는 것으로 보아 중앙정계에서 활동하면서도 충주에 농장경영을 하던 경우로 보인다. 관직에 머문 기간이 길었던 점을 보건대 재지지주로 포함시키기 어렵지만, 가대지를 운영한 점으로 보아 재지지주에 포함시켰다.[50]

11위 金甲圭, 12위 李鍾泰, 13위 金容圭라는 인물 역시 각기 동량면이나 신석면에 가옥을 갖고 있었으며 모두 관직에 나갔던 관료였다. 김갑규는 고종 28년(1891) 增廣試 丙科[51] 출신으로 牧使를 지냈으며, 이종태는 고종 4년(1867) 생원진사시 출신이고, 김용규는 고종 8년(1871) 알성문과에 병과로 급제한 이후, 1892년 大司諫을 거친 인물이다. 그들이 1900년 전후에 계속 중앙에 머물렀는지는 알 수 없으나 흔적이 없다. 퇴임 후 자신의 충주 저택에 머물며 농장경영에 관여했을 가능성이 있다.

26위 윤양계는 충주의 민속자료로 보호되고 있는 '中原 尹民傑 家屋'과 관련있는 인물이다. 윤양계는 윤민걸의 고조부로서 1865년(고종 2) 병마절제도위, 연길현 감도청부도사, 사헌부감찰을 지낸 것으로 알려져 있다. 윤민걸 가옥의 위치는 충주시 엄정면 미내리 133번지이고, 윤양계의 가대지는 엄정면 美谷洞과 里門洞에 위치하고 있다. 미내리라는 지명이 행정구역 개편 전의 이름인 美谷里와 內洞을 합쳐 美內里가 되었다는 충주시 행정개편 연혁을 참조해 보면 충주군 양안의 집터와 무관하지 않다고 할 수 있다.

27위 尹宇榮은 충주시 신니면 송암리 산1번지 용원저수지 입구에 공덕비가 세워져 있다. 물론 일제시대에 신니면장을 역임하면서 주민들을 구휼하는데 힘쓴 공덕을 기리기 위한 '薪尼面長尹宇榮頌德不忘碑'이다. 그는 신니면

---

49) 『高宗實錄』 고종 35년(1898) 9월 8일, 3책 54쪽.

50) 가대지에 별장을 설치한 경우 등은 재지지주가 아니라 부재지주로 볼 수 있다. 관료 출신이 확인된다면 이들 대부분은 부재지주로 포함시켜야 할 것 같다.

51) 『國朝文科榜目』.

本里에 초가 8칸, 와가 5칸으로 구성된 가옥에 거주했던 것으로 나타나는데, 불망비가 세워진 신니면 위치와 일치한다. 그가 신니면에 소유하고 있던 토지는 132필지에 전답이 40.71정보에 달한다. 27.61정보를 대여하고 13.10 정보를 직영하던 지주였으며, 가옥만 26채를 소유하고 있었다. 신니면 외에 신석면, 덕면, 주류면에도 33필지에 13정보 정도를 소유하고 있었던 것을 보면 면 단위를 넘어 대토지 소유와 경영을 행한 인물로 보인다. 신니면장으로서 송덕비가 세워진 것은 윤우영이란 인물이 직접 농사를 짓던 농민이었기 때문에 그러한 공덕을 쌓을 수 있었던 것 같다.

충주군 양안은 이와 같이 양반관료나 농촌지식인들에 대한 기록을 담고 있었다는 점에서 당시의 토지지배 관계를 밝힐 수 있는 중요한 토지 자료라고 할 수 있다. 그들의 지주경영은 여전히 병작경영을 토대로 한 구래의 경영형태라는 점에서 농촌사회의 위기를 가속화시키고 있었으며, 권력을 매개로 토지를 집적한 경우가 대부분이라는 점을 확인할 수 있었다.

2) 농민층분해와 하층농민층의 몰락

충주군 양안에는 38개 면 농민층의 토지소유와 농업경영, 그리고 그들의 주거형태를 분석할 수 있는 자료가 상세히 기록되어 있다. 비록 1902년 당시의 기록이기에 그 전후 변동과정을 시계열적으로 추적하기 어렵지만, 해당 시기 충주군 전체 농민의 존재형태를 가장 자세하게 보여주는 자료라는 점에서 다양한 접근을 통한 양안 활용이 절실하다고 할 수 있다.

양안자료를 극대화시키는 방법은 개별 농민의 농가경영 기록이나 제반 농업경영 기록을 결합시키는 방법이다. 기타 해당 지역의 보조자료를 동원한다면 충주농민층의 존재형태를 더욱 자세히 복원할 수 있을 것이다. 여기에서는 충주군 양안에 나타난 농민층의 존재형태를 개괄하는 데 의의를 두고 그들의 상호관계를 추적하기로 한다.

　　<표 10>과 <표 11>은 충주군 양안 38개 면 농민의 토지소유 및 경영형태를 보여주기 위한 도표이다. 1902년 양전사업 때의 농업경영 전반을 정확히 파악하기 위해 無主陳田이나 應頉로 경작하지 않은 토지는 모두 제외하였다. 그리고 소유주체가 국가기관(驛, 衙門 등의 屯田)이거나 洞中, 宗中 전답인 경우는 분석대상에 포함시켰는데, 이는 해당 토지를 경작하던 농민의 이름이 時作으로 기록되어 있기 때문이다.

　　충주군 농민층 분석에 있어 기본 단위는 時主와 時作이다. 시주와 시작은 토지와 긴밀하게 결합된 단위로서 農家戶의 기본 구성원이다. 농민층분해를 추적하기 위해서는 時主를 포함한 農家戶 단위 분석이 필요하다. 물론 양안에 농가호가 기록되어 있을 때만 농가호 분석이 가능하며, 그러한 농가호 단위가 개별 농가호를 대표하는가에 대해서는 의문이 남는다. 시주와 농가호 중심의 농민층분해 양상을 통해 충주군 농민층분해 양상을 검토해 보자.

<표 10> 충주군 時主層의 전답 소유경영 분해표 (단위 : 명)

소유町步 \ 경영町步	A 0	B ~0.5	C ~0.5	D ~1.5	E ~2.0	F ~3.0	G ~5.0	H ~10	I ~20	J ~50	K ~100	계
a	0	(라)0	6804	1256	384	123	95	34	7				8703
b	~0.5	1616	11083	1824	610	277	176	67	14		1		15668
c	~1.0	308	443	2847	742	315	190	80	4	(가)	1		4930
d	~1.5	103	103	214	1151	343	258	93	19				2284
e	~2.0	35	45	49	143	527	268	96	20				1183
f	~3.0	50	47	64	65	132	526	231	47	4			1166
g	~5.0	33	39	30	35	38	163	447	108	7			900
h	~10	24	24	26	23	24	64	161	238	21			605
i	~20	14	9	9	9	12	20	20	86	(나)38	1		218
j	~50	8	7	3	3	5	7	11	22	23	7		96
k	~100	6		1	1	(다)	1	3	3	2	1		18
l	100~		1		1	1					1		4
계		2197	18605	6323	3167	1797	1768	1243	568	96	11	0	35775

<표 10>과 <표 11>은 각각 時主와 農家戶를 중심으로 한 농민층분해의 양상을 도표화시킨 것이다.

기존의 연구에서 주로 채택하는 방법은 <표 10>처럼 時主 중심의 농민층 분석이다.[52] 家戶가 기재되지 않은 양안 통계는 이 같은 時主 중심의 통계를 통해 전체 추세를 확인하는 방법을 사용할 수밖에 없다. <표 10>의 우하단 총 35,775명은 38개면 양안에 등장하는 시주 전체의 합계로서 각 농민층의 토지소유와 농업경영 형태를 잘 보여주고 있다.

그러나 35,775명의 시주층이 소유주로서 농가의 대표자일 가능성도 있지만, 곧바로 농가호를 대변할 수 없다는 점은 기존의 연구에서 이미 지적된 바 있다. <표 10>의 경우 다음과 같은 몇 가지 문제를 내포한다는 점에서 양안분석의 한계를 노출한다는 점을 다시 한번 확인할 필요가 있다. 즉 ① 부재지주의 경우, 時主의 토지가 조사대상 기록에서만 확인되고 나머지는 누락되는 점, ② 時作이 기록되지 않은 양안의 경우에는 無田농민이 누락된다는 점이 양안분석에 있어서 가장 큰 한계로 지적되어 왔다.

그리고 ①과 ②의 문제가 해결된다고 하더라도, ③ 時主名이 實名이 아닌 戶名으로 기록되는 경우, ④ 시주명이 농가세대 전체를 대변하지 못하는 代錄, 分錄, 合錄의 경우 등의 문제가 있다. 戶名으로 대표되는 토지소유주 확인은 국가 단위에서나 어렵지 농촌사회 면리 단위에서는 별 문제가 아니다. 戶名으로 대표되는 농민층이 존재하고 또 여러 세대에 걸쳐 사용되는 경우가 많더라도, 농촌지역 단위에서는 누구인지 명확히 확인될 수 있기 때문이다.[53] 代錄, 分錄, 合錄의 문제를 양안에서 풀어내기는 어렵다. 개별 세대의 농가 구성과 소유권 문제여서 그것은 개별 가문의 호적이나 족보, 분재기, 추수기

---

52) 진천군 양안 전체분석에서도 이와 같은 방법을 사용함으로써 전체 추세를 확인하는 방법을 사용했다. 향후 진천군 家戶 입력상태를 재확인하고 농가호 중심의 통계 처리를 통해 충주군과 비교할 예정이다.

53) 김건태, 「戶名을 통해 본 19세기 職役과 率下奴婢」, 『韓國史硏究』 144, 2009.

등을 동원해야만 풀릴 수 있는 문제이기 때문이다.

이러한 時主 중심의 양안분석을 農家戶 중심으로 대치하는 방법도 기존의 문제를 풀어내는 대안의 하나가 될 것이기 때문에 본고에서는 그러한 방법을 채택하기로 하였다. 농가호 중심의 분석방법론도 물론 여러 가지 한계를 내포한다. 우선 ① 家戶를 소유하거나 거주하지 않는 경우의 농민층으로서 부재지주 경영이 대표적이다. ② 또한 가호 거주자로 파악되지 못하는 최하층 농민도 누락된다는 문제가 가장 심각하다.

<표 11> 충주군 農家戶의 전답 소유경영 분해표 (단위 : 戶)

경영 町步 ＼ 소유 町步	A	B	C	D	E	F	G	H	I	J	K	계
	0	~0.5	~1.0	~1.5	~2.0	~3.0	~5.0	~10	~20	~50	~100	
a　0	(라)0	3509	540	208	75	53	25					4410
b　~0.5	179	3925	1239	439	227	146	58	11	(가)	1		6225
c　~1.0	52	214	1670	604	268	166	78	4		1		3057
d　~1.5	29	46	137	860	298	235	89	19				1713
e　~2.0	8	28	32	115	441	243	93	20				980
f　~3.0	18	27	50	42	111	462	221	45	4			980
g　~5.0	19	26	23	33	34	143	421	107	7			813
h　~10	14	19	23	19	23	58	154	235	21			566
i　~20	13	9	7	9	12	19	20	84	37	1		211
j　~50	8	6	3	3	4	7	11	22	22	(나)7		93
k　~100	6		1	1	(다)	1	3	3	2	1		18
l　100~		1		1	1				1			4
계	346	7810	3725	2334	1494	1533	1173	550	94	11	0	19070

農家戶 단위분석은 <표 11>과 같이 나타난다. 38개 면 양안 분석 결과

충주군의 토지와 관련된 時作은 모두 35,775명으로 확인되었다. 그 중 垈主이
거나 家主로서 충주지역 家戶와 관련된 農家戶를 별도로 정리한 것이 위의
표이다.54)

<표 11>에서 확인된 19,070호는 1902년 충주군 양안의 農家戶 숫자이다.
이들 농가호의 숫자는 양안에 기재된 23,945호 가운데 중복 소유자를 제외한
후 농가호를 중심으로 다시 정리한 것이다.55) 19,070호로 대표되는 충주군의
농가세대는 <표 10>의 35,775명과 비교할 때, a, b, c, d 칸의 하층 농민
부분에서 가장 큰 차이를 보인다. h, I, j, k, l칸으로 갈수록 차이는 거의
없다. 예측대로 최하층 농민이 가장 큰 폭의 차이를 드러내고 있다.56)

농민층분해 양상을 드러내기 위해 토지소유와 경영방식을 좌하측 소유칸
(a~l)과 우측 경영칸(A~K)으로 나누어 양자의 상관관계를 표시하였다. 즉
aA칸의 농민층이 나타내는 의미는 a정보에 해당하는 토지를 소유하면서
A정보만큼의 경영을 행하는 농가호라는 뜻이다. 토지소유만으로 구분한다
면, 표의 좌측 소유칸은 소유면적을 중심으로 빈농, 소농(중농), 부농, 지주로
나누어 볼 수 있다. 0.5정보 이하를 빈농(a~b), 0.5~1.5정보 이하를 소농=중
농(c~d), 1.5정보~5정보 이하의 가호를 부농(e~g), 10정보 이상의 가호를
지주(h~k)층으로 4구분 하였다. 이러한 구분은 20세기 이후 농가세대의
제반 여건을 고려하여 구분한 것을 바탕으로 한 것이다.57) 물론 토지소유만을

---

54) 農家戶를 중심으로 時主를 정리하는 경우, 농가세대를 중심으로 한 농민층분해와
근사한 추세를 확인할 수 있다는 점이 주목되지만, 농가호 대상자로 기록되지 못하는
時主는 자연히 탈락하게 된다.
55) 『충주군 양안』 군총목. 양안의 家戶와 호적의 戶는 다르다. 양안과 호적의 작성목적은
다르기 때문이다. 양자를 비교한다면 보다 의미 있는 결과를 찾을 수 있을 것이다.
56) <표 10>과 <표 11>의 차이는 최하층 농민에서 찾아지며, <표 11>의 농가호
분석에서 최하층 농민의 존재형태를 정확히 밝혀내지 못할 가능성이 있다.
57) 농민층의 존재를 빈농(하농)과 소농(중농), 부농, 그리고 지주층으로 구분한 것은
한말 일제하 농업경영 상의 계급구성을 참고한 것이다. 특히 부농 가운데 지주층을
별도로 구분하였다. 이세영・최윤오, 「대한제국의 토지소유구조와 농민층 분화―충

기준으로 4구분하는 것에는 문제가 있다. 소유토지는 적지만 借地를 통해 농업경영을 확대하는 계층도 존재하기 때문이다.[58]

㉮, ㉯, ㉰, ㉱의 농민층은 각각의 토지소유와 경영 형태가 다르다.

㉱(aA~bB칸)의 농민층은 가장 열악한 최하층 빈농을 나타낸다. 이들은 0.5정보 이하의 토지를 소유하면서 0.5정보 이하의 토지를 경작하는 농가호이다. 이들과 ㉯, ㉰, ㉱의 가호는 각각 토지를 매개로 다양한 결합관계를 맺고 있다. 이들은 전체 19,070호에 달하는 농가호 가운데 7,613호(39.9%)를 차지한다. 하층농민층의 몰락양상을 잘 보여주고 있다.

특히 aA~aK칸의 농민층은 토지가 없는 無田農民이면서 남의 토지를 차경하여 생계를 이어가던 농가호라고 할 수 있다. a칸의 가호는 총 4,410호로서 전체 농가호 19,070호의 23.1%에 해당할 정도로 비율이 높다. 양안에 時作을 기록하면서 이러한 무전농민이 파악되게 된 것이다. 광무양안에서는 농민층의 경작권 역시 중시하고 이를 기록하고 있다. 토지소유자뿐 아니라 경작자를 동시에 파악함으로써 소유권자 외에 납세자의 위치를 명확히 하려고 하였다. 온양군 사례에서 검토한 結戶, 또는 結名은 해당 토지의 납세를 누가 담당했는가를 보여주고 있다.[59]

㉮의 농민층은 소유토지가 없거나 적지만 지주층의 토지를 빌려 경작하는 농가호이다. 이들은 대개 佃作 농가호이거나 自作 농가호로서 자신의 토지가 적기 때문에 타인의 토지를 경작하면서 소득을 올리는 借地農家戶이다.

청남도 온양군 일북면·남상면 양안을 중심으로」, 『대한제국의 토지조사사업』, 민음사, 1995, 430~439쪽 참조.

58) 토지소유와 농업경영은 별개의 기준이 될 수 있다. 예컨대 토지소유가 적더라도 차경을 통해 경영확대를 꾀하던 농민이 있기 때문이다. 그것을 소유분해와 다른 경영분해, 소득분해로 나누어 검토할 필요가 있다. 최윤오, 앞의 글, 2004에서 검토한 충주읍(남변면, 북변면) 사례연구가 그것이다. 추후 충주군 전체를 대상으로 분석할 예정이다.

59) 이세영·최윤오, 앞의 글, 1995에서 분석된 時主─結戶(結名)─時作의 관계를 보면 잘 알 수 있다.

이들 차지농가호, 또는 자작농가호를 경영형부농층으로 부를 수 있다.[60) 이들은 1.5정보~5정보까지의 부농층을 기준으로 보건대, 地代로 1/2을 지불하더라도 1.5정보~5정보 이상의 토지에서 나오는 소득을 올릴 수 있는 농민층을 의미한다. 따라서 소유토지가 없는 농민의 경우는 3정보~10정보 이상을 경작하면서 제반 노동력, 자본을 투자할 수 있어야 한다.

㉮의 농민층은 표에서 보면 대체로 a~d칸(1.5정보 이하의 소유)의 빈농, 소농 가운데, 1.5정보 이상의 경작지를 차경하는 농가호라고 할 수 있다. 이들은 대개 소유보다는 경영에 집중하는 농가호라고 할 수 있다. 이들의 상층부는 물론 자신의 토지를 기반으로 더욱 많은 토지를 임대하여 경영을 확대해 가기 때문에 자작 상농층(eE, fF, gG 주변의 농민)이나 경영지주층(hH, iI, jJ 주변의 농민, ㉯과 인접해 있다. 이들 경영형부농층은 전체 19,070호 가운데 최소 490호(aG, bF, bG, bH, bJ, cF, cG, cH, cJ칸) 2.6%에 미칠 정도의 작은 비중이지만, 임노동과 농업기술을 토대로 자신의 소득을 증대시키고 있었던 새로운 농민층으로 주목될 수 있다.

㉯의 농민층은 좌상 부분에서부터 우하 부분까지 대각선에 모여있는 농가호 가운데 가장 부유한 경영지주층을 표시한 것이다.

자작농 가운데 자작상농(eE, fF, gG층)은 부농층으로서 1.5~5정보까지의 소유토지를 직접 자경하면서 부를 축적하는 농민층이다. eE(441호), fF(462호), gG(421호) 칸에 존재하는 1,324호(6.9%)의 농민층이 그들이다. 이들의 우측편(eF~eH, fG~fI, gH~gI) 부농층도 자신의 토지를 토대로 부를 축적했던 자작상농이라고 할 수 있다.

이들보다 더욱 공격적인 경영을 행했던 경영지주층(hH, iI, jJ 주변 농민)은

---

60) 조선후기 경영형부농층은 2결 이상을 광작하는 층으로 보고 있다(金容燮, 「朝鮮後期의 經營型富農과 商業的農業」, 『증보판 朝鮮後期農業史研究 II』, 지식산업사, 1990 참조). 1결의 면적은 비옥도에 따라 다르며, 1등전 1결을 1정보라고 한다면 6등전 1결은 약 4정보의 넓이에 해당한다.

자작농 가운데 5정보 이상의 토지를 소유하면서 5정보 전후의 토지를 직접 경작하던 279명(1.46%)의 농민층이다. 이들 우측편의 농민(hI, iJ) 또는 ㉯와 ㉰의 경계에 놓여있는 농민층들도 경영지주층 부류에 포함시킬 수 있다.

이들은 자신의 토지를 직접 경영함으로써 소득을 극대회시키던 농민층으로서 ㉮의 경영형부농층과 함께 새롭게 성장하던 농민층으로 주목되어 왔다. 이들의 농업경영 확대는 물론 최고의 농업기술과 임노동 고용을 통해서만 가능한 경영 형태라고 할 수 있다.

한편 ㉰의 농민층은 5정보 이상의 토지소유를 하던 지주층이다. 이들은 전통적인 병작경영을 통해 소득을 올리던 농민층이다. 주로 빈농, 소농층(㉱나 ㉮의 농민층)에게 토지를 대여하고 지대를 받지만, 더 믿음직스러운 차지농을 구하기 위해 ㉮ 또는 ㉯의 농민에게 토지를 대여해야만 수확을 확보할 수 있다고 생각했다.

이들은 hA~IK칸에 위치하는 지주층으로서 총 892호이며 전체 충주 농가호의 4.7%에 해당한다. 이들이 차지하는 비중은 4.7%에 지나지 않지만 소유하는 토지는 11182.4014정보로서 충주군 전체 24013.4995정보의 46.6%에 달한다. 4.7%의 상층 지주층이 46.6%의 토지를 소유하고 있는 것이다. 토지소유의 양극화는 이 시기 전체농민층의 양극화 현상을 알 수는 없지만 충주군의 경우를 통해 그 양상을 미루어 짐작할 수 있다.

지금까지 살펴본 농민층의 분해현상을 통해 알 수 있는 것은 각 농민층의 토지소유, 경영 및 농민층분해의 양극화현상이다.

우선 최하층 농민의 하향화 현상이 두드러진다는 점을 확인할 수 있었다. ㉱칸(aA~bB)의 가호는 39.9%에까지 이른다. 이들 농민이 소유하는 전답은 총 24013.4995정보 가운데 769.5487정보, 즉 3.2%에 불과하다.

이러한 하층농민의 하향화 형태에 대해 상층부 지주층 ㉰의 토지집적 형태는 상향화 형태로 나타나고 있어 극단적인 모습을 보여준다. 이들은 전체 충주군 농민의 4.7%에 지나지 않지만, 토지면적으로는 전체 토지의 46.6%를 차지하고 있다. 양극화의 형태라고 할 수 있다.

　이러한 양극화 형태를 소유토지 면적만을 중심으로 다시 살펴보면 아래 표와 같다. <표 12>의 A빈농(a, b), B소농=중농(c, d), C부농(e, f, g), D지주(h, I, j, k, l)층으로 구분하여 살펴보면 좀 더 명확해진다.

<표 12> 충주군 농민의 소유분해표 (단위 : 정보)

	농가호	(%)	면적	(%)	평균소유
A빈농(~0.5정보)	10635	55.8	1341.5953	5.6	0.12615
B소농(~1.5정보)	4770	25.0	4312.3737	18.0	0.90406
C부농(~5.0정보)	2773	14.5	7177.1291	29.9	2.58822
D지주(5정보이상)	892	4.7	11182.4014	46.6	12.53632
합 계	19070	100.0	24013.4995	100.0	1.25923

　<표 12>의 빈농(0.5정보 미만), 소농(0.5~1.5정보), 부농(1.5~5정보), 지주(5정보 이상)의 인원과 면적은 <그림 2>와 <그림 3>에 잘 나타나 있다.

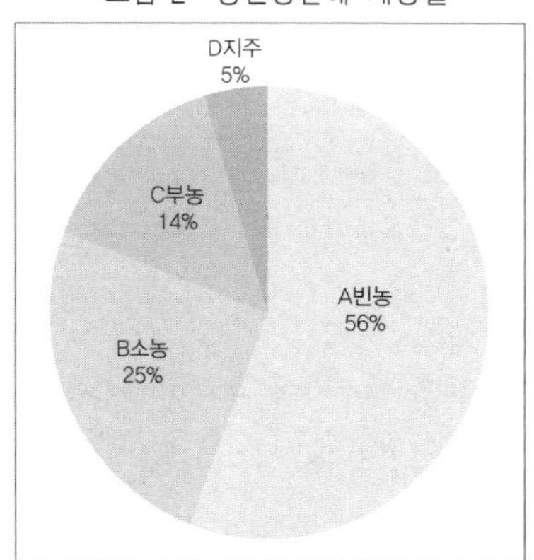

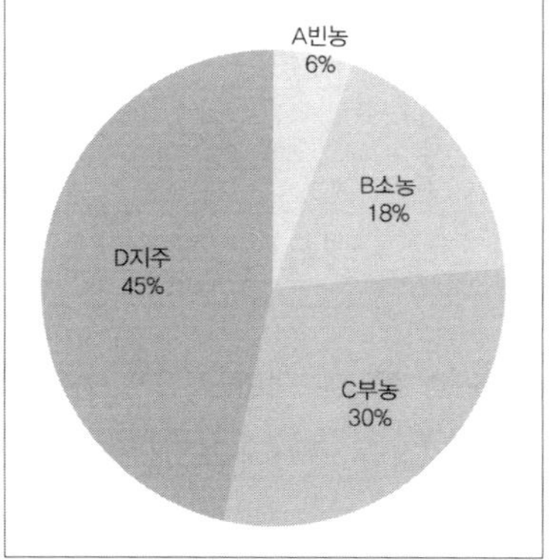

<그림 2>는 충주군 농가호의 소유형태를 검토하여 최하층 빈농과 소농(중농), 부농, 지주의 인원비율을 도표로 나타낸 것이다. 최하층 빈농 10,635호는 농가호 비율로는 55.8%의 비중을 차지하지만, 토지소유면에서는 충주군 토지의 5.6%에 불과하다. 하층 농민의 열악한 토지소유 형태를 볼 수 있다. 그에 비해 부농층은 14.5%의 농민이 29.9%의 토지를 소유하고 있고, 지주층은 4.7%의 인원이 46.6%의 토지를 소유하고 있다. 부농과 지주가 차지한 토지면적은 합해서 76.5%에 달하고 있다. 최하층 빈농의 하향화 추세와 부농, 지주층의 상향화 추세가 극단적이다. 양극화 형태를 잘 보여주고 있다.

충주군 농민층의 양극화 형태는 다른 여타 군현과 비교할 때 구체화되겠지만, 충주군을 대단히 커다란 군현으로 취급했던 다산 정약용 등의 郡縣分等 논의를 참고하더라도 양극화는 예상 외로 심각하다. 만일 농가호에 소유경영하지 못한 최하층 농민을 포함시켰다면 양극화는 더욱 극심해질 것이다. 충주군을 비교적 풍요로운 군현으로 구분할 수 있겠지만, 농민층분해 양상은 전체 군현의 크기와 관계가 없다는 점을 알 수 있으며 향후 더 많은 사례분석이 필요하겠지만 이러한 양극화 형태를 벗어나기는 힘들 것 같다. 대한제국기 농촌사회의 위기와 농민층의 몰락 현상은 한국근대화에 있어 반드시 해결하고 넘어가야 할 과제로 등장하고 있었던 것이다.

4. 맺음말

충주군 양안에 대한 농가호 전체분석을 통해 지주층의 존재와 하층농민층의 결합양상을 추적해 보았다. 거대지주의 토지집적 형태와 최하층 몰락농민의 결합방식은 이 시기 양극화된 토지지배 방식을 잘 보여주고 있었으며, 충주라는 농촌지역의 위기상황은 여타 농촌사회의 위기를 잘 보여주고 있다는 점이 지역사 차원에서 확인되는 계기가 되었다.

우선 충주군 양안에 나타난 지주제 발달 양상을 통해 인접해 있던 충북 진천군의 그것에 비해 월등히 발달된 형태를 발견할 수 있었는데, 이는 진천의 경우 내륙의 장시유통망을 기반으로 전개된 데 비해, 충주의 경우는 남한강 유통망과 결합되어 확산될 수 있었던 것으로 보인다.

충주군 지주제의 규모를 보더라도 진천군 양안의 지주 분석에서는 20정보 이상의 대지주 17명만이 대상으로 선정되었을 뿐이지만, 충주군의 경우는 40정보 이상을 소유하고 있던 지주층이 27명이나 된다. 규모 면에서도 큰 차이가 나고 있다.

충주군 거대지주의 소유와 경영형태를 보면 중앙정계에 진출하여 활동하던 부재지주층이 많이 발견된다. 특히 민씨 척족세력이 대부분 상위 지주에 위치하고 있다는 것이 특징적이다. 이외에도 확인되는 거대지주층의 존재가 부재지주로 나타나는 것은 남한강 수운을 이용한 지주경영이 가능했기 때문이다. 이들은 대개 토지를 직접 경작하지 않고 대부분 소빈농층에게 대여하고 있었다. 병작경영이 지배적이며 여전히 구래의 농업경영 방식을 극복하지 못했다. 지주경영의 구체적인 변화양상은 개별 추수기의 시계열적 분석을 통해서 확인이 가능하지만, 여기 양안에서는 1902년 당시의 구래적인 병작경영 형태가 존재한다는 점을 통해 그것을 평가할 수밖에 없다. 이러한 점에서 상층부 지주경영은 농촌사회의 생산력적 위기를 가속화시킨 주요인이 되었던 것으로 보인다.

거대지주층의 토지를 경작하던 최하층 농민들의 존재형태는 예상보다 열악한 존재형태로 나타나고 있었다. 요약한다면 하층 농민의 하향화 추세와 상층부(부농, 지주층) 농민의 상향화 추세가 양극화 형태로 나타나고 있다는 점이다.

농민층의 존재형태를 구체적으로 추적하기 위해 農家戶를 중심으로 농민 층분해 양상을 분석하였다. 충주군에 家垈 혹은 家戶를 소유하거나 거주하는 농민을 빈농, 소농, 부농, 지주층으로 나누어 살펴보았다. 時主 중심의 분석에 비해 최하층 농민층이 누락될 가능성이 도표에 그대로 나타나고 있으며 이것을 고려할 때, 전체 농가호 중심의 농가세대 분해양상은 아래와 같다.

최하층 빈농의 농가호는 10,635호, 55.8%에까지 이르며 이들이 소유하였던 전답은 총 1341.5953정보, 즉 5.6%에 불과하였다. 1인당 소유면적은 0.126 정보(378평)에 지나지 않는다. 소농(cC~dD)의 경우까지 포함하더라도 1인당 토지소유는 평균 0.367정보(1101평)에 불과하다. 만일 농가호를 소유(경영)하지 못한 최하층 농민을 포함시켰다면 하향화는 더욱 극단적으로 나타날 것이다.

그에 비해 지주층(5정보 이상) 892호의 토지집적 형태는 상향화 형태로 나타나고 있다. 이들은 전체 충주군 농민의 4.7%에 지나지 않지만, 토지면적은 11182.4014정보에 달하며 전체 토지의 46.6%에 이른다. 1인당 소유면적은 12.536정보(37,608평)에 이른다. 4.7%의 상층부 지주층이 46.6%에 해당하는 토지를 소유할 정도로 양극화 현상이 심화되고 있었던 것이다. 충주군의 경우에도 어김없이 이 같은 토지소유의 편중이 존재했다는 점을 주목할 필요가 있다.

본 양안은 1902년도 작성 당시의 충주군 농민의 존재형태를 보여주는 것으로 당 시기 농민의 생생한 모습을 추적할 수 있었다. 따라서 양안의 역사성에 대해 최고의 자료라고 할 수 있다. 양안의 존재에 대해 일제하 토지조사사업 당시부터 부정적인 의견이 존재하는 가운데 그것을 부정하고 토지대장으로 대체해 갔지만, 양안은 가공된 虛簿가 아니며, 그 자체가 당시 농촌사회의 실상을 있는 그대로 반영하고 있었다는 점을 확인할 수 있었다.

양안분석은 몇 가지 분석방법론을 개발한다면 다음과 같은 점들을 해결할 수 있으며 그것을 통해 양안의 성격을 보다 명확히 할 수 있을 것 같다.

첫 번째는 군현단위 지역 전체를 대상으로 분석방법론을 확대하면서 여러 가지 문제를 풀게 되었다. 그 중 궁방전 등의 개별 추수기 분석을 통해 농민층의 하향분화와 몰락형태를 제시한 기존의 연구가 크게 잘못되었다는 점을 확인하는 계기가 되었다. 즉 진천군 양안분석을 통해 새로운 시도를 진행한 바 있듯이, 궁방전을 경작하던 농민들은 궁방전 외에도 주변 지역에 자신의 토지를 많이 소유하던 부농층이 다수 발견된다는 점이다.[61] 이러한 연구는 郡縣단위 연구를 통해서만 해당 농민층의 존재형태 확인이 가능하기 때문에 밝혀진 사실이다. 궁방전이 위치한 해당 군현의 농민 전체를 대상으로 분석되어야 하기 때문이다. 이들을 통해 농민층의 양극화 형태를 본격적으로 추적할 수 있을 것이다.

두 번째로는 광대한 토지를 지배하고 있던 지주층의 토지소유 형태가 어떠한 방식으로 존재했는지를 그려낼 필요가 있다. 일정한 영역지배가 아니라 분산지배를 통해 농장경영을 행하고 있고 그것이 가능한 생산력적, 생산관계적 배경을 설명해 내는 방법론을 개발하는 것이다.

세 번째로는 새롭게 성장하던 농민층의 구체적인 경영형태를 추적하는 방법을 개발할 필요가 있을 것이다. 아울러 몰락농민층의 존재 가운데 빈농이나 소농민의 존재형태를 어떻게 설명해낼 것인가, 특히 無田 농민의 존재를 확인하는 작업이 필요하다. 지주, 부농층과 결합할 수밖에 없었던 농업노동자 계층의 발생을 확인하는 작업이 될 것이다.

이러한 구체적인 작업을 통해 농촌사회의 위기와 그것에 대한 개혁안이 올바로 제시될 수 있을 것 같다. 특히 20세기 초의 외세침략에 직면하여 농업근대화 정책을 세우지 못한다면 더욱 심각한 농촌사회 붕괴와 농민층의 몰락에 직면할 것이기 때문이다.

---

61) 아래의 연구는 군현단위 궁방전, 역둔전에서의 농민층이 어떻게 존재했는지를 추적한 것이다. 최윤오, 「대한제국기 광무양안의 토지소유 구조와 농민층의 동향—충북 진천군 양안을 중심으로」, 『歷史敎育』 86, 110~114쪽 ; 최윤오, 「대한제국기 충주군 양안의 지주제와 부농경영」, 『東方學志』 128, 2004.

대한제국기 충북 충주의 주거 사정[*]

신 영 우

1. 머리말

성종 19년(1488) 명의 사신으로 온 동월[1]은 사신 행차 과정에서 보고들은 조선의 지리와 풍속 그리고 토산물 등을 기록한 「조선부」를 지었다. 동월은 여기에서 조선의 주거생활을 다음과 같이 말하고 있다.

　가난한 집의 벽은 대로 얽되 새끼를 꼬아서 튼튼하게 하고, 그 위에는 띠풀[2]로 지붕을 이었으며, 구멍이 있는 곳에는 진흙덩이로 막았다. 그 벽은 잡목 따위를 가져다 바로 세우고 엮지 않고 다만 새끼로 얽는다. 새끼로

---

　1) 董越의 字는 常矩, 寧都人으로서 1469년(成化 5)에 進士가 되었고, 관직은 南京 工部尙書에 이르렀다. 조선에 내왕한 사신 중에서 품계가 높고 나이도 많으면서 시에 능통했다고 한다. 또한 인후한 인품 때문에 조선의 선비들이 관심을 가졌으며 「朝鮮賦」는 『新增東國輿地勝覽』에 실려서 널리 읽혔다. 명나라 사신 동월과 그의 조선관에 관해서는 다음 책이 참고 된다. 申太永, 「明使 董越의 「朝鮮賦」에 나타난 朝鮮認識」, 『漢文學報』 10집, 2004 ; 신태영, 『명나라 사신은 조선을 어떻게 보았는 가』, 다운샘, 2005.

　2) 茅는 사전에 띠풀(띠, 삘기, 백모근)로 나오는데 우리나라에서는 벼과인 띠(Imperata cylindrica Beauvois var. koenigii Durand et Schinz)의 가는 뿌리가 있는 풀을 말한다. 일본에서는 모근(Imperata cylindrica Beauvois : 茅根)을 가리키며 중국에서는 백모 (Imperata cylindrica Beauvois var. major C.E Hubbard : 白茅)라고 하는데, 띠풀로 지붕을 덮은 집을 茅屋이라고 했다. 茅는 잎이 긴 창과 같아서 붙인 이름이다. 조선후기에는 주로 벼농사의 산물인 볏집으로 지붕을 올렸다.

얽은 곳은 마치 그물눈과 같은데, 그 한 눈금마다 진흙덩이 한 개씩으로 틀어막았다. 서울의 작은 골목은 이와 같고, 길에서 본 것으로는 모두 완전히 진흙을 발랐다. 어떤 집은 가시나무 가지가 도리어 처마 끝에까지 나왔고, 어떤 집은 겨우 동그란 소반만하다.[3]

명나라 사신이 보기에, 초가집은 가난한 사람들이 사는 집이었다. 대나무를 새끼줄로 엮어서 세우고 진흙덩이로 사이를 막아놓은 벽과 띠풀로 지붕을 이은 집은 사신들이 지나온 평안도와 황해도 그리고 경기도에서 본 것들이었고, 서울의 작은 골목에서도 보인다고 한 것이다. 즉 서울과 시골을 가리지 않고 널리 있었던 집이었다. 그 크기는, 일부이더라도 사신의 눈으로 보기에 "겨우 동그란 소반만"한 규모였다. 매우 열악한 주거 환경을 전해주는 내용이었다.

당시 중국의 주거생활은 어떠했을까? 담헌 홍대용은 1766년 초 북경을 다녀온 경험을 기록하면서 중국과 조선의 주거생활을 다음과 같이 비교하였다.

公私의 집들은 우리나라에 비하면 배나 크고 높다. 북경 안팎은 전부가 기와집으로 되어 있고, 瀋陽과 山海關 등 대도시도 역시 그러하며, 그 밖에 자질구레한 시골의 주막들도 기와집과 초가집이 반반인데, 초옥이라 하더라도 역시 넓고 크고 튼튼하고 치밀하여 우리나라 주막들의 엉성하고 더러운 것과는 비교가 안 된다.[4]

조선의 가옥들과 비교해서 중국의 가옥들을 민가나 관청 모두 "배나 크고 높다"고 하였다. 조선시기에 서울을 그린 그림에 보면 성안에도 초가집이 많았다. 이에 비해 북경에는 성 안은 물론 성 밖에까지 전부가 기와집인

---

3) 『新增東國輿地勝覽』.
4) 洪大容, 『湛軒書』外集 10卷, 屋宅.

것이 두드러졌던 것이었다. 그것은 사행길에서 본 심양과 산해관 같은 도시들도 마찬가지라고 했는데 심지어 시골 주막까지 초가집이라도 "넓고 크고 튼튼하고 치밀하여 우리나라 주막들의 엉성하고 더러운 것과는 비교가 안 된다."고 하였다.

1778년에 중국을 다녀온 북학파 박제가는 "천 호가 사는 마을에도 반듯하고 살만한 집이 한 채도 없다"면서 더 격하게 조선의 주거환경에 대해서 말하고 있다.[5] 건륭 황제가 통치하던 청 문화 전성기와 비교하면서 조선의 가옥들을 평한 것이었다. 그는 큰마을 조차 건축 재료나 대지 조건은 물론 건축 기술까지 제대로 된 집이 없다고 보았다. 서울의 저택도 법도가 없이 대충대충 짓고 있으며, 백성들이 사는 작은 집은 방 천정이 너무 낮고 좁아서 불편하다고 하였다. 중국과 일본의 궁실을 설명하던 박제가는 그 해결 방법을 당시 청나라에서 배워서 찾아야 한다고 하였다.[6]

---

5) 朴齊家, 『北學議』 內編, 宮室. "우리나라는 천 호가 사는 마을에도 반듯하고 살만한 집이 한 채도 없다. 잘 다듬지 않은 재목을 평평하지 않은 터에 세운다. 재목을 새끼줄로 대충 묶고 기울어졌는지 바르게 섰는지 살피지 않는다.……방구들은 튀어 나오기도 하고 움푹 들어가기도 하여 앉을 때나 누울 때나 몸이 항상 한쪽으로 기운다. 창이 찢어지면 해진 버선으로 막기도 한다. 이렇듯 우리 가옥에는 지나칠 정도로 법도가 없다.……중국을 배우는 수밖에 없다(學中國而已). 지금 도성 안에는 화려한 저택이 있기는 하다. 그러나 그 집 대청마루나 온돌방에도 바둑판을 평평하게 놓을 수 없어서 바둑판의 한쪽 다리를 바둑돌로 괴어야만 한다. 일반 백성의 작은 집에서는 일어설 때 머리를 똑바로 들지 못하고 누워서는 다리를 쭉 펼칠 수 없다."

6) 중국의 주택에 관해 상세한 관찰을 전하는 자료가 작자미상의 기록인 『薊山紀程』이 다. 『계산기정』 5卷의 다음 묘사는 조선의 주택과 비교해서 쓴 글인데 참고가 된다. "집 지은 제도는 公私를 막론하고 대개 남향이 많고, 비록 가난한 집 초가라도 모두 五樑이다. 들보[樑]가 긴 것은 20여 척이고 작아도 14, 15척은 된다. 큰 집은 7량·9량이 되는 것도 있다. 집은 모두 一字形으로, 꼬부라지고 연결되는 제도가 없고 트이고 높직하며, 비록 부호들의 집이라도 겹 기둥, 겹 벽에 칸살이 100개, 1000개에 이른다. 단 하나는 앞이고 하나는 뒤로 차례대로 배열하였다. 전면 중앙에 문을 만들고 좌우에 창문을 내었다. 동·서·북 3면은 모두 담을 쌓고, 북쪽 담 한가운데에 또 문을 내어 남문과 서로 마주치며 바로 왕래하게 했다. 전·후문의 중앙은 곧 正堂이고 당 좌우에 각각 문이 있으며, 그 안은 방이다." "鳳城에서

　그 이후 2백여 년이 지난 대한제국 시기에 방문했던 서양사람들도 열악한 주거 사정에 주목하였다. 1902년 11월 초 부임해서 8개월 간 서울에서 근무했던 이태리 외교관 까를로 로제티는 '한국의 집들은 대부분 움막'이라고 했다.

　　내가 지금 집이라는 단어를 사용하였으나 한국의 집들은 대부분 움막이라고 말하는 것이 보다 정확할 것이다. 로드 쿠르존(Rord Curzon)은 그의 훌륭한 저서 『극동의 문제』에서 집들은 나무와 진흙, 종이의 잡동사니라고 말하였는데, 명쾌하지는 못하지만 분명 사실에 충분히 부합하는 정의를 내린 것이다.……가옥들은 한결같이 나즈막한 단층으로 시내 전체에 2층 이상으로 된 일반 주민의 주택은 한 채도 없다.[7]

　기와집이 많았던 서울에도 단층뿐 2층 이상은 없었다. 서양인이 보기에 '움집'과 '잡동사니'같은 집들은 나무로 기둥을 세우고 황토벽을 바르며 방안을 종이로 발라서 만드는 초가집을 말하는 것이다.

　이사벨라 비숍도 작은 방에 온갖 생활도구와 메주 등으로 가득 차서 불편하게 사는 모습을 전해주고 있다.

　　방은 보통 가로 2.5미터, 세로 1.8미터가량 되는 조그마한 것이다. 그곳은 열기와 벌레들, 빨래할 더러운 옷가지들과 '메주'라고 하는 간장을 만들기 위해 발효시키는 콩, 그리고 다른 저장물들로 가득 차 있어 누워

周流河까지는 초가가 대부분 많고, 주류하에서 山海關까지는 모두 土屋인데, 간혹 기와집이 있고 초가는 전혀 볼 수 없다." "초가를 덮는 띠[茅]는 모두 엮지 않고 다만 묶어서 쌓되 차곡차곡 놓아 나가고 그 뿌리가 밑에 있다. 두께는 한 자 남짓하고 진석회로 용마루를 바르므로 기와집과 같이 단단하다. 혹 수숫대[蜀稭]로 다발을 묶기도 하고 또는 삼대[麻稭]를 쓰기도 하는데, 새는 걱정이 없는 것은 회를 많이 쓰기 때문이다."
7) 까를로 로제티 저·서울학연구소 譯, 『꼬레아 꼬레아니』, 숲과나무, 1996, 51쪽.

잘 수 있는 최소한의 공간만 남겨두고 있다.[8)]

주거환경이 어느 정도였기에 이러한 표현이 나오고 있었을까? 조선시기의 주거 사정은 생활사 연구의 중요한 주제이지만 기본사료로 이용할 만한 것은 찾기가 쉽지 않다. 조선왕조에서 도성을 비롯한 전국의 주거실태를 파악해서 정리한 자료는 없었던 것으로 보인다. 그 이유는 가옥이 조세 부과의 대상이 아니었기 때문이었다. 만약 가옥을 부세 대상으로 삼았다면 크기와 건축재료 등을 상세히 조사했을 것이다.

가옥을 부세 대상으로 처음 정한 시기는 1909년(융희 3)이었다. 통감부에서 「가옥세법」[9)]에 따라 「가옥세법시행세칙」[10)]을 정하고 '가옥의 소재, 구조, 칸수 및 변경, 멸실흔 사유'를 기재한 신고서를 가옥소재지에 제출하도록 한 것이 시작이었는데, 일제 침략과정을 우려하던 매천 황현은 이 내용을 그때그때 기록하였다.[11)] 가옥세 부과는 1906년의 「토지가옥증명규칙」, 1908년의 「토지가옥소유권증명규칙」을 제정하고 가옥을 파악했던 것[12)]이 토대가 되었다.

---

8) 이사벨라 버드 비숍, 『한국과 그 이웃 나라들』, 1897.

9) 한국민족운동사연구회, 『한국민족운동과 민족문제』170, 국학자료원, 1999. 일제는 '병합' 전에 이미 '한일신협약서'를 구실삼아 식민지 지배체제를 확립하기 위한 세제개편을 실시하는데 水産稅規則(칙령 제69호), 鑛業法(법률 3호), 砂鑛採取法(법률 4호)에 이어 1909년에 家屋稅法(법률 2호)과 함께 酒稅法(법률 3호)과 煙草稅法(법률 4호) 등 제정하여 10여 개의 세목을 갖게 된다.

10) 『서북학회월보』 제15호, 1909년 8월 01일.

11) 『梅泉野錄』 제6권. "家屋稅를 1등에서 8등까지 시행하였다. 100칸 이상은 1등, 10칸 이하는 8등으로 정하여 1등은 10원, 8등은 30전을 봄가을에 2회로 징수하였다." "家屋稅, 酒稅, 烟草稅를 반포하여 本年의 수입예산은 가옥세가 21만여 원, 연초경작세가 41만5천원, 販賣稅가 70만여 원, 酒稅가 16만3천여 원이었으며, 비록 주점이 아니라도 몇 호씩을 하나로 묶어 1년에 두 차례씩 세금을 징수하였다."

12) 최원규, 「대한제국과 일제의 土地權法 제정과정과 그 지향」, 『東方學志』94집, 1995.

그러면 이러한 가옥세 부과의 토대가 되었던 가옥 조사는 언제 처음 이루어졌을까? 가옥을 조사해서 家舍契券을 발급하는 것이 바로 광무 양전사업의 목적 중 하나였다.[13] 우리가 여기서 살펴보려는 광무양안의 가옥과 관련한 기재 항목과 그 통계는 가옥세를 부과하기 위한 기초자료였다. 1904년에 탁지부 사세국에서 세금 부과를 목적으로 작성한 가호안과 가사표는 이 자료에 의한 조세 관련 장부였던 것이다.

이 글은 광무연간에 작성된 『충청북도 충주군 양안』의 居民 戶, 즉 충주 사람들의 주거 사정을 살펴보려는 목적에서 작성되는 것이다. 양안에 기재된 가옥 관련 내용은 다양하다. 우선 관아를 비롯해서 향교, 서원, 사찰 등 공공건물을 조사하였다. 다음으로 개인이 소유한 가옥이 기와집이었는지, 초가집이었는지 기록하였다. 모든 건물은 칸(間)으로 면적과 크기를 표기해서 공공건물과 민가의 호수와 규모를 파악한 것이다.

대한제국의 양전사업은 1898년(광무 2)에서 1904년(광무 8)에 이르는 시기에 전답 등 경작지를 파악하고 지계를 발급하는 제도를 마련하기 위해 시행되었다.[14] 이 기간에 함께 조사해서 전해주는 가옥 상황은 몇 가지 점에서 중요한 의미를 갖고 있다.

첫째 대한제국 시기 충주 사람들의 주거 실태를 알려준다는 점이다. 그런데 집을 짓고 사는 것은 자연환경의 급변 등 특별한 사정이 없는 한 갑자기 달라지지 않기 때문에 이 통계자료는 적어도 조선후기의 주거 사정까지 추정하는 단서가 될 수 있을 것이다.

둘째 양반지주층의 주거 실태를 구체적인 통계로 정리할 수 있다는 점이다. 대토지를 소유한 지주들의 경제력은 '몇 백석지기' 등으로 표현되는데 저택

---

13) 『증보문헌비고』 제142권 전부고 2 경계 2 조선 「量田事目」(세종대왕기념사업회편, 『국역 증보문헌비고』 참고).

14) 광무양안에 관한 선구적인 연구인 金容燮, 「光武年間의 量田·地契事業」, 『증보판 韓國近代農業史研究(下)』, 1985 참고.

으로는 확인되지는 못했다. 광무양안은 '몇 칸 기와집' 소유자를 확인시켜
줄 것이다.

셋째 광무연간은 이른바 개화기의 여러 변화가 이루어진 시기로서 사회변
화상을 파악할 수 있다는 점이다. 예를 들면, 병참소와 전신소와 같은 일본군
시설, 우체국·소학교와 같은 신설 기관, 교회의 존재 여부 등에 관해 알
수 있게 된다.

광무양안은 초가집과 기와집, 그리고 칸(間) 수를 기준으로 가옥을 기재했
기 때문에 주로 이와 관련해서 검토할 것이다. 그리고 각 가옥마다 대지의
면적을 기록했기 때문에 칸수 크기가 다른 초가집과 기와집이 어느 규모의
대지를 갖고 있었는지 확인하게 될 것이다.

2. 충주 양안의 가옥 기록

광무양전의 가옥 관련 규정은 「양전사목」 5조 중 4번째 항목에 나온다.
"공해와 민가는 모두 자로 재고, 가주의 성명 및 가택의 칸 수를 현록한다"[15)
는 것이다.

이를 보면 모든 건물을 공해, 즉 관가의 건물과 민가, 곧 백성들이 사는
집으로 구분한 것을 알 수 있다. 민가는 서민의 주거로 보는 시각이 있으나,
문헌상 고대부터 널리 통용된 용어로서 신분상 상민의 집이라는 개념으로
사용한 것은 아니었다. 조선왕조에서 사용하던 민가라는 용어는 관청 또는
공해와 반대되는 말로서 반가까지 포함하는 것이었다.[16)

---

15) 주13) 참조. 원문은 다음과 같다. "公廨民家竝爲尺量懸錄家主姓名及家宅間數."
16) 民은 臣民을 의미하는 것으로서 王家와 상대되는 말이었고, 君王을 대신에서 백성을
   다스리는 牧民官의 公廨 또는 官衙라는 용어가 民家의 상대되는 말이었다. 이런
   의미에서 강영환과 주남철이 건축사연구에서 민가의 개념을 "궁궐, 관아, 사찰,
   향교 등과 같은 권위적인 공공건축과는 다른 사적인 건축"으로 정의를 내린 것이

'자로 잰다(尺量)'는 것은 일일이 "자를 가지고 길이를 잰다"는 의미는
아니었다. "칸수를 장부에 기록한다(懸錄)"는 귀절처럼 당시 관습에 따라
집의 크기를 칸수에 따라 파악한다는 것으로 보인다. 실제로 양안에서는
기옥의 길이를 숫자로 기재하지 않고 칸수만 기록히고 있다.

충주양안의 가옥 관련 기재순서와 방식은 전답을 기재한 양식과 같다.

忠州郡/ 面/洞(里)/ 字號, 地番, 量田方向 地形, 地目, 畓座數/ 四標, 田畓圖
形/ 田畓實積尺, 土地等級, 結負數/ 垈主·家主, 草瓦 間數

이 기재방식은 집과 관련한 여러 내용을 전해준다. 그것은 소재지, 방향,
지형, 지목, 모양, 면적, 대지 주인, 가옥 주인, 기와집과 초가집, 칸수 등이다.

그런데 여기에 가옥 주인과 함께 대지 주인도 기재하는 항목이 따로 있다.
이것은 「양전사목」에서 가주의 성명만 기재하도록 한 것과는 다르다. 전답
기재시 토지의 소유주인 시주와 경작자인 시작을 같이 쓰고 있는 것과 같은
형태인데 이는 대지 소유주와 가옥 소유주가 다르거나 소유주가 가옥을
남에게 세를 주던 주거 관행을 반영하는 것이었다.

또한 대지도 토지 등급과 더불어 실면적을 기재하였다. 대지면적을 기재한
것은 당시 어느 정도의 대지 규모에 가옥을 짓고 살았는지 전해주는 자료가
된다. 부유한 사람과 가난한 사람들의 주거 생활을 보여주는 1차자료로
활용할 수 있다.

다음은 충주군 남변면 양안의 天字號와 地字號에서 찾아낸 5개 필지의
실제 기재 내용이다.

적절하다고 생각된다(주남철, 『한국의 전통민가』 15, 아르케, 1999 ; 대한건축사협
회편, 『民家建築』 1, 보성각).

天字

① 第一 起手 直田 一座/ 四標(東 郵遞司, 西 柳甲眞家, 南 文致範家, 北 館宇田), 圖形/ 積二千二百五尺, 壹等, 結貳十貳負伍束/ 應頉 館宇 瓦九間

② 第三 西犯 直田 一座/ 四標(東 館宇田, 西 梁君實家, 南 館宇田, 北 蓮塘), 圖形/ 積一百四十尺, 貳等, 結壹負貳束/ 垈主·家主 金生吉 草三間

③ 第九 南犯 直田 一座/ 四標(東 館宇, 西 權士俊田, 南 文致範家, 北 官屯田), 圖形/積五十四尺 參等 結肆束/ 垈主 權士俊 家主 金學石 草二間

地字

④ 第三十三 南犯 直田 一座/ 四標(東 閔才甲家, 西 劉來弘田, 南 閔農卜家, 北 黃聖言家), 圖形/ 積一千一百八十四尺, 貳等, 結壹拾貳負壹束/ 垈主·家主 閔貴乭 瓦五間 草七間

⑤ 第三十六 南犯 直田 一座/ 四標(東 城, 西 閔農卜家, 南 申成一家, 北 閔貴乭家), 圖形/ 積一百九十兩尺, 參等, 結壹負參束/ 垈主 閔貴乭 家主 權榮万 草三間

전답과 가옥을 기재하는 내용이 다른 것은 시주와 시작을 대주와 가주로 바꿔 쓰고, 草瓦로 표기해서 초가집과 기와집을 구분하며 그것이 몇 칸인지 기재하는 것이었다. 天字 제1호는 충주에서 양전을 시작하는 기점이었고, 四標를 기록하는 시점이 되는 것이라서 起手로 표기하였는데 이것이 館宇였다. 즉 관아 건물을 기점으로 삼아 충주 전역의 토지와 가옥을 측량한 것이다.

直田은 대지의 모양을 기록한 것으로서 직사각형을 가리킨다. 전답을 기재하는 방식과 똑같이 대지의 모양을 긴네모꼴, 네모꼴, 세모꼴, 사다리꼴, 양 사다리꼴, 세모꼴과 네모꼴이 합한 모양, 사다리꼴과 긴네모꼴이 합한 모양 등으로 기록하였다.[17]

다음 항목은 대지의 모양을 도형으로 그려놓고, 사방에 인접한 집이나 땅 소유주를 기록해서 밝혀놓은 것이다. 모든 필지를 이렇게 상세히 전해주고 있기 때문에 우리는 이 기재사항을 근거로 1900년대 초의 마을을 재구성할 수 있다. 대지의 전품을 6등급으로 기재한 것도 전답 기재방식과 같다.

①은 충주군의 관아 건물 중 9칸 규모의 기와집을 기재한 것이다. 양안에는 모든 공공건물도 조사해서 기록을 해놓았다. 관아건물의 대지면적과 등급, 그리고 기와집인지 초가집인지 밝혀놓고 그 칸수를 기재한 것이다.

②번 이하는 여러 형태의 민가에 관한 기록이다. ②번은 첫째 대지와 가옥의 주인이 김생길로서 동일인이다. ③번은 대지 주인(권사준)과 가옥 주인(김학석)이 다르다. 이것은 지주가 자신이 소유한 대지를 빌려주어서 집이 없는 농민이나 소작인이 스스로 집을 짓고 살도록 한 경우일 수도 있고, 또 지주가 자신의 대지에 지은 여러 채의 집에 작인들이 살도록 한 경우도 있을 것이다. 가주를 가옥소유자로 볼 것인지, 가옥거주자로 볼 것인지, 두 경우가 다 해당할 수 있는지 검토가 필요하다. 초가 2칸이나 3칸집에서 대주와 가주가 다른 것이 많이 나온다. 이 집은 대지 주인인 권사준의 밭에 이어져 있는 집이기 때문에 권사준이 밭 일부에 집을 지어 김학석에게 살게 한 것으로 보인다.

④번은 대지와 가옥의 소유주가 민귀돌 한 사람으로서 5칸 기와집과 7칸 초가집에서 살고 있는 사례이다. 안채는 기와집이었고 사랑채나 행랑채가 초가집이었던 것으로 보이는데 한 집에 기와집과 초가집이 같이 있으면 이처럼 함께 기재하였다.

⑤번은 대지 주인 민귀돌의 집이 북쪽에 인접해 있다. 대지 주인은 커다란

---

17) 「양전사목」 제3항은 전답을 기록하는 방식을 규정한 것인데 가옥 관련 방식도 동일하였다. "전답의 圖形은 국조의 옛 전법의 方形·直形·梯形·圭形·勾股形의 다섯 가지 모양 외에, 圓形·橢圓形·弧矢形·三角形·眉形을 첨가하여 정하고, 이 열 가지 모양에 맞지 않는 것은 곧장 邊의 모양을 가지고 이름을 정하여서, 등변, 부등변을 논한 것 없이 4변형, 5변형에서부터 다변형에 이르기까지 모양에 따라 명명한다."

집에 살고 있는데 이 가옥 주인은 초가 3칸에 살고 있다. 대지 주인 민귀돌과 가옥 주인 권영만의 상하 관계를 짐작할 수 있다.

이 같은 기재 내용을 분석하면 당시의 여러 사정을 알 수 있다. 첫째, 대지 소유 규모를 통해 경제력의 파악이 가능하다. 한 사람이 소유한 큰 규모의 대지에 여러 채의 집이 있다면 그 집에 사는 사람들과 상하로 구분되는 사회관계를 생각할 수 있다.

둘째, 대지의 크기에 따른 경제력의 파악도 가능하다. 텃밭이 넉넉한 집과 오두막집만 겨우 들어갈 정도의 대지는 바로 빈부 차이를 보여준다.

셋째, 자기 소유지에 자신의 집을 소유하고 사는 사람들의 비율을 확인할 수 있다. 집 크기에 따라 부농의 존재도 파악할 수 있게 된다.

넷째, 기와집의 보유자를 일정하게 분류할 수 있다. 이들은 충주 경내에서 그 수가 몇 명되지 않는다. 특정 성씨의 기와집 소유수에 의해 그 성씨의 경제력을 알 수 있게 된다. 기와집 소유주들이라고 하더라도 칸수를 통해 부력 정도의 파악이 가능하다.

다섯째, 전체 가옥 중에서 초가집이 차지하는 비율을 알 수 있다. 초가집도 칸수에 의해 2칸, 3칸, 4칸 등으로 구분되는데 이 통계는 당시의 주거생활을 살펴보는 지표가 될 수 있는 것이다.

광무양안에서 가옥을 조사해서 기록한 글자는 草와 瓦였다. 이것은 초가집과 기와집을 의미하는 것으로서 지붕재료에 의해 집의 유형을 구분하는 말이었다. 충주에 너와집이나 돌너와집, 그리고 굴피집이 없었는지 이는 기재하지 않았다.

오랫동안 초가집과 기와집은 빈부를 상징하는 말이기도 했다. 초가집은 가난한 사람이 살았고 기와집에는 부자가 살았다. 기와집은 초가집보다 상대적으로 컸고 대지도 넓었다. '고래등 같은 기와집'이란 표현처럼 커다란 기와집은 웅장한 모습을 가졌다. 반면 작은 초가집은, 오두막집 또는 오두막살이란 말처럼, 사람이 겨우 들어갈 정도로 초라한 집이었다.

　기와집 지붕에는 목조건물에 눈이나 빗물이 스며드는 것을 막고 겉모습을 아름답게 장식하는 기와를 얹었다. 이러한 기와집은 아무나 소유할 수 없었다. 고운 찰흙으로 암키와·수키와·막새 등 여러 모양을 틀에서 떠내고 고온으로 가마에서 구워내어 지붕에 이는 데는 비용이 많이 들어가기 때문이었다. 그래서 부자라고 할 만한 소수만 기와집에서 살았다.[18]

　초가집은 "볏집·갈대·왕골·띠·풀 등을 재료로 이엉을 만들거나 또는 그 재료를 그대로 이은 지붕으로 된 집"을 말한다.[19] 초가집의 구조는 열악하다. 도리 위에 서까래를 거는데 서까래 위에는 널을 깔고, 알매흙으로 부르는 흙과 지푸라기를 물로 이긴 흙을 덮거나 알매흙이 없이 초가로 지붕을 잇는다. 초가는 썩기 쉬워서 매년 갈아야 하고, 불에 약하다는 단점이 있다. 하지만 기와집에 비해 작게 지을 수 있으며 단열이 뛰어나 여름에 시원하고 겨울에 따뜻해서 농민들이 널리 초가집을 짓고 살았다.[20]

　조선사회의 주거 건축을 분류하는 기준은 지붕 재료 이외에도 몇 가지가 있다. 가장 널리 사용하는 방법이 소유자의 사회신분을 기준으로 분류해서 상류주택, 중류주택, 서민주택으로 나누는 것이다. 또 반가와 민가 그리고 마을로 분류해서 연구하고 있다.[21] 여유 있는 양반사대부들이 살았던 반가는 가장 많은 연구 성과가 쌓인 분야[22]인데, 지금은 상류주택이란 개념을 정리하

---

18) 일부만 거주했던 기와집은 아름다움과 편리함 그리고 단아한 품격으로 인해 한국의 전통가옥을 대표하게 되었다. 외국의 주요 연구에서도 한국을 상징하는 집으로 소개된다. 한 예로 다음과 같은 저서에서 그렇게 표현하고 있다. 胡惠琴 編著, 『世界住居与居住文化』, 實例篇 第3節 韓國的兩班貴族住居, 中國建筑工業出版社, 2008.

19) 한국정신문화연구원, 『한국민족문화대백과사전』 22권, 329쪽, 「초가」.

20) 초가집에 관해서는 다음 책이 참고 된다. 윤원태, 『한국의 전통초가』, 재원, 1998 ; 윤원태, 『전통민가의 주거생활사 연구』, 민속원, 2009.

21) 한국 건축역사학의 연구성과는 한국건축역사학회, 『한국건축사연구』 1 분야와 시대, 2 이론과 쟁점, 도서출판 발언, 2003. 두 권에 잘 정리되어 있다.

면서 조선후기에 성장한 일부 중인 및 부농계층의 주택까지 포함한 정의 위에서 연구하고 있다.23)

　전통사회의 집을 표현하는 용어는 宮闕, 宮室, 宮家, 公家, 公衙, 官家, 官衙, 班家, 民家, 民戶, 民屋, 家舍, 屋宅, 家屋, 家宅, 瓦家, 草家, 茅屋, 茅茨, 茅葺, 室屋, 屋室 등 여러 가지였다.24) 최근에 많이 사용하는 주거와 주택이란 말은, '일정한 곳에 머물러서 살아가는 것'과 '살림집'을 의미하는 것으로, 조선 고유의 용어가 아니었다. 용례를 살펴보면 일본에서 쓰는 말을 통감부와 일본인 건축기사들이 사용한 뒤에 우리가 따라 쓰면서 유행한 것으로 보인다.25) 가옥도 흔히 쓰던 용어는 아니었으나 융희연간에 「토지가 옥증명규칙」을 정하고 가옥세를 부과하게 되면서 널리 쓰이게 된 것이다.26)

　민가에 대한 연구는 여러 모로 진행되었다.27) 역사건축학을 전공하는 학자들은 사료를 검토하여 용례를 살펴서 개념을 정립하였다.28) 이를 바탕으

---

22) 班家는 현재 실체가 상대적으로 많이 남아 있어서 현지조사를 토대로 사진과 도면을 포함한 여러 보고서와 연구서들이 있다. 1930년대 일본인 학자들의 조선건축에 대한 조사보고에서 시작된 연구는 다양한 관점으로 확대되어 저택배치, 공간구조, 의례공간 등 여러 분야에서 체계적으로 수행되었다.

23) 한국건축역사학회, 『한국건축사연구』 1 분야와 시대, 도서출판 발언, 2003, 193~195 쪽 ; 주남철, 『한국주택건축』, 일지사, 1980.

24) 宮家, 公家, 公衙, 公廨, 官家, 官衙는 꼭 집만 의미하지 않고 宮이나 官, 즉 宮人이나 官人을 표현하는 의미가 강하다. 이를테면 '官衙에서 하는 일'이라면 관아라는 건물이 있는 공간 안에서 이루어지는 일이 아니라 관청에서 관리들이 하는 일이란 의미로 쓰이는 것이다. 班家 역시 양반들의 집이라는 의미도 있으나 兩班家라는 뜻으로 사용하는 경우가 많았다.

25) 衣食住와 같이 住生活도 일본에서 사용하던 용어였다. 하지만 건축사 연구자들은 '일정한 곳에 머물러서 살아가는 것'이란 의미를 잘 나타내는 주거를 널리 사용하고 있고, 이 글에서도 그런 의미에서 쓰고 있다.

26) 金明鮮, 『韓末(1876~1910) 近代的 住居意識의 形成』, 서울대 박사학위논문, 2004, 28쪽, 주60). 여기서 "가옥제도 혹은 가옥은 한말 주택을 지칭할 때 널리 사용되던 용어"로서 "구조적 짜임새나 재료 등 물질적 실체"라는 의미가 강하다고 하였다.

27) 주남철, 『한국의 전통민가』, 아르케, 1999 ; 한국건축역사학회, 앞의 책.

28) 강영환, 「민가의 개념」, 『건축과 환경』 36호, 1987 ; 조성기, 『한국의 민가』, 한울,

로 전국 여러 곳에 위치한 고건축을 조사해서 일정한 분류를 하였는데 그 기준은 공간구성과 평면형태, 구조와 지붕 및 벽체재료 등이었다.

이때 가장 중시되었던 것이 평면형태에 의한 유형 분류였다. 一자집과 ㄱ자집, ㄷ자집과 口사집, 日자집과 月자집 등이 파악되었고, 홑집과 겹집이 분류되었다.

구조에 의한 분류는 三樑집과 四樑집 그리고 五梁집과 七樑집 등으로 구분하는 것이다. 대청의 架構가 세 개의 도리로 결구된 것을 삼량집이라고 하는데 중상류 주택의 행랑채에 쓰인다고 한다.[29]

조선사회에서는 1세대만 사는 집보다 부모와 함께 조부모를 모시는 형태로 3세대가 한 집에 같이 사는 것이 보통이었다. 또 분가를 하지 않은 동생들도 함께 살았다. 주거 사정은 이러한 실태까지 포함하여 조사해야 할 것이다.

마을은 洞里, 閭閻, 閭巷, 邑落, 聚落, 部落, 村落, 農漁村, 동네 등의 용어로 불려왔다. "주거건축물의 집합이면서 동시에 지연 그리고 때로는 혈연 집단이며, 또 전근대사회인 경우 대개 농업이나 어업의 생산 공동체이기도 한 경관적, 사회적, 경제적 존재양식"[30]이 마을이다. 이를 주제로 연구해온 학문 분야는 역사학과 건축사학은 물론 지리학, 민속학, 경제사학 등 다양했다. 마을은 일정한 사회활동과 생산활동의 기본단위였기 때문에 이를 빼놓고 민가에 관한 파악을 할 수 없는 것이다.

마을연구에서 반촌과 민촌의 구분과 집성촌의 존재는 중요한 연구대상이 된다. 특정 양반의 동성동본이나 몇 양반 성씨들이 같이 사는 마을의 위상은 상민 마을과는 달리 높았다. 반촌 주위에는 양반가에 딸려있던 노비의 처소로 쓰던 집이 있기 마련이었다. 양반지주가 중앙이나 지세가 좋은 곳에 터를 닦고 살면 그 주위에 하천민이나 작인이 사는 집들이 모여 있었다.

2006.

29) 주남철, 앞의 책, 86~88쪽.

30) 전봉희, 「마을」, 『한국건축사연구』 1 분야와 시대(한국역사건축학회 편), 발언, 2003.

광무양안에는 마을 이름만 기록하였지 그 마을이 갖고 있는 위상을 전해주지 않는다. 반촌 여부도 알려주지 않기 때문에 성씨를 통해 확인해야 한다.

광무양안의 가옥 기록은 세금 부과를 목적으로 한 것으로 볼 경우 허술한 점이 드러난다. 지붕 재료와 칸에 의한 크기 항목뿐 아니라, 요즘의 건축역사학 전공자들이 분류하는 것처럼, 적어도 평면형태와 구조까지 기재했어야 했다.

광무양안을 바탕으로 만든 家戶案은 가옥세 부과를 위해 작성된 것으로서 광무양안보다 더 단출하게 기재되어 있다. 한 예로 1904년에 작성된 경상남도 단성군의 가호안31)을 보면 면과 동, 字號와 호수, 토지등급과 座數, 대주와 가주, 草瓦 칸수만 기록하였다. 이것은 부과 기준이 초가집과 기와집, 그리고 칸수뿐인 것으로 실제 사회 관행상 기준이 되는 여러 조건은 나와 있지 않다. 이를테면 새집과 헌집, 기둥과 서까래 등 건축 재료의 우열 등을 알 수 없는 것이다. 더구나 대지의 위치와 면적은 빠져 있다.

집의 크기를 칸(間)으로 파악하는 것도 일정한 것이 아니었다. 칸은 사전에서 '집의 칸살의 수효를 세는 단위로서 평행하게 늘어선 기둥 사이'를 의미한다. 하지만 길이만 나타내는 단위가 아니다. 기둥과 기둥 사이의 공간, 또는 '네 기둥이 서서 이루는 공간'을 세는 단위로도 사용한다.32) "기둥 사이의 공간을 말하는 1칸은 작게는 서너자에서 20자 이상의 크기를 가지기도 하여 일정하지 않으나" "주칸의 수는 그 건물의 규모와 격식 등을 살피는 데 주요한 판단근거가 된다."33)

---

31) 「慶尙南道丹城郡家戶案」(성대 대동문화연구원, 『慶尙道丹城縣社會資料集 二』 수록).

32) 姜榮煥, 「韓國 傳統民家의 '間' 特性에 관한 연구」, 『大韓建築學會論文集』 통권 4호, 1986, 29~30쪽.

33) 전봉희・이강민, 『3칸×3칸 한국 건축의 유형학적 접근』, 서울대출판부, 2007, 13~14 쪽. 칸과 관련된 크기 이해에는 이 책의 서술이 참고 된다. "집의 규모를 이야기할 때는 직사각형을 이루는 가로 면이 몇 칸, 세로 면이 몇 칸 하는 식으로 사용된다.

따라서 가호안을 만든 뒤 다시 家舍表[34]를 작성해서 보완해야만 했다. 1905년 8월에 만든 단성의 가사표를 보면 광무양안에 나타난 가옥 기재상의 문제점을 개선하고 있다. 먼저 안채는 기와집이고 사랑채나 행랑채는 초가집인 경우 이를 병기하도록 했다. 다음에는 시가를 기록하였다. 가옥대장은 세금 부과와 매매시에 활용하려는 목적으로 작성되었다. 그 기준이 되는 것은 집값이었는데 이를 밝혀놓은 것이었다.

그러면 광무양안에서 중점을 두고 기재한 것이 초가집과 기와집의 칸수였는데 이는 어떠한 의미가 있는 것인가? 초가집과 기와집은 빈부의 상징이었다. 그리고 집의 칸수는 가난한 사람과 부유한 사람 간의 차등을 확인하는 기준이 될 수 있는 것이다.

충주의 주거 실태에 관심을 가졌을 때 주목한 것은 『송사』의 다음 기록이었다.[35]

> 백성들의 거처는 모두 띠집으로서 큰 집이라야 2칸 정도이며, 기와로 이은 집은 겨우 2할 정도이다.

『송사』를 편찬하기 시작한 시기는 1343년이고 광무양안은 이보다 560년 뒤에 작성되었다.[36] 고려 때 백성들은 '모두 띠집'에 살고 있고, 그 크기는

따라서 '정면 3칸 측면 3칸'이라는 서술은 정면에 4개의 기둥과 측면에 4개의 기둥이 이루는 사각형의 건물을 가리킨다."

34) 「丹城郡家舍表」(성대 대동문화연구원, 『慶尙道丹城縣社會資料集 二』 수록).

35) 『宋史』 卷487, 外國列傳 第246 高麗條. "其國東西二千里, 南北五百里, 西北接契丹, 恃鴨綠江以爲固, 江廣三百步. 其東所臨, 海水淸澈, 下視十丈, 東南望明州, 水皆碧. 王居開州蜀莫郡, 曰開成府. 依大山置宮室, 立城壁, 名其山曰神嵩. 民居皆茅茨, 大止兩椽, 覆以瓦者才十二." '兩椽'은 두 개의 서까래를 뜻하는 것으로서 長椽이 아닌 單椽이라면 2칸으로 해석되는 것이다.

36) 『宋史』는 남송을 멸한 元 世祖 쿠빌라이가 1279년에 편찬을 명령하여, 脫脫이 도총재를 맡아 1343년(至正 3)에 시작하여 2년 반 만인 1345년(至正 5) 완성하였다(규

큰 집이라야 2칸이라고 했다. '모두'라는 말은 단정적인 표현이라서 과장이라고 한다지만 '큰 집이라야 2칸'이었다는 말은 이해하기 어렵다.[37]

다음으로 지붕을 기와로 덮은 집이 10채 중 겨우 2채뿐이라고 했는데 이는 사실로 받아들여질 수 있는 것인지 증명이 필요하다. 전근대 사회에서 기와집이 그만큼 적었다는 것인데 그 사실 여부는 해명이 필요하다.

『송사』에서 전해주는 고려시기의 초가집 크기와 기와집 비율이 사실인지는 확인할 길은 없다. 하지만 광무양안을 통해 대한제국 시기의 실태를 파악할 수 있으면 상호 비교는 가능할 것이다.

3. 1900년대 초 충주의 호수와 민가 기와집

충주는 조선의 군현제도 아래서 대읍으로서 위상이 높았던 지역이었다. 다산 정약용은 『경세유표』에서 "군현 제도는 민호의 많고 적음과, 전결의 넓고 좁음으로써 등급을 매김이 마땅하다"면서 충주의 민호를 23,900호로 기록하였다.[38] 평양이 30,900호로 가장 크고, 그 다음이 충주와 상주로 같은 민호였으며 다음으로 밀양은 22,090호, 나주는 22,300호라고 하였다.[39]

충주 인근의 작은 군현을 비교하면 그 크기를 알 수 있다. 회인은 800호,

장각 중국본 해제 중 송사 해제).

37) 첫째, 2칸이라는 것은 부엌을 포함하면 방은 1칸뿐이라는 것으로서 부엌은 제외한 것인지 모른다. 또 보통 농가는 살림집과 함께 농구를 보관하는 헛간과 農牛를 기를 경우 외양간이 필요하다. 둘째, 고려시기에는 주거 환경이 더 좋지 않아서 큰 집이 2칸 정도였다면 1칸 또는 움집과 같은 데서 살았던 사람들이 적지 않았다는 것이 된다.

38) 『經世遺表』 제4권, 天官修制 郡縣分等. 『輿地圖書』에는 "三十八面編戶 一萬九千六百二十四戶 男四萬九千七十一口 女五萬八千六百二十二口 以己卯帳籍爲準"으로 나온다.

39) 청주는 1만3천호 이상의 군현으로서 19번째의 자리를 차지하였다.

음성은 2,000호 이상, 단양·문의·연풍·창안·진천은 2,500호 이상, 괴산은 4,000호 이상이었다. 전결도 가장 큰 나주는 28,000결 이상, 해주는 24,000결 이상이며, 그 다음으로 충주와 공주가 21,500결이라고 하였다. 2만결 이상은 전수가 21,300결이라고 했다. 충주의 전결은 청주의 19,300결에 비해 2,200결이나 많은 것이었다.

충주와 인근의 작은 군현을 비교하면 영춘은 500결 이상, 단양·연풍·음성·회인은 1,000결 이상, 청안은 2,500결 이상, 괴산은 3,000결 이상이었다. 가장 작은 영춘의 43배, 단양과 음성에 비해서는 21배 이상, 그리고 괴산에 비해서는 경작지가 7배 이상이 많은 지역이 충주였다.

<표 1> 충주 38개 면의 호수

번호	면	호	번호	면	호
1	가차산면	327	20	불정면	772
2	가흥면	308	21	사다산면	367
3	감물면	558	22	사이면	425
4	감미면	415	23	산척면	965
5	거곡면	618	24	살미면	1175
6	금목면	897	25	생동면	721
7	김생면	382	26	소태양면	802
8	금천면	449	27	소탄면	189
9	남변면	1073	28	소파면	513
10	노은면	948	29	신니면	498
11	대도곡면	278	30	신석면	758
12	덕 면	598	31	앙엄면	518
13	덕산면	1173	32	엄정면	1219
14	동량면	1041	33	유등면	549
15	두의면	264	34	율지면	323
16	맹동면	873	35	이안면	627
17	법왕면	474	36	주류면	395
18	복성면	777	37	지내면	402
19	북변면	1144	38	천기음면	211
			합계		24,026

위 표는 충주의 면별 호수를 보여주는 것이다. 광무양안의 충주 민가의 호수는 『경세유표』에서 밝힌 민호의 수와 비슷하게 24,026호로 나온다.[40] 1817년 경의 자료를 참고한 『경세유표』보다 약 80여 년 뒤의 통계이지만 거의 같은 수이다.

충주의 면수[41]는 38개이다. 이 수는 군현제도 아래서 보통 군현의 두 배 이상 되는 것이다. 충주의 38개 면을 비교할 때도 호수가 많은 면과 적은 면이 드러난다. 큰 면은 엄정면〉덕산면〉살미면〉북변면〉남변면〉동량면〉산척면〉금목면〉맹동면 순이다. 작은 면은 소탄면〈천기음면〈두의면〈대도곡면〈가흥면〈율지면 순이다. 큰 면(엄정면)은 가장 작은 면(소탄면)의 6.4배나 되는 크기이다.

다음은 관아와 향교 그리고 사찰과 같은 공공건물[42]을 뺀 민간 기와집에 관한 통계이다.

---

40) 광무양안의 db를 통해 파악한 총 호수는 24,186호이다. 이는 관아, 공해, 사원, 강당, 물레방아 등을 다 포함한 것이다. 본문의 호수는 전체 호수에서 물레방아와 순수한 관아, 사찰 등을 적당히 제외한 것이다. 그러나 이 수는 어느 정도 오차를 포함하고 있다. 관아 소유의 건물에도 민가가 포함된 경우도 있고 해서 민가를 정확히 구분하기가 쉽지 않기 때문이다. 이 수는 광무양안 자체에 기록한 호수와도 약간 차이가 있다. 그 이유는 충주 양안 자체의 계산이 틀린 경우도 있고, 일부는 페이지가 누락되거나 보이지 않아 데이터베이스에 누락되는 경우도 있었다. 그러나 이런 불일치는 그리 크지 않아서 통계에 영향을 줄 정도는 아니다.

41) 越智唯七 編, 『新舊對照 朝鮮全道府郡面里洞名稱一覽』, 1916. 이 일람표 187~191 쪽을 보면 충주가 축소 재편된 것을 알 수 있다. 남변면과 북변면은 읍내면, 이안면과 유등면은 이류면, 신니면과 신석면은 신니면, 가흥면과 금천면은 가금면, 앙암면과 복성면은 앙성면, 김생면과 가차면은 금가면, 덕면과 주류면은 주덕면으로 합해졌고, 동량면, 노은면, 산척면, 엄정면, 소태면, 살미면은 그대로 남았다. 사이면과 소파면은 이때 음성에 포함되었고, 이미 이전에 충주 외서촌으로 불렸던 감미면, 거곡면, 두의면, 맹동면, 법왕면, 사다면, 생동면, 소탄면, 지내면, 천기음면 등은 음성군에 편입되었다.

42) 관아와 공공건물은 邑治를 주제로 한 別稿에서 다룰 것이기 때문에 여기서는 제외한다.

<표 2> 충주의 면별 기와집 호수와 垈主 家主

번호	면	마을	면적(평)	대주	가주	草칸	瓦칸
1	가흥면	中洞垈	79	朴相晋	朴相晋	3	5
2	가흥면	上洞垈	288	驛田垈	朴夏烈	3	7
3	가흥면	右谷坪	119	朴興烈	朴興烈	5	5
4	가흥면	右谷坪	213	金千石	金千石	3	22
5	가흥면	中洞垈	293	元世沃	元世沃	3	5
6	가흥면	中洞垈	408	驛田垈	朴相恒	0	4
7	가흥면	長尾山洞垈	115	申太德	申太德	3	5
8	감물면	赤德洞	118	李宗承	李宗承	0	5
9	감물면	大相前坪	503	安敬三	安敬三	0	3
10	감물면	佛洞	194	李聲翼	李聲翼	4	3
11	감물면	山直村	180	李光愚	具英俊	0	6
12	감미면	롱下坪	468	朴千鳳	朴千鳳	0	10
13	감미면	右乃洞	309	朴千鳳	朴千鳳	0	9
14	감미면	城坪下	264	韓奎浩	韓奎浩	7	3
15	감미면	公山洞	401	金丁得	金丁得	0	10
16	거곡면	上梧甲垈	413	尹泰遠	尹泰遠	5	5
17	거곡면	下梧甲垈	281	申日大	申翊會	10	3
18	거곡면	居谷垈	1,178	南宮杓	金正男	0	12
19	금목면	道庄里	164	閔泳厚	閔泳厚	0	10
20	금목면	長峴里	205	鄭元永	鄭元永	5	5
21	금목면	晴日洞	286	李順去	李順去	3	6
22	금천면	琴亭	199	鄭弼源	鄭弼源	5	5
23	금천면	島里	393	鄭雲亨	鄭雲亨	15	2
24	금천면	光垈	524	鄭普源	鄭普源	7	5
25	남변면	一部垈	387	閔貴乭	閔貴乭	7	5
26	남변면	南部	312	趙正三	趙正三	0	9
27	남변면	氷峴	1,882	洪觀華	洪觀華	6	13
28	남변면	龍山垈	317	洪明學	洪明學	3	5
29	남변면	尙洞坪	247	李炳瓚	李炳瓚	2	3
30	남변면	上南部	412	洪明華	洪明華	3	8
31	남변면	上南部	563	孫能根	孫能根	0	9
32	김생면	玉江坪	256	尹泰吉	尹泰吉	0	10
33	김생면	玉江洞	182	金容夏	金容夏	0	10
34	김생면	月灘洞口	156	吳丁國	吳丁國	4	4
35	김생면	月灘洞口	124	鄭雲駬	鄭雲駬	0	10
36	김생면	盤松	314	李道春	李道春	0	17

37	김생면	梧坪洞	126	鄭卜乭	鄭卜乭	6	6
38	김생면	禾洞	284	李彩	鄭海崙	3	10
39	노은면	下立場	288	申在官	申在官	0	10
40	노은면	思養洞	164	李秉玉	李秉玉	0	4
41	덕면	中里	115	金宗五	安石伊	0	8
42	덕면	社樂洞	346	林基大	林基大	5	5
43	덕산면	沐坪垈	663	尹命爕	尹命爕	13	15
44	덕산면	城內坪	383	郭秀鉉	郭秀鉉	9	4
45	동량면	茂洞	266	曺然釗	曺然釗	6	3
46	동량면	荷谷	196	李明左	李明左	0	9
47	동량면	朝遜	229	洪台權	洪台權	0	8
48	동량면	朝遜	393	金奎翼	金奎翼	0	9
49	동량면	龍臺	348	申泰弘	申泰弘	3	4
50	동량면	龍垈	157	申天孫	申天孫	0	9
51	동량면	龍垈	206	徐相玉	徐相玉	5	7
52	동량면	龍臺	596	徐相齡	徐相齡	5	10
53	동량면	雲橋	459	宋得伊	宋得伊	0	20
54	동량면	大也	676	金甲圭	金甲圭	0	25
55	동량면	下沙川	295	金學容	金學容	4	6
56	동량면	下沙川	263	李思免	李思免	2	5
57	북변면	內里	247	金万用	金万用	0	7
58	북변면	內里	437	金二每	金二每	0	6
59	북변면	御臨村	67	皮正模	黃永守	0	3
60	북변면	珠峰酒店	419	鄭世源	鄭世源	20	7
61	북변면	連原後坪	239	全忠石	全忠石	6	8
62	북변면	連原後坪	348	連原驛田垈	鄭云羽	3	10
63	북변면	岐灘村	221	李相珽	李相珽	0	6
64	불정면	德室垈	314	金弼培	金弼培	4	5
65	불정면	開實垈	188	李泰浩	李泰浩	0	5
66	불정면	開實垈	345	李輔榮	李輔榮	6	5
67	불정면	開實一里垈	471	趙東叔	趙東叔	5	7
68	불정면	開實一里垈	384	安商兩	安商兩	5	5
69	산척면	小林	261	兪完乭	兪完乭	0	15
70	산척면	桂尺坪	383	李孫伊	李孫伊	0	8
71	살미면	梅南	818	李正和	李正和	0	9
72	살미면	栗谷前坪	113	金斗漢	禹學景	0	4
73	살미면	新堂市基	815	權水隱	權水隱	8	7
74	살미면	龍洞	444	崔松秀	崔松秀	0	9
75	살미면	龍洞	772	崔獻秀	崔獻秀	9	14

76	살미면	武陵坪	236	崔英秀	崔英秀	7	7
77	살미면	新堂上坪	615	金永億	金永億	10	5
78	성동면	말馬洞	562	金上釗	金上釗	5	5
79	성동면	新昌洞垈	327	閔衡基	閔衡基	0	23
80	성동면	新昌洞垈	295	閔內承	閔內承	10	20
81	소태양면	月村垈	602	李建鎬	李建鎬	6	7
82	소태양면	月村垈	294	金奎完	金奎完	3	10
83	소태양면	月村垈	184	丁憲燮	丁憲燮	0	9
84	소태양면	陽村垈	259	安明元	安明元	3	4
85	소태양면	松洞垈	339	金眞燁	金眞燁	4	6
86	소태양면	佳亭垈	164	徐榮淳	徐榮淳	5	7
87	소태양면	福灘垈	300	권승만	권승만	0	12
88	소태양면	德隱垈	118	丁憙燮	丁憙燮	0	8
89	소태양면	德隱垈	448	丁魯燮	丁魯燮	5	10
90	신니면	毛陶院	144	金容駿	金容駿	2	4
91	신니면	本里	409	李起鍾	李起鍾	7	10
92	신니면	本里	245	尹宇榮	尹宇榮	8	5
93	엄정면	栗旨坪	301	鄭樂源	朴興元	0	12
94	엄정면	內洞	458	李丙瓚	李丙瓚	8	10
95	엄정면	美谷洞	542	尹養桂	尹養桂	3	7
96	엄정면	內蒼洞	398	尹泰慶	尹泰慶	5	10
97	엄정면	里門洞	605	尹養桂	尹養桂	15	9
98	엄정면	新垈洞	458	金石祚	金石祚	0	7
99	엄정면	東道里	261	朴奉圭	李圭錫	0	7
100	엄정면	槐亭洞	238	安成圭	安成圭	4	3
101	엄정면	九萬里	59	尹養國	尹養國	0	5
102	엄정면	簇子洞	220	李長石	李長石	4	10
103	엄정면	簇子洞	374	李鎬性	李鎬性	7	7
104	엄정면	簇子洞	1,152	李天九	李天九	10	7
105	엄정면	江峴谷	330	李象曄	李象曄	0	15
106	엄정면	中葛洞	236	李建衡	李建衡	0	15
107	엄정면	中葛洞	202	李建五	李建五	0	14
108	엄정면	陵里洞	248	洪承轍	洪承轍	0	10
109	엄정면	內山溪	134	崔甫玄	千成翊	0	7
110	엄정면	外山溪	287	閔丙漢	李善一	0	10
111	엄정면	外山溪	367	沈相薰	沈相薰	0	8
112	유등면	剡洞北邊	524	洪淳馨	朴汝成	5	5
113	율지면	水山西洞	654	李根秀	李範秀	2	5
114	율지면	水山東里	409	金佑鉉	柳浩石	5	5

115	율지면	小탑洞	366	池汝中	鄭鎭奭	4	7
116	율지면	南倉洞	295	金容直	金容直	4	4
117	이안면	篤洞	315	金道一	金道一	0	10
118	이안면	大召院洞	162	韓百英	金龜洙	5	4
119	이안면	大召院洞	692	韓百英	韓百英	0	30
120	이안면	大召院洞	209	韓百英	韓敬會	0	25
121	이안면	大召院洞	846	韓聖會	韓聖會	15	13
122	천기음면	上谷洞	383	李思永	李思永	4	10
123	천기음면	上谷洞	319	李龍善	李龍善	10	8
계	24개면	94개동	44,071			418	1,026

　당시 충주에 있었던 민가 중 123호가 기와집을 소유했다. 모두 123채로서 칸수를 합하면 1,026칸에 달한다.[43] 38개 면 중에서 기와집이 있었던 면은 24개 면뿐이었다. 14개 면에는 민가인 기와집이 한 채[44]도 없었다는 것이다.

　기와집이 가장 많이 있었던 면은 엄정면이었다. 면별 순위를 보면 엄정면(19채)→ 동량면(12채)→ 소태양면(9채)→ 가흥면·남변면·북변면·김생면·살미면(7채)→ 불정면·이안면(5채)→ 감물면·감미면·율지면(4채)→ 거곡면·금목면·금천면·성동면·신니면(3채)이었다. 면 전체에 민가 기와집이 2채만 있었던 곳은 노은면, 덕면, 덕산면, 산척면, 천기음면, 1채만 있는 곳이 유등면이었다. 이를 보면 기와집이 얼마나 드물었던가를 알 수 있다.

　기와집이 많이 있었던 마을을 부자동네라고 했다. 기와집이 한 채라도 있었던 마을은 94개 동이었다. 동량면 용대마을과 이안면 대소원동이 각각 4채가 있었으니 부자 마을로 볼 수 있었다. 엄정면 족자동과 불정면 개실대도 2채가 있었다. 충주는 관아가 위치한 읍내(남변면·북변면)와 한강 수로를

---

43) 『충주군 양안』의 총계와는 다르다. 관아와 사찰 등을 제외한 민가에 한정한 칸수이다. 대지는 이해를 돕기 위해서 평으로 환산하였다.

44) 채는 집을 세는 단위로서 건물 하나를 한 채로 세고 있으나 안채는 기와집, 부속건물은 초가집인 경우 별도로 통계를 낼 수밖에 없었다.

따라 형성된 마을들에 부호들도 모여 살았다. 엄정면과 동량면에 기와집이 많이 있었던 것은 그러한 사실을 보여주는 것이다. 大召院이 설치된 이안면 대소원동도 기와집이 여러 채가 있었다.

동네별로 기와집의 칸수를 합하면 이안면 대소원동의 청주 한씨 저택이 72칸, 성동면 新昌洞坐의 여흥 민씨 저택이 43칸으로서 두드러진다. 이름으로 보아 형제 또는 일족이 한 마을이나 인근 마을에 세거하면서 기와집을 보유하고 있는 것으로 추정되는 사례가 몇 건이 있다. 엄정면 중갈동의 이건형과 이건오, 소태양면 월촌대와 덕은대의 정헌섭·정희섭·정은섭, 동량면 용대의 서상옥과 서상령이 그러하다. 이들 외에도 한 면에 같은 성씨가 기와집을 소유하고 있는 것은 선대에게 형제가 많은 재산을 물려받은 증거가 될 수 있다. 혹 자수성가하였다면 독농을 통해 형제들이 노력한 결과이기도 했을 것이다.

대지면적은 가장 큰 집과 작은 집이 약 23배나 차이가 난다. 123호의 대지면적 합계는 44,017평인데 그 평균은 약 358평이 된다. 충주의 민가 기와집 칸수는 1,026칸으로 123호의 평균 칸수는 약 8.4칸이었다. 여기에 초가 3.4칸이 부속채로 딸려 있었다.

가장 넓은 순위는 남변면 빙현의 홍관화[45](1882평)〉 거곡면 거곡대의 남궁표(가주 김정남, 1178평)〉 엄정면 족자동의 이천구(1152평)〉 이안면 대소원동의 한성회[46](846평)〉 살미면 매남의 이정화(818평)〉 살미면 신당시의 권은(815평)〉 살미면 용동의 최헌수(772평)〉 이안면 대소원동의 한백영(692평)〉 동량면 대야의 김갑규(676평)〉 덕산면 보평대의 윤명섭(663평)〉

---

45) 홍관화에 관해서는 「皇城新聞」 1909년 7월 31일자 3면에 다음과 같은 2단 기사가 나온다. "清州人其誰 - 忠州樓巖居 鄭雲祥氏가 同郡居 洪觀華氏의 庄土文券을 典執ᄒ얏다가 洪氏가 還覓코자 흔 즉 清州居 某人에게 任置ᄒ얏다 推委不給ᄒᄂ 故로 洪氏가 告訴ᄒ야 三造裁判을 請ᄒ려 흔다더라."
46) 한성회는 청안 진잠군수를 역임하였다.

율지면 수산서동의 이근수(가주 이범수, 654평)다.

기와집에 살던 사람들은 109명이다. 두 사람이 두 채의 기와집을 보유해서 줄어든 것이다. 기와집을 소유한 사람들을 살펴보면 당시 부자들이 어느 성씨에 집중되어 있는지 알 수 있다. 전국에 대토지를 소유한 민영준·민응식 등은 서울에서 살고 있었기 때문에 당시 충주에 집이 없었다.

기와집에 살던 인물들을 보면 고위 관직을 역임한 유력인사도 확인된다. 심상훈은 임오군란 후 피신지의 민비에게 대원군 납치소식 등 서울의 근황을 전달하였고, 갑신정변 때 경기감사로서 청의 군대를 끌어들여서 개화파의 정권을 3일만에 무너지게 하는 데 기여한 인물이었다.

충주에서 가장 큰 기와집을 소유했던 사람은 이안면 대소원동의 한백영이다. 30칸 저택에 살고 있던 그는 또 두 채의 집을 가지고 있었는데 25칸 저택은 친족으로 보이는 한경회가 살았고, 5칸의 초가가 딸린 4칸 기와집에는 김귀수가 살았다. 김귀수는 1892년 별시 문과에 급제해서 부수찬, 정언을 거쳐 동부승지를 지낸 인물로서 가정리에 묘가 있다.

다음으로 큰 집을 가진 사람이 동량면 대야의 김갑규로서, 25칸 저택을 소유하였다. 김갑규는 안동김씨 세도가의 핵심이었던 영흥부원군 김조근(1793~1844)의 손자이며 헌종비 효현왕후의 친정 장손이었는데 예천군수·안주목사·순천부사와 농상공부 농무국장을 거치고 이때 궁내부 특진관으로 있었다.

기와집 20칸과 초가집 10칸을 소유한 민병승은 민응식의 아들이다. 민응식은 임오군란 때 장호원의 집을 민비의 피신처로 제공한 후 출세의 길을 연 민씨 정권의 중심인물로서 혜상공국 총판, 좌영사, 이조판서, 병조판서, 예조판서, 도총제사, 강화유수를 역임하였다.

엄정면의 윤양계는 미곡동과 이문동에 7칸 기와집과 3칸 초가집, 9칸 기와집과 15칸 초가집을 각각 소유하고 있는데 한 사람이 두 마을에 집을

소유한 유일한 사례였다. 미곡동은 면리를 개편할 때 인근 후동, 내동, 양대리
와 함께 미내동으로 통합[47)되었는데 이 집들은 대지도 542평과 605평이나
되었다. 유일하게 양안에 기재된 기와집 가운데 건물이 보존된 집이었다.[48)
윤양계는 연일현감과 개성중군, 강원중군을 역임하고 정3품의 품계에서
81살 때인 광무 6년 종2품으로 승자하였다.[49)

가흥면에는 가흥역과 가흥창이 있다. 역 주위의 마을에는 7채의 기와집이
있었다. 이중 김천석의 기와집은 22칸의 저택이었고 초가 3칸이 부속채로
딸려 있었는데 이 집을 일본군이 병참소[50)로 사용하였다.

일본군이 가흥에 병참소를 설치한 것은 1894년 여름 청과의 전쟁을 위해
일본군 5사단을 부산에서 서울까지 육로로 북상시킬 때였다.[51) 이때부터
1902년 8월 양안을 만들 때까지 가흥에 8년 동안 병참소를 유지한 것이
확인된다.

가흥에는 또한 군용전신소[52)도 설치되었다. 이 전신소도 우곡평에 있었던
것이 확인된다. 이 마을에서 가장 큰 기와집은 병참소가 차지했기 때문에
전신소는 대지 196평에 초가 21칸의 커다란 집을 사용하고 있었다. 일본군
전신소는 청일전쟁 이후 조선과 만주에 배치되었던 일본군이 직접 정보

---

47) 越智唯七 編, 『新舊對照 朝鮮全道府郡面里洞名稱一覽』, 1916.

48) 미곡동의 윤씨댁 기와집은 현재 중요민속자료 135호로 지정되어 문화재청의 관리를
    받고 있다. 문화재청 홈페이지, 문화유산지식 중요민속자료.

49) 「官報」 號外2, 光武 6년 5월 14일.

50) 일본군은 부산에서 서울 용산으로 북상하는 요지에 병참시설을 만들고 소규모
    병력을 주둔시켰지만 병참부 또는 병참사령부라고 불렀다. 당시 조선사람들은 병참
    소라고 불렀는데 여기에서는 양안 기록대로 병참소라고 쓰려고 한다.

51) 신영우, 「1894년 예천의 동학농민군과 보수집강소」, 『동방학지』 44집, 1984 ; 신영우,
    「1894年 日本軍 中路軍의 鎭壓策과 東學農民軍의 對應」, 『역사와 실학』 33집,
    2007.

52) 일본군은 電信局이란 용어를 사용했으나 여기에선 병참소와 마찬가지로 양안 기록
    에 나온대로 전신소라고 쓴다.

보고를 하고, 히로시마대본영과 참모본부의 작전계획이 전달되던 통신망의 중간거점이었다. 서울에서 가흥으로 연결되어온 전신소는 문경·낙동 봉황대·장천·대구·밀양·부산으로 이어졌다.

충청도에는 가흥 외에 안보에도 병참소가 설치되었으나 광무연간 양전사업을 통해 조사된 곳은 가흥뿐이다. 가흥병참소가 설치된 우곡평의 필지와 대지면적, 초가와 기와 칸수, 대주와 가주 이름은 다음과 같다.

<표 3> 가흥 일본군 병참부의 건물과 대지면적

필지	대지면적	초가	기와	대주·가주
우곡평 35	94	7	0	朴光烈
우곡평 36	119	5	5	朴興烈
우곡평 37	120	10	0	朴相玉
우곡평 38	101	15	0	朴相雨
우곡평 39	213	3	22	金千石
우곡평 41	110	10	0	朴相雨·咸德玄
계	757평	50칸	27칸	

가흥의 일본군 병참소가 차지한 지역은 6필지이나 떨어져 있는 곳이 아니었다. 우곡평 35에서 39호까지, 그리고 41호에 있는 것처럼 모두 이웃해 있었다. 더구나 남한강 유역으로 이어지는 곳은 넓은 밭이어서 대규모 군수물자의 야적에 적합했고, 주변을 내려다보는 높은 지대가 포함되어 있기 때문에 방어하기 쉬운 요지이기도 했다.

일본군이 차지한 대지면적은 2,314척으로 약 757평이나 되는 것이었고, 군대 막사와 군수 창고로는 초가집 50칸과 기와집 27칸을 사용하였다. 이 대지와 가옥들은 가흥역에 속했던 것으로 보이는데 일본군은 당시 교통의 요지인 역토와 역사에 군용시설을 설치하였다.[53]

이와 함께 북변면에도 별도의 병참소를 설치하고 있는 것이 확인된다.

---

53) 안보에서도 마찬가지로 일본군이 안보역을 차지하고 있었다.

연원후평 76, 대지 1283평, 초가 6칸, 기와 30칸(응탈)

이곳은 일본군이 하담으로 기록하던 병참소로서 지금까지 잘 알려지지 않은 곳이었다. 문경에서 안보를 거쳐온 무기와 군량 등 병참물자는 하담에서 배를 통해 가흥으로 운반되었다. 1894년 7월 24일(음력) 일본군 5사단 대부대가 북상하던 중 하담에 물자를 산적해놓고 있었던 것이 충주목사의 보고에 나타난다.[54] 북변면의 연원역 자리를 빼앗아 사용한 일본군병참소는 무려 30칸의 기와집과 6칸의 초가집, 그리고 대지만 1,283평이 되는 큰 곳이었다.[55]

청과의 전쟁에서 정보 전달과 병참 지원의 거점 역할을 했던 가흥의 일본군 전신소와 병참소는 충주 일대에서 활약하던 동학농민군의 공격목표가 되었다. 동학농민군의 공세는 치열하였지만 여주와 이천의 일본군 병참소는 물론 용산에 주둔했던 일본군의 지원을 받아 점거를 면할 수 있었다. 의병들도 가흥의 일본군을 공격하는 것이 주요 목표였다. 제천이 의병 집결지가 된 것도 인근 충주에 일본군 병참소라는 공격 목표가 있었기 때문이었다.

가흥병참소를 일본군의 시각에서 보면 반일 세력을 진압하는 일종의 첨병 역할을 했던 군사기지였다. 충주·제천·괴산·단양 등지에서 활동하던 동학농민군과 의병은 가흥병참소에서 파견된 일본군의 기습을 받아 많은 희생자를 내고 있었다.[56] 그러한 일본군 군사시설이 양안 기록에 초가와 기와집으

---

54) 『錦藩集略』甲午八月初三日. "接忠州牧使閔泳綺牒呈內去月二十四日日兵一千餘名騎馬七十餘匹二十五日一千餘名騎馬一百餘匹二十六日一百餘名又爲陸續過去而或止於官門二十里許荷潭津頭積峙糧料與兵器等物似爲長久而留陣或乘船又或從陸直向京城." 荷潭은 河潭의 誤記임.

55) 일본군의 내륙 병참선로는 부산에서 서울로 연결되었다. 문경에서 안보병참부를 거쳐 가흥으로 가는 것이었는데 중간에 남한강을 건너야 하는데 河潭이 통로였다. 병력수송과 병참지원을 위한 별도의 군사시설을 두었을 것이지만 그 단서를 찾지 못했는데 양안에서 연원역의 병참소를 확인할 수 있었다. 병참소로 사용한 커다란 가옥은, 應頉(세금 면제)로 알 수 있는 것처럼, 연원역 건물이었다.

56) 『동학농민혁명일지』(동학농민혁명참여자명예회복심의위원회편)의 일부 자료만 보

로 나타나고 있는 것이다.

한편, 충주의 기와집은 대주와 가주가 17건을 제외하고 일치하였다. 대지와 집을 함께 소유하고 있었던 것이다. 대주와 가주가 다른 사례는 다음과 같다.

이 중 거곡면 하오갑대의 대주 신일대와 가주 신익회, 그리고 이안면 대소원동의 대주 한백영과 가주 한경회는 같은 성씨로서 한 집안 사람일 수 있다.

아도 그 사실을 알 수 있다.

<1894년>
· 9월 14일 가흥병참부 수비병, 단월에서 동학농민군 생포
· 9월 18일 가흥수비병, 이천에 파견
· 9월 21일 가흥병참부 수비병, 곤산에서 동학농민군 수색
· 9월 27일 인천수비대, 가흥으로 진군
· 9월 27일 송파진수비대, 40명 가흥으로 진군
· 9월 27일 가흥수비병과 헌병, 가흥에서 약 천명의 동학농민군과 전투
· 9월 30일 가흥수비병, 가흥에서 수천 동학농민군과 전투
· 10월 1일 용산수비대, 가흥수비병, 보은 등지에서 동학농민군 격퇴
· 10월 1일 낙동, 가흥수비병 보은에서 동학농민군 진멸
· 10월 6일 괴산에서 격전을 벌인 하라다(原田) 소위, 가흥병참부로 귀대
· 10월 9일 인천수비대, 가흥에 진군
· 10월 12일 이토 중좌, 후비보병 19대대의 1개중대에게 가흥 충주를 거치도록 훈령
· 10월 19일 가흥수비병, 무극에서 동학농민군과 전투
· 12월 18일 가흥수비병, 장호원과 음죽 사이에 정찰대 파견
· 12월 22일 제18대대와 가흥 정찰대, 장호원과 음죽에서 동학농민군과 전투
<1895년>
· 1월 4일 가흥병참부 정찰대와 16대대 이시모리 중대, 최시형 손병희 등과 전투
· 1월 13일 낙동·태봉수비병 가흥 부근 파견
· 1월 13일 가흥수비병 여주 부근에서 동학농민군과 전투
· 1월 14일 가흥수비병 여주에서 동학농민군과 전투
· 1월 15일 송파진 등지의 수비병을 가흥에 파견

<표 4> 垈主와 家主가 다른 기와집

면	마을	垈主	家主	草칸	瓦칸
가흥면	中洞垈	驛田	朴相恒	0	4
가흥면	上洞垈	驛田	朴夏烈	3	7
감물면	山直村	李光愚	具英俊	0	6
거곡면	下梧甲垈	申日大	申翊會	10	3
거곡면	居谷垈	南宮杓	金正男	0	12
김생면	禾 洞	李 彩	鄭海崙	3	10
덕 면	中里	金宗五	安石伊	0	8
북변면	御臨村	皮正模	黃永守	0	3
엄정면	栗旨坪	鄭樂源	朴興元	0	12
엄정면	東道里	朴奉圭	李圭錫	0	7
엄정면	內山溪	崔甫玄	千成翊	0	7
엄정면	外山溪	閔丙漢	李善一	0	10
유등면	剡洞北邊	洪淳馨	朴汝成	5	5
율지면	水山西洞	李根秀	李範秀	2	5
율지면	水山東里	金佑鉉	柳浩石	5	5
율지면	小塌洞	池汝中	鄭鎭奭	4	7
이안면	大召院洞	韓百英	金龜洙	5	4
이안면	大召院洞	韓百英	韓敬會	0	25
10개 면	17 마을	17 대주	18 가주	37	140

한경회는 자신 소유의 대지는 없고 한백영 소유 대지에 있는 집에서 산다고 되어 있다. 그러나 한경회는 83.44정보의 농지를 소유한 대지주이고, 한백영도 61.09정보를 소유한 지주였다. 아버지 소유의 대지에 아들이 집을 짓고 살고 있는 것이 아닌가 생각된다.

다른 15건의 경우는 대주와 가주가 성씨와 이름이 다르다. 다른 성씨라고 하더라도 가까이 지낸 고종이나 이종 사이일 수 있기 때문에 이 기재 내용만으로는 사실 관계를 확인할 수 없다. 하지만 이것은 전세 관행을 보여주는 자료일 수도 있다.[57] 당시에도 요즘과 같이 독채 전세가 널리 관행이 되고

---

57) 傳貰 관행에 관해서는 다음 논문이 참고된다. 尹大成, 「日帝의 韓國慣習調査事業과 傳貰慣習法」, 『박병호교수환갑기념 2 한국사법사학논총』, 박병호교수환갑기념논총발간위원회, 1991.

있었다. 충주에도 그런 관행에 따라 기와집 전체의 14% 이상까지 전세를 놓았을 가능성이 있는 것이다.

대한제국의 궁내부에서는 1908년에 「가사허차통첩」[58]을 작성하고 있는데 이는 궁내부가 소유한 기와집과 초가집을 임대하는 문제와 관련한 항목 40여 건을 밝혀놓은 문서이다. 황실 소유의 집들을 전세주고 있는 것처럼 민간에서도 널리 전세제도가 행해졌는데 이 자료는 그것을 보여주는 사례일 수 있다.

기와집의 담 안에는 초가로 지은 별채나 사랑채 또는 행랑채가 딸려 있는 경우가 많았다. 123채 중 68채가 그러했다. 55채는 기와집만으로 구성되었다. 혹시 뒷간을 초가로 지어놓고 이를 포함시킨 것이 아닌가 생각할 수 있지만 칸수로 헤아린 것은 살림집과 행랑채 등 거처하는 공간이 중심이었다고 한다.[59] 광복 직후까지 사람이 거처하는 공간만 가옥조사에 포함시켰다는 증언이 있다.

충주의 총호수 24,026호에 비하면 기와집 123채의 비율은 약 0.51%에 해당한다. 그런데 칸수로 비교하면 비율이 달라진다. 기와집은 큰 저택이 많아서 칸수를 합하면 1,026칸이 되는데, 초가 칸수는 모두 80,616칸으로 기와집의 칸수는 전체의 1.3%가 된다.

4. 1900년대 초 충주의 초가집

충주의 면별 초가집 합계와 칸수 별 통계는 다음 표와 같다.

---

58) 「家舍許借通牒」 解題. "궁내부 帝室財産整理局 주계과의 책임 아래 작성된 것으로……기재사항은 날짜와 許借 여부, 家舍所在와 규모, 每月借料와 借人, 整理課의 확인여부 등으로 되어 있다."

59) 윤규상(태안군 이원면)씨 증언. 일제 강점기에 조선총독부의 조사도 같았을 것이고, 광무양안 작성시에도 이것이 기준이 아니었나 추정한다.

<표 5> 충주의 초가집과 칸수 별 통계

면	초가합	1칸	2칸	3칸	4칸	5칸	6칸	7~9칸	10칸 이상
가차산면	327	0	105	127	47	33	10	5	0
가흥면	307	1	86	121	24	24	15	23	13
감물면	555	0	74	349	62	33	12	18	7
감미면	412	0	165	154	49	30	5	9	0
거곡면	617	0	231	254	71	43	5	7	6
금목면	895	0	478	250	100	48	9	7	3
김생면	378	0	80	203	50	21	13	8	3
금천면	449	0	227	115	31	33	13	20	10
남변면	1071	1	232	516	97	84	52	56	33
노은면	946	1	218	519	123	47	19	16	3
대도곡면	278	0	61	131	41	24	10	7	4
덕면	597	0	133	282	54	60	24	34	10
덕산면	1173	57	398	434	112	109	33	24	6
동량면	1035	0	252	523	122	95	21	19	3
두의면	264	0	36	165	31	21	6	4	1
맹동면	873	0	181	405	122	80	32	45	8
법왕면	474	0	135	171	79	38	19	22	10
복성면	777	0	138	409	86	75	24	32	13
북변면	1140	0	327	497	109	89	43	46	29
불정면	770	0	304	243	107	71	18	24	3
사다산면	367	0	145	123	34	32	17	9	7
사이면	425	0	174	163	57	19	1	11	0
산척면	963	0	82	693	89	79	8	11	1
살미면	1172	2	286	584	152	75	29	27	7
생동면	720	0	174	336	87	53	16	38	16
소태양면	799	1	147	335	128	99	50	29	10
소탄면	189	0	39	81	23	25	9	11	1
소파면	513	1	179	217	63	37	5	8	3
신니면	498	0	222	173	57	28	13	3	2
신석면	757	40	253	255	67	48	36	46	12
앙엄면	518	2	97	248	52	57	13	35	14
엄정면	1208	0	153	657	147	109	47	65	30
유등면	549	0	82	256	85	64	28	31	3
율지면	323	0	43	156	46	34	20	18	6
이안면	624	0	60	338	86	62	18	43	17

주류면	395	0	40	259	50	17	10	12	7
지내면	402	0	142	195	15	33	6	6	5
천기읍면	211	0	51	106	24	19	6	3	2
계	1,008	106	6,229	11,043	2,779	1,948	715	832	308
%	100%	0.4	26.0%	46.0%	11.6%	8.1%	3.0%	3.5%	1.3%

충주의 초가집 호수의 합계는 23,971호였다. 기와집에 초가가 섞여 있는 경우와 물레방아는 제외하고, 순수한 모든 초가집을 합한 통계이다.[60]

초가집 가운데 가장 많은 비율을 차지하고 있는 것이 3칸이다. 모두 11,043호로서 전체 호수의 46%에 해당한다. 거의 절반 가까운 호수가 초가 3칸에 살았던 것이 이 통계에서 확인된다. 3칸은 방 2개에 부엌이 있는 집이다.

다음으로 많은 비율이 초가 2칸으로서 전체 호수의 26%이다. 6,229호에 달했던 초가 2칸집은 방 1개에 부엌이 달린 집이거나 방은 2개이지만 부엌은 따로 없이 바깥 한 데에 부뚜막만 있는 집을 말한다. 아궁이와 부뚜막에 바람을 막는 가림막을 거적 따위로 세운 열악한 집이었다. 그러한 집이 1/4을 넘었다. 적지 않은 비율이었다.

2칸집에서 남녀가 생활하는 공간을 구분하거나 유교의례 공간을 따로 둘 수는 없었다. 안채와 사랑채 별채가 구분되어 있고 행랑채가 있는 기와집 저택과는 비교할 수 없는 집이었다.

그러나 초가 2칸은 가난한 사람이 사는 집이었지만 초가 1칸에 살던 사람들처럼 극빈층은 아니었다. 남의 토지를 빌려서 농사를 짓는 작인으로서 그럭저럭 세상살이를 해나가던 사람이었다. 안빈낙도를 생각하며 생활할 수도 있었다.[61]

---

60) 초가집에 관해서는 윤원태 소장이 운영하는 한국전통초가연구소의 다음 홈페이지 http://ywt007. mireene.co.kr/new/main.html와 『한국의 전통초가』, 도서출판 재원, 1998이 참고된다.

61) 초가 2칸에 관한 상촌 申欽과 사가정 徐居正의 安貧樂道에 관한 詩는 2칸 초가에 관한 이해를 도와준다(http://db.history.go.kr).

　　더구나 초가 2칸집이 26%나 되는 비율로 인해서 초가 3칸집에 대한 해석도 새로워질 수 있다. 초가 3칸은 가장 가난한 사람이 살던 집이 아니었다. 당시 주거환경을 생각하면 그래도 '살만했던 집'이었다. 만약 가난을 상징하는 집이었다면 "초가삼간 집을 짓고 양친부모 모셔다가 천년 만년 살고 지고"라는 전래 동요[62]가 나올 수 없었을 것이다.

　　2칸과 3칸을 합하면 72%였다. 여기에 한 칸을 더 늘인 4칸집은 2,779호로 11.6%에 달한다. 2칸에서 4칸까지 합하면 83.6%에 해당한다. 당시 초가집을 소유했던 사람들이 대부분 이처럼 2칸에서 4칸 규모에서 살았던 것이다.

『象村先生集』 제11권, 살림살이[生事]
살림살이 두 칸의 집이라면은 / 生事二間屋
깊은 흉금 만고의 심정이라네 / 幽襟萬古情
옷 걸치고 덩굴길 산보하고요 / 披衣步蘿逕
단장 기대 시냇물 소리를 듣지 / 倚杖聽溪聲
바람 자니 이슬꽃 소박하고요 / 風散露華澹
숲 깊어 바람소리 맑기도 하다 / 林深靈籟淸
한밤중 오래도록 앉아 있을 제 / 宵分仍坐久
서늘한 달 가람성 올라오누나 / 凉月上江城

『四佳詩集』 제4권, 村家
자갈밭 세 이랑은 아주 척박한데 / 石田三頃薄
띳집 두 칸을 여기에 얽었더니 / 茅屋兩間開
녹색의 파리한 건 연기 뚫은 죽순이요 / 綠瘦煙抽筍
노랗게 살찐 건 비가 보낸 매실이로다 / 黃肥雨送梅
산은 어둑어둑 안개가 막 어우러지고 / 山昏纔霧合
강물은 출렁출렁 조수가 밀려들오네 / 江動欲潮回
십년 동안 계돈사를 결성하고서 / 十載鷄豚社
서로 종유하며 술잔을 권하누나 / 相從侑酒盃

62) 이 노래를 짓고 부른 사람들이 초가 3칸을 궁박한 극빈층의 삶을 상상했다고 볼 수 없다. 그랬다면 양친부모를 모시는 집으로 상상하지 않았을 것이기 때문이었다. "달아 달아 밝은 달아 이태백이 놀던 달아 / 저기 저기 저 달 속에 계수나무 박혔으니 / 옥도끼로 찍어내고 금도끼로 다듬어서 / 초가삼간 집을 짓고 양친부모 모셔다가 / 천년 만년 살고 지고 천년 만년 살고 지고."

그런데 이 통계에서 눈에 띄는 것이 1칸 초가집이다. 9개 면에서 106채가 기재되어 있다. 덕산면에 57채, 신석면에 40채가 있었다. 초가로 1칸집을 지어 살던 사람이 꽤 있었다는 것이다. 물레방아와 같이 외따로 있던 건물로 생각될 수 있지만 그렇지는 않다. 물레방아간은 별도로 통계를 내서 제외되었기 때문이다.

초가 1칸집이라도 온돌을 놓고 부엌이 있으며 집밖에 농기구를 둘만한 집이었을 것이다. 구체적인 모습을 기록한 자료는 찾지 못했으나 그래도 농민들이 살만한 집이었을 것이다. 당시에는 농막이나 산막으로 부르던 움집과 같은 것이 있었다고 한다. 움집은 땅을 파서 바닥이 낮은 집으로서 임시 거주처로 만든 것이다.[63]

1930년의 조사에 의하면 서울에도 토막집[64]이 많았는데 이런 집들이 일제강점기 농민수탈의 결과로 도시에 유입된 빈민들이 만들어 살던 것이라고 한다.[65] 서울 등 도시로 몰려든 빈민들은 농촌 출신들이었고, 이들은

---

63) 충주와 인접한 경상도 예천 용문면에서 활약하던 동학농민군 지도자 全基恒이 동학농민군 진압 후 험준한 소백산맥 일대에서 농막을 만들어 오랫동안 피신한 사례가 있다. 신영우, 「예천 금당실 모량도감 전도야지 전기항」, 『다시피는 녹두꽃−동학농민군 후손 증언록』, 동학농민전쟁백주년기념사업추진위원회. 전기항의 손부 나주 정씨와 고손자 전장홍·방손 전상춘을 면담한 증언 내용에 나온다.

64) 김윤기, 「토막집스케치」, 『朝鮮と建築』 제9집 10호, 1930. "토막이란 것은 조선어로 '움막집'이라고 하는데 '움'과 '막' 모두 막(幕)의 뜻이다. '집'은 가(家)로 필요로 하는 '토막의 家'를 뜻한다. 토막을 볼 때는 원시건축의 혈거나 천막(Tent), 볏 집(Hut)을 연상케 한다. 또 세상에서 가장 기본적인 설치와 같다. 여름엔 움집에서 살고 겨울엔 동굴에서 사는 원시생활을 연상케 하는 것이다. 설명할 필요도 없이 토막은, 지표에서 적당한 깊이로 2자에서 5자의 깊이로 파내어 하부에 장대를 지하에 조립하여 마룻대를 연결, 경사재는 짚 종류를 써서 (지붕을) 덮는 것이다. 땅바닥은 원래 온돌장치가 없는데 땅높이보다 아래에 있어서 겨울은 상당히 따뜻하고 여름도 시원하기 때문이다. 토막은 경성의 주위(지방도시에도 존재하고 있는 것으로 생각됨)에 아주 많다. (밥)벌이 관계로 거리에서 가까운 것을 요건으로 한다. 대체로 옛 용산 도산 뒤편이나 동대문밖 신당리는 토막 무리로 유명하다. 수해 前 한강 이촌동에도 아주 많았던 적이 있다."

농촌에서 보거나 살아왔던 초가 1칸집의 형식대로 토막을 지었을 것이다.

광무양안에 1칸집으로 조사한 것을 보면 일정한 기준 아래 파악했을 가능성이 있다. 이에 대해서는 태안의 윤규상씨[66]가 다음과 같이 증언한다.

초가 1칸집은 방과 부엌이 하나가 있는 옴팡집을 말한다. 평수로는 방 3평 부엌 2평 정도인데 가옥은 평수로 조사했다. 초가 1칸집은 태안에 100여 채는 되었을 것이다. 이런 집에 살던 사람들은 남의 집에서 일하던 사람들이다. 저녁에 들어와서 자고, 아침에는 일하러 나갔다. 내외가 같이 나가 부인은 주인집에서 집안일을 하고 남편은 농사일을 해주면서 거의 종처럼 살았다. 봉급 같은 것은 받지 않았으나 가난했던 시절이라 주인집에서 그 가족을 거두어 먹여 살린 것이다. 물론 가족은 내외가 일을 나간 낮에 1칸 초가집에 있었다. 1920년대에는 이런 사람들이 많이 있었으나 해방되고 모두 외지로 떠났다. 이들은 예전에 가마를 메거나 천한 일을 하던 사람들이다. 나라가 해방되었다고 해도 살던 곳에서는 대접을 받지 못하니까 떠난 것이다.

부자는 집이 아니라 수확을 기준으로 따졌다. 벼가 50석 또는 100석, 200석이면 이를 기준으로 부자라고 했다. 50호가 있는 마을에 쌀밥 먹고 사는 집은 10호 남짓으로 나머지는 보리밥만 먹었다.

---

65) 강만길, 『日帝時代 貧民生活史研究』, 창작사, 1987, 237~286쪽, 3장 土幕民의 生活.

66) 광복 직후 충남 태안에서 공무원으로 근무하면서 주택 관련 업무를 맡아봤다는 尹奎相(1927년생, 태안군 이원면 당산리 1139번지)씨의 증언. 2009년 8월에 이원면 면사무소에서 면담했을 때 "어렸을 때의 기억과 공직 근무시의 경험을 합한 증언"을 해주었는데 이를 보완조사해서 보충하였다. 윤규상씨는 태안에서 2칸집이 50%가 된다고 했는데 이는 과장일 수 있지만 2칸집이 예상보다 많았던 것을 전해주는 증언일 수 있다. 충주와 비교하면 2칸과 3칸의 비율이 역전되는 것이다. 비옥한 평야지대인 충주와 척박한 연해지대인 태안의 차이를 보여주는 비율인지 모른다. 하지만, 1940년대의 주거상황을 목격했던 가옥조사 담당 전직 공무원의 이 증언은 주요한 점을 시사해준다. 그것은 해안지대인 태안의 주거사정은 내륙보다 더 열악했다는 점이다.

집으로 따지면 좀 산다는 사람은 10칸 이상. 기와집은 50호 마을에 한 집이 있을까 마나했다. 커다란 기와집은 대청이 4칸이나 6칸이 되었다. 기와는 기술자가 마을에 들어와서 만들었다. 흙 좋은데서 기와를 만들어 직접 구워서 올렸다. 마을 사람들에게도 놉을 주어 일을 돕도록 했다. 마치 토기 굽듯 구워서 기와를 올렸는데 대개 살림집만 기와를 올리고 사랑채는 올리지 않았다.

재산세를 매기려고 조사를 나가면 대문으로 들어갔는데 대문을 1칸으로 쳤다. 10칸집이면 살림집이 5칸이었고 바깥채가 5칸이었다. 외양간이 아무 집에나 있었던 것은 아니었고 소를 키울만한 부잣집에나 있었다. 외양간과 광은 칸수로 쳤고, 독립된 뒷간은 포함하지 않았다.

충주에서 초가 4칸의 비율은 2칸이나 3칸에 비해 크게 줄어든다. 한 칸을 더 내어지은 집에 지나지 않았지만 이처럼 급격히 비율이 줄어든 것을 보면 집을 늘리는 것이 얼마나 어려웠던가를 보여준다. 물론 집을 지을 때 4칸은 선호하는 칸수가 아니었다.[67] 홀수로 지어야 좋다고 해서 3칸, 5칸을 선호했지만 4칸집도 적지 않게 지었다. 4칸은 대청마루가 큰방과 건넌방 사이에 들어가서 편리성에서 차이가 날 수밖에 없었다.

초가 5칸은 1,948호로서 8.1%에 해당한다. 당시 선호하던 홀수의 칸수이지만 그리 많은 비율이 아니었다. 그러나 5칸 이상이 되면 평면구도가 달라진다. 一자집이 아니라 대청을 사이에 둔 ㄱ자집일 수 있는 것이다. 2칸과 3칸집보다 건물 배치와 편리성에서 우월하였다. 5칸 곱은자 형태의 집은 방이 3개에 대청이 있고 부엌이 달린 형태로 지을 수 있었다.

---

67) 柳重臨, 『增補山林經濟』卜居. "凡造屋其形始日月口吉字者吉形 始工尸字者不吉……凡造屋必用單數爲吉 如一間三間之類 量柱尺數及布椽.(무릇 집을 지을 때 그 모양을 日月口와 같은 길한 글자 모양이면 길한 형이며, 工 尸자와 같은 모양이면 불길하다.……무릇 집을 지을 때는 반드시 홀수를 사용해야 길하다. 한 칸 세 칸 부류와 같은 것이다.)"

6칸은 715호로서 3.0%였다. 6칸집이면 3칸이나 4칸 안채에 2칸이나 3칸 정도의 아래채를 두어 살림집과 작업 공간을 옥내에서 분리할 수 있었다. 7칸에서 9칸 초가집은 832호로 3.5%였는데 이 규모가 되면 田자형 겹집이 될 수 있는 섯이다. 초가집이라도 기와집에 못지않게 커다란 규모가 겹집이었다. 부농이라고 할 수 있는 사람들이 사는 집이었다.

충주에 10칸 이상 초가집은 308호로서 1.3%였다. 큰 것은 20여 칸집도 나오는데 초가 3칸과 비교할 수 없는 커다란 집이었다. 작은 기와집보다 더 규모가 있는 집이었다. 10칸 이상의 초가가 많은 면은 역시 기와집이 많이 있던 순으로 나온다. 남변면(33호)〉 엄정면(30호)〉 북변면(29호)〉 이안면(17호)〉 생동면(16호)〉 앙엄면(14호)〉 가흥면·복성면(13호)〉 신석면(12호)〉 금천면·덕면·법왕면·소태양면(10호)이었다.

이와 같은 통계를 보면 충주의 주거환경이 매우 나빴던 것으로 생각될 수 있다. 당시의 농민들은 궁핍한 속에서 주거환경까지 열악한 가운데 살아갔던 것이다. 그러나 다른 군의 실상을 보면 충주의 사정은 그리 나쁜 편은 아니었다고 할 수 있다.[68] 이것은 대지 규모를 보면 잘 알 수 있다. 다음은 충주의 주거별 대지를 초가 칸수별로 정리한 표이다.

---

68) 「皇城新聞」 1908년 07월 26일(양력)자, '거창상황'이란 기사에 경상도 거창의 주거 환경에 대한 표현이 나온다. "慶尙北道 居昌郡은 戶數가 千餘오 口가 五千이니 稍大한 部落이로되 兩班家屋이라 칭할 者가 無하고 草家가 多하고 瓦家는 郡衙外 五六戶뿐이오 官舍는 郵便取扱所, 警察分所, 財務署, 郡立日語學校가 有하고 日本商人은 現在店鋪를 開한 者가 六戶로되 漸次增加할 貌樣이오." 이는 읍내를 표현한 것 같은데 관아를 제외하면 기와집은 5~6호뿐이라고 하였다. 이에 비해 충주의 읍내 일대는 기와집이 상대적으로 많은 편이다.

<표 6> 초가집의 칸수별 평균 대지면적(단위 ㎡)

면	1칸	2칸	3칸	4칸	5칸	6칸	7-9칸	10칸 이상
가차산면	0	251	281	359	429	481	484	0
가흥면	212	219	361	448	450	471	432	582
감물면	0	414	406	528	542	673	710	1084
감미면	0	179	269	355	489	608	430	0
거곡면	0	297	318	433	485	581	617	923
금목면	0	219	316	383	512	548	545	1028
금천면	0	266	326	341	510	944	409	572
김생면	0	245	313	364	440	502	629	684
남변면	69	225	315	394	580	508	582	803
노은면	131	347	474	751	660	750	733	905
대도곡면	0	198	313	391	450	485	682	753
덕 면	0	243	414	454	490	556	729	1011
덕산면	143	202	250	329	413	383	507	627
동량면	0	293	394	529	526	537	750	837
두의면	0	107	187	211	269	273	217	1620
맹동면	0	262	305	315	421	370	559	632
법왕면	0	151	215	266	286	324	394	565
복성면	0	200	277	380	472	427	480	536
북변면	0	274	344	411	454	466	589	1182
불정면	0	343	498	592	735	571	657	1033
사다산면	0	223	367	303	412	283	649	638
사이면	0	243	300	338	454	378	844	0
산척면	0	259	393	559	764	1028	870	799
살미면	70	254	441	580	753	464	507	864
생동면	0	154	198	249	337	419	390	665
소태양면	173	383	449	491	592	494	837	417
소탄면	0	196	263	348	433	448	551	1458
소파면	216	258	372	454	544	681	686	1234
신니면	0	206	279	389	462	618	699	1068
신석면	173	252	281	335	401	364	519	439
앙엄면	63	246	314	418	428	446	463	708
엄정면	0	261	352	436	499	587	552	619
유등면	0	222	364	380	442	488	506	938
율지면	0	313	312	452	473	579	537	830
이안면	0	218	326	423	415	470	473	487

주류면	0	233	306	388	523	626	833	1196
지내면	0	182	288	454	494	704	387	1506
천기음면	0	222	241	351	373	335	337	599
전체평균	139	244	327	410	485	523	573	785

대지는 주택을 포함해서 마당까지 합한 것인데 초가 칸수별로 차등이 나는 것을 볼 수 있다. 초가 1칸의 평균 대지면적은 139㎡인데 평으로 환산하면 약 42평이 된다. 칸수 차례대로 대지면적을 평으로 환산 정리하면 다음과 같다.

1칸(42평)→ 2칸(74평)→ 3칸(99평)→ 4칸(124평)→ 5칸(147평)→ 6칸(158평) → 7~9칸(173평)→ 10칸 이상(238평)

대지는 집과 마당만으로 구성된 것은 아니었다. 텃밭으로 사용하는 것이 많았는데 가축을 기르거나 각종 채소 등을 재배하는 긴요한 공간이기도 하였다.

초가 3칸집도 100평 가까운 대지를 갖고 있었기 때문에 평균으로만 보면 충주의 초가집들은 넓은 대지 위에 집을 짓고 살았던 것으로 생각할 수 있다. 하지만 농가의 마당은 농사일을 하는 작업장이기도 했다. 타작을 하거나 수확물을 볕에 말릴 마당이 좁으면 매우 불편해서 일을 하기 어려운 것이다. 그래서 일정한 면적이 필요하였다.

그러나 가난한 사람은 작업장으로 사용할 마당을 가질 수 없었다. 칸수별로 가장 적은 대지가 있던 경우를 찾아보면, 1칸집은 2채가 11평뿐이었다. 전혀 마당이 없이 거처만 하나 있는 집이었다. 2칸집은 역시 2채가 5평 대지에서 살았다. 이를 보면 2칸집의 규모가 넉넉한 것이 아니라 겨우 한두 사람이 몸만 들어갈 정도도 있었다는 것을 알게 된다.

3칸집에는 각각 2채씩 8평과 9평 그리고 10평 대지가 있었다. 4칸집도

2채씩 16평과 17평의 대지를 가지고 있었다. 5칸집은 역시 각각 2채가 21평과 22평 대지뿐이었다. 6칸집도 24평의 대지가 있던 집이 2채였다. 7칸이라고 해서 모든 집이 넓은 대지가 있었던 것은 아니었다. 24평과 29평에 지나지 않은 사례도 있는 것이다. 8칸집이 되면 33평과 45평 대지가 가장 작은 대지였다. 9칸은 47평과 52평이 작은 면적이었다. 그렇지만 이런 사례는 일부에서 보이는 것이었다.

충주의 초가집은 대지가 비교적 넓은 편이었다.[69] 물론 면의 위치에 따라서 산간과 평야 지역이 다를 수 있고, 같은 면적이라도 1등급과 5등급의 대지는 가치가 다를 수 있었다. 집값을 기준으로 하면 가치가 다를 수 있겠지만 대지면적만 보면 결코 좁은 것은 아니었다.

그러면 가장 많은 칸수와 넓은 대지의 초가집은 어느 면에 있었을까? 북변면 권명섭[70]의 집이었다. 초가 30칸에 대지가 2,045평이었다. 다음 순위는 역시 북변면의 권재항의 집으로 초가 30칸에 대지가 1,060평에 달했다. 초가라고 하지만 30칸에 2,000평이 넘는 대지의 집은 기와집이 부럽지 않았을 것이다.

5. 맺음말

한국의 전통가옥에 관한 연구는 주로 건축역사학 전공학자들이 수행해왔다. 최근까지 나온 논문과 저서 목록을 보면 오랜 기간 여러 학자들이 많은 시간을 집중해서 연구를 해온 것을 알 수 있다. 그 결과 전국에 산재한

---

69) 충주와 다른 지역의 대지 규모는 광무양안의 심화연구를 통해 구체적으로 드러날 것이다.

70) 안동 권씨로서 1894년 생원시에 급제하고 사직서 참봉, 궁내부 주사 등을 역임한 인물이었다.

전통 한옥에 관해 일정한 이해를 할 수 있게 되었다.

건축역사학에서는 전통 한옥에 관해서 전해주는 지식은 다양하다. 공간 구성을 분류하면서 평면 형태와 구조, 그리고 건축재료 등을 기준으로 유형을 나누어 그 특색을 알려주고 있다. 또한 최근에는 역사학의 연구성과를 받아들여 사회계층에 따른 집의 특성을 연구하고 있다.

이러한 역사건축물에 관한 연구에는 역사학 전공자가 참여해서 공동으로 연구할 필요가 있었다. 그러면 실물을 대상으로 조사한 건축역사학의 연구와 사료를 통해 고증한 연구가 합해져서 이른바 융합연구로 여러 성과를 올릴 수 있었을 것이다. 그러나 지금까지 그런 시도는 이루어지지 못하였다. 무엇보다 역사학 논문을 작성할 수 있을 만큼 역사건축학 연구의 1차 사료가 없었던 것이다. 이런 면에서 주목되는 자료가 광무양안이다.

광무양안은 국가기관이 직접 각 지역을 조사해서 정밀하게 만든 토지대장으로서 가옥에 관한 항목을 만들어서 상세한 1차 사료를 제공해주고 있다. 이 자료는 그동안 연구에 활용하지 못하였다. 그것은 방대한 자료 성격으로 인해 연구에 활용할 수 있도록 가공하는 것이 어려웠기 때문이었다.

현재는 전산 통계처리 기술이 발달하여 수십만 필지에 관한 여러 가지 정보도 쉽게 입력해서 활용할 수 있게 되었다. 다행히 충북대 중원문화연구소에서는 학술진흥재단의 지원을 받아 충주양안을 입력하는 토대연구사업을 수행할 수 있었다. 이제 입력작업을 마치고 충주 전체의 통계를 활용해서 연구를 진행하는 단계에 들어가게 되었다. 이제 광무양안의 작성 목적이었던 전근대 조세수취의 주요 대상이었던 전답 등 토지에 관한 연구뿐 아니라 주거생활에 관한 연구도 가능하게 된 것이다.

대한제국 시기인 1900년대 초 충주의 주거생활을 전해주는 1차 사료는 다양한 실상을 드러낸다. 일부만 정리해도 그 의미는 작지 않은 것이다. 충주의 총호수는 기준에 따라 차이가 있다. 민가와 관아가 함께 기와집과 초가집이 있을 경우, 물레방아를 포함하거나 제외할 경우, 절과 사우의 포함 여부 등에 따라 달라질 수밖에 없었다.

충주의 초가집만 헤아리면 23,971호인데 이에 비해 민가 기와집은 123채였다. 기와집은 전체 가옥의 약 0.51%에 불과했다. 『송사』에서는 2할이라고 고려시기의 기와집 비율을 기록했는데 광무양안의 통계는 그 40분의 1밖에 안될 정도로 적은 수였다. 물론 칸수로 비교하면 달라진다. 기와집은 칸수가 많고, 또 관아까지 합하면 더 칸수가 늘어나기 때문이다. 초가집은 80,616칸이고 기와집은 1,026칸으로 기와집의 칸수는 전체의 1.3%에 달한다. 『송사』의 2할 즉 20%보다 훨씬 적은 비율이다.

충주의 초가집을 칸수별로 통계를 낸 것은 군 단위로는 처음으로서 그 의미가 작지 않다. 한 군 전체의 주거생활을 생생하게 알 수 있는 통계가 확인된 것이다. 초가 2칸은 6,229호로 26%, 초가 3칸은 11.043호로 46%였다. 2칸과 3칸을 합하면 72%였고 4칸집까지 합하면 83.6%에 해당한다. 당시 초가집을 소유했던 사람들이 대부분 이처럼 2칸에서 4칸 규모에서 살았던 것이다.

이 같은 사실은 조선사회에서 살던 선조들이 커다란 기와집에 살았을 것으로 생각하던 많은 사람들의 생각을 바꿔놓는 통계가 아닐 수 없다. 초가 3칸은 당시 '살만했던 집'이었다.

충주에서도 면별로 보면 일정한 차이가 있었다. 지금 음성의 많은 지역과 괴산의 일부 지역을 경내에 포함했던 충주는 당시 38개 면이었는데 읍내인 남변면과 북변면, 그리고 엄정면과 동량면은 주거 환경이 비교적 좋은 편이었다. 기와집도 있었고, 규모가 큰 초가집도 여러 채가 있었다. 하지만 대부분의 면은 기와집이 전혀 없거나 매우 적었고, 초가집도 1칸이나 2칸의 비율이 많았다. 주거환경이 좋지 않았던 것이다.

이를 보면 충주의 주거생활이 매우 열악했을 것으로 생각할 수 있는데,

산간지대나 연안지대의 군현을 조사해서 실상을 알아보면 충주는 다른 지역에 비해 상대적으로 나은 주거환경이었다고 생각할 수 있을 것이다. 간략히 본 것이긴 하지만, 경상도 거창이나 충청도 태안의 경우 이 글에서 살펴본 충주보다 좋지 않았다. 당시 우리 사회의 주택 사정은 그만큼 나빴던 것이다.

통계만 가지고 당시 살던 사람들의 생동감 있는 모습을 그려볼 수는 없다. 현지조사를 통해 실체를 확인하고, 후손을 만나서 증언을 듣는 작업이 필요하다. 충주에서 생산된 주거생활과 관련한 고문서들의 확보도 요구된다.

주택 소유는 오늘날 한국인이 재산을 보유하고 증식시키는 가장 중요한 방법이 되었다. 또한 삶의 질을 보장하는 가장 중요한 방식과도 관련되어 있다. 한국근대사의 역동적인 변화와 발전과정을 주택의 확보와 소유라는 측면에서도 살펴볼 수 있을 것이다.[71]

---

71) 참고로 현 통계청의 자료를 제시한다. 2005년 「주택총조사 DB」에 의하면 충주시 주택 전체는 66,104채로서 단독주택과 아파트 등으로 구분하면 다음과 같다. 단독주택 29,647(44.9%, 일반단독 26,513 다가구 2,070 영업 1,064)/ 아파트 31,811(48.1%)/ 연립주택 3,406(5.2%)/ 다세대 312(0.5%)/ 비거주 주택 928(1.4%).
충북 전도의 단독주택 합계는 191,659채인데 다음은 평수별 통계이다. 7평 미만 511(0.3%)/ 7~9평 1,151(0.5%)/ 9~14평 10,827(5.7%)/ 14~19평 34,061(17.8%)/ 19~29평 83,170(43.4%)/ 29~39평 32,656(17.0%)/ 39~49평 9,895(5.2%)/ 49~69평 11,099(5.8%)/ 69~99평 4,608(2.4%)/ 99평 이상 3,681(1.9%).
다음으로 충북 전체의 아파트 합계는 203,032채인데 평수별 통계는 다음과 같다. 7평 미만 32(0%)/ 7~9평 6,463(3.2%)/ 9~14평 29,168(14.4%)/ 14~19평 89,021(43.9%)/ 19~29평 65,719(32.4%)/ 29~39평 7,966(3.9%)/ 39~49평 4,049(2.0%)/ 49~69평 602(0.3%)/ 69~99평 8(0%)/ 99평 이상 4(0%). 광무양안의 통계를 보는 기준에 일정한 시사점을 줄 것이다.

광무양안에 나타난 충주군 율지면
남창 마을[*]

강 은 경

1. 머리말

광무양안은 1900년대 초에 대한제국이 대규모 국가사업인 量田을 통해 만든 토지대장이다. 田稅가 국가재정의 기본을 이루고 있던 시대였으므로, 量田은 田政의 가장 기초적이고 중요한 문제였다. 조선시대 법제로는 20년에 한 번씩 양전을 실시하도록 규정되어 있었으나, 대규모 사업으로 비용과 인력이 막대하게 소요되었기 때문에 실제로 양전은 수십 년 내지 백여 년이 지난 뒤에야 실시되곤 했다. 엄청난 전쟁의 소용돌이를 거친 조선후기 사회에서도 대개 道 단위 이상에서 실시되었고,[1] 田政의 문란이 심한 지역에서만 수시로 미봉적인 양전이 실시되었을 뿐이다.

1898년(光武 2)부터 1904년까지 시행된 光武量田은 숙종 이후 처음으로

---

* 이 글은 『역사와 실학』 42, 2010에 게재한 논문을 수정, 보완하였다.

[1] 전쟁으로 전국의 토지는 황폐하고 토지문서는 산실되어 150여만 결 내지 170여만 결에 이르던 토지가 30여만 결에 불과하게 되었다. 宣祖 36·37년에 처음으로 전국적인 규모로 양전이 이루어졌고(癸卯量田), 이후 光海君 5년의 三南 量田, 仁祖 12년의 三南 量田(甲戌量田), 顯宗 4년의 경기도 量田, 顯宗 6년의 함경도 量田과 10년의 충청도 20邑, 황해도 4邑 量田, 肅宗 27년의 황해도 3邑 量田과 35년의 강원도 16邑 量田, 肅宗 45·46년의 三南量田(己亥庚子量田) 등이 시행되었다.

실시된 전국 규모의 사업이었으며, 조선정부가 시도한 마지막 양전이었다. 담당기구는 원래 호조였으나 이때에 새로운 독립기구로서 量地衙門이 설치되었다. 1899년 여름부터 본격적으로 시작하여 1901년 흉년으로 중단될 때까지 전국 331개 군 가운데 경기 15개 군, 충북 17개 군, 충남 22개 군, 전북 14개 군, 전남 16개 군, 경북 7개 군, 경남 10개 군, 황해 3개 군 등 모두 124개 군의 양전이 이루어졌다. 1901년 10월에 새로운 기구 地契衙門을 설치하여 양전사업을 계속하였는데, 경기 6개 군, 충남 16개 군, 전북 12개 군, 경북 14개 군, 경남 21개 군, 강원도 26개 군 등 모두 94개 군의 양전을 시행하였다. 그리하여 218개 군의 양안이 작성되었지만, 많이 손실되어 현재 남아 있는 것은 41개 군에 불과하다. 그것도 경기도와 충청도가 대부분이어서 전국적인 상황을 파악하기에는 매우 부족한 실정이다.

그럼에도 양안이 중요한 것은 거기에는 전답의 소재지, 넓이와 모양, 토지소유자, 경작자뿐만 아니라 가옥에 딸린 垈地까지 포함되어 있어서 농민의 경제상태, 토지소유관계와 경영방식, 토지를 매개로 한 개인간의 관계나 촌락과 군현 내부의 경제적 관계 등을 보여주는 1차 사료로서 중요한 가치를 지니고 있기 때문이다. 그동안 양안은 여러 가지 시각에서 접근, 분석되었지만 사료의 형태가 너무 방대하여 부분적인 연구로 이루어졌고 최근에 집단적인 연구방법이 추진됨으로써 비로소 복합적인 연구 단계로 접어들었다.[2]

본고에서는 데이터베이스로 정리된 충주의 광무양안을 중심으로 마을 단위의 분석을 시도하려고 한다. 분석 대상인 남창 마을은 국가에 세곡을 바치는 창고를 소유하고 있어서 평범한 마을보다는 당시 격동하던 사회에서 발전의 가능성을 어느 정도 갖고 있었다고 보인다. 마을의 토지뿐 아니라 가옥과 인구 구성 등을 분석하고, 그것이 충주군 전체에서 어떠한 위치에

---

2) 양안의 자세한 연구사적 정리는 최윤오, 『조선후기 토지소유권의 발달과 지주제』, 혜안, 2006 및 신영우·최윤오, 「총론 : 근현대 지방 사회경제사 연구의 시각과 방법」, 『광무양안과 진천의 사회경제 변동』, 혜안, 2007 참조.

있는지 파악해보려 한다. 이를 바탕으로 남창 마을이 근대사회로 이행하던 당시 역사의 발전단계에서 어떠한 역할을 했으며, 그것이 또한 그 당시 사회에서는 어떠한 의미를 갖는지도 제시할 수 있지 않을까 생각한다.

2. 남창 마을의 역사와 지리적 위치

남창 마을은 광무양안에서 충주군 율지면에 속해 있었다. 율지면은 그 후 몇 차례의 지방제도 개편에 따라 소속이 변경되었고, 지금은 충북 괴산군 불정면에 포함되어 있다. 하지만 마을 이름은 사라지지 않고 계속 유지되어 오늘날까지 남아 있다.

한일병탄 이후 1914년의 행정구역 조정에 따라 괴산군으로 편입되었으며, 이때 율지면에 소속된 단풍, 창리, 놀미, 목도, 막의, 모촌, 탑평, 수산동, 추동, 수산서, 외령 등 11개의 리가 불정면에 병합되었다. 남창 마을은 창리에 소속되어 창산리로 편제되었다. 당시 단풍리, 창리, 하산리, 목도리 일부를 병합하여 창리의 '창'자와 하산의 '산'자를 따서 창산리로 하였기 때문이다. 그리고 1961년에 지방자치에 관한 임시조치법에 의해 행정구역이 세분화될 때 가야, 가호, 가동, 하문, 하산, 남창, 막의, 탑평, 모촌, 추산, 추동, 사현, 능현, 영촌, 연지, 안촌, 원웅동, 현동, 풍림, 건야, 신창, 향촌, 두촌, 세평, 석정, 덕촌, 세곡 등 27개의 리로 분할되었다. 여러 차례 통폐합을 거치지만 '남창'이라는 마을 이름은 유지되었다.

조선 후기에 편찬된 지리서에는 남창 마을의 위치가 다음과 같이 나타나 있다. 이 지도는 18세기에 편찬된 『輿地圖書』3)에 실려 있는 것으로,4) 충주를

---

3) 『輿地圖書』는 영조대에 1757년에서 1765년(영조 41) 사이에 각읍에서 편찬한 읍지를 모아 합한 필사본으로, 국사편찬위원회에서 1973년에 처음 영인하였다.
4) 『輿地圖書』 上, 忠淸道 忠原縣, 국사편찬위원회 영인본, 1979, 250쪽.

충원현이라 불렀고5) 남창 마을은 율지동면에 속해 있었다.

<그림 1> 충청도 충원현 지도

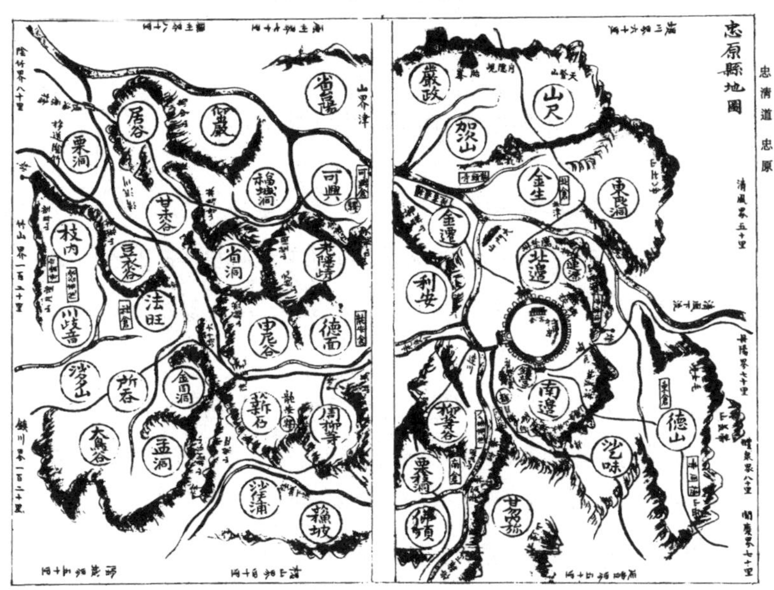

지도에 보이듯이 남창 마을은 달래강 상류와 수많은 실개천이 음성천을 이루고 있는 달개들을 끼고 있었다. 강을 끼고 있어 물길로 물자를 운반하기 쉬운 자리여서 조선시대에는 세곡을 보관하던 창고가 설치되었다. 마을 이름 '남창'도 남쪽에 있는 창고라는 뜻에서 사용된 것이다. 광무양안에서는 南倉洞, 南倉後坪 등의 이름으로 나타난다. 본고에서는 이를 묶어 남창 마을이라 이름 붙였다.

충주는 남한강 유역의 중심지여서 필요에 따라 많은 창고가 설치, 운영되었

---

5) 위의 책, 忠淸道 忠原縣 建置沿革, 256~257쪽 참조. 특히 조선후기에 이 지역에서 반역자가 수시로 나타나 처벌되었는데 그럴 때마다 광해군, 인조, 효종, 숙종, 영조 등의 집권기에 충주목이 충원현으로 수시로 강등되었다.

다. 『여지도서』에 따르면 북문내의 楊津倉과 남문내의 司倉, 가흥면의 可興倉, 법왕면의 社倉, 덕산면의 東倉, 금생면의 北倉, 덕면의 龍安倉과 아울러 율지동면의 南倉 등 8개의 창고가 있었던 것으로 나타난다.[6] 이 중에서 세곡을 한양으로 실어 나르던 기점은 가흥창이었으나, 남창 마을도 수세기 동안 세곡창으로서 그 임무를 담당했던 것으로 보인다.

또한 『여지도서』에 의하면 남창은 충주 관문에서 남쪽으로 30리에 위치하였고 여기에 설치된 창고의 크기는 57칸이었다고 한다. 가흥창 119칸, 社倉 117칸, 司倉 103칸에 비하면 그 규모가 작은 편이지만 양진창 57칸, 동창 41칸, 북창 67칸, 용안창 69칸으로 나타나고 있어,[7] 남창도 이들과 거의 그 크기가 비슷했다. 그만큼 이들이 서로 역할을 분담하여 수행하고 있었다고 볼 수 있다.

남창 마을의 주민 구성이나 생활수준, 그들의 토지 분포도를 살펴본다면 국가에 일정한 역할을 담당했던 하나의 마을이 격변기에 어떻게 변화하며 대응했는지 추정할 수 있을 것으로 기대한다. 아울러 당시 세곡창의 운영면도 짐작할 수 있는 좋은 근거가 될 것이다.

3. 남창 마을의 토지와 주민의 구성

1) 충주에서 율지면의 지위

남창 마을이 당시 사회에서 어떠한 위치에 있었는지 알기 위해서는 먼저 소속되어 있는 율지면의 현황을 살펴보면서 그것이 충주군에서 갖고 있던 지위를 파악할 필요가 있다. 양안에는 율지면 전체의 토지 면적이 3,173,027척으로 충주군 38개 면 중에서 최하위인 38위로 나타난다. 생산량을 나타내는

---

6) 위의 책, 忠淸道 忠原縣 倉庫, 259~260쪽 참조.
7) 위의 책, 忠淸道 忠原縣 倉庫, 259~260쪽 참조.

결수는 224결 20부 6속으로 나타나 충주군에서 37위에 들어가므로, 면적에 비해서는 약간 나은 편에 속함을 알 수 있다. 율지면이 보유한 토지는 충주군에서 면적과 생산량이 적은 편에 속해서 상대적으로 척박한 지역이었던 것으로 보인다.

충주군의 면별 토지 면적은 상당한 차이가 있었다. 북변면이 1,4710,898척으로 압도적으로 넓고 다음이 남변면으로 11,941,692척인데, 1000만 척에서 1100만 척 사이의 면이 5개나 있었다. 그 다음으로 900만에서 300만 척의 면이 4개씩 고르게 분포하는데, 중간에 600만 대의 면이 7개, 500만 대의 면이 6개가 있다.[8] 최하 규모인 300만 대의 면은 4개인데, 이중에서도 가장 작은 면이 율지면으로 북변면의 1/5밖에 되지 않았다.

그에 비하면 경작지의 생산력은 비교적 높은 편이었다. 즉 단순히 넓이를 말하는 척수에 비해 생산력에 따라 변하는 결수는 그 차이가 상당히 완화되어 나타나기 때문이다. 면의 크기를 결수로 비교할 때 북변면의 압도적 우위는 여전하고, 오히려 더 두드러진다. 읍치를 감싸고 관아가 집중되어 있는 북변면과 남변면이 1, 2위를 차지하고 그 중에서도 북변면은 매우 넓다. 그러나 그 이하 규모로 내려가면 200결에서 300결 규모에 21개면이 분포되고 있어 55.3%를 차지하고 있다. 척수로 비교할 때와는 다르게 비교적 고르게 구획되었다고 할 수 있다. 면의 편성에서 면적보다는 생산량이 우선적인 기준으로 작용했던 것 같다. 이는 다음의 표에서도 잘 나타난다.

---

8) 충주의 두드러진 특징은 개별 면의 규모가 대규모라는 사실이다. 1천만 척 이상의 대형 면이 북변면을 비롯해서 남변면, 노은면, 맹동면, 살미면, 엄정면 등 6개나 되며 600만 대의 면이 평균 규모에 해당한다. 참고로 인구 5만의 전형적인 중형 군현인 진천군에서 가장 넓은 면이 69만 척 정도였으므로, 충주의 규모를 짐작할 수 있다.

<표 1> 충주군과 율지면의 등급별 토지 분포 현황

지역별＼등급별	1등	2등	3등	4등	5등	6등	1역
충주군 평균(%)	1.6	15.8	39.1	32.0	10.5	1.0	0.005
율지면(%)	0.7	31.4	56.2	11.1	0.6	0.0	0.0

위의 표는 양안에 나타난 토지 등급에 따른 분류이다. 토지는 최상의 1등급부터 6등급까지 분류하며 그밖에 상경화가 되지 않은 지역을 1역으로 분류하고 있다. 그런데 율지면은 비록 토지 면적으로는 가장 낮지만 토지 등급은 매우 높게 책정되었음을 알 수 있다. 특히 2등급의 토지가 충주군 평균이 15%밖에 되지 않은데, 율지면은 30%가 넘고 있다. 더욱이 3등급까지 포함하면 거의 90%에 육박하고 있어 전체적으로 비옥한 토지임을 잘 드러내고 있다.

그렇다면 율지면의 논과 밭은 어느 정도였을까. 충추군의 영역이 워낙 넓고 남한강과 산악지대를 포함하고 있어 면별 논밭의 현황 역시 상당한 차이가 난다. 충주군 전체에서 논과 밭의 비율이 53.9%와 46.1%로 나타나는데, 율지면에서는 논이 117결 73부로 52.5%를 차지하였고, 밭이 106결 47부 6속으로 47.5%를 차지하였다. 이러한 비율은 충주군에서 논은 23위에 해당하고 밭은 16위에 해당한다. 면적으로는 논이 1,607,088척이고 밭이 1,565,939척으로 논이 4만 척 정도 더 많다. 이를 비율로 환산하면 논이 50.6%, 밭이 49.4%로 나타나고 있어 율지면 지역은 논과 밭의 생산력이 대체로 좋았던 편이다.

토지의 면적이 적은 만큼 인구도 많지 않았다. 율지면의 가옥은 316호인데, 이는 충주군 전체 가옥 23,201호 중에서 1.4%를 차지한다. 충주군에서 율지면의 가구수는 33위에 해당하므로 토지에 비하면 상대적으로 인구가 많은 편이었다. 가옥은 어느 정도의 수준이었을까. 이를 충주군 전체의 평균과 비교하면 다음과 같다.

<표 2> 초가의 칸수별 비율

지역별＼칸수	1칸	2칸	3칸	4칸	5칸	6-9칸	10칸 이상
충주군	0.4%	25.8%	46.0%	11.5%	8.0%	6.4%	1.3%
율지면	0%	13.3%	47.8%	13.9%	10.1%	11.7%	1.9%

충주군에서 와가는 극히 적으며 초가가 전체 가옥에서 99.5%에 해당하고 있다. 가장 많은 가옥은 3칸으로 전체의 절반에 약간 못미친다. 흔히 말하는 초가 3칸이라는 말은 조선시대 서민주택의 표준적 형태이면서 최소한 서민 중에서는 중산 수준의 가옥을 의미하는 것임을 알 수 있다. 그 상황은 충주군 보다 율지면이 약간 많지만 크게 차이는 없다.

하지만 율지면의 경우 초가 1칸은 전혀 없는 것으로 나타나며 2칸도 10% 정도에 그치고 있다. 즉 1/4의 가옥이 1~2칸이었던 충주군의 평균과는 큰 차이가 있었다. 또한 비교적 부유한 가옥으로 보이는 4칸 이상이 충주군에서는 25% 정도였는데, 율지면에서는 35%가 넘게 나타난다. 적어도 충주군의 평균보다는 훨씬 부유했던 상황을 짐작할 수 있다.

이는 모든 면에서 공통되게 나타나는 것은 아니라는 점에 주목할 필요가 있다. 사실 가옥 규모에서 칸수별 비율이 면별로 크게 차이가 있었다. 특히 2~4칸 규모 초가의 비율이 상당히 다르다. 금목면의 경우 초가 2칸이 52.9% 인 반면, 초가 3칸은 27.9% 밖에 되지 않으나, 감물면은 초가 2칸이 13.2%이고 초가 3칸은 무려 62.5%나 차지한다. 6~9칸 가옥의 비율도 거곡면, 금목면 등은 1%대에 불과하다.

이러한 면별의 차이는 사소한 것일 수도 있겠으나 당시의 가옥규모가 매우 영세했던 사실을 감안하면 적지 않은 차이로 보아야 하지 않을까 생각한다. 이러한 차이는 같은 면에서도 마을별로도 차이가 나서 주거환경이나 가옥을 기준으로 할 때는 지역별, 마을별 환경이나 재산상의 차이가 두드러지는 면이 있었다.

2) 남창 마을의 토지와 가옥

충주군에서 가장 적은 면적의 토지를 갖고 있던 것에 비해 비교적 부유한
양상을 보였던 율지면에서 남창 마을은 어떠한 모습으로 존재했을까. 양안에
나타난 남창동과 남창후평의 기록을 통해 토지와 인구 현황을 살펴보면
다음의 표와 같다.

<표 3> 남창 마을의 토지와 가옥 현황

마을	종류	등급	면적	결수	시주	시작	가옥	호	칸
南倉洞	전	2	256	22	이해봉	정요경	초	1	3
南倉洞	전	2	1000	85	이해봉	안상학	초	1	8
南倉洞	전	2	300	26	이해봉	박노삼	초	1	3
南倉洞	전	2	225	19	이해봉	안갑중	초	1	3
南倉洞	전	4	2320	128	김용길	김용길		0	0
南倉洞	전	4	2904	160	이해봉	한용오		0	0
南倉後坪	전	3	5200	364	이태호	박황용		0	0
南倉後坪	전	3	1820	127	김용직	지윤도		0	0
南倉後坪	전	3	611	43	이희갑	이희갑		0	0
南倉後坪	전	4	800	44	정재원	정재원		0	0
南倉後坪	전	3	870	61	조장원	조장원		0	0
南倉後坪	전	3	3480	244	이태영	이태영		0	0
南倉後坪	전	3	1680	118	민형식	박운서		0	0
南倉後坪	전	3	1200	84	이희갑	이희갑		0	0
南倉後坪	답	2	1950	166	지재경	지재경		0	0
南倉後坪	답	3	765	54	이태호	이태호		0	0
南倉後坪	답	3	490	34	이희갑	이희갑		0	0
南倉後坪	답	4	708	39	유억만	지군실		0	0
南倉後坪	전	3	1200	84	정재원	정재원		0	0
南倉後坪	전	3	2090	146	이태영	이태영		0	0
南倉後坪	답	4	644	35	조용하	조용하		0	0
南倉後坪	답	2	2340	199	이직곤	이직곤		0	0
南倉後坪	답	2	1007	86	정운필	정운필		0	0
南倉後坪	답	2	1350	115	김만심	김만심		0	0
南倉後坪	답	2	440	37	유치규	유치규		0	0
南倉後坪	답	2	1815	154	지춘범	지춘범		0	0

南倉後坪	답	2	705	60	이필영	이필영		0	0
南倉後坪	답	2	1936	165	안상익	안상익		0	0
南倉後坪	답	2	3000	255	유치규	유치규		0	0
南倉後坪	전	3	600	42	김덕여	김덕여		0	0
南倉後坪	전	3	3060	214	한용오	한용오		0	0
南倉後坪	전	3	910	64	조용하	조용하		0	0
南倉後坪	전	4	2400	132	이희갑	이희갑		0	0
南倉後坪	답	2	1400	119	이직곤	이직곤		0	0
南倉後坪	답	2	1960	167	지춘범	지춘범		0	0
南倉後坪	답	2	770	65	박운서	박운서		0	0
南倉後坪	답	2	1612	137	민형식	이희갑		0	0
南倉後坪	답	2	1008	86	김형연	김형연		0	0
南倉後坪	답	2	855	73	황만쇠	황만쇠		0	0
南倉後坪	답	3	4455	312	이해봉	한용오		0	0
南倉後坪	답	2	1716	146	김만심	김만심		0	0
南倉後坪	답	2	750	64	정재원	정재원		0	0
南倉後坪	답	1	2250	225	유억만	유억만		0	0
南倉後坪	전	2	170	14	남창동전답	이춘보		0	0
南倉後坪	답	1	600	60	남창동전답	김신엽		0	0
南倉後坪	전	2	2750	234	정재원	정재원		0	0
南倉洞	전	1	272	27	정재원	정재원	초	1	4
南倉洞	전	1	400	40	정재원	지춘범	초	1	7
南倉洞	전	1	240	24	정재원	곽명강	초	1	2
南倉洞	전	1	240	24	유치규	유치규	초	1	5
南倉洞	전	1	414	41	창사	창사	초	1	3
南倉洞	전	1	340	34	정재항	정재항	초	1	4
南倉洞	전	1	1000	100	이희갑	이희갑	초	1	4
南倉洞	전	3	1620	113	김용직	이희갑		0	0
南倉洞	전	1	270	27	안정삼	안정삼	초	1	3
南倉洞	전	1	750	75	김준이	김준이	초	1	4
南倉洞	전	1	220	22	안응중	안응중	초	1	2
南倉洞	전	1	416	42	김용직	권주섭	초	1	3
南倉洞	전	1	324	32	김용직	박시용	초	1	5
南倉洞	전	1	224	22	유억만	이희두	초	1	3
南倉洞	전	1	600	60	유억만	이춘화	초	1	3
南倉洞	전	1	195	20	박황용	박황용	초	1	4
南倉洞	전	1	460	46	박군경	박군경	초	1	6
南倉洞	전	1	272	27	유억만	이천보	초	1	3
南倉洞	전	1	484	48	유억만	박운서	초	1	5

南倉洞	전	2	1764	150	유억만	전석구		0	0
南倉洞	전	1	600	60	유억만	나시경	초	1	2
南倉洞	전	1	289	29	유억만	전석구	초	1	3
南倉洞	전	1	324	32	유억만	박연용	초	1	3
南倉洞	전	1	144	14	유억만	안시중	초	1	2
南倉洞	전	1	936	94	유억만	한용오	초	1	5
南倉洞	전	1	220	22	김만심	지용인	초	1	3
南倉洞	전	2	2800	238	김만심	지인범		0	0
南倉洞	전	3	3900	273	유치정	유치정		0	0
南倉洞	전	2	3700	315	지치수	지치수		0	0
南倉洞	전	2	1615	137	김화실	김화실		0	0
南倉洞	전	3	1710	120	김용직	김용직		0	0
南倉洞	전	3	1280	90	정재원	정재원		0	0
南倉洞	전	3	2256	158	정재원	정재원		0	0
南倉洞	답	3	3240	227	김용직	지정택		0	0
南倉洞	답	3	3900	273	유치규	유치규		0	0
南倉洞	답	2	810	69	정재항	정재항		0	0
南倉洞	답	2	5750	489	민형식	박운서		0	0
南倉洞	답	2	4230	360	김화실	김화실		0	0
南倉洞	답	3	2600	182	김용직	김복여		0	0
南倉洞	전	4	1475	81	곽기달	곽기달		0	0
南倉洞	전	4	1710	94	안택여	안택여		0	0
南倉洞	전	4	2625	144	송수경	송수경		0	0
南倉洞	전	4	560	31	이용학	이용학		0	0
南倉洞	전	4	845	46	이여수	이여수		0	0
南倉洞	전	4	1440	79	정여경	정여경		0	0
南倉洞	답	3	720	50	안윤수	안윤수		0	0
南倉洞	답	3	1800	126	지춘범	지춘범		0	0
南倉洞	답	3	880	62	지인범	지인범		0	0
南倉洞	답	2	672	57	역전답	박군경		0	0
南倉洞	전	2	874	74	역전답	박군경		0	0
南倉洞	전	3	1357	95	김화실	김화실		0	0
南倉洞	전	2	1500	128	지양여	지양여		0	0
南倉洞	전	2	2100	179	지춘택	지춘택		0	0
南倉洞	전	3	1880	132	김용직	김용직		0	0
南倉洞	전	3	2400	168	유치규	유치규		0	0
南倉洞	전	2	1496	127	유치규	유치규		0	0
南倉洞	전	3	4352	305	김용직	김용직		0	0
南倉洞	전	2	2720	231	유억만	이천보		0	0

南倉洞	전	1	169	17	박운서	박운서		0	0
南倉洞	전	2	2079	177	안중화	안중화		0	0
南倉洞	전	2	1725	147	지자경	지자경		0	0
南倉洞	전	4	1764	97	김용직	박춘명		0	0
南倉洞	전	4	3984	219	김용직	김용직		0	0
南倉洞	전	3	3431	240	유치규	유치규		0	0
南倉洞	전	2	1914	163	지자경	지자경		0	0
南倉洞	전	2	1560	133	황원침	황원침		0	0
南倉洞	전	2	2160	184	이희갑	이희갑		0	0
南倉洞	전	2	2450	208	정재원	정재원		0	0
南倉洞	전	2	1650	140	지옥성	지옥성		0	0
南倉洞	전	2	1343	114	이인화	이인화		0	0
南倉洞	전	2	1738	148	지정서	지정서		0	0
南倉洞	전	2	1825	155	조장환	황원침		0	0
南倉洞	전	2	1872	159	박운서	박운서		0	0
南倉洞	전	2	2106	179	서하겸	서하겸		0	0
南倉洞	전	2	800	68	지춘택	지춘택		0	0
南倉洞	전	2	3000	255	이인화	이인화		0	0
南倉洞	전	2	1425	121	김영단	이화보	초	1	3
南倉洞	전	2	1350	115	조동숙	지정서	초	1	4
南倉洞	전	2	242	21	조동숙	박제관	초	1	3
南倉洞	전	2	240	20	조동숙	안일여	초	1	3
南倉洞	전	2	484	41	조동숙	황천홍	초	1	5
南倉洞	답	2	1089	93	조동숙	황천홍		0	0
南倉洞	전	2	1800	153	이태호	김사선		0	0
南倉洞	전	2	1650	140	김화실	김화실		0	0
南倉洞	전	3	4420	309	김용직	김부현		0	0
南倉洞	답	2	374	32	지정서	지정서		0	0
南倉洞	답	3	2650	186	유치규	유치규		0	0
南倉洞	답	2	1210	103	지춘범	지춘범		0	0
南倉洞	답	3	2100	147	김용직	변상운		0	0
南倉洞	답	2	1392	118	지자경	지자경		0	0
南倉洞	전	3	10160	711	유치규	유치규		0	0
南倉洞	전	3	600	42	박운서	박운서		0	0
南倉洞	전	3	1840	129	지복전	지복전		0	0
南倉洞	전	4	900	50	유치규	유치규		0	0
南倉洞	답	3	1450	102	지복전	지복전		0	0
南倉洞	답	4	520	29	유치규	지윤보		0	0
南倉洞	답	3	1050	74	유치규	지웅이		0	0

南倉洞	답	3	1584	111	유치규	한학조		0	0
南倉洞	답	3	650	46	김용직	김학대		0	0
南倉洞	답	3	550	39	지성용	지성용		0	0
南倉洞	답	3	1800	126	유치규	유치규		0	0
南倉洞	답	2	594	50	지자경	지자경		0	0
南倉洞	답	2	2300	196	김용직	김용직		0	0
南倉洞	답	2	1150	98	김화실	김화실		0	0
南倉洞	답	3	1625	114	김용길	김용길		0	0
南倉洞	답	3	715	50	유치규	유치규		0	0
南倉洞	답	2	1105	94	김준석	김준석		0	0
南倉洞	답	2	990	84	이인화	지정택		0	0
南倉洞	답	3	1350	95	김용길	김용길		0	0
南倉洞	답	3	520	36	지복전	지복전		0	0
南倉洞	답	3	3510	246	김용길	김용길		0	0
南倉洞	전	4	782	43	김용직	김용직		0	0
南倉洞	답	3	2240	157	김용직	지윤보		0	0
南倉洞	답	3	792	55	김용직	지윤보		0	0
南倉洞	전	3	1875	131	지성오	지성오		0	0
南倉洞	전	5	1000	40	지래복	지래복		0	0
南倉洞	전	3	2000	140	지치수	지치수		0	0
南倉洞	전	3	1512	106	지화실	지화실		0	0
南倉洞	전	3	2500	175	김용길	김용길		0	0
南倉洞	전	3	2120	148	임군명	임군명		0	0
南倉洞	전	4	1209	66	지윤보	지윤보		0	0
南倉洞	전	4	884	49	지춘택	지춘택		0	0
南倉洞	전	3	1440	101	김용직	김용직		0	0
南倉洞	전	4	1750	96	지윤보	지윤보		0	0
南倉洞	전	6	900	23	지화실	지화실		0	0
南倉洞	전	4	1224	67	지자경	지자경		0	0
南倉洞	전	4	770	42	유억만	유억만		0	0
南倉洞	전	3	800	56	이인화	지래복		0	0
南倉洞	전	3	4375	306	김용직	김용직		0	0
南倉洞	전	3	960	67	지오철	지오철		0	0
南倉洞	전	3	2025	142	유치규	유치규		0	0
南倉洞	답	3	952	67	김용직	김용직		0	0
南倉洞	답	3	1350	95	김용직	김용직		0	0
南倉洞	답	2	806	69	지래복	지래복		0	0
南倉洞	답	2	700	60	김화실	김화실		0	0
南倉洞	답	2	896	76	유억만	유억만		0	0

南倉洞	답	3	774	54	김용길	김용길		0	0
南倉洞	답	3	315	22	지래복	지래복		0	0
南倉洞	답	3	3000	210	김용직	김복용		0	0
南倉洞	전	2	435	37	김용직	유억만	초	1	4
南倉洞	전	2	224	19	김용직	김애복	초	1	3
南倉洞	답	2	510	43	유치규	유치규		0	0
南倉洞	전	2	286	24	이철호	윤학서	초	1	4
南倉洞	전	2	294	25	이철호	강명중	초	1	5
南倉洞	전	2	360	31	김용직	지윤보	초	1	3
南倉洞	전	2	400	34	이철호	류성집	초	1	3
南倉洞	전	2	200	17	이철호	정중현	초	1	3
南倉洞	전	2	144	12	이철호	변상운	초	1	3
南倉洞	전	2	180	15	이철호	지공범	초	1	3
南倉洞	전	2	432	37	김용직	장대길	초	1	2
南倉洞	전	2	456	39	김용직	지자경	초	1	6
南倉洞	전	2	225	19	김용직	지자천	초	1	2
南倉洞	전	2	238	20	김용길	김용길		0	0
南倉洞	전	2	195	17	김용직	김기만	초	1	2
南倉洞	전	1	900	90	김용직	김용직	초/와	1/1	4/4
南倉洞	답	3	5700	399	김용직	지성수		0	0
南倉洞	전	2	130	11	김용직	김윤식	초	1	3
南倉洞	전	2	345	29	김용직	지승수	초	1	8
南倉洞	전	2	289	25	김용직	박삼철	초	1	3
南倉洞	전	2	612	52	김용직	유치규	초	1	8
南倉洞	전	2	196	17	김용직	음순명	초	1	4
南倉洞	전	2	221	19	김용직	김수건	초	1	3
南倉洞	전	2	130	11	김용직	김봉규	초	1	3
南倉洞	전	2	234	20	김용직	박춘명	초	1	3
南倉洞	전	2	252	21	김용직	유치기		0	0
南倉洞	전	2	260	22	김용직	지광심	초	1	5
南倉洞	전	2	208	18	김용직	김순보		0	0
南倉洞	전	2	100	9	김용직	이길주	초	1	2
南倉洞	전	2	400	34	김용직	지복여	초	1	5
南倉洞	전	2	242	21	김용직	김부현	초	1	3
南倉洞	전	2	150	13	김용직	박덕오	초	1	3
南倉洞	전	2	247	21	김용직	지승모	초	1	3
南倉洞	전	2	280	24	김용직	이화실	초	1	2
南倉洞	전	2	475	40	김용직	지승용	초	1	2
南倉洞	전	2	280	24	김용직	지양여	초	1	6

南倉洞	전	2	200	17	김용직	지승화	초	1	3
南倉洞	전	2	312	27	김용직	지군보	초	1	3
南倉洞	전	2	225	19	김용직	한학조	초	1	3
南倉洞	전	2	340	29	김용직	김치영	초	1	8
南倉洞	전	2	231	20	김용직	김화선	초	1	3
南倉洞	전	2	255	22	김용직	지양연	초	1	5
南倉洞	답	3	2824	298	김용직	지양여		0	0
南倉洞	답	2	1875	159	유억만	지치수		0	0
南倉洞	답	2	611	52	김용길	김용길		0	0
南倉洞	답	2	440	37	이철호	이철호		0	0
南倉洞	답	2	1066	91	지화실	지화실		0	0
南倉洞	답	3	1078	75	김용길	김용길		0	0
南倉洞	답	3	980	69	김용직	김용직		0	0
南倉洞	답	2	1200	102	김만심	김만심		0	0
南倉洞	답	2	880	75	지광심	지광심		0	0
南倉洞	답	2	1656	141	유억만	지재선		0	0

<표 3>에 따르면 남창 마을은 237구역으로 나누어진 제법 큰 마을이었다. 전체 면적이 313,900척이고 결수로는 23결 80부 2속으로 나타난다. 그 중에서 논이 9결 42부 3속으로 40%를 차지하고 있어, 율지면의 평균보다 거의 10% 가량 낮은 비율로 나타난다. 즉 남창 마을은 비록 강을 끼고 있는 지리적 조건을 갖고 있긴 하지만 논의 비율이 높은 편은 아니었다. 오히려 충주와 율지면의 평균보다 낮게 나타났다.

그럼에도 논과 밭의 생산력을 나타내는 등급은 월등하게 높게 책정되었다. 논은 1등급부터 존재하였고 주로 2등급과 3등급으로 되어 있어서 매우 비옥한 지역으로 간주되었음을 알 수 있다. 또 밭 경작지도 1등급부터 존재하였고 2등급과 3등급이 주류를 이루고 있었다. 이는 <표 1>에서 보았듯이 율지면이 충주군의 다른 지역에 비해 상위 등급의 토지가 많았던 것을 그대로 반영하고 있다. 그 중에서도 남창 마을은 비록 논의 비율이 낮지만 논과 밭이 대체로 비옥한 지역으로 추정된다.

토지는 주로 경작지와 거주지로 나뉘어 있었는데, 경작지에서 역의 운영을 위한 역전답과 마을 운영에 필요한 재정을 담당했던 것으로 보이는 남창동 전답도 있었음이 주목된다. 많지는 않지만 역전답은 13부 1속이 있었고 남창동 전답은 7부 4속이 있었는데, 남창동 전답은 같은 율지면이긴 하지만 '막의상평'에도 444척의 적은 면적이 있었다. 이는 2등급의 논으로 결수로는 3부 8속이었고 경작자는 이갑동이라는 사람이었다. 이갑동은 남창 마을에서 거주하는 집이 보이지 않고, 충주군 전체에서도 소유 토지가 없었으며 차경지만 2곳 가지고 있었다.[9] 경제적으로 매우 영세한 사람이 마을운영을 위한 토지를 경작하였던 것 같다.

마을의 경작지가 비교적 넓은 만큼 가옥도 많은 편에 속한다. 충주군에서 율지면의 가구수는 33위에 해당하므로, 최하위인 토지에 비하여 비교적 가구가 많은 편이었다. 그 중에서도 남창 마을의 현황은 역시 상대적으로 나은 형편으로 나타난다. 남창 마을의 가옥 현황을 살펴보면 다음과 같다.

마을에는 창고 업무를 수행하는 건물로 倉舍가 초가 3칸으로 이루어져 있었는데, 창사까지 포함해서 가옥은 모두 70채가 있었다.[10]

<표 4> 가옥의 칸수별 비율

칸수\지역별	1칸	2칸	3칸	4칸	5칸	6~9칸	10칸 이상
율지면(%)	0	13.3	47.8	13.9	10.1	11.7	1.9
남창마을(%)	0	14.3	47.1	8.6	17.1	12.9	0

---

9) 이갑동이 경작하는 차경지는 충주군에서 모두 합해야 0.49정보였고, 이는 28,429위로 나타난다.

10) 『輿地圖書』 上, 忠淸道 忠原縣 南栗枝洞面, 251쪽 참조. 이에 따르면 남창 마을의 가구는 70호이고 이 중 남자는 181명, 여자는 234명으로 모두 415명이 살았다고 되어 있다. 『輿地圖書』가 18세기에 작성된 자료임을 고려한다면 거의 150년이나 지난 후에도 같은 수의 가구가 존재한다는 점을 어떻게 해석해야 할지 의문이다. 또 주7)에서 보았듯이 남창의 창고의 크기가 57칸으로 나오는데, 여기에는 창고가 나오지 않고 창사만 초가 3칸으로 나오고 있다. 두 자료의 목적이 달랐던 만큼 내용상에서 달리 접근했기 때문일 것이라 추정한다.

율지면과 비교한 <표 4>를 보면 전체적인 현황은 율지면과 크게 다르지 않았다. 우선 각 면에 거의 모두 존재하는 1칸의 가옥이 아예 없는 점이 동일하게 나타난다. 그리고 초가 3칸이 가장 보편적인 가옥으로 나타나는 점 역시 동일하다. 즉 충주군에서는 전체적으로 초가 2칸이 20% 정도 차지하고 있는데, 율지면과 남창 마을에서는 초가 3칸이 거의 50%에 이른다.

남창 마을에서는 초가 2칸이 10채, 초가 3칸이 33채로 60%가 넘는다. 그리고 40% 정도가 상대적으로 여유 있는 가옥에서 거주하고 있었다. 가장 큰 집은 8칸의 가옥으로 와가 4칸과 초가 4칸으로 이루어진 1채가 가장 부유한 것으로 보이며, 초가 8칸도 4채 있었다. 초가 7칸은 1채, 초가 6칸은 3채, 초가 5칸은 12채, 초가 4칸이 6채가 있었다. 특히 초가 5칸과 초가 4칸이 많았음이 주목된다. 보통 농가의 가옥이 초가 2칸 내지 3칸임에 비해 27채의 가옥이 평균 이상으로 나타난 것이다. 이는 마을에서 약 40%를 차지하고 있었다. 다른 고을에 비해 가장 큰 집이 8칸이라는 것은 월등한 부유층이 없었음을 보여주지만, 마을 전체로는 비교적 여유 있는 생활을 했던 것으로 볼 수 있다.

3) 남창 마을의 경작자 時作

<표 3>에서 또 하나 주목할 것은 토지의 경작자인 時作의 구성이다. 시작이 어느 정도의 토지를 경작하고 어떻게 살았는지 살펴본다면, 당시 마을의 인구와 토지 구성을 분석하는 데 중요한 자료를 확보할 수 있을 것이다.

<표 3>에 따르면 시작은 총 122호가 살고 있었는데, 이 중 마을에 거주하는 가구는 68호이다. 단 1호만 2채의 가옥을 소유했을 뿐이고 모든 가구는 1채의 가옥을 소유했다. 즉 시작의 56%가 마을에 거주하고 있었고, 나머지 44%는 다른 마을에 거주하였다. 더욱이 거주자 68호 중에서 44호는 이

마을에 주택만 가지고 있었다. 즉 65%나 되는 사람들이 이 마을을 거주지로서 이용할 뿐이고 경작지는 없었다. 경작자 중에서 20%도 채 안 되는 24호만이 마을에 거주하면서 토지를 경작하고 있었던 것이다. 더욱이 경작자 중 10호만이 자신의 토지에 지은 주택이고, 나머지는 모두 다른 사람의 토지에 지은 것이라는 점도 주목할 사항이다. 이 마을이 거주지로서 적합한 곳이었음을 나타내는 게 아닐까 생각한다.

그런데 그 밖의 80%나 되는 사람들은 어떠한 생계수단을 가지고 살았던 것일까. 이 마을이 특별히 상업이 발달한 지역이어서 농사가 아닌 다른 수단으로 먹고살았던 것인지, 아니면 농업에 대한 노동력 제공만으로 살 수 있었던 것인지 아직은 밝히기 어렵다. 무엇보다 이러한 정도만으로도 이미 촌락 공동체라는 사회구조가 어느 정도 해체되고 있음을 보여주는 자료로 볼 수 있지 않을까 추정해본다.[11]

가옥은 모두 69채인데, 유치규는 두 군데의 가옥에서 거주하고 있는 것으로 나오고, 김용직은 한 군데에 초가와 와가로 구성된 가옥에서 거주하고 있었다. 유치규가 살고 있던 가옥은 모두 초가이지만 8칸과 5칸으로 상당히 부유한 편에 속했고, 김용직은 당시 충주에서는 매우 드물게 나타나는 기와집에서 거주했다는 점에서 주목할 만하다. 이는 이 마을 최고의 부호들이 마을에 거주하면서 자기 토지를 직접 경작하고 있음을 보여주는 자료이다. 그리하여 양안에는 '시작'으로도 이름을 올렸던 것이다.

시작은 토지의 실제적인 운영자였던 만큼 마을 거주를 원칙으로 하지 않았을까. 바로 이러한 전제에서 출발하여 시작의 비중을 통해 마을 거주자의 흐름을 파악해 보려 한다. 성씨별로 비중이 큰 집단을 중심으로 다음의

---

11) 이러한 양상은 아직 구체적인 자료가 발굴되지 않은 상황이어서 단정적으로 말하기 어렵지만, 1900년대에는 이미 기존의 사회가 상당히 무너지고 있음을 보여주는 자료가 아닐까 생각한다. 이는 앞으로 여러 마을의 사례를 살펴보면 더욱 분명히 드러나리라 기대한다.

<표 5>를 만들어 보았다. <표 5>에서 토지는 가옥이나 경작지 모두 포함하고 있으며, 시작의 현황인 만큼 다른 사람의 소유지를 경작하는 것도 당연히 포함되어 있다.

<표 5> 時作의 구성과 토지 현황

성씨	시작 이름	가옥(채)	토지(결수)
지	공범 광심 군보 군실 래복 복여 복전 성수 성오 성용 승모 승수 승용 승화 양여 양연 오철 옥성 용인 웅이 윤도 윤보 인범 자경 자천 재경 재선 정서 정택 춘범 춘택 치수 화실	16	6,214
김	기만 덕여 만심 복여 복용 봉규 부현 사선 수건 순보 신엽 애복 용길 용직 윤식 준석 준이 치영 학대 형연 화선 화실	10	5,407
이	길주 여수 용학 인화 직곤 천보 철호 춘보 춘화 태영 태호 필영 화보 화실 희갑 희두	7	2,640
안	갑중 상익 상학 시중 윤수 응중 일여 정삼 중화 택여	6	673
박	군경 노삼 덕오 삼철 시용 연용 운서 제관 춘명 황용	10	1,765

우선 앞의 <표 3>에서 인명의 수만을 볼 때 지씨, 김씨, 이씨, 안씨, 박씨가 눈에 띄게 많이 파악된다. <표 5>는 이를 반영하여 만든 것이다. 이러한 성씨가 실제로 마을에서 어떠한 위치에 있었을까. <표 5>에 보이듯이 경작 또는 이용하는 토지가 가장 많은 성씨가 지씨와 김씨로 나타나며 이씨, 안씨, 박씨는 그다지 많지 않았다. 더욱이 안씨는 시작인이 박씨와 동일한 수였지만 토지의 이용면에서는 박씨의 38%밖에 되지 않았다.

시작 중에서 가장 많은 비중을 차지하고 있는 것은 지씨로 총 33호에 이른다. 그 다음이 김씨로 22호이며, 두 성씨가 토지이용 면적으로는 남창 마을의 중심이 되고 있다. 지씨는 <표 5>에 보이듯이 6결 21부 4속을 경작 또는 이용하고 있는데, 이는 남창 마을에서 26%를 차지하는 비중이다. 김씨도 5결 40부 7부를 이용하고 있어 23%에 이른다. 두 성씨가 마을 토지의 절반을 이용하고 있는 셈이다. 그밖에 이씨는 16호, 안씨와 박씨도 각각 10호에 이르지만 시작인 수에 비하면 토지 이용도는 매우 떨어진다. 이씨는

2결 64부, 안씨는 67부 3속, 박씨는 1결 76부 5속을 이용하고 있는데, 이는 각각 11%, 3%, 7%를 차지하고 있다.

물론 현 자료를 가지고는 이들이 모두 각각 하나의 가문을 이루고 있는지는 알 수 없다. 다만 지공범·지인범, 지군보·지군실, 지복여·지복전, 지성수·지성오·지성용, 지승모·지승수·지승용·지승화, 지양여·지양연, 지윤도·지윤보, 지자경·지자천, 지재경·지재선, 지정서·지정택, 지춘범·지춘택 등 대부분이 이름의 연관성이 있는 것으로 보여 지씨는 거의 하나의 집안으로 추정이 가능하지 않을까 생각한다.

그에 비하면 다른 성씨에서는 연관성이 그리 많이 확인되지 않는다. 김씨에서는 김복여·김복용, 김용길·김용직, 김준석·김준이, 김화선·김화실 등이 하나의 가문을 형성했던 것 같으며, 이씨에서는 이천보·이춘보, 이인화·이춘화, 이태영·이태호, 이화보·이화실, 이희갑·이희두 등이 계보를 갖춘 듯 보인다. 안씨에서는 안갑중·안시중·안응중, 안상익·안상학, 안일여·안택여 등이, 박씨에서는 박시용·박연용·박황용 등이 파악된다.

지씨 33명 중 이곳에 거주지만 있고 경작지는 없는 사람이 10명이었고, 거주지는 없으나 다른 사람의 토지를 경작만 하는 사람이 6명이었다. 시주이면서 경작하는 사람은 17명이었는데, 시주이면서 다른 사람의 시작도 겸하는 사람이 5명이었다. 또 시주 중에서 마을에 거주하는 사람은 5명이었다. 김씨 22명 중 이곳에 거주지만 있고 경작지는 없는 사람이 8명이었고, 거주지는 없으나 다른 사람의 토지를 경작만 하는 사람이 6명이었다. 시주이면서 경작하는 사람은 7명이었는데, 이 중에서 마을에 거주하는 사람은 김용직 한 사람뿐이었다.

이씨 16명 중 이곳에 거주지만 있고 경작지는 없는 사람이 5명이었고, 거주지는 없으나 다른 사람의 토지를 경작하는 사람이 1명뿐이다. 토지가 많지는 않지만 주로 시주로서 존재하고 있었다. 시주이면서 경작하는 사람은

9명이었는데, 그 중에서 마을에 거주하는 사람은 이희갑 1명뿐이다. 시주이면서 다른 사람의 시작도 겸하는 사람도 1명이었는데 그 역시 이희갑이다. 이희갑은 이씨 중에서는 가장 토지를 많이 소유한 사람이었다. 이씨는 사람 수는 많으나 소유한 토지는 그리 많지 않고 시주 중에서 평균 이상의 가옥을 소유한 사람도 보이지 않아, 경작자 중에서 큰 영향력을 갖고 있지는 않았던 것 같다.

안씨 10명 중 이곳에 거주지만 있고 경작지는 없는 사람이 6명이고, 나머지 4명은 시주이면서 경작도 하는 사람이었다. 즉 다른 사람의 토지를 경작하는 사람은 없었다는 점이 주목된다. 한편 특이한 점으로는 박씨는 10명 모두 이 마을에 거주하고 있다는 사실이다. 이 중에서 마을의 토지를 경작하는 사람은 4명이고, 시주를 겸한 사람은 박운서 1명뿐이다. 그는 5칸 초가에 사는 것으로 나타나고 다른 사람의 토지도 경작하고 있어 비교적 경제 규모가 약간 있는 것으로 보인다. 또 박군경은 마을에 있는 역전답 두 곳을 모두 경작하고 있는데, 그의 가옥은 박씨 집안에서는 초가 6칸으로 가장 컸고 그것도 자신의 토지에 소유하고 있다는 점에서 주목되는 인물이다.

이상에서 보면 전체적으로 경작자가 마을에 거주하는 경우는 적었지만 그럼에도 부유한 편에 속하는 사람들은 대부분 마을 거주자로서 존재한다는 점이 주목된다.

4. 時主의 구성과 그 성격

남창 마을에서 경작자에 대비되는 토지 소유자인 시주는 어떠했을까. 그 현황을 살펴보기 위해 그들이 소유한 토지와 가옥 현황을 분석하려고 한다. 경작자인 시작에 비해 시주의 인명은 그리 많지 않았다. 시작이 122명이 있는 데 비해 시주는 64명이 확인되며, 그 중에서 남창 마을에 거주하는 자들은 많지 않았다. 시주 중에서 남창 마을에 거주하는 사람은 16명으로 25%로 나타난다. 다음은 시주의 토지와 가옥 소유 현황이다.

<표 6> 시주의 구성과 토지 및 가옥 소유 현황

성씨	시주 이름	가옥(채)	토지(결수)
김	덕여 만심 영단 용길 용직 준석 준이 형연 화선 화실	35	7,838
지	광심 래복 복전 성오 성용 양여 오철 옥성 윤보 인범 자경 재경 정서 춘범 춘택 치수 화실	0	3,614
이	여수 용학 인화 직곤 철호 태영 태호 필영 해봉 희갑	11	3,290
유	억만 치규 치정	1	2,919

남창 마을에서 시주는 시작에 비해 인명만 해도 일단 거의 절반밖에 되지 않았고, 성씨별 분포도도 다르게 나타난다. 가장 큰 비중을 차지하는 것은 김씨로, 시작에서 가장 다수였던 지씨보다 월등히 높게 나타난다. 또 박씨와 안씨는 매우 적게 나타나며, 오히려 유씨가 소유한 토지가 비교적 많은 편에 속하였다.

토지를 가장 많이 소유한 김씨 일가는 총 7결 83부 8속의 토지를 소유하여 마을에서 33%를 차지하고 있었다. 그 중에서 김용길·김용직, 김준석·김준이 등은 하나의 항렬을 사용하는 일가로 보인다. 그 다음으로 池氏 일가가 토지를 많이 소유하였다. 그들이 소유한 토지는 3결 61부 4속이었고, 이는 마을에서 16%에 이른다. 또 시주의 이름을 살펴보면 지춘범·지춘택, 지자경·지재경 등 일부는 같은 항렬을 사용하고 있어 역시 한 집안으로 보아도 될 것 같다.

비슷한 분량으로 소유한 집안으로 이씨 일가와 兪氏 일가가 있다. 이씨 집안에서는 3결 29부를 소유하여 마을에서 14%를 차지하였고, 유씨 집안에서는 2결 91부 9속을 소유하여 마을에서 13%를 차지하였다. 또 이씨 집안에서 이철호·이태호, 이태영·이필영 등 일부의 이름이 항렬을 함께 하는 것으로 보이며, 유씨 집안에서도 유치규·유치정·유치기 등이 하나의 항렬을 사용하는 것으로 파악된다.

시주 중에서도 토지소유에서 두드러지는 인물은 김용직과 유치규라고 볼 수 있다. 두 사람의 토지와 가옥 소유 현황, 충주에서의 지위 등을 살펴봄으로써 격변기였던 대한제국기에 시주들의 모습을 분석할 수 있으리라 기대한다.

사실 김씨 일가가 최대의 토지소유 가문으로 나타난 것은 최고의 시주 金容直[12] 때문에 가능했다. 그는 남창 마을에서 소유한 토지만 해도 4결 94부 8속으로 마을의 21%를 차지하고 있었다. 소유한 가옥도 33채나 되었으며, 자신은 유일하게 4칸의 초가와 4칸의 기와집으로 이루어진 집에서 거주하였다. 김용직은 충주에서 어떠한 지위에 있었을까. 다음은 그가 충주에서 시작 또는 시주로서 관여한 토지와 가옥의 현황이다.

<표 7> 김용직의 토지와 가옥 현황

면	마을	종류	등급	면적	결수	시주	시작	가옥	호	칸
거곡면	杏公里城隍谷	답	4	2550	140	최동근	김용직		0	0
불정면	鐵安坪	전	2	1284	109	김용직	이화식		0	0
불정면	鐵安坪	전	3	1139	80	김용직	김용직		0	0
불정면	達開坪移生處	전	4	2760	152	김용직	지정택		0	0
불정면	達開坪移生處	전	3	3060	214	김용직	김주복		0	0
불정면	達開坪移生處	전	3	9750	683	김용직	지치교		0	0
불정면	達開坪移生處	답	3	732	51	김용직	문용권		0	0
불정면	達開坪移生處	전	3	1416	99	김용직	지춘서		0	0
불정면	達開坪移生處	전	3	5304	371	김용직	김준식		0	0
소파면	杏村垈	답	3	2010	141	김용직	조헌만		0	0
율지면	堯谷	답	2	2210	188	김용직	김용직		0	0
율지면	長城坪	전	4	943	52	김용직	김용직		0	0
율지면	長城坪	전	3	2200	154	김용직	김용직		0	0

---

12) 거의 모두 '金容直'으로 표기했으며 거곡면, 불정면 달개평이생처, 소파면 행촌대의 3회에 한해서 '金用直'으로 표기했다.

율지면	長城坪	전	3	1904	133	김용직	김용직		0	0
율지면	長城坪	전	3	3230	226	김용직	김용직		0	0
율지면	長城坪	답	4	320	18	김용직	김용직		0	0
율지면	長城坪	답	3	1034	72	김용직	김용직		0	0
율지면	長城坪	답	4	1000	55	김용직	김용직		0	0
율지면	南倉後坪	전	3	1820	127	김용직	지윤도		0	0
율지면	南倉洞	전	3	1620	113	김용직	이희갑		0	0
율지면	南倉洞	전	1	416	42	김용직	권주섭	초	1	3
율지면	南倉洞	전	1	324	32	김용직	박시용	초	1	5
율지면	南倉洞	전	3	1710	120	김용직	김용직		0	0
율지면	南倉洞	답	3	3240	227	김용직	지정택		0	0
율지면	南倉洞	답	3	2600	182	김용직	김복여		0	0
율지면	南倉洞	전	3	1880	132	김용직	김용직		0	0
율지면	南倉洞	전	3	4352	305	김용직	김용직		0	0
율지면	南倉洞	전	4	1764	97	김용직	박춘명		0	0
율지면	南倉洞	전	4	3984	219	김용직	김용직		0	0
율지면	南倉洞	전	3	4420	309	김용직	김부현		0	0
율지면	南倉洞	답	3	2100	147	김용직	변상운		0	0
율지면	南倉洞	답	3	650	46	김용직	김학대		0	0
율지면	南倉洞	답	2	2300	196	김용직	김용직		0	0
율지면	南倉洞	전	4	782	43	김용직	김용직		0	0
율지면	南倉洞	답	3	2240	157	김용직	지윤보		0	0
율지면	南倉洞	답	3	792	55	김용직	지윤보		0	0
율지면	南倉洞	전	3	1440	101	김용직	김용직		0	0
율지면	南倉洞	전	3	4375	306	김용직	김용직		0	0
율지면	南倉洞	답	3	952	67	김용직	김용직		0	0
율지면	南倉洞	답	3	1350	95	김용직	김용직		0	0
율지면	南倉洞	답	3	3000	210	김용직	김복용		0	0
율지면	南倉洞	전	2	435	37	김용직	유억만	초	1	4
율지면	南倉洞	전	2	224	19	김용직	김애복	초	1	3
율지면	南倉洞	전	2	360	31	김용직	지윤보	초	1	3
율지면	南倉洞	전	2	432	37	김용직	장대길	초	1	2
율지면	南倉洞	전	2	456	39	김용직	지자경	초	1	6
율지면	南倉洞	전	2	225	19	김용직	지자천	초	1	2
율지면	南倉洞	전	2	195	17	김용직	김기만	초	1	2
율지면	南倉洞	전	1	900	90	김용직	김용직	초,와	1,1	4,4
율지면	南倉洞	답	3	5700	399	김용직	지성수		0	0
율지면	南倉洞	전	2	130	11	김용직	김윤식	초	1	3
율지면	南倉洞	전	2	345	29	김용직	지승수	초	1	8

율지면	南倉洞	전	2	289	25	김용직	박삼철	초	1	3
율지면	南倉洞	전	2	612	52	김용직	유치규	초	1	8
율지면	南倉洞	전	2	196	17	김용직	음순명	초	1	4
율지면	南倉洞	전	2	221	19	김용직	김수건	초	1	3
율지면	南倉洞	전	2	130	11	김용직	김봉규	초	1	3
율지면	南倉洞	전	2	234	20	김용직	박춘명	초	1	3
율지면	南倉洞	전	2	252	21	김용직	유치기		0	0
율지면	南倉洞	전	2	260	22	김용직	지광심	초	1	5
율지면	南倉洞	전	2	208	18	김용직	김순보		0	0
율지면	南倉洞	전	2	100	9	김용직	이길주	초	1	2
율지면	南倉洞	전	2	400	34	김용직	지복여	초	1	5
율지면	南倉洞	전	2	242	21	김용직	김부현	초	1	3
율지면	南倉洞	전	2	150	13	김용직	박덕오	초	1	3
율지면	南倉洞	전	2	247	21	김용직	지승모	초	1	3
율지면	南倉洞	전	2	280	24	김용직	이화실	초	1	2
율지면	南倉洞	전	2	475	40	김용직	지승용	초	1	2
율지면	南倉洞	전	2	280	24	김용직	지양여	초	1	6
율지면	南倉洞	전	2	200	17	김용직	지승화	초	1	3
율지면	南倉洞	전	2	312	27	김용직	지군보	초	1	3
율지면	南倉洞	전	2	225	19	김용직	한학조	초	1	3
율지면	南倉洞	전	2	340	29	김용직	김치영	초	1	8
율지면	南倉洞	전	2	231	20	김용직	김화선	초	1	3
율지면	南倉洞	전	2	255	22	김용직	지양연	초	1	5
율지면	南倉洞	답	3	2824	298	김용직	지양여		0	0
율지면	南倉洞	답	3	980	69	김용직	김용직		0	0
율지면	遊山前坪	답	2	1425	121	김용직	김용직		0	0
율지면	遊山前坪	전	4	784	43	김용직	김용직		0	0
율지면	遊山前坪	전	4	5600	308	김용직	김용직		0	0
율지면	遊山前坪	전	4	1900	105	김용직	김용직		0	0
율지면	遊山前坪	전	2	576	49	김용직	신창석		0	0

　　<표 7>을 보면 김용직은 남창 마을에 토지소유가 집중되었다. 이 마을에서 소유한 토지는 충주 전체에서 소유한 토지 8결 37부 2속 중에서 절반 정도를 차지하였다. 하지만 율지면에서도 유산전평, 장성평, 요곡 등에 경작지를 소유하고 있었고, 불정면 달개평이생처에도 상당한 토지를 집중하였다. 그밖에 소파면에서는 1구역의 토지를 소유하였고 거곡면에서는 1구역의

토지를 차경한 것으로 나타나는데, 특히 거곡면의 토지 차경은 동일 인물인지 의심스럽긴 하다.[13] 김용직은 율지면의 경작지는 직접 경작하는 것이 많았으나 다른 면에서는 차경으로 운영하였던 것으로 보인다.[14] 김용직의 토지소유는 충주에서 14위에 이르므로 최상위층의 부호였음을 알 수 있다.[15]

무엇보다 김용직이라는 인물이 눈에 띄는 것은 엄청난 가옥을 소유한 시주라는 사실이다. 남창 마을에서 33채의 가옥을 소유하고 있어서, 창사 건물을 제외하면 69채의 가옥 중에서 48%나 차지하고 있었다. 마을 가옥의 거의 절반을 소유했는데도 자신의 주거지는 남창 마을 외에는 마련하지 않았고 그것도 단 한 채에 불과했다. 더욱이 그러한 소유 규모에 비하면 그렇게 넉넉한 주택이 아니라는 점도 주목할 만하다. 다만 이 정도의 부호였기에 기와집에서 살 수 있었던 게 아닐까 짐작해본다. 김용직은 남창 마을에 근거지를 둔 충주의 부호였다.

김용직 다음의 시주로 파악되는 인물은 兪致珪이다. 역시 유씨 일가가 마을에서 큰 비중을 차지하게 된 것은 바로 유치규 덕분이었다. 유치규는 남창 마을에서 2결 64부 6속의 토지를 소유하여 마을 토지의 12%를 차지하고 있었다. 마을에서는 상당한 부호였음을 알 수 있다. 유치규가 충주에서 어느 정도의 토지와 가옥을 소유하고 경작했는지 살펴보면 다음과 같다.

---

13) 양안에서는 동일 인물의 한자 표기가 달리 표기되기도 하여서 현재로는 한글로 파악하는 걸 원칙으로 하고 있지만, 김용직의 경우 거곡면 사례를 보면 한자 표기가 다른 것을 분리해서 파악해야 되는 건 아닌지 의문이 들기도 한다.

14) 김용직이 직접 경영하는 자경 토지는 5.31정보로 전체 소유한 토지에서 41%에 이른다. 상당히 많은 토지를 직접 경영하고 있었다.

15) 이러한 순위는 김용직이 소유한 토지를 생산량을 감안한 결부로 따졌을 때에 나타나는 것이고, 그가 소유한 면적을 단순하게 계산하면 12.87정보로 충주에서 177위로 밀린다. 즉 김용직이 소유한 토지는 면적이 그리 많지 않지만 등급이 월등히 높게 나타난다는 것이다. 그것은 율지면 일대의 토지의 생산력이 다른 지역에 비해 높게 평가되고 있었음을 보여주는 사실이기도 하다.

<표 8> 유치규의 토지와 가옥 현황

마을	종류	등급	면적	결수	시주	시작	가옥	호	칸
幕衣坪	답	2	2666	227	유치규	유치규		0	0
幕衣坪	답	2	3720	316	유치규	유치규		0	0
幕衣坪	답	2	1443	123	유치규	유치규		0	0
幕衣上坪	답	3	2116	148	유치규	유치규		0	0
幕衣上坪	답	3	4600	322	유치규	유치규		0	0
幕衣上坪	답	2	1794	152	유치규	유치규		0	0
堯谷	답	3	1075	75	유치규	유치규		0	0
堯谷	답	3	2400	168	유치규	유치규		0	0
堯谷	답	3	2158	151	유치규	유치규		0	0
長城坪	전	3	910	64	유치규	유치규		0	0
長城坪	전	3	2625	184	유치규	유치규		0	0
長城坪	답	4	4872	268	유치규	유치규		0	0
南倉後坪	답	2	440	37	유치규	유치규		0	0
南倉後坪	답	2	3000	255	유치규	유치규		0	0
南倉洞	전	1	240	24	유치규	유치규	초	1	5
南倉洞	답	3	3900	273	유치규	유치규		0	0
南倉洞	전	3	2400	168	유치규	유치규		0	0
南倉洞	전	2	1496	127	유치규	유치규		0	0
南倉洞	전	3	3431	240	유치규	유치규		0	0
南倉洞	답	3	2650	186	유치규	유치규		0	0
南倉洞	전	3	10160	711	유치규	유치규		0	0
南倉洞	전	4	900	50	유치규	유치규		0	0
南倉洞	답	4	520	29	유치규	지윤보		0	0
南倉洞	답	3	1050	74	유치규	지웅이		0	0
南倉洞	답	3	1584	111	유치규	한학조		0	0
南倉洞	답	3	1800	126	유치규	유치규		0	0
南倉洞	답	3	715	50	유치규	유치규		0	0
南倉洞	전	3	2025	142	유치규	유치규		0	0
南倉洞	답	2	510	43	유치규	유치규		0	0
南倉洞	전	2	612	52	김용직	유치규	초	1	8
遊山前坪	답	2	1584	135	유치규	유치규		0	0
遊山前坪	답	2	3000	255	유치규	유치규		0	0
遊山前坪	답	2	1080	92	유치규	유치규		0	0
遊山前坪	전	2	336	29	유치규	지승우	초	1	3
遊山前坪	전	2	405	34	유치규	지덕문	초	1	5
遊山前坪	전	2	280	24	유치규	지덕순	초	1	3

遊山前坪	전	3	2850	200	유치규	유치규		0	0
遊山前坪	전	3	3600	252	유치규	유치규		0	0
遊山前坪	전	3	450	32	유치규	유치규		0	0
遊山前坪	전	2	144	12	유치규	한덕조	초	1	2
遊山前坪	전	3	1170	82	유치규	유치규		0	0

<표 8>을 보면 유치규 역시 남창 마을을 중심으로 토지를 소유하고 있었으며, 그밖의 토지도 모두 충주의 율지면에 분포되어 있었다. 남창 마을 외에는 유산전평과 막의 마을, 요곡, 장성평 등에도 토지를 상당히 소유하여 모두 합하면 5결 99부 1속이 되었다. 즉 유치규는 율지면에 거주하면서 이 일대에 토지를 중심으로 부를 축적한 사람이었다. 그런데 이러한 토지를 거의 모두 스스로 경작한 것으로 기록되어 있다.

또 유산전평에 4채의 가옥을 소유하고 있었지만, 자신의 주거지로 삼은 지역은 남창 마을뿐이었다. 이 마을에서 2채의 가옥에서 거주한 것으로 나타나는데, 두 곳 다 남창동에 있었다. 가옥은 초가 8칸과 초가 5칸으로 나타나며, 초가 8칸은 김용직의 토지에 마련한 것으로 나타난다. 유치규 역시 남창 마을을 중심으로 한 부호로서 그 일대에서 토지를 소유하였던 것이다. 충주 전체 시주에서 살펴보면 유치규는 284위에 있었으므로 상당한 부호로 보아도 괜찮을 것 같다.[16]

김용직과 유치규가 남창 마을에서 소유한 토지만 해도 마을 전체에서 33%를 차지하고 있었다. 두 사람이 마을의 1/3을 차지하고 있었던 것이다. 이들이 이 지역에 거주하고 토지 역시 이 일대에 소유하고 있었다. 그만큼 남창 마을이 인근에서도 주요 역할을 할 수 있는 근거지가 되지 않았을까 생각한다.

---

16) 유치규가 소유한 토지를 면적으로만 따지면 8.95정보로 충주에서 284위에 해당한다. 결부로 따졌을 때와 동일하게 나타난다.

5. 맺음말

본고는 데이터베이스로 정리된 충주의 광무양안을 중심으로 마을 단위의 분석을 시도하며, 이를 통해 토지뿐 아니라 인구 구성까지 어떻게 분석할 수 있을지 구체적인 사례를 제시하려고 한다. 그 대상은 충주군 율지면 남창 마을이다.

남창 마을은 달래강 상류와 수많은 실개천이 음성천을 이루고 있는 달개들을 끼고 있어, 물길로 물자를 운반하기 쉬운 자리로 세곡을 보관하는 창고가 설치되었다. 충주에서 수세기 동안 세곡창으로서 그 임무를 담당했는데, 광무양안에는 남창동, 남창후평 등으로 나타난다. 남창의 주민 구성이나 생활수준, 그리고 그들의 토지 분포도를 살펴본다면 당시 세곡창의 운영면도 짐작할 수 있는 좋은 근거가 될 것이다.

남창 마을이 소속되어 있던 율지면은 충주군 38개 면 중에서 최하위인 38위에 해당한다. 생산량을 나타내는 결수는 충주군에서 37위에 들어가므로, 면적보다는 약간 나은 편에 속하였으나 전체적으로 충주군에서 척박한 지역에 속한다. 토지가 적은 만큼 인구도 적어, 율지면의 가옥은 316호로 충주군에서 1.4%를 차지하며 충주군에서 33위에 해당한다. 창고를 운영하고 있던 남창 마을의 현황은 상대적으로 나은 형편으로 나타났다.

양안에 나타난 남창동과 남창후평의 기록을 통해 토지와 인구, 가옥 현황을 살펴보았다. 우선 토지는 논이 40%를 차지하는데 1등급부터 존재하고 주로 2등급과 3등급으로 되어 있으며, 밭 경작지도 1등급부터 있고 2등급과 3등급이 주류를 이루고 있었다. 논의 비율이 낮지만 논과 밭이 대체로 비옥한 마을이었다. 또 역전답과 남창동 전답이 있으며 인근 마을에도 남창동 전답을 별도로 소유하고 있는데, 이는 창고를 운영하기 위한 것으로 보인다. 마을에는 창고 업무를 수행하는 창사(倉舍)도 있었다. 가옥도 비교적 많아서 창사까지 포함하면 모두 70채가 있었다. 아주 큰 집은 없으나 8칸집이 5채 있었다.

거기에는 와가 4칸과 초가 4칸으로 이루어진 집도 있었다. 특히 초가 5칸과 초가 4칸이 많았음이 주목된다. 마을에서 약 40%의 가옥이 비교적 여유가 있었다.

토지의 경작자인 時作은 총 122호가 살고 있었으며, 마을에 거주하는 가구는 68호로 파악된다. 시작의 56%가 마을에 거주하고 있었고, 거주자 68호 중에서 44호는 이 마을에 주택만 가지고 있었다. 즉 65%의 사람들은 이 마을을 거주지로서 이용할 뿐이고, 경작자 중에서 20%도 채 안되는 24호만이 마을에 거주하면서 경작하고 있었다. 시작 중에서 가장 많은 비중을 차지하고 있는 것은 지씨였으며 그 다음이 김씨로 나타나는데, 지씨가 이용하는 토지가 남창 마을에서 26%를 차지하고 김씨도 23%에 이른다. 두 성씨가 마을 토지의 절반을 이용하고 있었다. 경작자가 마을에 거주하는 경우는 적었지만 그럼에도 부유한 편에 속하는 사람들은 대부분 마을 거주자로서 존재한다는 점이 주목된다.

경작자인 시작에 비해 소유주인 시주의 인명은 그리 많지 않아 64명이 확인되며, 그 중에서 남창 마을에 거주하는 사람은 25%에 불과하다. 성씨별 분포도도 다르게 나타나 가장 큰 비중을 차지하는 것은 김씨였다. 김씨 일가는 토지의 33%를 차지하고 있었으며, 그 다음으로 池氏 일가가 토지를 많이 소유해 16%에 이른다. 시주 중에서도 토지소유에서 두드러지는 인물은 김용직과 유치규라고 볼 수 있다. 김용직과 유치규가 남창 마을에서 소유한 토지만 해도 마을 전체에서 33%를 차지하고 있었다. 단 두 사람이 마을의 1/3을 차지하고 있었던 것이다. 이들이 이 지역에 거주하고 토지 역시 이 일대에 소유하고 있었다. 그만큼 남창 마을이 인근에서도 주요 역할을 할 수 있는 근거지가 되지 않았을까 생각한다.

대한제국기 충주 제내리의 구조와
농민층의 경제적 지위[*]

김 의 환

1. 머리말

광무양안은 각 필지마다 해당 토지의 정보를 자세하게 담고 있다. 해당
토지의 소유자와 경작자인 時主와 時作은 물론 토지의 위치와 형태를 표시하
는 四標와 田形이 기록되었고, 납세액을 책정하기 위한 토지의 결부와 등급
및 척수가 적혀 있다. 그리고 토지와 관련된 촌락의 이름과 지명, 가옥의
위치와 규모, 거주민의 이름과 집터 소유주, 관아를 비롯한 각종 건물과
점포, 주막과 물레방아 등 다양하고 입체적인 정보를 담고 있다.[1]

광무양안은 시주와 시작의 실존 여부에 대한 논란 때문에 제한적으로
활용되었고,[2] 양전사업의 성격과 근대적 토지소유권의 논란도 있었다.[3]

---

[*] 이 글은 『역사와 실학』 42, 2010에 게재한 논문을 수정, 보완하였다.

1) 신영우, 「남한강 유역 충주·여주의 양안과 지역사 자료의 조사」, 『중원문화논총』
11, 2007.

2) 이영훈, 「양안 상의 主 규정과 主名 기재방식의 추이」, 『조선토지조사사업의 연구』,
민음사, 1997 ; 오인택, 「경자양안의 시행 조직과 양안의 기재형식」, 『역사와 현실』
38, 2000 ; 왕현종, 「18세기 후반 양전의 변화와 '시주'의 성격」, 『역사와 현실』
41, 2001.

3) 광무양전사업을 내적 발전의 과정으로 검토한 연구가 있고(김용섭, 「광무년간의
양전지계사업」, 『한국근대농업사연구』하, 일조각, 1993 ; 한국역사연구회 토지대장
연구반, 『대한제국의 토지조사사업』, 민음사, 1995), 반대로 1910년 토지조사를

양안은 지금까지 농업사 연구에서 이용되었을 뿐 향촌사회사 연구에는 활용되지 못하였다. 더구나 자료의 방대함 때문에 개인이 이용하는 데 한계가 많아, 연구 범위가 면 단위에 국한되어 통계의 신뢰성과 당시 사회를 이해하는 데 문제가 있었다.

최근에는 양안 연구단이 구성되어 군현 전체를 분석한 연구가 시도되었고, 다양한 분야와 방법론으로 연구가 활성화 되고 있다.[4] 군현 전체를 대상으로 다양한 농민층의 존재와 경영형태를 분석한 글과 시주와 경작인의 관계를 통해 촌락사회의 내부 구조를 밝힌 것[5]과 함께 한 마을 내부의 여러 모습을 살핀 글이 있다.[6]

지금까지 마을사 연구는 주로 향촌사회사 분야에서 동계문서·호구단자·분재기 등 고문서 자료를 이용하였다.[7] 특히 호적은 마을의 변화상 추적에 좋은 자료이며, 단성 호적대장의 전산화로 인적구성 문제가 많이 연구되었다.[8] 현지조사를 통해 마을의 모습을 복원하려는 노력도 있었다.[9]

계기로 근대적 소유권과 조세제도가 성립되었다는 견해가 있다(김홍식 외, 『대한제국기의 토지제도』, 민음사, 1990).

4) 임용한, 「한말 진천군의 면리구조」, 『호서사학』 39, 2004 ; 서태원, 「한말 진천군 역토의 구조와 운용」, 『호서사학』 39, 2004 ; 김성보, 「1900~50년대 진천군 이월면의 토지소유와 사회변화」, 『한국사연구』 130, 2005 ; 신영우 편, 『광무양안과 진천의 사회경제 변동』, 혜안, 2007.

5) 최윤오, 「대한제국기 충주군 양안의 지주제와 부농경영」, 『동방학지』 128, 2004 ; 최윤오, 「대한제국기 진천군 양안의 자작농과 경영지주」, 『한국사연구』 132, 2006 ; 임용한, 「충북 진천의 향촌사회 구조와 변동─토지 소유 및 경작관계를 중심으로」, 『호서사학』 45, 2006 ; 최윤오, 「대한제국기 충주군 양안의 지주제와 농민층분해」, 『동방학지』 150, 2010.

6) 서태원, 「대한제국기 충주군 양안을 통해서 본 연원마을」, 『역사와 실학』 37, 2008.

7) 이해준, 『조선시기 촌락사회사』, 민족문화사, 1996 ; 정진영, 『조선시대 향촌사회사』, 한길사, 1999 ; 오영교, 『강원의 동족마을』, 집문당, 2004 ; 권내현, 「조선후기 족보를 통한 동성촌락의 복원」, 『대동문화연구』 47, 2004.

8) 호적대장 연구팀, 『단성 호적대장 연구』, 성균관대 대동문화연구원, 2003.

9) 충남대 마을연구단, 『연기 솔올마을』, 대원사, 2006 ; 오영교 엮음, 『원주 회촌마을』,

그러나 마을 내부의 구조와 인적구성 및 경제생활과 이를 중심으로 한 변동상을 고찰한 것은 별로 없다.[10]

광무양안은 특히 다른 자료보다 농민층의 존재형태 등 다양한 마을의 모습을 보여주는 중요한 자료이다. 만약 족보나 호구단자 및 분재기 등 다른 고문서 자료와 이를 결합한다면, 종래 마을사 연구에서는 불가능하였던 새롭고 다양한 연구가 가능하다.

따라서 이 글에서는 광무양안을 토지소유와 경작 규모에 국한하여 연구한 경향에서 벗어나 마을의 다양한 모습을 복원하고자 한다. 평야와 산간지역 등 다양한 마을의 입지 조건은 물론 양반 동족마을·역원·포구·주점 등 사회경제적 기반이 다른 마을의 특성을 고려하여 그 특징과 성격을 찾고자 한다.

먼저 양반 동족마을의 하나로 전주이씨 鎭安大君派가 세거한 堤內里를 중심으로 세거 과정과 향촌 활동을 살펴보고, 다음으로 주민의 구성과 가옥의 수와 규모 등 마을의 구조를 검토할 것이다. 끝으로 농민층의 토지소유와 경영형태는 물론 농민의 경제적 지위를 규명하여 근대사회 마을의 성격을 이해하고자 한다.

2. 전주이씨의 충주 입향과 향촌 활동

충주는 남한강 유역에 위치하며, 남쪽은 소백산맥에 의해 경상도와 구분되면서 조령과 계립령을 통해 서로 연결되었다. 충주는 고려시대 이후 물류유통의 중심지로 부각되었는데, 특히 德興倉(后에 가흥창)과 慶原倉이 설치되어

민속원, 2009 ; 연세대 역사문화학과 마을연구단,『원주 지정, 호저면 전통마을의 삶과 생활』, (주)원주기업도시, 2009.
10) 김건태,「조선후기~일제시기 전통동성촌락의 변화상」,『대동문화연구』62, 2008.

주변 조세와 물산이 집중되었고, 목계나루 등 여러 나루터에서도 역시 물산이 집산되고 유통되어 번화한 곳이었다.[11]

충주에는 16세기 이후 李延慶·李耔·李若水·金世弼·盧守愼 등 많은 사림세력이 거주하면서 기호사림의 수요 공급원이 되었고, 17세기에는 柳永吉·金世濂·李植·金藎國 등 북인계 실무 관료가 대거 거주하여 개방적이고 실용적인 학풍을 지닌 지역이었다.[12] 17세기 중후반 이후에는 인근에 權尙夏가 자리잡으면서 노론 학풍이 형성되어 주도권이 변화되었다.[13]

제내리가 위치한 주덕읍은 11개의 법정 동과 35개의 행정 동으로 구성되었고, 53개의 자연 부락이 있다. 1914년에 덕면의 6개 동리와 주류면의 5개 동리가 합쳐져 주덕면으로 개칭되었고, 1995년 주덕읍으로 승격되었다. 주덕읍은 지리적으로 충주―장호원―서울, 충주―음성―청주로 가는 교통의 길목에 위치하고 있다. 북부와 남부에는 화개산 등 낮은 산이 자리 잡고 있고, 들판 주위에는 堯渡川이 있어 이곳의 물이 달천으로 흘러가 남한강과 합류한다.

이 지역은 충주 읍치가 있던 지역과 함께 내륙에서는 보기 드물게 넓은 평야지대를 이루고 있다. 일찍부터 지주들의 토지가 많이 분포하였고, 주변에는 사족들이 토지를 기반으로 세거하였다. 제내리는 주덕평야 바로 앞에 위치하였고, 풍덕과 성동 및 큰말이 자연부락으로 있다. 이 글은 제내리 전체를 대상으로 하였고, 광무양안에는 사동·옥동·풍덕동·풍덕전평·제내동·제내전평·공세평에 토지가 분포하였고, 그 주변에 변동[갓골]·가진

---

11) 김현길, 「남한강 유역의 역참과 조운」, 『충북향토문화』 12, 2001 ; 이상배, 「조선시대 남한강 수운과 가흥창」, 『물류경제의 중심지, 충주―옛길과 물길』, 충주시·예성문화연구회, 2005.

12) 박홍갑, 「16세기 전반기 정국 추이와 충주사림의 피화」, 『조선시대사학보』 79, 2005 ; 신병주, 「17세기 전반 북인관료의 사상」, 『역사와 현실』 8, 1992.

13) 장승구, 「수암의 학맥·학풍과 황강서원」, 『충북학』 4, 2002 ; 김의환, 「충북지역의 유교문화와 문화권」, 『충북학』 9, 2007.

평 등이 있었다.[14)

주덕평야 바로 앞에 위치한 제내리는 현재에는 주덕읍 소속이지만, 대한제 국 시기에는 덕면 소속이었다. 이곳은 전주이씨 진안대군파(태조의 장남, 李芳雨)의 세거지이다. 마을의 지명 유래는 원래 마을 앞에 방죽이 있어 '방죽안' 또는 '堤內'라고 하였다. 이 마을은 임진왜란 때 폐허가 된 곳에 진안대군의 8대손인 李德樑(1576~1651)이 피난하던 중 선조 28년(1595) 즈음 이곳에 정착하면서 형성되었다.

이덕량은 괴산군 감물면 주월리 도락골에 자리 잡은 진안대군파의 후손이 다. 그는 도락골에서 조금 떨어진 대상동에서 태어났는데, 임진왜란이 일어난 해에 17세의 나이로 병중의 부친을 업고 동생 李德栓과 함께 피난길에 올랐다. 그는 전쟁으로 피난하는 과정에서 부친이 역병으로 숨지자, 처음에는 동생과 함께 덕련산 아래 주덕면 덕련리에 자리 잡았다. 그러나 덕련리는 농토가 많지 않아 제내리 앞의 陣浦로 잠시 옮겼으나, 요도천의 범람을 계기로 풍덕에 정착하여 이곳을 개척하였다.[15) 그의 동생은 인근의 장록리에 정착하였다.

마을의 지명은 진안대군의 묘소가 개성 옆의 풍덕에 있어 '풍덕'이라 하였 다. 그는 인근의 초계 정씨 장사랑 鄭德麟의 딸과 혼인하여 3남을 두었고, 절충장군 행용양위부호군을 지내고 통정대부 호조참의에 증직되었다. 그의 장남 李廷芝는 聖洞, 2남 李廷蕡은 大村[큰말], 3남 李廷葵은 풍덕에 각각 자리를 잡아 동족마을을 형성하였다.[16) 동족마을은 17세기 이후 주자가례의

---

14) 예성문화연구회 · 충주시, 『충주의 지명』, 1997.

15) 「전주이씨 진안대군파 방호지파 입향조 증통정대부호조참의절충장군행용양위부호 군 이덕량실기」.

16) 이정협의 2남 李震恒(1644~1714)은 숙종 2년(1676) 무과에 급제하여 부사과 · 부호 군 · 사용 등을 거쳐 숙종 31년(1705) 산산진 병마첨절제사를 지냈다(「교지」). 그의 아들 李世赫은 부친의 代加를 통해 통덕랑에 올랐다. 그리고 이진항은 숙종 39년(1713) 장남 이세혁과 2남 이세림 및 3명의 딸에게 재산과 노비를 분급하였다(「분재기」(1713)).

보급과 예학의 발달, 상속제도의 변화, 종법적 가족제도의 수용 등 사회경제적 변화로 형성되고 정착하였다.[17] 이덕량의 세계는 다음 <그림 1>과 같다.[18]

<그림 1> 이덕량(진안대군파)의 세계도

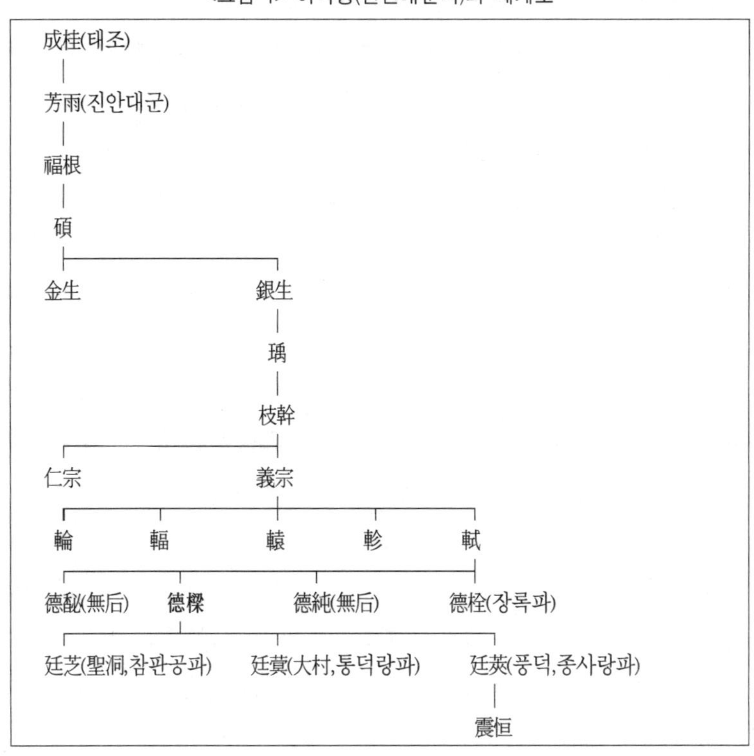

　　이덕량은 이곳에 들어와 사족들과 교유하면서 점차 정착, 성장하면서 사회적 위상과 함께 토지소유를 확대해 나갔다. 충주에는 모두 10개파의

17) 정진영, 「조선후기 동성마을의 형성과 사회적 기능」, 『한국사론』 21, 국사편찬위원회, 1991.

18) 전주이씨진안대군파보편찬위원회, 『전주이씨 진안대군파보』, 1999. 마을의 내력과 인물 및 고문서 조사는 이세영(84세)·이충배(82세)·이상욱(66세) 선생님의 도움을 받았다.

전주이씨가 세거하였다. 진안대군파(주덕읍 제내리), 덕천군파(주덕읍 당우리), 석보군파(소태면 양촌리), 양녕대군파(노은면 대덕리), 효령대군파(동량면 하천리), 임영대군파(동량면 대전리), 광평대군파(동량면 탄동리, 신니면 광월리), 화의군파(살미면 신매리), 한남군파(충주시 용관동), 경녕군파(노은면 법동리, 신니면 문숭리)가 있었다.

전주이씨는 충주에서 많은 사마시 입격자를 배출하였다. 충주 전체의 입격자는 모두 608명이었다. 40명 이상 배출한 가문은 전주이씨(48명)가 유일하였고, 30명 이상은 광주이씨(32명), 20명 이상은 초계정씨(26명), 연일정씨(25명), 풍산홍씨(25명), 경주김씨(24명), 남양홍씨(21명)가 있었다.[19] 48명을 배출한 전주이씨는 선조대 이후 골고루 입격자를 배출하여 고종대에는 14명이나 되었고,[20] 문과 급제자는 모두 4명이었다.

이 가운데 진안대군파는 몇 명인지 정확하게 알 수 없지만 충주에서 가장 많은 입격자를 배출하여, 왕족의 후예라는 사실과 함께 지역사회에서 사회, 경제적 위상은 높았을 것이다. 이것은 당시 이 가문의 인물이 많은 노비를 거느린 사정으로도 짐작할 수 있다.[21]

---

19) 한국정신문화연구원, 『CD 사마방목』.

20) 광무양안에 등재된 전주이씨 사마시 입격자의 토지소유는 다음과 같다.

	이 름	입격시기	소유지	경작지	토지 위치
1	이상돈	철종1	0.396	0.133	소대양
2	이상은	고종1	0.249	0.249	소탄, 복성
3	이희상	고종2	2.457	0.937	불정, 대조곡
4	이동규	고종2	0.592	0.898	동량
5	이병일	고종4	0.907	1.411	율지
6	이용빈	고종10	0.427	0.444	소파
7	이교승	고종11	0.339	0.408	노은, 사다산
8	이원세	고종19	0.221	0.221	북변
9	이범구	고종31	3.056	1.524	감물,노은
10	이인협	고종31	1.787	0.092	앙엄, 동량

21) 이진항의 증손자 李奎東은 모두 81명의 노비를 소유하였는데, 솔거노비가 38명,

전주이씨 가문은 계속 사마시 입격자를 배출함과 동시에 가문의 사회적
위상을 높이고 동족의 결속을 강화하기 위한 노력도 전개하였다. 진안대군파
는 정조 13년(1789)에 인근 괴산군 불정면 목도리에 진안대군을 제향한
淸德祠를 건립하였고,[22] 진안대군의 묘소가 제대로 관리되지 못함을 안타깝
게 여겨 종중이 재물을 거두어 보호조치를 취하기도 하였다.[23]

제내리의 진안대군파는 자녀들의 교육에도 관심이 컸다. 철종 9년(1858)
10월에는 29명의 계원들이 2전씩을 모아 講堂稧를 조직하고, 좌목과 규약을
마련하였으며, 申直均을 훈장으로 모시고 서당을 지어 운영하였다.[24] 이것은
1996년까지 유지되다가 해체되었다.

1921년에는 성동에 사립학교인 信成學院을 세워 이민호와 서천순이 교육
을 담당하였으나, 이들이 독립운동을 하다가 일제 관헌에 자주 불려 다니면서
3년 만에 폐교되었다. 그러나 1934년에 다시 제내리의 각 마을이 출자하여
사립학교를 세워 공회당을 학교로 사용하면서 운영되었고, 일제 말에 주덕
국민학교가 세워지면서 1944년에 폐교되었다.

이 마을의 뒤 쪽은 우등산이 자리하고 있고, 앞은 넓은 들판이 위치하여
풍수지리상 기운이 새어나가는 형세였다. 원래 마을 앞에는 천연의 숲이
있었으나 오랜 세월이 흐르면서 나무가 고사하여 마을에 환란이 계속 되었다
고 한다. 이 때문에 1906년에 마을 앞에 수구막이 나무(방풍림)를 심어 숲으로
막자는 의견이 제기되었다. 참봉 李錫浩와 李義鐘·李義晳이 주도하여 인근
의 논을 매입하여 숲을 조성하였고, 1907년 1월에 10개조의 총칙을 마련하여

외거노비가 39명, 도망 노비가 4명이 있었고(「호구단자」(유학 이규동, 1774), 李銑彦
은 솔거노비 30명, 매득 노비 3명을 소유하였다(「호구단자」(유학 이선언, 1819).
22) 「청덕사지」. 충주 사족의 서원 건립과 당파성은 다음을 참고할 것(이정우, 「17~18세
기 충주지방 서원과 사족의 당파적 성격」, 『한국사연구』 109, 2000).
23) 「통문」(1912).
24) 『강당계좌목』 戊午十月十六日立議. 제내리에는 'ㄱ' 형태의 강당이 건립되었으나
현재에는 폐허가 되었다.

30명의 회원으로 防風林稧를 조직하여 운영하였다.

이 방풍림계의 설립 목적은 제3조와 제9조에 잘 나타나 있다. 전체 부락에 수재와 화재 및 풍재를 방지하고 위생을 위주로 하며 생명을 保守하여 친목과 근검 및 부업을 장려하는 동시에 계원 가운데 수재와 한재, 슬픈 일과 경사스러운 일을 당하였을 때 상호 보조하여 구제한다는 것이다.

계원의 가입 조건은 풍덕리 주민으로 하되 조 1말을 출자한 사람에 한정하였다. 계의 운영을 위해 임원을 두었는데, 계장과 부계장을 두고 서기 1인, 회계 1인, 회계감독 1인, 간사 10인, 평의원 15인을 두었다. 계일은 매년 11월 5일로 정하였고, 특별한 사안이 있을 때 임시회의 소집도 가능하게 하였다. 이 규약은 1958년 李八榮이 회장이었을 때 총회에서 7장 32조로 전면 개정되었다.

1926년에는 상풍덕의 주민, 1946년에는 구실골의 주민이 각각 방풍림계에 가입하여 풍덕 마을의 대동계로 발전하였다. 마을의 덕망이 있는 인사를 계장으로 선출하여[25] 운영하면서 계원 상호간의 인적·물적 부조를 꾀하는 한편, 계의 안정적인 운영을 위해 수시로 논과 밭을 매입하여 契錢을 마련하였다.[26] 계전으로 장만한 지대와 이자수입으로 계를 운영하였고, 마을에

---

25) 방풍림계의 역대 계장은 다음과 같다.

	계 장	재임 기간
1대	이 석 호	1906~1922
2대	이 태 영	1923~1932
3대	이 동 호	1933~1947
4대	이 긍 호	1948~1957
5대	이 팔 영	1958~1968
6대	이 상 덕	1969~1979
7대	이 세 영	1980~2001
8대	이 보 영	2002~2003
9대	이 상 억	2004~현재

26) 방풍림계 소속의 토지는 방풍림 주위에 모두 2,000평 정도 있다.

정미소를 설치하여 운영하였으며, 1937년부터 1943년까지 매년 계원의 자녀에게 학자금을 지급하기도 하였다.[27]

이 마을은 이외에도 여러 사회활동을 전개하였다. 1932년에는 이성호 등 44명이 자력갱생과 저축증대를 목적으로 농촌진흥회를 조직하고, 벼 한 말씩(40전)을 갹출하여 자본금으로 삼아 운영하였다. 1950년에는 혼상에 필요한 장비를 마련하는 등 활동을 전개하다가 1955년 방풍림계에 흡수되고 통합되었다.

3. 주민의 구성과 가옥의 규모

제내리는 1914년에 풍덕리와 병합되어 제내리가 되었고, 현재 풍덕과 성동이 행정동으로 있다. 지금까지 광무양안 연구는 시주와 시작이 실제 인물로 등재되었는지 논란이 많았는데, 충주양안에 나타난 인물의 존재는 대부분 실제 소유주와 경작인이었음이 확인된다.[28]

광무양안에는 당시 제내리에 거주한 주민의 이름이 기재되어 있다. 풍덕동에 33호, 제내동에 61호, 제내 전평에 13호가 거주하여 모두 107호가 있었다. 세 마을 가운데 제내동이 가장 큰 마을이었다.

이곳에 살았던 성씨와 거주지를 살펴보면 다음 <표 1>과 같다.

---

27) 「풍덕방풍림계」 隆熙元年一月十日(丁未) ; 「방풍림계규약」 ; 이성호, 「제내리 풍덕 마을 방풍림계에 대한 소고」, 『예성문화』 28, 2008.

28) 광무양안에 나타나는 풍덕 마을 이씨의 경우 대부분 '○永—○坤—義○—○浩—○ 榮'으로 이어지는 진안대군파의 항렬과 일치한다(전주이씨진안대군파보편찬위원회, 『전주이씨 진안대군파보』, 1999).

<표 1> 제내리의 주민 구성

성 씨	거주 마을과 호수			호수와 비율	
	풍덕동	제내동	제내전평	호	비율
이	13	41	9	63	58.9
김	4	9	1	14	13.1
정	2	2	1	5	4.7
申	1		2	3	2.8
辛	3			3	2.8
조	1	2		3	2.8
윤	2	1		3	2.8
박	1		1	2	1.9
장	1			1	0.9
한	1			1	0.9
염	1			1	0.9
양	1			1	0.9
柳	1			1	0.9
劉		1		1	0.9
권	1			1	0.9
사		1		1	0.9
손		1		1	0.9
최		1		1	0.9
홍		1		1	0.9
합 계	33	61	13	107	100

이 마을에 가장 많이 거주한 성씨는 동족마을을 형성하였던 이씨로서 모두 63호(58.9%)였다. 대부분은 전주이씨의 진안대군파 인물이다. 다음으로 김씨가 14호(13.1%) 거주하였는데, 이웃 마을인 桂幕에 세거한 풍산김씨가 아닌가 한다. 정씨는 5호(4.7%)가 거주하였고, 申氏와 辛氏, 조씨와 윤씨는 각각 3호씩(2.8%) 살았다. 박씨는 2호(1.9%)가 살았고, 그 외에 장·한·양·염·류·유·권·사·손·최·홍씨가 각각 1호씩(0.9%) 거주하였다.[29]

제내리의 가호 수는『충청도읍지』(1840)에는 모두 108호가 있었고, 남자가

---

[29] 제내리 주변의 邊洞[갓골]에도 이희봉(3칸)·이정호(5칸)·이태동(3칸)·이희갑(3칸)·신연집(3칸)·이용필(2칸) 등 6호가 거주하고 있었다.

235명, 여자가 237명, 모두 472명이 거주하였다고 기록하고 있고,[30) 60년 후에 작성된 광무양안에도 제내리에 107호가 거주한 것으로 확인된다.[31) 19세기 중반 한 가구의 구성원은 평균 4.37명이었음을 알 수 있다.

대한제국기 제내리에 거주한 주민의 이름과 가옥의 규모는 다음 <표 2>와 같다.

당시 제내리에는 모두 107호가 거주하였다. 이 마을에는 기와집과 물레방아는 하나도 없었고, 모두 초가만이 있었다. 풍덕동에는 초가 2칸에서부터 10칸, 제내동에는 초가 2칸에서부터 8칸, 제내 전평에는 초가 2칸에서부터 7칸까지 다양한 규모의 집이 분포하였다.[32)

이씨 소유의 초가가 63호였고, 김씨 소유가 14호였으며, 정씨 소유는 5호였고, 신씨 소유는 3호였다. 마을에서 가장 큰 10칸의 집을 소유한 사람은 尹泰運과 辛鍾默 2명이었고, 李義瑞와 李義鼎은 8칸의 초가에 거주하였으며,[33) 李義允 · 李國榮 · 辛熙執 · 金洛星 · 崔元添 · 丁聖敎 6명은 7칸의 초가에서 살았다.

---

30) 『충청도읍지』. 정조대에는 덕면의 편호가 553호, 남자 1292명, 여자 2291명이었고, 충주 38개 면 전체의 편호는 19,624호, 남자 49,071명, 여자 58,622명이었다(『여지도서』 상, 충청도 충원 방리). 1909년의 조사에 따르면 충주의 전체 농가는 16,548호였으며(神谷卓男, 『韓國忠淸北道一般』, 1909), 광무양안의 경우 덕면에는 598호가 있었고, 충주 전체에는 19,070호가 있었다고 나타난다.

31) 1945년에는 제내리 풍덕 마을에 모두 74호가 거주하였는데, 이 가운데 전주이씨는 62호였다(방풍림계, 『방풍림백년제』, 2006). 일제시대에는 제내리의 전주이씨가 모두 105호였다고 한다(조선총독부, 『조선의 성』 동족집단상황, 1930).

32) 일제시대 민가에 대해서는 다음을 참고할 것(최석영, 「일제하 곤와지로(今和次郎)의 조선 민가 조사방법과 인식」, 『사림』 35, 2010).

33) 윤태운과 신종묵은 충주 전체에 1호를 소유하여 풍덕동의 10칸 초가에 살았고, 이희서는 풍덕동의 8칸 초가에 거주하였으며, 이희정은 제내동의 8칸 외에 불정면 開實垈에도 3칸의 초가를 소유하였다(양지아문, 『충청북도충주군 양안』(규장각 17682), 1900). 이 글의 통계는 모두 이 양안을 DB화한 것이므로 앞으로는 전거를 밝히지 않겠다.

<표 2> 제내리의 가옥과 거주민

위치 / 거주자	규모	거 주 자
풍덕동 (33호)	2칸	김량득 · 이희종 · 박명길 · 이희중 · 윤소호 · 염학봉 · 김발귀 · 양성삼 · 류부손 (9호)
	3칸	한백길 · 이희수 · 신석휴 · 이성철 · 정천복 · 김쇠돌 · 이희준 · 장종승 · 이희평 · 이화곤 · 정준원 · 이거부 · 이희인 · 김만철 · 권필인 · 이원호 (16호)
	4칸	조형교 (1호)
	6칸	이근익 · 신도집 · 이희원 (3호)
	7칸	신희집 (1호)
	8칸	이희서 (1호)
	10칸	윤태운 · 신종묵 (2호)
제내동 (61호)	2칸	이춘성 · 김어돌 · 유천길 · 이희장 · 이희하 · 이희태 · 이백봉 · 이강호 · 이장곤 · 사수명 · 이희보 · 김억만 · 이철곤 · 김상봉 · 이식곤 · 조동신 · 이희웅 · 이소사 · 이윤여 · 이명곤 (20호)
	3칸	김노익 · 이정곤 · 한정돌 · 이대곤 · 이학천 · 홍순배 · 김성만 · 정여대 · 김장쇠 · 조치운 · 김낙성 · 이성철 · 손경식 · 이달렬 · 이희록 · 이희인 · 이희관 · 이희남 · 이대호 · 이우열 · 이창곤 · 윤상구 · 김채용 (23호)
	4칸	이희대 · 이희명 · 이연호 · 이성곤 (4호)
	5칸	이정호 · 이순곤 · 이성곤 · 이은호 · 이철호 · 이태호 · 이학곤 · 이정곤 · 이석호 (9호)
	7칸	김낙성 · 최원첨 · 이희윤 · 정성교 (4호)
	8칸	이희정 (1호)
제내 전평 (13호)	2칸	김사현 · 신석주 · 박성철 · 이인호 (4호)
	3칸	이대재 · 이봉호 · 이위곤 (3호)
	4칸	이창호 · 정한원 (2호)
	5칸	이만영 (1호)
	6칸	이희중 · 이희원 (2호)
	7칸	이국영 (1호)
합 계		107호

마을에서 두 채의 집을 소유한 사람은 모두 7명이었다. 李義仲은 풍덕동에 2칸, 제내 전평에 6칸짜리 초가를 소유하였고, 李成哲은 풍덕동에 3칸, 제내 동에 3칸을 보유하였으며, 李義元은 풍덕동에 6칸, 제내 전평에 6칸짜리

두 채를 소유하였다. 李義仁은 풍덕동과 제내동에 각각 3칸짜리 가옥 두 채를 보유하였다. 그리고 李鼎坤은 제내동에 3칸과 5칸 두 채, 김낙성은 제내동에 7칸과 3칸 두 채, 李聖坤 역시 제내동에 5칸과 4칸짜리 두 채를 가지고 있었다.[34]

이 마을에서 이희원은 두 채의 초가에서 12칸 규모의 가장 큰 집에서 살았고, 다음으로 윤태운과 신종묵 및 김성락이 모두 10칸 규모의 집을 소유하였으며, 이성곤이 9칸 규모의 초가에서 살았다.

광무양안에는 이들이 거주한 가옥의 집터 소유주가 확인된다. 당시 마을의 가옥이 위치한 집터를 소유한 인물 현황은 다음 <표 3>과 같다.

<표 3> 제내리 가옥의 집터 소유주

소유주	가옥	소유주	가옥	소유주	가옥
이일호	17	윤우영	4	이태호	1
이희서	11	이재호	4	정한원	1
윤태운	9	이근익	3	이희중	1
신종묵	8	이은호	3	김노익	1
이희윤	7	이석호	3	이창곤	1
이한영	5	이인호	2	이경호	1
이희정	5	이성곤	2	이철호	1
이국영	5	신희집	1	이연호	1
이원호	4	이대재	1	계	107
이희원	4	이봉호	1		

마을에 가옥의 집터를 소유한 사람은 모두 28명이었고, 李一浩는 가장 많은 17채의 집터를 소유하였다. 이희서는 11채, 윤태운은 9채, 신종묵은 8채, 이희윤은 7채의 집터를 가지고 있었다. 이일호는 이 마을에 거주하지 않으면서 충주에 모두 1결 39부 5속을 소유하여 45부 9속을 경작하는 지주였

---

34) 광무양안에는 같은 마을에 2채를 소유한 인물이 나타나는데, 이것은 개인이 2채를 소유하여 거주한 경우도 있겠지만, 가옥의 실제 소유는 아버지이지만 아들이 혼인 후 분가한 사정을 반영한 것이 아닌가 한다.

고, 나머지는 대부분 마을에 거주하는 인물들이었다. 이들의 집터에 가옥을 지은 사람들은 매년 주인에게 일정액의 '텃도지'를 납부하였을 것이다. 그리고 제내리에 있었던 가옥의 규모는 다음 <표 4>와 같다.

<표 4> 제내리의 가옥 규모

칸수	1	2	3	4	5	6	7	8	10	계
충주	0.4	26.0	46.1	11.6	8.1	3.0	3.4		1.3	100
덕면	0	22.3	47.3	9.1	9.9	4.0	5.7		1.7	100
제내리	0	33	42	7	10	5	6	2	2	107
총칸수	0	66	126	28	50	30	42	16	20	378
비율	0	30.8	39.3	6.5	9.3	4.7	5.6	1.9	1.9	100

이 마을에는 107호가 총 378칸에 거주하여 평균 3.53칸 규모의 집에서 살았다. 초가 3칸이 42호(39.3%)로 가장 많았고, 2~3칸 규모의 집은 모두 75호(70.1%)로 대부분을 차지하였다. 8칸과 10칸은 각각 2호씩(1.9%) 있었다.

2칸짜리 집이 충주 전체가 26.0%인 것과 비교하면 조금 더 많았고, 3칸짜리는 충주 전체가 46.1%인 것과 비교하면 조금 적었다. 1~3칸은 덕면이 69.6%인데 비해 이곳은 70.1%로 거의 비슷하였고, 4~6칸은 덕면이 23.0%인데 비해 이곳은 20.5%로 조금 낮았으며, 10칸 이상은 덕면이 1.7%인데 비해 제내리는 1.9%로 비슷하였다.[35]

4. 농민층의 토지소유와 경제적 지위

광무양안에서는 충주군 38개 면 전체의 토지는 논이 8,483결 19부 2속

---

[35] 충주 전체의 가옥은 초가 2칸이 25.8%였고, 3칸이 45.9%였으며, 4칸이 11.5%였고, 5칸이 8.0%였으며, 6칸이 6.4%였고, 10칸이 1.3%였다. 연원마을의 경우 초가 2칸은 44.4%였고, 초가 3칸은 25.4%였다(서태원, 앞의 논문, 192~196쪽, 2008).

(53.9%)이었고, 밭이 7,261결 52부 5속(46.1%)으로서 모두 15,744결 71부 7속이었다.[36] 제내리가 소속된 덕면의 토지는 논이 334결 56부 7속(62.0%)이었고, 밭은 205결 20부 1속(38.0%)으로서 모두 539결 76부 8속이었다.

제내리에는 관아전·궁방전·둔전·사원전·위전은 없었고, 다만 풍덕의 서남쪽, 장록리 앞에 대소원과 용원으로 통하는 중간 지점에 土階院址가 있었다고 한다.[37] 제내리의 토지는 풍덕 전평·풍덕동·제내 전평·제내동·寺洞·玉洞[구실골]·貢稅坪에 분포하였는데, 마을의 토지 규모를 살펴보면 다음 <표 5>와 같다.

<표 5> 제내리의 토지 면적과 비율

위치 \ 면적	밭의 면적		논의 면적		계
	면적	비율	면적	비율	
사 동	0.434	16.2	2.237	83.8	2.671
옥 동	1.373	85.2	0.238	14.8	1.611
풍덕전평	1.121	21.3	4.144	78.7	5.265
풍덕동	2.701	99.6	0.010	0.4	2.711
제내전평	3.475	35.7	6.251	64.3	9.726
제내동	5.783	53.6	5.016	46.4	10.799
공세평	0.739	5.3	13.175	94.7	13.914
계	15.626	33.5	31.071	66.5	46.697

제내리의 토지는 모두 46결 69부 7속이었다. 논은 31결 7부 1속(66.5%)이었고, 밭은 15결 62부 6속(33.5.%)이었다. 평야지대에 위치한 제내리 논과 밭의 비율은 논이 밭보다 두 배 많았다. 덕면 전체의 경우 논이 20% 더

---

36) 광무양안에는 충주에 토지를 소유한 소유주와 경작자는 모두 35,775명으로 나타난다.

37) 충주에는 북변면에 연원역, 남변면에 단월역, 가흥면에 가흥역과 함께 신석면에는 용안역이 있어 음성·장호원과 연결되었다(『여지도서』 상, 충청도 충원 역원). 토계 원지에는 경지 정리 때 이곳에서 주춧돌과 구들 등 집터의 흔적이 발견되었다고 하며, 지금은 논으로 변한 상태이다.

많은 것과 비교된다. 마을의 토지가 많이 분포한 곳은 공세평과 제내동 및 제내 전평이었다.[38]

논의 비율이 높은 공세평은 논이 13결 17부 5속(94.7%)로 대부분이었다. 풍덕 전평은 4결 14부 4속으로 78.7%였고, 제내 전평은 6결 25부 1속으로 64.3%이며, 사동은 2결 23부 7속으로 83.8%이었다. 밭의 비율이 높은 풍덕동은 2결 70부 1속으로 99.6%였고, 옥동은 1결 37부 3속으로 85.2%였으며, 제내동은 5결 78부 3속으로 53.6%였다.

다음으로 제내리에 있는 논과 밭의 등급 수와 비율을 살펴보면 다음 <표 6>과 같다.

<표 6> 제내리의 토지 등급

위치/등급	등급	밭	논	비율(%)
풍덕동	1			
	2	37	1	80.9
	3	7		14.9
	4	1		2.1
	5	1		2.1
	6			
풍덕 전평	1			
	2		11	28.2
	3	5	5	25.6
	4	4	14	46.2
	5			
	6			
제내동	1	5	1	4.5
	2	62		47.0
	3	23	32	41.7
	4	7	2	6.8
	5			
	6			

---

38) 제내리의 주변에 위치한 邊洞과 邊洞坪, 可眞坪에도 주민의 토지가 있었다. 변동은 9결 89부 6속, 변동평은 5결 9부 7속, 가진평은 1결 62부 6속이었다.

제내 전평	1	1		1.3
	2	19	19	50.7
	3	10	18	37.3
	4	2	4	8.0
	5		2	2.7
	6			
사 동	1			
	2			
	3		2	10.0
	4	1	5	30.0
	5	3	4	35.0
	6	3	2	25.0
옥 동	1			
	2			
	3			
	4	4	2	50.0
	5	3	1	33.3
	6	1	1	16.7
공세평	1			
	2	1	43	62.9
	3	2	16	25.7
	4	1	4	7.1
	5	1	2	4.3
	6			
계		204	191	395

　　제내리 전체의 토지는 밭이 204필지, 논이 191필지였다. 논의 비율이 높았던 공세평은 1등급은 없고, 2등급은 62.9%, 3등급이 25.7%로 1~3등급이 88.6%였다. 제내전평은 1등급이 1.3%, 2등급이 50.7%, 3등급이 37.3%로 1~3등급이 89.3%였고, 풍덕전평은 2등급이 28.2%, 3등급이 25.6%로 1~3등급이 53.8%였다. 밭의 비율이 높았던 풍덕동의 경우 2등급이 80.9%, 3등급이 14.9%로 1~3등급이 95.8%였다.

　　논과 밭의 비율이 비슷한 제내동의 경우 1등급이 4.5%, 2등급이 47.0%, 3등급이 41.7%로 1~3등급의 토지가 93.2%였다. 그리고 풍덕동은 1~2등급의 토지 비율이 80.9%로 가장 높아 토지가 비옥한 곳이었음을 알 수 있다. 따라서 이 마을은 주덕평야에 위치하여 토지의 비옥도가 매우 높았다고 하겠다.

한편, 제내리에 거주한 성씨별 토지소유와 경작 규모는 다음 <표 7>과 같다.

<표 7> 제내리의 성씨별 토지소유와 경작 규모

성씨	호수	소유 면적		경작 면적	
		결수	비율	결수	비율
이	63	25.749	55.9	27.559	61.1
김	14	7.267	15.8	6.155	13.6
정	5	1.530	3.3	0.920	2.0
申	3	0.955	2.1	1.015	2.2
辛	3	2.577	5.6	1.722	3.8
조	3	1.259	2.7	0.717	1.6
윤	3	4.749	10.3	3.734	8.3
박	2	0.003	0.007	0.884	1.9
장	1	0.876	1.9	0.023	0.05
한	1	1.098	2.4	0.311	0.7
염	1	0	0	0.013	0.03
양	1	0	0	0.014	0.03
柳	1	0	0	0.011	0.02
劉	1	0	0	0.312	0.7
권	1	0	0	0.417	0.9
사	1	0	0	0.053	0.1
손	1	0	0	0.018	0.04
최	1	0	0	1.212	2.7
홍	1	0	0	0.025	0.06
합계	107	46.063	100	45.115	100

제내리의 토지는 모두 46결 69부 7속이었는데, 이 마을에 거주한 19개 성씨가 소유한 토지는 46결 6부 3속이었고, 경작한 면적은 45결 11부 5속이었다.[39)]

이 가운데 63호의 동족마을을 형성한 전주이씨는 모두 25결 74부 9속 (55.9%)을 소유하여 마을 토지의 절반 이상을 차지하였다. 이들이 경작한 토지는 이보다 조금 많은 27결 55부 9속(61.1%)이었다. 이들은 대체로 제내리 일대에 위치한 토지를 소유하면서 다른 충주 관내에도 토지가 있었다. 이들 가운데 충주에서 10결 이상을 보유한 사람은 <표 8>에서 보듯이 이태호·이 만영·이희서 3명이었고, 1결 이상을 소유한 사람은 모두 27명이었다. 이씨는 제내리 상위 시주 10위 안에 7명이나 있었고, 1~6위는 모두 이씨였다.

이웃에 동족마을을 형성한 김씨는 14호가 살면서 모두 7결 26부 7속(15.8%) 을 소유하였고, 경작은 소유보다 적은 6결 15부 5속(13.6%)이었다. 특히 제내리와 계막 앞에 있던 공세평에는 이씨의 토지가 6결 65부 6속 있었고, 김씨의 토지 역시 4결 60부 9속이 있었다. 3호가 살았던 윤씨는 4결 74부 9속(10.3%)을 소유한 가운데 3결 73부 4속(8.3%)을 경작하였다.

辛씨는 3호가 살면서 2결 57부 7속(5.6%)을 소유한 가운데 1결 72부 2속 (3.8%)을 경작하였고, 5호가 살았던 정씨는 1결 53부(3.3%)를 소유하면서 92부(2.0%)를 경작하였다. 그 외에 조씨와 한씨를 제외한 성씨들은 모두 1결 미만의 적은 토지를 가지고 있었고, 9개 성씨는 전혀 토지를 소유하지 못하였다.

제내리에 거주한 주민 가운데 토지를 많이 소유한 사람들의 현황은 다음 <표 8>과 같다.[40]

---

39) 이들이 소유하고 경작한 토지의 비율은 제내리에 분포한 토지 전체를 나타낸 것이 아니라, 마을 주민이 실제 소유하고 경작한 토지와 대지를 포함한 것이다.

40) 이들 가운데 이정곤은 강당계(1858년)의 계원이었고, 이석호·김량득·이희종·한 백길·염학봉·김발귀·이원호·이창호·이만영·이인호·이연호 등 11명은 방 풍림계(1907년)의 계원이었다(리세영, 『방죽안 인물지』, 서울인쇄문화, 2003).

<표 8> 제내리의 개인별 토지 소유 규모

	지 주	총소유지	자경지	차경지	총 호수	풍덕(칸)
1	이태호	13.791	6.373	0.172	2	5
2	이만영	13.024	6.472	1.300	3	5
3	이희서	10.654	8.140	0.158	2	8
4	이희원	9.409	4.864	0.143	4	6/6
5	이철호	8.633	5.732	0.041	3	5
6	이국영	6.395	5.014	0	1	7
7	김쇠돌	4.997	2.388	2.216	3	3
8	윤태운	4.468	2.498	0	1	10
9	신종묵	4.094	2.996	0	1	10
10	이희준	3.969	2.491	0.038	3	3
11	이희대	3.903	1.703	0.127	2	4
12	이정호	3.626	3.333	2.307	4	5
13	이희중	3.475	3.425	0.077	4	6/2
14	이석호	3.438	2.729	0.841	3	5
15	조형교	3.315	1.933	0.018	1	4
16	이희정	2.849	2.729	0.176	3	8
17	李召史[41]	2.653	1.568	0.334	17	2
18	신희집	2.351	2.139	0	1	7
19	이성철	2.243	2.243	0.562	2	3/3
20	이은호	2.242	2.196	1.032	2	5
21	이창곤	2.199	1.999	0.108	4	3
22	이춘성	2.131	2.131	1.268	2	2
23	이성곤	2.020	1.914	1.178	3	5/4
24	이강호	1.947	1.947	0.131	3	2
25	이정곤	1.903	1.621	1.003	4	5/3
26	이희명	1.857	1.857	0.093	3	4
27	김낙성	1.842	0.467	0.279	2	7/3
28	김억만	1.519	0.755	2.348	9	2
29	김사현	1.466	1.466	0.498	4	2
30	이희인	1.419	1.378	0.480	5	3/3
31	이희관	1.212	1.022	0.267	4	3
32	이희태	1.176	1.045	0.080	3	2
33	신석주	1.163	0.700	0.012	1	2
34	이순곤	1.117	1.117	0.741	3	5
35	이희수	1.114	1.114	0.130	2	3
36	이원호	1.099	1.011	0.571	3	3

37	정성교	1.067	0.911	1.180	4	7

1909년 당시 충주군의 경작자 현황을 보면 지주농이 156호, 자작농이 1,984호, 자소작농이 4,297호, 소작농이 10,111호였다. 논농사만을 대상으로 한 100석 지주의 경우 충주는 충북에서 가장 많은 32명이 있었는데, 100석 27명, 150석 1명, 200석 3명, 300석 1명이었고, 최다 지주는 389석의 지주였다.[42]

제내리에 거주한 주민 가운데 충주 전체에서 1결 이상의 토지를 소유한 사람은 모두 37명이었다. 1~2결은 14명, 2~3결은 8명, 3~4결은 6명, 4~5결은 3명, 5~10결은 3명이었고, 이 가운데 10결 이상을 소유한 시주는 李泰浩·李萬榮·李義瑞 3명이었다.

이태호는 총 2채 가운데 제내동에 5칸짜리 초가를 보유하면서 13결 79부 1속을 소유하고 이 가운데 6결 37부 3속을 자경하였다. 이만영은 총 3채 가운데 제내전평에 5칸짜리 초가를 보유하면서 13결 2부 4속을 소유하였고, 6결 47부 2속을 자경하면서 1결 30부를 차경하였다. 그는 1907년에 설립된 방풍림계의 계원으로 활동하였다. 이희서(1861~1937)는 총 2채의 가옥 가운데 풍덕동에 8칸짜리 초가를 보유하면서 10결 65부 4속을 소유하였고, 8결 14부를 자경하면서 15부 8속을 차경하였다.[43]

李錫浩(1866~1922)는 충주에 모두 3호의 가옥을 소유한 채 제내동에

---

41) 이조이[李召史]가 17채, 김억만이 9채의 많은 가옥을 소유한 것은 실제 이들이 모두 소유한 것이 아니라 충주의 다른 지역에 동명이인이 많았기 때문이라고 생각한다.

42) 神谷卓男, 『한국충청북도일반』, 1909.

43) 이희서는 조봉대부 동몽교관을 지낸 李華永의 손자이다. 그는 호가 松圃이고, 문호는 果堂이며, 연재 송병준을 사사하여 학당을 세워 후학을 양성하였다. 동학농민전쟁 때 마을에 농민군이 진입하자, 홀로 마을 어귀에 나가 논리정연하게 설득하여 난리를 모면하였다고 한다(리세영, 『방죽안 인물지』, 서울문화인쇄, 2003).

5칸짜리 초가에 살았고, 1907년 방풍림계의 계장으로 계의 설립을 주도한 인물이다.[44] 그는 충주 전체에서 3결 43부 8속을 소유한 가운데 2결 72부 9속을 자경하고 84부 1속을 차경하였으며, 제내리에는 1결 79부 2속을 소유하였다.

李義命(1854~1914)은 1898년부터 1914년까지 17년 동안 덕면 면장을 지낸 인물이다. 그는 면장 재직 때 사창곡을 마련하여 농민을 구휼하였고, 덕으로써 면정을 펼쳐 1914년 행정구역 통폐합 때 퇴임과 동시에 영세불망비가 건립되었다.[45] 그는 총 3채의 가옥 가운데 제내동에 4칸짜리를 보유하였고, 충주에 1결 85부 7속을 소유하면서 모두 자경하였으며, 차경은 9부 3속에 불과하였다.

이태호는 불정면 細坪垈의 5칸 초가에 거주하면서 제내동에 5칸의 초가를 소유하였고, 이만영은 감물면 伯陽—里洞의 7칸 초가에 살면서 제내 전평에 5칸의 초가를 보유하였다.[46] 이들은 경영지주로서 충주를 중심으로 한 장시 유통망과 남한강 유역의 포구 유통망을 이용하여 지대를 상품화하였고, 나아가 농업경영에 수운을 이용하였을 것으로 짐작된다.[47]

당시 지주층의 경영 형태는 다양하였다. 지주층 가운데 직영지 경영을 확대하여 지주경영의 효율성을 꾀하려는 이를 경영지주층이라고 한다면,

---

44) 이석호는 소이면 갑산에 살다가 이곳으로 이주하였고, 전위 참봉을 제수받았다. 1907년 이희종과 함께 방풍림계의 창설을 주도하였으며, 1955년 방풍림계의 계원들이 그의 불망비를 세웠다.

45) 이희명의 영세불망비는 강당계의 서당 훈장을 지낸 栗亭 申直均이 글을 짓고 글씨를 썼다.

46) 이세영 선생님(84세)의 증언.

47) 특히 충주에 거주하지 않은 부재지주의 경우 이러한 유통망을 잘 이용하였을 것이다. 정철의 현손인 장암 鄭澔(1648~1736)의 경우 남한강 유역에 16결 23부 8속의 토지를 마련하여 부재지주로서 농장을 경영하였다(최윤오·우대형, 「조선후기 유통망의 발달과 지주제－개인 양안 사례분석을 중심으로」, 『개항전후 한국사회의 변동』, 태학사, 27~41쪽, 2006).

경영형부농층은 상품화폐경제와 유통경제를 이용하여 차경지 확대를 통해 경영을 확대하던 광작농이라고 하겠다. 그리고 병작지주는 자신이 직접 경작하지 않고 타인에게 토지를 대부분 대여한 지주층이며, 부재지주는 서울이나 다른 지역에 살면서 중간관리인인 마름[夜音]을 두고 경영하던 지주를 말한다.

제내리 1~6위의 상위 지주를 비롯하여 많은 지주들은 대부분이 경영지주에 해당한다고 하겠다. 이들의 사례를 도표로 나타내면 다음 <표 9>와 같다.

<표 9> 제내리의 경영지주 사례

지 주	총소유	자경지	대여지	차경지	직영비율
이태호	13.791	6.373	7.418	0.172	46.2
이만영	13.024	6.472	6.552	1.300	49.7
이희서	10.654	8.140	2.514	0.158	76.4
이희원	9.409	4.864	4.545	0.143	51.7
이철호	8.633	5.732	2.901	0.041	66.4
이국영	6.395	5.014	1.381	0	78.4

이들 지주들은 자신의 토지를 자경하는 비율이 모두 40% 이상이었다.[48] 이국영은 6결 39부 5속을 소유한 가운데 78.4%인 5결 1부 4속을 직접 자경하고 1결 38부 1속을 병작하였고, 이희서는 10결 65부 4속을 소유한 가운데 76.4%인 8결 14부를 자경하였으며, 이철호는 8결 63부 3속을 소유한 가운데 66.4%인 5결 73부 2속을 자경하였다. 그 외의 지주들도 모두 자신의 소유지를 40~50% 정도 직영하면서 가족과 노비 및 임노동을 통해 경작하였을 것이다.

그리고 이들은 모두 차경지의 비율이 매우 낮다는 공통점이 있다. 이 가운데 이태호와 이만영은 경영지주인 동시에 병작지주의 성격도 동시에

---

48) 최윤오는 경영지주의 직영 비율을 30% 정도로 산정하였다. 이들의 자경지와 함께 차경한 토지까지 합산할 경우 직영 비율은 더 높게 나타난다.

지니고 있다. 특히 이희대의 경우 총 3결 90부 3속을 소유하면서 1결 70부 3속을 자경하고 단지 12부 7속만을 차경한 것으로 보아 병작지주의 성격이 컸다고 하겠다.

당시 지주층의 토지경영을 이해할 수 있는 또 다른 사항의 하나가 토지 집중도이다. 10결 이상을 소유한 대지주 3명의 토지 집중도를 살펴보면 다음 <표 10>과 같다.

<표 10> 10결 이상 대지주의 토지 분포

지 주	위 치	결수	비율
이태호	덕 면	1.637	11.9
	불정면	8.749	63.4
	율지면	3.361	24.4
	산척면	0.044	0.3
	계	13.791	100
이만영	감물면	1.114	8.6
	덕 면	2.185	16.8
	복성면	6.456	49.5
	김생면	0.186	1.4
	산척면	3.083	23.7
	계	13.024	100
이희서	남변면	0.244	2.3
	덕 면	7.048	66.2
	주류면	3.020	28.3
	유등면	0.286	2.7
	이안면	0.056	0.5
	계	10.654	100

이태호는 충주군 38개 면 가운데 4개 면에 토지를 소유하고 있었고, 이희서 와 이만영은 각각 5개 면에 토지를 보유하였다. 이태호는 불정면과 율지면에 87.8%, 이만영은 덕면과 복성면 및 산척면에 90.1%, 그리고 이희서는 덕면과 주류면에 94.5%를 소유하고 있었다. 이들은 자신의 거주지 근처나 특정 지역에 토지를 집중시켜 노동력의 확보와 유통에 유리한 조건을 형성함으로

써 효율적인 농업경영을 하였다.[49]

한편, 체내리에 거주하지는 않았지만 마을 앞의 공세평에 토지를 소유한 韓敬會에 대해 살펴보자. 그는 63결 87부 4속을 소유한 형제인 韓聖會[50]와 함께, 충주에서 최상위에 속하는 대지주였다.

<표 11> 한경회의 토지 분포

위 치	결수	비율	마 을
노은면	20.158	41.1	내대방·원대동
덕 면	15.407	31.4	중리·계막전평
이안면	9.480	19.3	마정·두산동
주류면	1.483	3.0	하마정동평
김생면	0.779	1.6	마산평
사이면	0.485	1.0	원충리·두평
신니면	0.425	0.9	장재동평
유등면	0.348	0.7	황대동
신석면	0.207	0.4	성황당평
소파면	0.184	0.4	기서평
금천면	0.148	0.3	광대
계	49.104	100	

한경회는 이안면 大召院洞에 25칸의 기와집과 상대소원동에 5칸의 초가를 소유하면서 충주에 모두 49결 10부 4속을 보유하였다. 그의 토지는 논이 37결 1부 1속이었고, 밭이 12결 9부 3속이었다. 이를 살펴보면 <표 11>과 같다. 그는 충주에서 11개면에 토지를 소유하고 있었는데, 노은면에 가장

---

49) 이희원은 6개 면, 이철호는 3개 면, 이국영은 1개 면에 토지를 소유하였다. 충북 진천군의 경우에도 이경팔·안대복·한규설·신귀 등 대지주들은 토지를 집중시켜 경영하였다(최윤오, 「대한제국기 광무양안의 토지소유와 농업경영에 관한 연구—충북 진천군양안 전체분석을 중심으로」, 『역사와 현실』 58, 2005 ; 임용한, 앞의 논문, 2006).

50) 한성회는 충주에 한 채의 집을 소유하였는데, 대소원동에 초가 15칸과 기와 13칸으로 구성된 집에 살았다.

많은 20결 15부 8속이 있었고, 덕면에 15결 40부 7속이 있었으며, 이안면에
9결 48부의 토지가 있었다. 그가 살았던 이안면 주위의 3개면에 전체 토지의
대부분인 45결 4부 5속(91.7%)을 집중시켰다. 그는 이 토지 가운데 12결
80부 6속을 직접 경작하면서 차경은 32부 7속에 지나지 않았고, 대부분인
36결 29부 8속(73.9%)의 토지는 남에게 대여하여 병작지주의 성격이 강하였
다. 그는 제내리 앞의 공세평에도 3필지에 73부 5속을 가지고 있었다. 제내리
에서 다른 사람의 토지를 1결 이상 빌려 농사를 지은 주민들의 현황은 다음
<표 12>와 같다.

<표 12> 제내리 주민의 차경지 규모

	지 주	총소유	자경지	차경지	총 호수	풍덕(칸)
1	윤상구	0.933	0.933	4.442	2	3
2	김억만	1.519	0.755	2.348	9	2
3	이정호	3.626	3.333	2.307	4	5
4	김쇠돌	4.997	2.388	2.216	3	3
5	김성만	0.282	0.282	2.020	2	3
6	김장쇠	0.541	0.416	1.426	3	3
7	김상봉	0.368	0.234	1.327	2	2
8	이만영	13.024	6.472	1.300	3	5
9	이춘성	2.131	2.131	1.268	2	2
10	김발귀	0.018	0.018	1.217	1	2
11	정성교	1.067	0.911	1.180	4	7
12	이성곤	2.020	1.914	1.178	3	5/4
13	이은호	2.242	2.196	1.032	2	5
14	유천길	0.300	0.300	1.027	1	2
15	이희보	0.542	0.522	1.013	3	2
16	이정곤	1.903	1.621	1.003	4	5/3

이 마을의 지주 가운데 다른 사람의 토지를 1결 이상 차경한 경우는
16명이었고, 2결 이상 차경한 사람도 5명이었다. 2호의 가옥을 보유한 尹相求
의 경우 93부 3속의 토지를 소유하였으나 차경지는 소유 규모보다 무려

4배나 많은 4결 44부 2속이나 되었고, 9호의 가옥을 보유한 金億萬은 1결 51부 9속을 소유한 채 2결 34부 8속을 차경하였다.[51]

특히 金成萬의 경우 자신의 소유지보다 7배에 해당하는 차경지를 경영하였다. 이들은 내부분이 소유지보다 차경지의 비율이 2~7배 정도였다. 이들은 상품화폐경제와 유통경제를 이용하여 상품작물을 재배하기 위해 적극적으로 차경지의 확대를 꾀하던 광작농에 가까운 지주라고 하겠다.[52]

1결 이상의 차경자 가운데 상위를 차지한 사람은 전주이씨가 아닌 다른 성씨가 많았고, 이들의 경작지는 여러 면에 분포하였다. 윤상구는 덕면과 동량면 2개 면에 경작지가 분포하였고, 이정호는 덕면과 불정면 등 4개 면, 김쇠돌은 덕면과 산척면 등 6개 면, 김성만은 7개 면에서 토지를 경작하였다. 당시 농촌에서는 토지소유보다 경작 문제가 더 중요한 사회문제였다.[53] 이들은 다른 사람의 많은 토지를 빌려 임노동자를 고용하여 수입이 높은 상품작물을 재배하는 농업경영을 하였을 것이다.[54] 반면에 차지경쟁에서 밀려난 농민들도 생겨났다.

마을의 주민 가운데 충주와 제내리에 전혀 토지를 소유하지 못한 사람도 많았다. 이들의 현황은 다음 <표 13>과 같다.

---

51) 김억만은 제내리를 비롯하여 충주에 여러 명의 동명이인이 존재하여 토지소유 규모에 비해 가옥의 수가 많은 것으로 생각한다.

52) 조선후기 경영형부농층은 2결 이상을 광작하는 농민층으로 보고 있다(김용섭, 「조선후기의 경영형부농과 상업적농업」, 『조선후기농업사연구』Ⅱ, 일조각, 1970).

53) 이윤갑, 「18세기말의 균병작론─홍주유생 이광한의 貸田論을 중심으로」, 『한국사론』 9, 1983.

54) 남한강 주변에 위치한 충주는 다른 지역보다 특히 수운을 이용한 상업작물의 재배에 유리한 지역이었다(최윤오・우대형, 「조선후기 유통망의 발달과 지주제─개인 양안 사례분석을 중심으로」, 『개항전후 한국사회의 변동』, 태학사, 2006).

<표 13> 제내리의 무전 농민 현황

	시 작	차경지	총호수	풍덕(칸)
1	사수명	0.600	1	2
2	조동신	0.270	1	2
3	김어돌	0.212	1	2
4	이달열	0.029	1	3
5	홍순배	0.025	1	3
6	장종승	0.023	1	3
7	이우열	0.022	1	3
8	손경식	0.018	1	3
9	권필인	0.018	1	3
10	정대녀	0.018	1	3
11	이대호	0.017	1	3
12	윤소호	0.014	1	2
13	염학봉	0.013	1	2
14	이대곤	0.012	1	3
15	류부손	0.011	1	2
16	이거부	0.009	1	3
17	이식곤	0.004	1	2
18	이화곤	0.003	1	3
평 균		0.073	1	2.6

제내리에 살았던 사람 가운데 무소유 경작인은 모두 18명(18.0%)이었다. 이들 가운데 가장 많은 토지를 차경한 사람은 60부에 불과하였고, 대부분이 빈농 수준의 적은 규모를 차경하였다. 이들은 모두 충주에 1채의 집을 소유하였고, 가옥의 규모는 모두 2~3칸(평균 2.6칸)에 불과하였다. 이들의 평균 차경지는 7부 3속이었다.

이들의 차경지는 자신이 거주하던 집터를 제외하면 거의 토지를 빌리지 못한 상태였다. 충주양안에 등장하는 전체 농민의 24.7%가 무전 농민인 것과 비교하면 이 마을의 비율은 낮다고 하겠다. 이들은 농민층 분해과정에서 차지 경쟁에서 소외되어, 대부분 머슴살이와 날품팔이 등으로 생계를 유지할 만큼 아주 빈한한 형편이었을 것이다.

이러한 마을 주민의 경제적 지위를 토지소유 규모와 관련하여 살펴보면 다음 <표 14>와 같다.

<표 14> 제내리 주민의 토지소유 규모

구분	토지소유 규모	인원과 비율	
		인원	비율(%)
빈농	0.25결 미만	40	40.0
소농	0.25결 이상~0.5결 미만	12	12.0
중농	0.5결 이상~1결 미만	11	11.0
부농	1결 이상~2결 미만	14	14.0
	2결 이상~5결 미만	17	17.0
	5결 이상	6	6.0
계		100	100

농민층의 사회경제적 지위를 토지소유와 관련하여 구분하면, 1결 이상은 부농, 50부 이상~1결 미만은 중농, 25부 이상~50부 미만은 소농, 25부 미만은 빈농이라 할 수 있다.[55] 제내리 주민 100명 가운데 1결 이상의 부농은 모두 37명(37%)이었고, 이 가운데 5결 이상을 소유한 지주층은 6명(6%)이었다. 중농은 11명(11%)이었고, 소농은 12명(12%)이었으며, 빈농은 토지를 소유하지 못한 무소유 경작인 18명을 포함하여 모두 40명(40%)이었다.

농민층의 경제적 지위를 보다 정확하게 알기 위해서는 자경지와 대여지를 합한 소유지뿐만 아니라 타인에게 차경한 토지까지 포함해야 한다. 이럴 경우 차경지의 수확은 대체로 병작반수가 관행인 상황에서 자경지의 1/2 정도였을 것이다.[56] 자신이 소유하여 경작한 토지와 타인에게 대여한 토지에

---

55) 김용섭, 『조선후기 농업사연구』 1, 일조각, 144쪽, 1970. 최윤오는 토지의 정보를 단위로 농민층을 분류하고 있다. 빈농 0~0.5정보, 소농 0.6~1.5정보, 부농 1.6~5정보, 지주 5정보 이상으로 분류하였다(최윤오, 앞의 논문, 2005).

56) 이헌창, 「구한말·일제초 농가경영의 구조와 상품화폐경제」, 『대한제국기의 토지제도』, 민음사, 184쪽, 1990.

다 차경한 토지를 1/2로 환산할 경우, 부농과 중농의 경제적 지위는 토지소유 면적만을 기준했을 때보다 더 상승하였고, 소농과 빈농의 지위는 조금 낮았다. 이것은 당시 농민층의 분해가 하향 분화만이 아니라 중농 이상의 부농 및 지주층으로 양극화 되고 있었음을 보여준다고 하겠다.[57)]

이 마을 농민층의 지위는 같은 평야지대에 위치한 진천군의 덕문면·이곡면과 비교하면 다음 <표 15>와 같다.[58)]

<표 15> 진천군과 충주군의 평야지대 농민층 비교

토지소유 규모	지역별 농민층 분포(%)		
	덕문면	이곡면	제내리
0	18.0	10.3	18.0
0.25 미만	34.8	48.4	22.0
0.25 이상~0.5 미만			12.0
0.5 이상~1.0 미만	18.2	13.3	11.0
1.0 이상	29.0	28.0	37.0
계	100	100	100

진천군 덕문면의 경우 빈농과 소농인 0~0.5정보의 소유자가 52.8%, 0.6정보~1정보가 18.2%, 1정보 이상이 29.0%였고, 이곡면의 경우 0~0.5정보가 58.7%, 0.6정보~1정보가 13.3%, 1정보 이상이 28.0%였다.[59)] 반면에 충주

---

57) 궁방전 농민의 경우 상당수는 몰락농이 아니라 중농 이상의 부농과 지주층으로 밝혀졌다(최윤오, 「대한제국기 광무양안의 토지소유구조와 농민층의 동향-충북 진천군 양안을 중심으로」, 『역사교육』 86, 2003). 진천군의 경우 50부 이하를 소유한 소농과 빈농의 비율이 75.0%로 이곳보다 높았다(최윤오, 앞의 논문, 315~317쪽, 2005).

58) 진천군의 통계 단위는 정보(1정보=9,168척)이고, 충주 제내리는 결을 단위로 하여 서로 절대 비교는 불가능하다. 당시 농민층의 지위는 토지의 면적보다 생산량을 반영한 결 단위의 구분이 더 합리적이라고 생각한다.

59) 진천군 전체에서 소농과 빈농(0~0.5정보)은 75.0%였고, 평야지대인 덕문면과 이곡면은 52.8%와 58.7%였으며, 중간지대인 초평면은 54.7%이고, 산간지대인 백곡면은 66.1%였다(최윤오, 앞의 논문, 303~304쪽 <표3>·<표4>, 2005).

제내리의 경우 0~0.5결이 52%로 진천의 평야지대와 비슷하였고, 0.6결~1결 소유자는 11%로 진천보다 적었으나, 1결 이상 소유자는 37%로 진천보다 훨씬 높았다.

이것은 농민층의 사정을 서로 비교할 수 있는 통계가 거의 없는 상황에서 비록 두 지역의 토지소유를 비교할 단위가 다르지만, 어느 정도 당시 농민층의 사정을 이해하는 데 도움이 된다. 두 지역이 같은 평야지대라고 하더라도 세력이 큰 동족마을을 형성한 전주이씨의 사회경제적 위상을 고려할 때 다른 지역보다 사정이 더 나았음을 알 수 있다.

끝으로 이들의 경제적 지위는 가옥 소유현황과 어떠한 관련이 있는지 검토하면 다음 <표 16>과 같다.

<표 16> 가옥 소유와 토지 소유

호수 토지소유	1호	2호	3호	4호	5호	9호	기타	계
0~0.25	36	2	1	1				40
0.25~0.5	7	3	2					12
0.5~1.0	3	5	2		1			11
1.0~2.0	1	2	5	4	1	1		14
2.0~5.0	4	4	5	3			1	17
5.0 이상	1	2	2	1				6
계	52	18	17	9	2	1	1	100

제내리에 살았던 지주 가운데 충주 전체에 소유한 가옥 수와 이들이 소유한 토지 규모를 검토하면, 0.25결 미만의 토지 소유자의 경우 대부분이 1호를 소유하였고, 0.25~0.5결 소유자 역시 1호가 많았다. 1~2결과 2~5결 및 5결 이상 소유자의 경우 다양하지만, 전체적으로 가옥의 소유와 토지의 소유는 크게 관련이 없음을 알 수 있다.[60]

---

60) 광무양안에서 가옥은 이것이 위치한 터인 집터(垈主)와 실제 그곳에 거주한 사람(家

5. 맺음말

이 글은 광무양안을 활용하여 마을의 구조와 지주의 경제력과 경영형태는 물론 농민의 생활상을 밝힌 것이다. 호적과 분재기 및 추수기 등이 제대로 남아있지 않아, 농민의 시기적 경영변화와 지역적 차이에 따른 양상을 제대로 밝히지는 못하였다.

제내리에는 풍덕동에 33호, 제내동에 61호, 제내 전평에 13호 등 모두 107호가 거주하였다. 동족마을을 형성하였던 이씨가 63호(58.9%)로 대부분을 차지하였고, 김씨가 14호(13.1%), 정씨가 5호(4.7%), 申氏와 辛氏, 조씨와 윤씨는 3호(2.8%)였고, 나머지는 1호씩(0.9%) 거주하였다.

마을에서 가장 큰 집은 윤태운과 신종묵의 10칸짜리 초가였고, 이희서와 이희정은 8칸, 이국영 등 6명은 7칸짜리 초가를 소유하였다. 이희중과 이정곤 등 7명은 마을에 두 채의 집을 소유하였다. 이희원은 두 채를 소유하여 마을에서 가장 큰 12칸의 초가에 살았고, 김낙성 역시 두 채를 소유하여 10칸의 초가에 살았다.

당시 107호의 주민이 총 378칸의 집에 거주하여 평균 3.53칸 규모의 집에서 살았다. 초가 3칸이 42호(39.3%)로 가장 많았고, 2~3칸 규모의 집은 모두 75호(70.1%)로 대부분을 차지하였다. 8칸과 10칸은 각각 2호씩 있었다.

제내리의 토지는 모두 46결 69부 7속이었는데, 논은 31결 7부 1속(66.5%)이었고, 밭은 15결 62부 6속(33.5.%)이었다. 제내리 논과 밭의 비율은 덕면 전체가 논이 20% 더 많은 것과 비교하면, 평야지대에 위치한 마을답게 논이 훨씬 많았음을 알 수 있다.

63호가 거주한 이씨는 마을 토지의 절반 이상인 25결 74부 9속(55.9%)을

主)을 구분하여 표기하였다. 최윤오는 진천군 양안 연구에서 가옥 소유와 토지소유 규모가 비례한다고 하였는데(최윤오, 앞의 논문, <표 6>·<표 7>·<표 14>, 2005), 집터의 소유자와 가옥 거주자를 구별할 필요가 있겠다.

소유하고 27결 55부 9속(61.1%)을 경작하였고, 이태호·이만영·이희서 3명
은 10결 이상을 소유하였고, 1결 이상은 27명이었다. 김씨는 7결 26부 7속
(15.8%)을 소유하고 6결 15부 5속(13.6%)을 경작하였고, 윤씨는 4결 74부
9속(10.3%)을 소유하고 3결 73부 4속(8.3%)을 경작하였다.

주민 가운데 충주 전체에서 1결 이상을 소유한 사람은 37명이었다. 1~2결
은 14명, 2~3결은 8명, 3~4결은 6명, 4~5결은 3명, 5~10결은 3명이었다.
10결 이상을 소유한 지주는 이태호 3명이었다. 이태호는 2개 면에 87.8%,
이만영은 3개 면에 90.1%, 이희서는 2개 면에 94.5%의 토지를 집중시켰다.
이들은 거주지 근처나 특정 지역에 토지를 집중시켜 노동력의 확보와 유통에
유리한 조건을 형성함으로써 효율적인 농업경영을 하였다.

1결 이상을 소유한 부농은 37명(37%)이었고, 5결 이상을 소유한 사람은
6명(6%)이었다. 중농은 11명(11%)이었고, 소농은 12명(12%)이었으며, 빈농
은 무전 농민 18명을 포함하여 40명(40%)이었다. 이들의 경제적 지위는
자경지와 대여지를 포함한 소유지뿐만 아니라 차경지까지 포함할 경우 부농
과 중농의 지위는 상승하였고, 소농과 빈농의 지위는 더 하락하였다. 당시
농민층 분해의 추세는 하향 분화와 함께 중농 이상의 부농과 지주층으로
양극화 되었음을 알 수 있다.

마을 지주의 대부분은 경영지주의 성격을 지니고 있었다. 이국영은 소유지
의 78.4%, 이희서는 76.4%, 이철호는 66.4%를 직접 경작하였고, 이들의
차경지 비율은 매우 낮았다. 이태호와 이만영은 병작지주의 성격도 동시에
있었고, 특히 이희대는 병작지주에 가까웠다. 16명은 타인의 토지를 1결
이상 차경하였고, 5명은 2결 이상 차경하였다. 이들의 차경지 비율은 소유지
보다 2~7배 정도로서 상품유통경제의 발달을 이용한 광작농에 가깝다고
하겠다. 그리고 무전농민도 18명(18%)이나 있어 농민생활의 수준을 짐작할
수 있다.

<참고> 제내리 주민의 토지소유와 가옥 현황

	지 주	총소유지	자경지	차경지	총 호수	풍덕(칸)
1	이태호	13.791	6.373	0.172	2	5
2	이만영	13.024	6.472	1.300	3	5
3	이희서	10.654	8.140	0.158	2	8
4	이희원	9.409	4.864	0.143	4	6/6
5	이철호	8.633	5.732	0.041	3	5
6	이국영	6.395	5.014	0	1	7
7	김쇠돌	4.997	2.388	2.216	3	3
8	윤태운	4.468	2.498	0	1	10
9	신종묵	4.094	2.996	0	1	10
10	이희준	3.969	2.491	0.038	3	3
11	이희대	3.903	1.703	0.127	2	4
12	이정호	3.626	3.333	2.307	4	5
13	이희중	3.475	3.425	0.077	4	6/2
14	이석호	3.438	2.729	0.841	3	5
15	조형교	3.315	1.933	0.018	1	4
16	이희정	2.849	2.729	0.176	3	8
17	李召史	2.653	1.568	0.334	17	2
18	신희집	2.351	2.139	0	1	7
19	이성철	2.243	2.243	0.562	2	3/3
20	이은호	2.242	2.196	1.032	2	5
21	이창곤	2.199	1.999	0.108	4	3
22	이춘성	2.131	2.131	1.268	2	2
23	이성곤	2.020	1.914	1.178	3	5/4
24	이강호	1.947	1.947	0.131	3	2
25	이정곤	1.903	1.621	1.003	4	5/3
26	이희명	1.857	1.857	0.093	3	4
27	김낙성	1.842	0.467	0.279	2	7/3
28	김억만	1.519	0.755	2.348	9	2
29	김사현	1.466	1.466	0.498	4	2
30	이희인	1.419	1.378	0.480	5	3/3
31	이희관	1.212	1.022	0.267	4	3
32	이희태	1.176	1.045	0.080	3	2
33	신석주	1.163	0.700	0.012	1	2
34	이순곤	1.117	1.117	0.741	3	5
35	이희수	1.114	1.114	0.130	2	3
36	이원호	1.099	1.011	0.571	3	3

37	정성교	1.067	0.911	1.180	4	7
38	이인호	0.944	0.874	0.234	5	2
39	윤상구	0.933	0.933	4.442	2	3
40	이희록	0.884	0.884	0.112	2	3
41	이명곤	0.854	0.828	0.427	2	2
42	이희평	0.708	0.708	0.032	1	3
43	이희윤	0.675	0.552	0.169	2	7
44	이근익	0.637	0.625	0	1	6
45	신도집	0.631	0.631	0.018	1	6
46	이희보	0.542	0.522	1.013	3	2
47	김장쇠	0.541	0.416	1.426	3	3
48	이창호	0.516	0.516	0.365	2	4
49	최원첨	0.484	0.177	0.327	1	7
50	이봉호	0.469	0.469	0	1	3
51	김상봉	0.368	0.234	1.327	2	2
52	정한원	0.348	0.348	0.042	1	4
53	김만철	0.326	0.326	0.722	3	3
54	이대재	0.322	0.322	0	1	3
55	유천길	0.300	0.300	1.027	1	2
56	이학곤	0.288	0.288	0.491	3	5
57	김성만	0.282	0.282	2.020	2	3
58	양성삼	0.264	0.264	0.271	1	2
59	이희응	0.260	0.260	0.029	1	2
60	이희남	0.253	0.253	0.034	2	3
61	이희하	0.243	0.243	0.356	1	2
62	이학천	0.227	0.227	0.015	1	3
63	이위곤	0.217	0.217	0.067	1	3
64	신석휴	0.208	0.208	0.044	1	3
65	박명길	0.196	0.196	0.005	1	2
66	한정돌	0.185	0.185	0.317	1	3
67	이장곤	0.171	0.150	0.027	1	2
68	이희종	0.167	0.167	0.154	2	2
69	조치운	0.136	0.136	0.060	3	3
70	이윤여	0.134	0.134	0.013	1	2
71	이백봉	0.120	0.120	0.136	1	2
72	이철곤	0.095	0.095	0.075	2	2
73	정천복	0.091	0.091	0.034	1	3
74	정준원	0.057	0.057	0.017	1	3
75	김채용	0.054	0.047	0.029	1	3

76	이연호	0.046	0.046	0	1	4
77	김량득	0.034	0	0.05	1	2
78	김노익	0.034	0.034	0	1	3
79	김발귀	0.018	0.018	1.217	1	2
80	이희장	0.018	0.018	0.017	1	2
81	한백길	0.008	0.008	0.008	1	3
82	박성철	0.003	0.003	0.007	1	2
83	사수명	0	0	0.600	1	2
84	조동신	0	0	0.270	1	2
85	김어돌	0	0	0.212	1	2
86	이달렬	0	0	0.029	1	3
87	홍순배	0	0	0.025	1	3
88	장종승	0	0	0.023	1	3
89	이우열	0	0	0.022	1	3
90	손경식	0	0	0.018	1	3
91	권필인	0	0	0.018	1	3
92	정대녀	0	0	0.018	1	3
93	이대호	0	0	0.017	1	3
94	윤소호	0	0	0.014	1	2
95	염학봉	0	0	0.013	1	2
96	이대곤	0	0	0.012	1	3
97	류부손	0	0	0.011	1	2
98	이거부	0	0	0.009	1	3
99	이식곤	0	0	0.004	1	2
100	이화곤	0	0	0.003	1	3

대한제국기 충주군 양안을 통해서 본
가흥 역마을[*]

서 태 원

1. 머리말

대한제국기 충청북도 충주군 양안에는 토지와 관련된 다양한 내용이 수록
되어 있다.[1] 즉 郡界·전답의 積尺數와 結總·居民의 戶數·家舍·火粟結
등을 수록한 郡總目을 비롯하여, 面總目·字號·들판명·地番·양전방
향·田形·地目·分作·四標圖形·田品·主名·作人名 등이 바로 그것
이다. 따라서 충주군 양안은 대한제국기 충주군의 '개인 토지·驛土·屯土'
등 토지의 종류, 전답의 면적과 등급, 지주의 토지소유 면적과 경작형태,
소작인의 차경면적, 주민 구성, 가옥의 종류와 크기, 지명 등을 파악하는
데에 많은 도움을 준다. 그런 점에서 대한제국기 충주군 양안은 100여 년
전 충주의 사회경제적 측면과 촌락구조 및 농촌사회의 실상을 이해하고
복원하는 데에 매우 중요한 자료라고 생각된다.[2] 특히 가흥 역마을에는

---

[*] 이 글은 『역사와 실학』 42, 2010에 게재한 논문을 수정, 보완하였다.

[1] 대한제국기에 작성된 충주군 38개 面에 대한 양안은 2종류가 있다. 하나는 1900년(光
武 4) 量地衙門이 작성한 98책의 中草本인 『忠淸北道忠州郡量案』(奎 17682)이고,
다른 하나는 1902년 地契衙門이 양지아문이 만든 중초본의 최종 수정안을 正書하여
작성한 38책 『忠淸北道忠州郡量案』(奎 17681)이다. 따라서 두 양안은 책의 수나
자호 순서에 따른 책의 배열 등에 차이가 있지만, 모두 양지아문 양식을 띠고
있다.

조선시대 교통과 통신의 중추적 역할을 담당했던 가흥역이 위치하였고, 역의 재정적 기반인 역토와 驛民이 거주하였던 가옥이 집중적으로 분포하였다는 점에서 역의 구조나 驛村의 모습 등을 파악하는 데에도 도움이 된다.[3]

지금까지 대한제국기 광무양안에 대해서는 농민층 분화 및 일본인의 토지에 대한 투자 등으로 야기된 폐단을 지배층 입장에서 개혁하여 농민경제와 국가재정을 안정시키려 했다는 1968년 김용섭의 연구를 시작으로,[4] 많은 연구업적이 축적되었다. 그리하여 광무양안은 실제 측량을 통해 작성되었다는 점[5]을 비롯하여 광무양전의 목적과 관련된 입안과정 및 양전시행조례가 밝혀졌으며,[6] 진천군 전체의 양안을 분석함으로써 기존의 면 단위의 양안 연구가 갖는 한계를 극복하려 한 연구[7] 등이 이루어졌다. 하지만 '광무양안의

---

2) 대한제국기 충주군 양안과 관련된 연구로는 최윤오, 「대한제국기 충주군 양안의 지주제와 부농경영」, 『동방학지』 128, 2004 ; 서태원, 「대한제국기 충주군 양안을 통해서 본 연원마을」, 『역사와 실학』 37, 2008 등을 들 수 있다.

3) 조선후기 驛과 관련된 연구로는 金渭顯, 「조선후기 大昌驛에 대한 제문제」, 『관동대학 논문집』 7, 1979 ; 金渭顯, 「조선후기 嶺東驛站에 대한 일고찰」, 『명지사론』 6, 1994 ; 한기범, 「17세기 驛屬人의 신분적 지위-단성호적 분석을 중심으로」, 『논문집』 13, 대전실업전문대학·중경공업전문대학, 1984 ; 최호, 「조선후기 驛村에 대한 일고찰-단성현 호적대장을 중심으로」, 『중앙사론』 4, 1985 ; 배기헌, 「조선후기 驛村에 대하여-역촌의 내부구조 및 성격변화와 관련하여」, 『대구사학』 43 ; 정순옥, 「19세기말 驛의 構成과 行政機能-경상도 幽谷驛 관련 고문서를 중심으로」, 『한국사학보』 10, 2002 ; 趙炳魯, 『韓國驛制史』, 한국마사회 마사박물관, 2002 ; 조병로, 『韓國近世驛制史硏究』, 국학자료원, 2005 ; 서태원, 「한말 진천군 역토의 구조와 운용」, 『호서사학』 39, 2004 등이 참고가 된다.

4) 金容燮, 「光武年間의 量田地契事業」, 『아세아연구』 31, 1968(『한국근대농업사연구-농업개혁론·농정정책-』 하(증보판), 1984, 190~390쪽).

5) 이영호, 「光武量案의 기능과 성격」, 『대한제국의 토지조사사업』, 민음사, 1995 ; 최윤오, 「조선후기의 양안과 행심책」, 『역사와 현실』 36, 2000.

6) 왕현종, 「대한제국기 量田·地契事業의 추진과정과 성격」, 『대한제국의 토지조사사업』, 민음사, 1995 ; 왕현종, 「양전·지계사업의 추진과정과 성격」, 『한국 농업구조의 변화와 발전』, 한국농촌경제연구원, 2003.

7) 신영우 편, 『광무양안과 진천의 사회경제 변동』, 혜안, 2007.

時主와 時作을 어떻게 볼 것인지, 광무양안을 통해 당시의 토지소유와 경영 규모를 정확하게 복원할 수 있을 것인지, 양전사업이 지세징수와 함께 토지소유권의 확인을 도모하였는지 아니면 지세징수만을 목적으로 하였는지, 근대적 토지소유제의 확립은 대한제국기의 양전사업인지 아니면 일제하의 토지조사사업인지' 등의 논쟁이 있다.[8] 아울러 진천군 광무양안을 활용한 지역사 연구가 이루어졌지만, 아직도 대한제국기 광무양안을 활용한 지역사·사회사·생활사 및 다양한 토지들에 대한 연구 등도 아직 미흡하다고 여겨진다.

이에 본고에서는 대한제국기 충주군 양안을 활용하여, 마을 전답의 약 56.0%가 역토이고 가옥의 약 61.0%가 驛田垈에 설치되었던 충주군 가흥면 가흥 역마을에 대해 다음과 같이 살펴보려 한다. 첫째 가흥 역마을의 전체 전답 및 역토의 면적과 등급 그리고 토지의 소유와 차경을 알아보려 한다. 둘째 가흥 역마을의 가옥에 대해 '종류·칸수별 수와 비율·대지면적·가주 성명·위치' 등을 살펴보려 한다. 셋째 가흥 역마을 주민의 충주군 토지소유와 경작실태에 대해 家主를 통해 알아보려 한다. 그럼으로써 100여 년 전 충주의 농촌사회 실상 및 촌락과 역의 구조 등을 밝히려 한다.

2. 가흥 역마을의 토지

조선후기 충청도 충주는 天險의 요새인 鳥嶺 아래이면서 한강 상류에

---

8) 이영학, 「총설—대한제국기 토지조사사업의 의의」, 『대한제국의 토지조사사업』, 민음사, 1995, 21~27쪽 ; 김종준, 「'광무양안'의 자료적 성격 재고찰」, 『조선후기~대한제국기 양안의 종합적 검토』, 조선후기~대한제국기 양안의 정리 및 해설팀 중간발표회, 2010, 54~66쪽 ; 아울러 그러한 논쟁과 관련된 저서로는 金鴻植·宮嶋博士·李榮薰·趙錫坤·李憲昶, 『대한제국기 토지조사사업』, 민음사, 1990 ; 한국역사연구회 근대사분과 토지대장연구반, 『대한제국의 토지조사사업』, 민음사, 1995 등이 참고가 된다.

위치하고[9] 부산에서 서울에 이르는 육로 중 中路와 東路가 통과하는 지역이므로, 군사적·유통경제적 측면에서 매우 중요한 지역이었다.[10] 특히 가흥면에는 남한강을 이용하여 도성으로 稅穀을 운반하기 위해 가흥창이, 그리고 정부의 명령이나 긴급한 군사정보의 전달 등을 담당하기 위해 가흥역이 설치되었다.

대한제국기 충주양안을 통해서 보면 가흥 역마을은 가흥면에 속하였고, 가흥대·가흥전평·중동대·중동초·우곡평 등으로 구성되었다. 1914년 군과 면을 통폐합할 때 가흥·원골(院洞)·새터(新垈)·상동·중동·하동·능암리의 일부를 병합하여 가흥리라 칭하고 가금면에 편입함으로써, 가흥 역마을은 가금면 가흥리의 일부가 되었다.[11] 대한제국기 충주군 양안을 통해, 가흥 역마을 전체 전답 및 역토의 면적과 등급을 살펴보면 다음과 같다.[12]

1) 전체 전답 및 역토의 면적과 등급

⑴ 전체 전답의 면적과 등급

충주군의 광무양안을 통해 가흥 역마을 전체 전답의 면적(비율)을 살펴보면 <표 1>과 같다.

---

9) 『仁祖實錄』卷36, 仁祖 16년 3월 庚午, 35책, 11쪽.

10) 실제로 임진왜란에서 일본군은 중로와 동로가 모두 통하는 충주에서 신립의 조선군을 격파한 후 서울로 북상하였다(서인한, 『壬辰戰亂史(民族戰亂史④)』, 국방부전사편찬위원회, 1987, 40~51쪽).

11) 충주시, 『충주시지』 상, 2001, 89쪽.

12) 대한제국기 충주군 양안의 전산화는 학술진흥재단의 지원을 받아 2005년부터 2008년까지 충북대학교 중원문화연구소에서 추진하였는데, 양안에 기재된 척수나 결수를 식별하기 어려운 경우 등이 있으므로 양안상의 面已上 및 郡都已上과 전산화한 면이상 및 군도이상과는 약간의 오차가 존재한다. 실제로 가흥면의 경우 충주군 양안상의 면이상에서 전답의 총결은 243결 4부 9속이지만, 전산화한 가흥면 전답의 총결은 241결 8부 7속이었다.

<표 1> 전체 전답의 면적(비율)

위치/면적	전답면적의 합	답의 면적(비율)	전의 면적(비율)
가흥대	1.262결		1.262결(100.0%)
가흥전평	4.030결		4.030결(100.0%)
우곡평	4.253결	1.762결(약 41.4%)	2.491결(약 58.6%)
중동대	6.389결	3.170결(약 49.6%)	3.219결(약 50.4%)
중동초	0.135결		0.135결(100.0%)
합 계	16.069결	4.932결(약 30.7%)	11.137결(약 69.3%)

즉 가흥 역마을의 전체 전답면적은 16.069결이었다. 그 중에서 '답은 4.932결로 약 30.7%, 전은 11.137결로 약 69.3%였다'는 점에서 전의 비율이 답보다 높았다. 가흥 역마을에서 가장 전답이 많이 위치한 곳은 전체 전답의 약 39.8%에 해당되는 6.389결이 분포한 중동대로, 답은 3.170결 그리고 전은 3.219결이었다. 가흥대·가흥전평·중동초는 답이 없고 전만 분포하였는데, '가흥대 1.262결, 가흥전평 4.030결, 중동초 0.135결'이었다. 우곡평은 전답 4.253결 중에서 답은 1.762결(약 41.4%)이고, 전은 2.491결(약 58.6%)이었다. 가흥 역마을 전체 경작면적 중에서 전의 비율 약 69.3%는, 가흥면 전체 전답면적 중 전의 비율 약 54.5%에 비해 높았다. 따라서 가흥 역마을은 가흥면에서도 밭의 비율이 높은 지역임을 알 수 있다.

다음으로 가흥 역마을 전체 전답의 등급 수와 비율을 살펴보면 <표 2>와 같다. 즉 가흥 역마을에서 전만 분포하였던 가흥대는 '1·2등급 전 5개 약 71.4%, 3·4등급 전 2개 약 28.6%'로 상급인 1·2등급 전의 비율이 높았고, 중동초는 2등급 전 2개로 100%였다. 하지만 역시 전만 분포한 가흥전평은 '1·2등급 전 12개 약 40.0%, 3·4등급 전 13개 약 43.3%, 5·6등급 16.7%'로, 중간급 이하의 전답이 많았다. 답과 전이 함께 분포한 우곡평은 '1·2등급 전답 52개 약 81.3%, 3·4등급 전답 12개 약 18.7%'로 상급인 1·2등급 전의 비율이 높았고, 중동대도 '1·2등급 전답 74개 약 71.1%, 3·4등급 전 25개 약 27.8%, 5등급 약 1.1%'로 마찬가지였다.

<표 2> 전체 전답의 등급 수와 비율

위치	등급	답의 수	전의 수	비율
가흥대	1등급		2	약 28.571%
	2등급		3	약 42.857%
	3등급		1	약 14.286%
	4등급		1	약 14.286%
	5등급			
	6등급			
가흥전평	1등급		1	약 3.3%
	2등급		11	약 36.7%
	3등급		7	약 23.3%
	4등급		6	20%
	5등급		3	10%
	6등급		2	약 6.7%
우곡평	1등급		28	약 43.8%
	2등급	10	14	37.5%
	3등급	1	3	약 6.2%
	4등급	2	6	12.5%
	5등급			
	6등급			
중동대	1등급	1	33	약 37.778%
	2등급	10	20	약 33.333%
	3등급	4	8	약 13.333%
	4등급	3	10	약 14.444%
	5등급	1		약 1.111%
	6등급			
중동초	1등급			
	2등급		2	100%
	3등급			
	4등급			
	5등급			
	6등급			

　　따라서 가흥 역마을의 1·2등급 전답 비율 약 69.8%는 가흥면 전체 1·2등급 전답 비율 약 18.6%에 비해 매우 높다는 점에서, 가흥 역마을의 전답 품질은 가흥면에서 우수했음을 알 수 있다.

(2) 역토의 면적과 등급

역은 통신·숙박·역마의 제공·운송·통행인의 검문 등을 담당함으로써 津渡·漕運과 함께 그 중요성이 매우 강조되었는데,13) 조선후기 충주목에는 도로의 상태나 중요도 및 산천의 거리에 따라 여러 역을 묶은 다음 종6품 찰방을 파견하여 역을 감독하게 하는 연원도가 설치되어14) 성환도·이인도·금정도·율봉도와 함께 충청도 역제 운영에서 핵심 역할을 담당하였다. 연원도에는 충주의 단월역·가흥역·용안역을 비롯하여 인산(괴산)·신풍(연풍)·안부(연풍)·감원(음성)·황강(청풍)·수산(청풍)·안음(청풍)·장림(단양)·천남(제천)·오사(영춘)역 및 임오·가흥·단월발참이 소속되었다.

따라서 가흥역은 용안역·단월역과 함께 연원도에 소속된 충주목의 역이었는데,『대동여지도』를 통해 그 위치를 살펴보면 <그림 1>과 같다. 즉 『대동여지도』에서 중앙의 충주 관아를 중심으로 可興驛은 북서쪽 30리에 떨어진 가흥면에,15) '連源(原)驛은 관아의 오른쪽 북쪽 5리 떨어진 북변면에, 用安(龍安)驛은 서쪽 45리 떨어진 신석면에, 丹月驛은 남쪽 10리 떨어진 남변면'에 위치하였다. 가흥역에는 '奴 61, 婢 41, 騎馬 5필, 卜馬 2필'을 비롯하여,16) '역의 경비·역마의 사육·驛役의 대가'로 公須田·馬位田·有役人田 등 역토가 지급되었다.17)

---

13) 조병로,『한국역제사』, 한국마사회 마사박물관, 2002, 41쪽.

14)『大典會通』卷1, 吏典, 忠淸道, 察訪五員, 連原道.

15)『輿地圖書』上, 忠淸道, 忠原, 驛院 ;『湖西邑誌(1871년)』忠州, 驛院(한국학문헌연구소,『한국지리지총서 : 읍지 충청도편』, 아세아문화사, 1984, 135쪽) ; 가흥역의 경우『輿地圖書』에서는 충주 관아에서 북쪽 30리 그리고『湖西邑誌(1871년)』에서는 서쪽 30리 떨어졌다고 되어 있는데,『대동여지도』를 보면 북서쪽에 위치한 것으로 보이므로 여기에서는 북서쪽 30리로 표기하였다.

16)『輿地圖書』上, 忠淸道, 忠原, 驛院 ;『湖西邑誌(1871년)』忠州, 驛院(한국학문헌연구소,『한국지리지총서 : 읍지 충청도편』, 135쪽).

17)『經國大典』卷2, 戶典, 廩田.

<표 1>『대동여지도』의 충주목 4개역

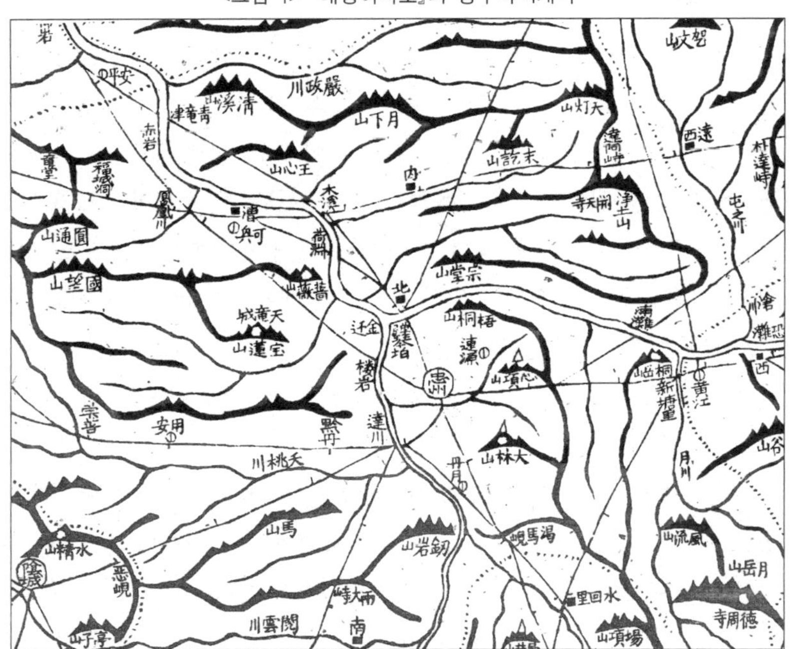

가흥역과 관련하여 가흥 역마을에 위치한 역토의 면적(비율)은 <표 3>과 같다.

<표 3> 역토의 면적(비율)

위치＼면적	합계	역답(비율)	역전(비율)
가흥대	0.685결		0.685결(100%, 역전대 0.060결 포함)
가흥전평	2.339결		2.339결(100.0%)
우곡평	2.604결	1.422결(약 54.6%)	1.182결(약 45.4%, 역전대 0.882결 포함)
중동대	3.367결	1.729결(약 51.4%)	1.638결(약 48.6%, 역전대 1.058결 포함)
합계	8.995결	3.151결(약 35.0%)	5.844결(약 65.0%)

즉 가흥역의 재정적 기반이 되는 가흥 역마을 역토의 면적은 8.995결로,

가흥 역마을 전체 전답면적 16.069결의 약 56.0%에, 그리고 가흥면에 위치한 역토 25.835결의 약 34.8%에 해당되었다.[18) 가흥 역마을에서 역답의 면적은 3.151결로 약 35.0%이고, 역전의 면적은 5.844결로 약 65.0%였다. 가흥 역마을 역전의 비율 약 65.0%는 가흥 역마을 전체 전의 비율 약 69.3%에 비해 낮았지만, 가흥면 전체 전의 비율 약 54.5%에 비해서는 높았다.

역토가 가장 많이 분포한 지역은 중동대로 전체 역토의 약 37.4%인 3.367결이 분포하였다. 중동초에는 역토가 그리고 가흥대와 가흥전평은 역답이 없었는데, 가흥대의 역전은 0.685결이고 가흥전평의 역전은 2.339결이었다. 우곡평과 중동대는 역답의 비율이 역전에 비해 약간 높았다. 우곡평은 역답이 1.422결로 약 54.6%였고, 중동대는 역답이 1.729결로 약 51.4%를 차지하였다. 아울러 '가흥대 驛田垈 0.060결 · 우곡평 역전대 0.882결 · 중동대 역전대 1.058결'에는 와가나 초가가 위치하였다.

다음으로 가흥 역마을 역토의 등급 수와 비율은 <표 4>와 같다. 즉 가흥 역마을에서 역전만 분포하였던 가흥대는 '1등급이 2개 40%, 2등급 3개 60%'였는데, 1등급 2개는 모두 역전대였다. 역시 역전만 있었던 가흥전평은, '1등급 1개 약 7.7%, 2등급 11개 약 84.7%, 4등급 1개 약 7.7%'로 가흥대와 마찬가지로 상급인 1 · 2등급 비율이 매우 높았다. 역답의 비율이 역전보다 약간 높았던 우곡평과 중동대도 역시 1 · 2등급 비율이 매우 높았다. 우곡평의 경우 '1등급 22개 62.857%, 2등급 12개 34.296%, 3등급 1개 2.857%'였는데, 특히 1등급 22개가 모두 역전대였다. 중동대는 '1등급 30개 약 69.8%, 2등급 12개 약 30.2%'였는데, 1등급 30개 중에서 역전대 24개가 1등급이었다.

따라서 가흥 역마을의 역토 96개 중에서 1 · 2등급 전답이 94개로 약 97.9%를 차지했다는 점에서, 가흥 역마을 역토의 1 · 2등급 비율은 가흥면

---

18) 연원역과 단월역의 역토와는 달리, 가흥역과 용안역의 역토는 구별되지 않고 121.986 결이 충주군에 분포하였으므로 두 역의 역토가 정확히 얼마였는지를 파악하는 데에는 어려움이 있다.

<표 4> 역토의 등급 수와 비율

위치	등급	역답의 수	역전의 수	비율
가흥대	1등급		2 (역전대 2)	40.0%
	2등급		3	60.0%
	3등급			
	4등급			
	5등급			
	6등급			
가흥전평	1등급		1	약 7.7%
	2등급		11	약 84.6%
	3등급			
	4등급		1	약 7.7%
	5등급			
	6등급			
우곡평	1등급		22 (역전대 22)	약 62.857%
	2등급	7	5 (역전대 1)	약 34.286%
	3등급		1	약 2.857%
	4등급			
	5등급			
	6등급			
중동대	1등급	1	29 (역전대 24)	약 69.8%
	2등급	7	6	약 30.2%
	3등급			
	4등급			
	5등급			
	6등급			

전체 전답의 약 18.6%나 가흥 역마을 전체 전답의 약 69.8%에 비해 매우 높았음을 알 수 있다.

2) 전답의 소유와 차경

(1) 전답의 소유

가흥 역마을 전답 16.069결의 소유에 대해 정리해보면 <표 5>와 같다.

<표 5> 전답의 소유(단위 : 결, 자 : 자경)

위치 성명	가흥대	가흥전평	우곡평	중동대	중동초
김경열		0.008(자)			
김성오			0.106(자)		
김용규		0.197	0.085		
김운일				0.283(자)	
김천석			0.065(초3,와22)	1.289	
김현주				0.118	
김홍술				0.299	
국가(둔토)		0.029			
박광열		0.099(자)	0.029(초7)	0.010	
박병균		0.028(자)			
박상옥			0.034(초10)	0.152(0.066자)	
박상우		0.165	0.206(0.031 초15)		
박상일				0.047(자경)	
박상정				0.069(0.044 자, 0.025 초5)	
박상진	0.103(자)	0.147(자)		0.038(.0.014 자, 0.024 초3・와5)	
박상철			0.061(초7)		
박상풍		0.071(자)			
박상필	0.474(자)	0.202			
박상항				0.128(자)	
박창열					0.116
박하열			0.015(자)	0.040(자)	0.019
박홍열			0.036(초5・와5)		
신석만		0.173(자)			
신인선			0.098(자)		
신치길			0.121(자)		
양치강				0.040(자)	
국가(역토)	0.685	2.339	2.604	3.367	
원세옥				0.292(0.202 자, 0.090 초3・와5)	
이경실			0.146		
이군범			0.108(자)		
이응칠			0.185(자)		
정공순			0.074(자)	0.033(자)	

정의교		0.12(자)	0.012(자)	0.31(0.172 자)	
정필원		0.229	0.132		
한헌동			0.069		
함덕현			0.067(자)		
허 필		0.223(자)		0.157(0.097 자, 0.060 초5)	

즉 가흥 역마을에는 국유지인 역토와 둔전을 비롯하여, 35명의 개인이 토지를 소유하였다. 가흥 역마을에서 가장 많은 토지인 역토는 전체 전답 16.069결의 약 56.0%인 8.995결(역답 3.151결, 역전 3.844결, 역전대 2.000결) 이었으며, 가흥대에 0.685결, 가흥전평에 2.339결, 우곡평에 2.604결, 중동대에 3.367결이 위치하였다. 반면 가흥전평에 위치한 둔전은 0.029결로 매우 적었다. 35명의 개인 토지소유자 중 김천석이 1.354결로 가장 많은 토지를 소유하였는데, 그의 토지는 중동대 1.289결, 우곡평 0.065결이 위치하였다.

개별 성씨로는 김경열·김성오·김용규·김운일·김천석·김현주·김홍술 등 7명의 김씨가 2.450결을, 박광열·박병균·박상옥·박상우·박상일·박상정·박상진·박상철·박상풍·박상필·박상항·박창열·박하열·박홍열 등 14명의 박씨가 2.289결의 토지를 소유하였다. 김씨는 가흥 역마을에서 가장 많은 토지를 소유하였고, 박씨는 김씨보다 토지소유 면적은 적지만 전체 토지소유자 35명의 40.0%에 해당되는 14명이 토지를 소유하였다는 점에서 김씨와 박씨는 가흥 역마을의 토지소유에서 핵심적인 위치에 있었음을 알 수 있다. 이어 신석만·신인선·신치길 등 신씨 3명이 0.392결을, 이결실·이군범·이응칠 등 이씨가 0.439결을, 정공순, 정의교, 정필원 등 정씨가 0.910결을 소유하였다. 그밖에 양치강 0.040결, 원세옥 0.292결, 한헌동 0.069결, 함덕현 0.067결·허필 0.480결을 소유하였다.

개인 토지소유자 중 김천석은 부농에 해당되는 1.354결, 박상필은 중농에 해당되는 0.676결, 김용규·김운일·김홍술·박상우·박상진·원세옥·정의교·정필원·허필은 소농에 해당되는 0.25결 이상 0.5결 미만, 24명은 빈농에 해당되는 0.25결 미만을 소유하였다.[19] 따라서 35명의 개인 토지소유자들은 대부분 가흥 역마을에 0.5결 미만을 소유하였음을 알 수 있다. 아울러 김경열 등 24명은 자기 토지를 경작하였으나, 자기 토지에 가옥만 있었던 박상철과 박흥열을 비롯하여 김용규·김천석·김현주·김흥술·박상우·박창열·이경실·정필원·한헌동 등 11명은 자경하는 토지가 없었다.

   그런데 우곡평의 0.065결에 초가 3칸 및 와가 22칸을 소유한 김천석을 비롯, 박광열·박상옥·박상우·박상정·박상진·박상철·박흥열·원세옥·허필 등 10명은 자기 토지에 가옥을 소유하였고, 김경열·김운일·박상풍·박상항·박하열·양치강·함덕현 등 7명은 驛田垈나 일반인의 대지에 거주하는 가옥이 있었다. 따라서 이들 17명은 자기 소유의 토지와 거주하는 가옥이 있었다는 점에서 가흥 역마을 주민이라고 생각되며, 이들이 소유한 토지는 3.482결로 가흥 역마을의 전체 토지 16.069결의 약 21.7%에 해당되었다. 반면 3.563결을 소유한 나머지 18명의 지주는 가흥 역마을에 거주하는 가옥이 없다는 점에서 곁방살이를 하거나, 다른 지역에 거주하였을 것으로 여겨진다. 특히 가흥 역마을에 위치한 자기 전답을 경작하지 않으면서 다른 지역에 가옥을 소유한 경우, 즉 신석면 용담동의 초가 5칸과 충주군에 35.180결을 소유한 김용규, 가흥면 능암평 초가 8칸 및 덕산면 신림대 초가 2칸을 비롯하여 충주군에 8.009결을 소유한 김현주, 금천면 금정 와가 5칸 및 초가 5칸을 비롯하여 충주군에 27.628결을 소유한 정필원 등은 가흥 역마을에 거주하지 않았다고 여겨진다.

---

19) 김용섭은 "1結 이상이면 富農, 50負 이상~1結 미만은 中農, 25부 이상~50負 미만은 小農, 25負 미만은 貧農"(김용섭, 『조선후기 농업사연구 1-농촌경제, 사회변동』, 일조각, 1970, 144쪽)으로, 최윤오는 "5정보 이상이면 지주, 1.5정보 이상 5정보 미만은 부농, 0.5정보 이상 1.5정보 미만은 소농, 0.5정보 미만은 빈농"(최윤오, 「대한제국기 광무양안의 토지소유와 농업경영에 관한 연구」, 『역사와 현실』 58, 2005, 316쪽)으로 분류하였다.

한편 가흥 역마을 토지 소유자 기재에서 알 수 있듯이, 광무양안에서는 그 이전의 양안과는 달리 時主 즉 主名의 표기에서 奴의 표기가 빠지고 姓名이 함께 기록되었다는 점이 주목된다. 이러한 변화는 1894년 갑오개혁에서의 신분제 폐지가 반영된 것으로, 時主 기재 방식의 변화를 통해 광무양안이 지닌 근대적 성격의 한 측면을 파악할 수 있다. 이러한 특징은 時作 즉 作人名의 기재에서도 마찬가지로 드러난다.

(2) 전답의 차경

가흥 역마을 전답의 차경을 정리해보면 <표 6>과 같다.

<표 6> 전답의 차경(단위 : 결)

성명＼위치	가흥대	가흥전평	우곡평	중동대	중동초
김건순		0.066(역답)			
김경나		0.156(역전)			
김만손				0.043	
김명보				0.078(역답)	
김순경				0.235	
김순종				0.041(역전)	
김시종		0.047			
김연강		0.143(역전)			
김운일				0.771	
김학쇠				0.009(역전)	
류강이				0.102(역답)	
류보경				0.008	
박광열				0.022(역전)	
박상억	0.152(역전)				
박상옥	0.239(역전)	0.212(역전)			
박상일				0.523(역답), 0.045(역전)	
박상진			0.112(역답)		
박상필		0.156(역전)			

이름					
박선명				0.079	
박쇠불		0.141(역전)			
박억천					0.019
박원남		0.194(역전)			
안순건				0.118	
양성천				0.017(역전)	
원릉이				0.035(역전)	
원세옥		0.197	0.229(역답)		
유오철					0.116
유오출		0.176(역전)			
윤팔용		0.112			
이광석		0.165	0.090		
이한유				0.035	
이홍유				0.217(역답), 0.061	
임기봉				0.015(역전)	
임만업		0.202			
장인서			0.311(역답)		
정공순		0.029(둔전)	0.217		
정대접				0.123(역전)	
정의교				0.428(역답)	
조성덕	0.234(역전)	0.159(역전)			
한득우		0.340(역전)			
한만수				0.273(역답), 0.058(역전)	
한성필		0.157(역전)			
한운선		0.273(역전)			
한헌동				0.108(역답)	
함덕현			0.494(역답) 0.137(역전)	0.210(역전)	
함석근		0.070			
허 필		0.166(역전)			
현원선			0.085(역답) 0.080(역전)		
황범이				0.005(역전)	
황치순			0.193	0.086	
합 계	0.625	3.161	1.957	3.745	0.135

즉 가흥 역마을에서 차경지는 9.623결로 전체 전답 16.069결의 약 59.9%에 해당되었고, 50명이 경작하였다. 차경지는 중동대에 가장 많은 3.745결이 위치하였으며, 가흥전평에 3.161결, 우곡평에 1.957결, 가흥대에 0.625결, 중동초에 0.136결이 분포하였다. 차경지 중 가장 큰 비율을 차지한 역토는 전체 차경지 9.623결의 약 70.6%에 해당되는 6.794결이었고, 차경자 34명이 경작하였다.

성씨별로는 박씨 10명이 가장 많은 1.894결을, 그 다음으로 김씨 10명이 1.589결을 그리고 한씨 5명이 1.209결을 차경하였다. 아울러 0.5결 이상을 차경한 성씨는 함씨 2명 0.949결, 정씨 3명 0.797결, 이씨 3명 0.568결이었고, 0.5결 미만을 차경한 성씨는 류씨 2명 0.110결, 원씨 2명 0.461결, 유씨 2명 0.292결, 임씨 2명 0.217결, 황씨 2명 0.284결, 안씨 1명 0.118결, 양씨 1명 0.017결, 윤씨 1명 0.112결, 장씨 1명 0.311결, 조씨 1명 0.393결, 허씨 0.166결, 현씨 0.165결 등이었다. 따라서 가흥 역마을의 토지소유에서 1위와 2위였던 김씨와 박씨가 차경에서도 2위와 1위를 차지했다는 점에서, 김씨와 박씨는 가흥 역마을에서 주도적인 역할을 담당하였음을 알 수 있다.

개인 차경자 중에서 가장 많은 차경지를 가진 사람은, 우곡평 0.631결 및 중동대 0.210결 등 0.841결을 가진 함덕현이었다. 그 다음으로 중동대 김운일이 0.771결을 그리고 박상일이 0.568결의 차경지를 가졌고, 나머지 47명은 차경지가 0.5결 미만이었다. 그런데 차경지 수입은 자경지의 50%에 불과하므로 가흥 역마을 전답 차경자 중 3사람만 소농에 해당되는 수입을 올렸고, 나머지 47명의 수입은 빈농에 해당되었다. 물론 차경자 중에는 김운일·박공열·박상옥·박상일·박상진·박상필·원세옥·정공순·정의교·한헌동·함덕현·허필이 가흥 역마을에 토지를 소유한 것처럼 충주군의 다른 지역에 토지를 소유할 수 있고, 별도의 차경지도 있을 수 있으므로 가흥 역마을의 차경 수입만으로 그들의 경제적 지위를 판단할 수는 없다.

　가옥과 관련하여 차경자 중에서 김순경·김운일·류보경·박광열·박상억·박상옥·박상일·박상진·박선명·원세옥·이한유·이홍유·정공순·정대접·한만수·함덕현·허필·황치순 등 18명은 가흥 역마을에 거주하는 가옥이 있었다. 따라서 가흥 역마을에 토지를 소유하고 거주 가옥이 있는 사람은 물론이고, 차경지와 거주하는 가옥이 있는 사람도 가흥 역마을의 주민이라고 생각된다. 반면 32명의 차경자는 가흥 역마을에 거주하는 가옥이 없었으므로, 다른 마을에 거주하면서 가흥 역마을의 전답을 경작하는 것으로 여겨진다. 물론 가옥이 없는 사람 중에서 가흥 역마을의 가옥에 곁방살이를 하는 주민도 있을 수 있다. 하지만 量案에는 家主만 기록되어 있으므로, 양안을 통해서 그들의 존재를 확인할 수는 없다.

　한편 가흥 역마을에 자기 소유의 토지나 차경지가 없이, 거주하는 가옥만 있는 사람이 39명 있었다. 가흥대의 최백천, 우곡평의 김만수·김사읍·김성선·김성열·김운서(2채)·김인관·김인선·김홍복·김홍석·남덕화·류오철·박사홍·박인수, 박화순·안경원·원원돌·이광천·이덕수·임소봉·정영, 중동대의 김순돌·김인수·류오철·박만업·박순태·변태산·안재구·엄영오·오석이·윤춘선·이공배·이명유·이사순·이학봉·조락원·조성기·피춘화·홍수명 등이 바로 그들이다. 물론 이들 중 24명은 가흥 역마을 이외의 지역에 자기 토지와 차경지를 가졌지만, 가흥대의 최백천, 우곡평의 김사읍·김인관·남덕화·박사홍·박화순·이광천·정영, 중동대의 변태산·안재구·엄영오·오석이·윤춘선·이공배·이명유 등은 충주군 전체에 자기 소유의 토지나 차경지가 전혀 없었다. 따라서 이들은 품을 파는 사람이거나 상업 등 다른 산업에 종사한 사람으로 추측된다.

3. 가흥 역마을의 가옥

1) 전체 가옥

가흥 역마을에는 가흥대·우곡평·중동대에 와가와 초가 82호가 분포하였는데, 가흥 역마을 전체 가옥에 대해 가옥의 '종류와, 칸수, 수(비율), 대지면적, 家主 성명(위치)' 등을 살펴보면 <표 7>과 같다.

<표 7> 전체 가옥

종류 \ 칸수 등	칸수	수(비율)	대지면적	가주 성명(위치) *가:가흥대, 우:우곡평, 중:중동대
와가	4칸	1(약 1.2%)	0.125결	박상항(중)
	5칸	3(약 3.7%)	0.024결~ 0.090결	박상진(중, 초가 3칸과 함께) 박홍열(우, 초가 5칸과 함께) 원세옥(중, 초가 3칸과 함께)
	7칸	1(약 1.2%)	0.088결	박하열(중)
	22칸	1(약 1.2%)	0.065결	김천석(우, 초가 3칸과 함께, 日本兵站)
초가	2칸	7(약 8.5%)	0.010결~ 0.023결	김사읍(우), 김성열(우), 김순돌(중), 김인관(우), 남덕화(우), 황범이(우), 최백천(가)
	3칸	32 (약 39.0%)	0.006결~ 0.097결	김만수(우), 김성선(우), 김순경(중), 김운서(우, 2채), 김천석(우), 김홍복(우), 김홍석(우), 류보경(중), 박만업(중), 박사홍(우), 박상진(중), 박상풍(중), 박순태(중), 박인수(우), 박하열(중), 변태산(중), 안경원(우), 양치강(중), 엄영오(중), 오석이(중), 원세옥(중) 이공배(중), 이광천(우), 이명유(중), 이사순(중), 이학봉(중), 이한유(중), 임소봉(우), 조락원(중), 현원선(우), 황치순(우)
	4칸	5(약 6.1%)	0.011결~ 0.051결	박화순(우), 윤춘선(중), 이홍유(중), 피춘화(중), 한만수(중)
	5칸	9(약 11.0%)	0.018결~ 0.078결	박상옥(가), 박상우(중), 박상정(중), 박홍열(우, 2채), 안재구(중), 이덕수(우), 日本

			商賈(중), 허필(중)
6칸	5(약 6.1%)	0.009결~ 0.097결	日本商賈(중), 日本商賈(중), 정공순(우), 정대접(중), 홍수명(중)
7칸	5(약 6.1%)	0.024결~ 0.061결	김운일(중), 김운수(중), 류오철(중), 박광열(우, 日本兵站), 박상철(우)
8칸	3(약 3.7%)	0.023결~ 0.042결	김인선(우), 원원돌(우), 日本商賈(중)
9칸	2(약 2.4%)	0.028결~ 0.031결	日本商賈(중), 조성기(중)
10칸	4(약 4.9%)	0.034결~ 0.148결	김경열(우), 박상억(중), 박상옥(우, 日本兵站), 함덕현(우)
12칸	2(약 2.4%)	0.068결~ 0.080결	박선명(우),함덕현(우)
15칸	1(약 1.2%)	0.078결	박상우
21칸	1(약 1.2%)	0.060결	정영(우)
합계	82(100%)		가흥대 2, 우곡평, 37, 중동대 43

즉 가흥 역마을에는 와가 6호와 76호의 초가가 있었는데, '김·남·류·박·변·안·양·엄·오·원·윤·이·임·정·조·최·피·한·함·허·현·황·홍'씨 등이 가주였다. 가주 중에서 박씨가 가장 많아 23호가 있었고, 그 다음으로 김씨가 17호, 이어 이씨가 8호 있었다. 이들 중에서 박홍열은 우곡평 자기 토지의 와가 5칸 및 초가 5칸 그리고 역전대 초가 5칸의 가주였다.[20] 김천석은 우곡평에 와가 22칸 및 초가 3칸, 박상진은 중동대에 와가 5칸 및 초가 3칸, 원세옥은 중동대에 와가 5칸 및 초가 3칸을 자기 땅에 소유한 가주였으며, 박하열도 중동대 역전대에 위치한 와가 7칸 및 초가 3칸의 가주였다. 아울러 김운서는 자기 땅인 우곡평 초가 3칸 및 역전대 초가 3칸의 가주였고, 박상옥은 자기 땅인 우곡평의 초가 10칸 및

---

20) 家主에는 2종류가 있다. 하나는 자기 대지에 설치된 가옥의 주인이고, 다른 하나는 남의 땅에 지어진 가옥의 주인이다. 후자의 경우 垈主로부터 땅을 임차하여 가옥을 지었는지 또는 대주가 가옥을 지어 임대해주었는지 알 수 없으므로 가주를 거주자의 의미로 사용하였다.

가흥대의 역전대 초가 5칸의 가주였으며, 박상우는 자기 땅인 우곡평 초가 15칸 및 중동대 역전대의 초가 5칸의 가주였다. 그리고 함덕현도 자기 땅인 우곡평 초가 12칸 및 역전대 초가 10칸의 가주였다. 1명이 3채의 가주였고 8명이 2채의 가주였으므로, 가흥 마을의 82호 가옥은 72명이 가주인 것을 알 수 있다.

가흥 역마을의 가옥 중 초가 3칸은 32호로 약 39.0%를 차지하였는데, 가흥면 평균 약 38.4%보다 약간 높았으나 충주군 평균 약 46.0%에 비해서는 낮았다. 두 번째로 많은 초가 5칸은 9호로 약 11.0%였는데, 가흥면 평균 약 6.7%나 충주군 평균 약 8.0%보다 높았다. 가흥 역마을의 초가 10칸 이상의 비율 약 9.7% 및 와가의 비율 약 7.3%도, 가흥면이나 충주군 평균에 비해 높았다. 반면 초가 2칸의 비율 약 8.5%는, 가흥면 평균 약 30.6%나 충주군 평균 약 25.8%에 비해 매우 낮았다. 그 이유는 가흥 역마을은 전답이 비옥할 뿐만 아니라, 가흥역이 설치되어 교통과 상업이 발달한 지역이므로 주민들의 생활형편이 다른 마을에 비해 나았기 때문이라고 생각된다.

가흥 역마을 가옥의 대지면적은 0.009결~0.148결로 다양하였다. 와가와 초가를 통틀어 가장 대지면적이 넓은 것은 중동대 역전대의 0.148결에 위치한 초가 10칸으로, 가주는 충주군에 0.793결의 소유지와 가흥대 역전 0.152결을 포함하여 0.504결의 차경지를 가진 박상억이었다. 그 다음은 중동대 0.128결을 포함하여 충주군에 0.914결을 소유하였던 박상항이 거주하였던 중동대의 와가 4칸으로, 이 가옥의 대지면적은 초가 3칸이 부착된 와가 5칸이나 와가 7칸 및 22칸의 대지면적보다 오히려 넓었다. 반면 가장 대지면적이 좁은 가옥은 김천석 소유의 대지 0.006결에 세워진 초가 3칸으로, 가주는 충주군에 0.256결을 소유하였던 양치강이었다. 따라서 칸수가 많거나 와가라고 해서 대지면적이 꼭 넓은 것은 아니었다. 더욱이 가옥의 칸 수가 같아도 대지면적에서 차이가 많은 경우가 있었는데, 그것은 1895년 역이 폐지되기 전 말의 관리나 텃밭·정원·상점 등과 관련이 있을 것으로 생각된다.

한편 우곡평 '박흥렬의 와가 5칸 및 초가 5칸, 김천석의 와가 22칸 및 초가 3칸, 박광열의 초가 7칸, 박상옥의 초가 10칸, 박상우의 초가 15칸'에 日本兵站이, 그리고 우곡평 정영의 초가 21칸에 日本電報가 설치되었고, 중동대의 '초가 5칸 1곳, 초가 6칸 2곳, 초가 8칸 1곳, 초가 9칸 1곳'에 日本商賈가 설치된 것에서 일본 제국주의의 군사적, 경제적 침투를 광무양안을 통해서도 알 수 있다. 그러한 사실은 경상남도 광무양안인『慶尙南道東萊郡量案』(奎 18111)에 '日人鐵道所, 日本石炭庫, 日人東·西·南館, 日本館古守門地界' 등이 기재된 것에서도 잘 나타난다. 아울러 이 양안에는 '洋人聖敎堂, 淸館, 淸人領事所, 俄領事租界, 英國海館稅務司所' 등과 관련된 내용도 수록되어 있어, 대한제국기 열강의 조선 침투를 잘 파악할 수 있다.

2) 역토의 가옥

가흥 역마을 가옥 중에서 역토인 驛田垈에 위치한 가옥은, 전체 가옥 82호의 약 61.0%에 해당되는 50호이다. 이러한 가옥들은 1895년까지 존속하였던 가흥역과 관련하여 설치되었다고 생각된다. 그러한 사실은 북변면 연원후평의 역전대에 위치한 와가 30칸과 초가 6칸이 연원역의 公廨로 쓰이다가 1895년 연원역이 폐지된 후, 1896년 창설된 청주지방대와 1900년 이후 청주진위대[21]의 支派兵站所로 사용되었으므로 대한제국기 충주군의 양안에 兵所로 기재된 것에서 잘 알 수 있다.[22] 따라서 가흥 역마을의 역전대에

---

21) 청주지방대와 진위대의 설치연혁·구조·기능에 대해서는 서태원, 「갑오개혁 이후 충청북도 지방군—청주지방대와 진위대를 중심으로—」,『한국사연구』136, 2007이 참고가 된다.

22)『忠淸南北道各郡報告』11책, 光武 9년 3월 21일(『各司謄錄』9冊, 忠淸道編 4, 228쪽) ;『忠淸南北道各郡報告』11책, 光武 9년 4월 16일(『各司謄錄』9冊, 忠淸道編 4, 230쪽) ;『忠淸南北道各郡報告』11책, 光武 9년 5월 7일(『各司謄錄』9冊, 忠淸道編 4, 236쪽).

위치한 '가흥대 2호, 우곡평 23호, 중동대 와가 2호 및 초가 23호' 등 50호의
가옥은, 과거 가흥역과 관련된 公廨이거나 역리 또는 역토를 경작한 사람들이
거주한 가옥으로 여겨진다. 가흥 역마을에서 역토인 역전대에 설치된 가옥에
대해 살펴보면 <표 8>과 같다.

<표 8> 역토의 가옥

종류＼칸수등	칸수	수(비율)	면적	가주 성명(위치) *가:가흥대, 우:우곡평, 중:중동대
와가	4칸	1(2%)	0.125결	박상항(중)
	7칸	1(2%)	0.088결	박하열(중)
초가	2칸	6(12%)	0.010결~ 0.023결	김사읍(우), 김성열(우), 김순돌(중), 김인관(우), 황범이(우), 최백천(가)
	3칸	17(34%)	0.010결~ 0.097결	김만수(우), 김성선(우), 김운서(우), 김홍복(우), 박사홍(우), 박상풍(중), 박순태(중), 박인수(우), 박하열(중), 변태산(중), 안경원(우), 오석이(중), 이공배(중), 이학봉(중), 임소봉(우), 조락원(중), 황치순(우)
	4칸	3(6%)	0.011결~ 0.051결	박화순(우), 윤춘선(중), 한만수(중)
	5칸	6(12%)	0.018결~ 0.078결	박상우(중), 박상옥(가), 박홍열(우), 안재구(중), 이덕수(우), 日本商賈(중)
	6칸	5(10%)	0.009결 ~0.097결	日本商賈(중), 日本商賈(중), 정공순(우), 정대접(중), 홍수명(중)
	7칸	1(2%)	0.024결	류오철(중)
	8칸	3(6%)	0.023결 ~0.042결	김인선(우), 원원돌(우), 日本商賈(중)
	9칸	2(4%)	0.028결 ~0.031결	日本商賈(중), 조성기(중)
	10칸	2(4%)	0.042결 ~0.148결	김경열(우), 박상억(중)
	12칸	2(4%)	0.060결 ~0.080결	박선명(우), 함덕현(우)
	21칸	1(2%)	0.060결	정영(우)
	합계	50(100%)		가흥대 2, 우곡평, 23, 중동대 25

먼저 와가는 가흥 역마을의 중동대에 2호가 설치되었다. 역전대 0.125결 위에 지어진 와가 4칸은 중동대 0.128결을 포함하여 충주군 전체에 0.914결을 소유한 박상항이 거주하였고, 초가 3칸과 함께 역전대 0.088결에 지어진 와가 7칸은 중동대·중동초·우곡평의 0.074결을 포함하여 충주군에 2.700결의 토지를 가진 박하열이 거주하였다. 그런데 와가 4칸의 대지면적 0.125결은 초가 3칸 및 와가 7칸의 대지면적 0.088결에 비해 넓다는 점에서, 와가 4칸은 말의 관리나 정원·텃밭 등으로 활용할 공간이 많았던 것으로 생각된다.

다음으로 가흥 역마을 역전대에 설치된 초가는 48호였다.

첫 번째로 역전대에 설치된 초가 2칸은 6호였다. 초가 2칸 거주자 중에서 중동대 김순돌의 초가 2칸은 역전대 0.010결에 위치했는데, 김순돌은 중동대 0.848결을 소유하면서 2.290결의 차경지와 거주하는 가옥이 5채나 더 있었다. 따라서 초가 2칸 거주자 중에서는 경제 형편이 좋았다고 생각된다. 하지만 '가흥대 최백천은 0.020결, 우곡평 김사읍·김인관·남덕화는 각각 0.015결, 우곡평 황범이는 0.023결'의 역전대에 위치한 초가 2칸의 가주로서, 충주군에 별도의 소유전답이나 차경지가 없었다. 따라서 이들은 토지소유나 차경 그리고 가옥의 크기로 볼 때 생활이 매우 어려운 가흥 역마을 주민으로 생각된다.

두 번째로 가흥 역마을 역전대에 설치된 초가 3칸은 17호였다. 먼저 우곡평 '김만수는 0.018결, 김운서는 0.038결, 김흥복은 0.059결, 박인수는 0.027결'의 역전대에 위치한 초가 3칸의 가주였는데, 이들은 충주군에 1결 이상의 전답을 소유하였으나 가흥 역마을에는 소유지가 없었다. 반면 중동대 박상풍과 박하열은 역전대 0.034결과 역전대 0.088결(와가 7칸도 포함)에 위치한 초가 3칸의 가주로서, 박상풍은 가흥전평에 0.071결을 그리고 박하열은 우곡평·중동대·중동초에 0.074결을 소유하였다. 다음으로 충주군에 0.558결을 소유한 우곡평 김성선은 역전대 0.029결에, 충주군에 0.250결 미만을 소유한 안경원·임소봉은 각각 0.050결과 0.046결의 역전대에 위치한 초가 3칸의 가주였다. 하지만 이들도 가흥 역마을에는 소유한 전답이 없었다. 그러한 상황은 중동대 역전대의 0.017결·0.097결·0.014결의 초가 3칸 가주였던 박순태·이학봉·조락원도 마찬가지였다. 더욱이 충주군에 전답을 소유하지 못한 우곡평 박사홍을 비롯하여 중동대 변태산·오석이·이공배는 각각 0.017결·0.024결·0.010결·0.018결의 역전대에 거주하는 초가 3칸만 있고, 차경지도 없었다. 그러나 우곡평 역전대 0.018결에 위치한 초가 3칸의 가주 황치순은, 우곡평 0.193결 및 중동대 0.086결을 차경하였다. 한편 초가 3칸의 역전대 면적은 0.010결~0.097결로 다양하였는데, 이러한 차이는 역이 폐지되기 전 말의 관리와 정원·텃밭 등과 관련이 있다고 여겨진다.

세 번째로 가흥 역마을 역전대에 설치된 초가 4칸은 3호였다. 중동대 한만수는 역전대 0.051결에 위치한 초가 4칸에 거주하면서 0.058결의 역전과 0.273결의 역답도 경작하였으나, 우곡평 박회순은 역전대 0.049결에 그리고 중동대 윤춘선은 역전대 0.011결에 거주하는 초가 4칸만 있었다. 초가 3칸과 마찬가지로 초가 4칸 역전대의 면적은 차이가 있었으며, 그 범위는 0.011결~0.051결이었다.

네 번째로 역전대에 설치된 초가 5칸은 6호였다. 중동대 0.152결을 포함하여 충주군에 1.076결을 소유하고 차경지도 0.907결이 있었던 박상옥은, 가흥대의 역전대 0.040결에 위치한 초가 5칸 및 우곡평 초가 10칸의 가주였다. 하지만 우곡평 초가 10칸은 일본병참으로 사용되었다. 충주군에 12.633결을 가진 대지주 박상우는 중동대의 역전대 0.078결에 위치한 초가 5칸 및 우곡평 초가 15칸의 가주였는데, 박상우의 초가 15칸도 일본병참으로 사용되었다. 충주군에 1.132결을 소유한 박홍열은 우곡평 역전대 0.068결에 위치한 초가 5칸과 우곡평 초가 5칸 및 와가 5칸의 가주였으나, 초가 5칸 및 와가 5칸은 일본병참으로 사용되었다. 충주군에 3.696결을 소유하였던 이덕수는 우곡평 0.048결의 역전대에, 별도의 소유지와 차경지가 없었던 안재구는 충주군 중동대의 역전대 0.051결에 위치한 초가 5칸의 가주였다. 日本商賈도 중동대의 역전대 0.018결에 초가 5칸이 있었다. 초가 5칸도 역전대의 면적은 차이가 있었으며, 그 범위는 0.018결~0.078결이었다.

다섯 번째로 역전대에 설치된 초가 6칸은 5호였다. 우곡평 0.074결 등 충주군에 0.185결의 소유지와 1.157결의 차경지를 가진 정공순은 우곡평 역전대 0.022결에 위치한 초가 6칸의 가주였다. 중동대의 경우 역전 0.123결을 차경하였던 정대접은 역전대 0.097결의, 그리고 홍수명은 역전대 0.028결의·초가 6칸에 거주하였으며, 日本商賈는 역전대 0.024결 및 0.009결에 초가 6칸이 있었다. 초가 6칸의 역전대 범위는 0.009결~0.097이었다. 초가 6칸 중에서 대지면적이 0.009결로 가장 좁은 日本商賈는, 일반 가옥에 비해 정원이나 텃밭 등이 없었기 때문에 그러했다고 생각된다.

여섯 번째로 역전대에 설치된 '초가 7칸은 1호, 초가 8칸은 3호, 초가 9칸은 2호'였다. 초가 7칸은 중동대의 역전대 0.024결에 있었는데, 家主는 충주군에 0.036결을 소유한 류오철이었다. 초가 8칸 3호 중에서 우곡평 역전대 0.042결에 위치한 초가 8칸은 충주군에 0.432결을 소유한 김인선이, 중동대의 0.031결 위에 있는 초가 8칸은 원원돌이 가주였다. 아울러 日本商賈도 역전대 0.023결에 초가 8칸이 있었다. 초가 8칸의 역전대 범위는 0.023결~0.423결이었는데, 초가 6칸과 마찬가지로 日本商賈가 가장 작은 0.023결이었다. 초가 9칸 2호 중 충주군에 0.423결의 소유지와 0.581결의 차경지를 가진 조성기는 중동대 역전대 0.031결에 위치한 초가 9칸에 거주하였고, 日本商賈는 중동대 0.028결에 초가 9칸이 있었다.

일곱 번째로 역전대에 설치된 '초가 10칸과 12칸은 각각 2호, 초가 21칸은 1호'였다. 초가 10칸의 경우 가흥전평 0.008결 등 충주군에 2.685결을 소유한 김경열은 우곡평 역전대 0.042결에, 충주군에 0.793결을 소유하고 가흥대 0.152결 등 0.504결을 차경하였던 박상억은 중동대 0.148결에 위치한 초가 10칸의 가주였다. 초가 12칸의 경우 충주군에 0.956결을 소유하고 중동대 0.079결 등 0.796결을 차경하였던 박선명이 우곡평의 역전대 0.080결에, 충주군에 0.562결의 소유지와 우곡평 역답 0.494결 등 차경지가 2.064결이나 되었던 함덕현은 우곡평의 역전대 0.068결에 위치한 초가 12칸에 거주하였다. 초가 21칸은 우곡평의 역전대 0.060결에 있었는데, 가주는 정영이지만 日本 電報가 그 가옥을 사용하였다. 그런데 정영은 충주군에 소유한 전답이나 차경지가 없었다는 점에서 상업 등의 분야에서 부를 축적했거나, 아니면 실제 가주는 따로 있었을 것으로 생각된다.

4. 가흥 역마을 가주의 충주군 토지소유와 경작실태

가흥 역마을에는 72명의 가주가 있었다. 이들은 가옥이 있으므로 가흥 역마을에 거주하였다고 생각된다. 따라서 72명의 가주와 그의 가족들이 가흥 마을의 주민이라고 볼 수 있다. 물론 가흥 역마을 이외의 마을에 여러 채의 가옥이 있는 가주 중에서는 다른 마을에 거주할 수도 있고, 가주는 가옥을 소유한 사람을 가리키는 것이므로 남의 집에 곁방살이를 하는 주민이 누락될 수 있다.[23] 하지만 양안은 가주만 기재되고 곁방살이를 하는 사람의 성명은 기록되지 않으므로, 여기에서는 가주를 중심으로 가흥 역마을 주민의 충주군 토지소유와 경작실태를 파악해보려 한다.

가흥 마을 72호의 가주 중 전답을 소유한 사람은 전체 가주의 약 63.9%인 46명이고, 21명의 가주와 5곳의 日本商賈는 전답을 소유하지 못했다. 먼저 가흥마을 가주의 전답 소유면적과 수를 살펴보면 <표 9>와 같다.

---

23) 김용섭, 앞의 책, 1984, 345쪽.

<표 9> 가주의 전답 소유면적과 수(비율)

전답 소유면적	수(비율)
1결 이상	20명(약 27 8.%)
0.5결 이상~1결 미만	7명(약 9.7%)
0.25결 이상~0.5결 미만	7명(약 9.7%)
0.25결 미만	38명(약 52.8%)
합계	72명(100.0%)

즉 가홍 역마을 72명의 가주 중 1결 이상의 전답을 소유한 가주는 20명이었고, 0.5결 이상~1결 미만은 7명, 0.25결 이상~0.5결 미만은 7명, 0.25결 미만은 38명이었다. 전답에서의 수입은 자경이냐 차경이냐 또는 전이냐 답이냐 등에 따라 차이가 있지만,[24] 소유한 토지가 1結 이상 富農, 50負 이상~1結 미만 中農, 25부 이상~50負 미만 小農, 25負 미만 貧農이라고 할 때[25] 가홍 마을 가주는 부농 20명(약 27.8%), 중농 7명(약 9.7%), 소농 7명(약 9.7%), 빈농 38명(약 52.8%)이 된다. 물론 家主 중에서 日本商賈를 제외시키면 부농 20명(약 29.6%), 중농 7명(약 10.4%), 소농 7명(약 10.4%), 빈농 33명(약 49.3%)으로, 부농·중농·소농의 비율은 증가하고 빈농의 비율은 감소한다.

가홍 역마을 가주의 토지소유 실태를 구체적으로 살펴보면 다음과 같다.

첫 번째로 가홍 역마을에서 1결 이상의 전답을 소유한 부농은 우선 와가와 초가의 가주인 우곡평 김천석·박홍열, 중동대 박상진·박하열, 초가 2채의 가주인 가홍대·우곡평의 박상옥, 우곡평 김운서, 우곡평·중동대 박상우이

---

24) 이헌창은 구한말 일제초기 田價와 밭 수입은 畓價와 논 수입의 2분의 1정도였다고 보았는데(이헌창, 「구한말·일제초 농가경영의 구조와 상품화폐경제」, 『대한제국기의 토지제도』, 민음사, 1990, 184쪽), 1896년 진천군 역토에서의 도전은 1두락당 답은 약 2냥 그리고 전은 약 0.4냥으로 도전 납부로 볼 때 밭은 논의 5분의 1 소득을 인정받았다(『驛土所關査員訓指存』(奎 17897), 농상공부편, 7책, 발송연월일 건양 2년 3월)는 점에서 밭이냐 논이냐에 따라 소득에 큰 차이를 보인다.
25) 김용섭, 앞의 책, 1970, 144쪽.

다. 아울러 우곡평 김경열·김만수·김성열·김홍복·박상철·박인수·이 덕수 및 중동대 김순경·김운일·김인수·박상정·박상풍·허필 등도 부농 에 해당된다. 이들 중에서 가장 토지를 많이 소유한 가주는 우곡평 초가 15칸과 중동대 초가 5칸의 가주였던 박상우로, 충주군에 18호의 가옥은 물론이고 전답도 12.633결을 소유했다.

두 번째로 가흥 역마을 가주 중에서 0.5결 이상~1결 미만을 소유한 중농은 우곡평 초가 2채의 가주 함덕현과 중동대 와가 4칸의 가주 박상항을 비롯하여, 우곡평 김성선·박광열·박성명 및 중동대 김순돌·박상억·박상항 등이었 다. 특히 우곡평의 초가 12칸 및 초가 10칸의 가주 함덕현은 소유전답이 0.562결로 많지 않았으나, 중동대 역전 0.210결, 우곡평 역답 0.494결 및 역전 0.137결 등 차경지가 2.064결로 많다는 점이 주목된다.

세 번째로 가흥 역마을 가주 중에서 0.25결 이상~0.5결 미만을 소유한 소농은 6명으로, 우곡평 원원돌·김홍석·김인선 및 중동대 양치강·원세 옥·이사순·조성기 등이었다. 이들 중에서 중동대의 자기 땅에 0.090결에 위치한 초가 3칸 및 와가 5칸의 가주 원세옥은, 자기 소유지 0.202결을 경작하면서 가흥전평 전 0.197결과 우곡평 역답 0.229결 등 0.583결을 차경하 였다.

네 번째로 가흥 역마을 가주 중에서 0.25결 미만의 전답을 소유한 빈농은, 소유한 전답이 전혀 없는 26명을 포함하여 36명이다. 우선 0.25결 미만이지만 전답을 소유한 가주는 우곡평 안경원·임소봉·정공순·현원선 및 중동대 류보경·류오철·박만업·박순태·이학봉·조락원·피춘화·홍수명 등 이었다. 이들 중에서 정공순은 우곡평 초가 6칸의 가주로서 중동대·우곡평 답 0.049결 등 자기 소유지 0.185결을 자경하면서, 가흥전평 둔전 0.029결과 우곡평 0.217결 등 1.157결을 차경하였다.

하지만 가흥대 최백천, 우곡평 김사읍·김인관·남덕화·박사홍·박화

순·이광천·정영·황범이·황치순, 중동대 변태산·안재구·엄영오·오
석이·윤춘선·이공배·이명유·이한유·이홍유·日本商賈(5) 등은 충주
군에 소유한 전답이 전혀 없었다.

　하지만 가흥 마을의 가주 중에는 자기 토지를 소작을 주거나, 다른 사람의
토지를 빌려 경작하는 경우가 많았다. 따라서 자경했을 때, 자경에 비해
2분의 1정도 수입을 올리는 소작을 주었을 때와 차경[26]도 고려하여 가흥
마을 주민의 경제적 지위를 재분류하면 <표 10>과 같다.

<표 10> 가주의 전체 경작면적과 수(비율)

전체 경작면적 (자경면적+1/2<소작을 준 면적+차경면적>)	수(비율)
1결 이상	22(약 30.6%)
0.5결이상~1결 미만	10(약 13.9%)
0.5결미만~0.25결 이상	5(약 6.9%)
0.25결 미만	35(약 48.6%)
합계	72(약 100.0%)

　즉 자경을 하는 것에 비해 소작을 주면 수입이 50%로 줄고, 반면 차경을
하면 수입이 50%로 증가하므로 가흥 마을의 부농·중농·소농·빈농의
수와 비율이 변화하게 된 것이다. 실제로 부농 중에서 전답의 소유면적이
1.386결이었던 박상정은, 0.169결만 자경을 하고 차경을 하지 않았으므로
수입이 중농에 해당되게 된다. 반면 우곡평의 중농 박선명은 자기 전답
0.956결 중 0.787결을 자경하면서 0.791결을 차경하였고, 함덕현은 자기

---

26) 이헌창은 소작지는 수확물의 절반을 지대로 바치므로 대여지나 차경지는 자작지의
　　2분의 1라고 하였고(이헌창, 앞의 논문, 1990, 184쪽), 김양식은 1899년 이후 내장원이
　　역둔토를 관리한 후 민간에서 행해지던 병작반수제를 역둔토에 적용시키기 위해
　　소작 농민에게 3할 내외의 지대와 1~2할에 이르는 종자와 결세 등을 납부하게
　　하였다고 하였다(김양식, 『근대권력과 토지-역둔토 조사에서 불하까지-』, 해남,
　　2004, 164~166쪽).

전답 0.562결 중 0.385결을 자경하면서 2.064결을 차경하였으며, 소농이었던 김홍석도 자기 전답 0.349결을 모두 자경하면서 1.596결을 차경하였으므로 모두 부농에 해당되는 경제적 지위를 얻었다.[27] 아울러 우곡평의 소농 김인선도 자기 전답 0.432결 중에서 0.337결을 자경하면서 0.589결을 차경하였고, 중동대의 소농 이사순은 자기 전답 0.426결을 자경하면서 0.780결을 차경하였고, 빈농이었던 중동대의 박만업이 자기 전답 0.139결을 자경하면서 1.208결을 차경함으로써 중농으로 격상되게 된다. 이어 빈농이었던 우곡평의 안경원이 0.248결의 자기 전답 중 0.207결을 자경하면서 0.277결을 차경하고, 중동대의 피춘화도 자기 전답 0.116결을 모두 자경하고 0.565결을 차경하면서 빈농에서 소농으로 격상되었다.

하지만 중동대 소농 원세옥은 0.583결을 차경하였지만, 자기 소유 토지 0.292결 중에서 0.090결이 가옥이므로 경제적 지위가 변하지 않았다. 아울러 가흥 역마을에서 토지를 소유하지 못한 가주 26명(日本商賈 5 포함) 중에서 우곡평 가주 황범이·황치순, 중동대 가주 이한유·이홍유·정대접·한만수 등 6명은 차경지가 있었지만, 이들의 차경지는 모두 0.5결 미만이므로 자경지의 50%에 해당되는 차경지 수입으로는 모두 빈농에서 벗어날 수 없었다.

따라서 가흥 마을 가주의 자경면적·소작준 면적·차경면적을 종합해보면 부농 20명(약 27.8%)→ 22명(약 30.6%), 중농 7명(약 9.7%)→ 9명(12.5%), 소농 7명(약 9.7%)→ 6명(약 8.3%), 빈농 38명(약 52.8%)→ 35명(약 48.6%)으로 변화하여, 부농·중농은 증가하고 소농·빈농은 감소하였다. 물론 日本商賈 (5)를 제외시키면, 부농 22명(약 32.8%), 중농 9명(약 13.4%), 소농 6명(9.0%),

---

27) 차경면적에는 대지의 면적도 포함되어 있으므로, 차경을 통해 얻는 실제 수입은 약간의 차이가 있다. 예를 들면 우곡평 박선명의 충주군 전체 차경지 0.791결에는 초가 12칸의 대지 0.080결이 포함되어 있고, 함덕현의 차경지 2.064결에도 초가 12칸의 역전대 0.068결 및 초가 10칸의 대지 0.034결이 포함되어 있다.

빈농 30명(약 44.8%)으로, 부농·중농·소농의 비율은 증가하고 빈농의 비율
은 감소하였다.

한편 연기군 광무양안에서 代錄·分錄이 광범위하게 일어났고,[28] 1897년
의령현 화곡면 호적에 등재된 266호 모두 호명으로 奴 1인씩을 기재하였다[29]
는 사실을 감안하면, 가흥 역마을 가주 성명은 실명이 아닌 경우도 있을
수 있다. 하지만 1897년 화곡면 호적에서 알 수 있듯이 비록 호명이 실명과
다르더라도 1호가 1개의 호명만 사용한다면, 가흥 역마을 가주의 토지 소유면
적과 차경면적에 따라 부농·중농·소농·빈농을 분류하는 데에는 아무런
문제가 되지 않는다. 아울러 그러한 분류를 할 때 소유면적보다는 '경작면적
(자경·차경) 및 소작을 준 면적'을 중심으로 구분하고, 차경지의 경우 가옥의
대지를 경작면적에서 제외시키며, 賭錢 등을 활용하여 전과 답의 생산력
차이를 밝혀 전의 면적을 다시 계산하면 오차를 더욱 줄일 수 있을 것으로
여겨진다.

5. 맺음말

이상에서 대한제국기 충주군 양안을 활용하여 가흥 역마을에 대해 '토지,
가옥, 가주'를 중심으로 살펴봄으로써, 100여 년 전 충주의 농촌사회의 실상과
촌락 및 역의 구조 등을 밝히려 하였다. 지금까지 살펴본 내용을 정리해보면
다음과 같다.

첫째, 충주군 가흥 역마을의 전체 전답면적은 16.069결인데, 그 중에서

---

28) 李榮薰, 「광무양전에 있어서 <時主> 파악의 실상」, 『대한제국기 토지조사사업』,
    민음사, 1990.
29) 김건태, 「戶名을 통해 본 19세기 職役과 率下奴婢」, 『한국사연구』 144, 2009,
    232~233쪽.

답은 4.932결로 약 30.7%이며 전은 11.137결로 약 69.3%였다. 가흥 역마을 전답면적 16.069결은 가흥면 241.087결의 약 6.7%에 해당되며, 전의 비율 약 69.3%는 가흥면 약 54.6%나 충주군 약 51.2%에 비해 높았다. 아울러 가흥 역마을 1·2등급 전답 비율 약 69.8%는 가흥면의 약 18.6%에 비해 매우 높았다.

둘째, 가흥 역마을 역토의 전체 면적은 8.995결이었다. 그 중에서 역답은 3.151결로 약 35.0%, 역전은 5.844결로 약 65.0%였다. 역전의 비율 약 65.0%는, 가흥 역마을 전의 비율 약 69.3%보다는 낮았으나 가흥면의 약 54.6%보다는 높았다. 가흥 역마을의 역토면적 8.995결은 가흥 역마을 전체 전답면적 16.069결의 약 56.0%였고, 가흥면에 위치한 역토면적 25.835결의 약 34.8%에 해당되었다. 가흥 역마을 역토의 1·2등급 비율 약 97.9%는, 가흥면 약 18.6%나 가흥 역마을 약 69.8%에 비해 매우 높았다.

셋째 가흥 역마을에는 국유지인 역토와 둔전을 비롯하여, 35명의 개인이 토지를 소유하였다. 역토는 8.995결로 전체 전답 16.069결의 약 56.0%를 차지하였으나, 둔전은 0.029결로 매우 적었다. 성씨별로는 김씨가 가장 많은 2.450결을 그리고 박씨가 2번째인 2.289결의 토지를 소유하였다. 개인으로는 김천석이 1.354결로 가장 많은 토지를 소유하였지만, 개인 토지소유자들은 대부분 가흥 역마을에 0.5결 미만의 토지를 소유하였다. 가흥 역마을에 거주 가옥이 있는 17명이 소유한 토지는 3.482결로 전체 토지의 약 21.7%에, 거주 가옥이 없는 18명이 3.563결을 소유하였다. 한편 가흥 역마을 의 時主 즉 主名의 표기에서 奴의 표기가 사라지고 姓名이 기재된 것은, 1894년 갑오개혁의 신분제 폐지가 반영된 것으로써 광무양안의 근대적 성격을 잘 보여준다. 그러한 특징은 時作 즉 作人名의 기재에서도 마찬가지로 드러난다.

넷째 가흥 역마을에서 차경지는 9.623결로 가흥 역마을 전체 전답 16.069결

의 약 59.9%에 해당되었다. 차경지는 중동대에 가장 많은 3.745결이 위치하였
고, 차경지 중에서 가장 많은 비율을 차지한 것은 역토였다. 역토의 차경면적
은 전체 차경지의 약 70.6%에 해당되는 6.794결이었으며, 차경자는 34명이었
다. 차경자 중에서 성씨별로는 박씨가 가장 많은 1.894결을, 그 다음으로
김씨가 1.589결을 차경하였다. 따라서 가흥 역마을의 토지소유에서 1위와
2위였던 김씨와 박씨가 차경에서도 2위와 1위를 차지했다는 점에서, 김씨와
박씨는 가흥 역마을에서 주도적인 역할을 담당하였음을 알 수 있다. 차경자
50명 중에서 3명이 0.5결 이상의 차경지를 가졌고, 47명은 0.5결 미만이었다.
차경자 중 18명은 가흥 역마을에 거주하는 가주였지만, 32명은 곁방살이를
하거나 다른 지역에 거주했다. 한편 가흥 역마을에 소유 토지나 차경지가
없이 거주하는 가옥만 있는 사람이 39명이 있었다. 이들 중에서 日本商賈(5)
와 15명의 가주는 다른 마을에도 소유지와 차경지가 없다는 점에서, 품을
파는 사람이거나 상업 등 다른 산업에 종사하는 사람으로 여겨진다.

다섯째 가흥 역마을에는 와가 6호 및 76호의 초가가 위치하였다. 박씨
23호·김씨 17호·이씨 18호·日本商賈 5호를 비롯하여, 남·류·변·안·
양·엄·오·원·윤·임·정·조·최·피·한·함·허·현·황·홍씨 등
이 가주였다. 와가 및 초가 또는 초가 2채 등의 가주가 있었으므로, 와가
6호 및 76호의 가주는 72명이었다. 가흥 역마을에는 초가 3칸이 가장 많았으
며, 초가 10칸 이상이나 와가의 비율은 가흥면이나 충주군보다 높은 반면
초가 2칸의 비율은 매우 낮았다. 가흥 역마을은 전답이 비옥하고, 가흥역과
관련하여 교통과 상업이 발달하여 주민들의 생활형편이 좋았기 때문이었다
고 생각된다. 대지면적이 가장 넓은 가옥은 중동대의 역전대 0.148결의 초가
10칸이었고, 가장 좁은 가옥은 김천석 소유의 대지 0.006결의 초가 3칸이었다.
칸수가 많거나 와가라고 해서 대지면적이 꼭 넓은 것은 아니고 칸수가 동일해
도 대지 면적에서 차이가 나는 것은, 1895년 역이 폐지되기 전 말의 관리나

텃밭·정원·상점 등과 관련이 있을 것으로 여겨진다. 한편 가흥 역마을에는 일본제국주의의 군사적 경제적 침략을 잘 보여주는 중동 일본상점과 우곡평 일본병참 및 일본전보 등이 위치하였고, 가흥 역마을의 역전대에는 가흥 역마을 전체 가옥 82호의 약 61.0%에 해당되는 50호의 가옥이 설치되었다는 점에서 가흥 역마을이 과거 역과 밀접한 관련이 있었음을 알 수 있다.

여섯째, 가흥 역마을에는 72명 가주가 있었다. 그들의 충주군 토지소유를 통해 경제적 지위를 분류하면 부농 20명(약 27.8%), 중농 7명(약 9.7%), 소농 7명(약 9.7%), 빈농 38명(약 52.8%)이었다. 하지만 가흥 역마을의 가주 중에는 자기 토지를 소작을 주거나, 다른 사람의 토지를 빌려 경작하는 경우가 많았다. 따라서 자경과 자경의 50%에 해당되는 소작과 차경을 고려하여 경제적 지위를 재분류하면, 부농 22명(약 30.6%), 중농 9명(약 12.5%), 소농 6명(약 8.3%), 빈농 35명(약 48.6%)으로 변화하여, 부농·중농은 증가하고 소농·빈농은 감소하였다. 물론 가주 중에서 日本商賈(5)를 제외하면, '부농 22명(약 32.8%), 중농 9명(약 13.4%), 소농 6명(약 9.0%), 빈농 30명(약 44.8%)'으로, 부농·중농·소농의 비율은 증가하고 빈농의 비율은 더욱 감소한다. 따라서 가주를 통해서 볼 때 대한제국기 충주군 가흥 역마을 주민의 경제적 지위는, 빈농과 부농에 해당되는 사람이 많은 반면 중농과 소농이 적었음을 알 수 있다.

한편 충주군 가흥 역마을 연구에서 알 수 있듯이 광무양안은 토지에 대한 각종 정보는 물론이고, 역과 촌락의 구조 및 주민의 생활상 등을 이해하고 복원하는 데에 많은 도움을 준다. 따라서 광무양안의 시주나 시작의 성명이 실명이 아닌 경우가 있다고 하더라도, 광무양안을 지역사·사회사·생활사 및 일본의 조선 침투를 밝히는 등의 연구에 적극 활용한다면 광무양안의 효용성은 더욱 높아질 것으로 여겨진다.

대한제국기 忠州郡 金目面의
주막에 관하여[*]
-광무양안의 분석을 중심으로-

박 경 안

1. 머리말

주막은 酒店, 炭幕이라고도 했다. 조선말 우리나라를 다녀간 한 서양 선교사는 말하기를 '조선은 시골 마을로 이루어진 나라'라고 했다.[1] 그만큼 시골 마을은 한국인의 정서가 녹아있는 마음의 고향이기도 하다. 그런 정서를 대표하고 있는 것 중 하나가 또한 주막이다.

고구려에는 '酒桶村'에 관한 기록[2]이 있고, 신라에서는 김유신이 어려서 다녔다는 天官의 술집이야기는 유명하다. 그러나 우리나라에서 주막에 관한 공식 기록은 고려 성종 2년(983)에 국가 차원에서 주점이 설치된 데에서 비롯되었다.[3] 임진왜란 후 院의 기능이 쇠퇴하고 站마다 店을 설치하여 여행자에게 숙식을 제공하였는데, 私商의 활동이 활발해짐에 따라 이들을 위한 주막으로 발전하였다. 도시에서는 客主·旅閣이, 시골에서는 주막이

---

* 이 글은 『역사와 실학』 42, 2010에 게재한 논문을 수정, 보완하였다.
1) 제이콥 로버트 무스, 문무홍 외 옮김, 『1900, 조선에 살다』, 푸른역사, 2008.
2) 『三國史記』 卷16, 本紀4, 山上王 12年 冬 12月.
3) 『高麗史』 卷3, 世家3, "(成宗 2년) 冬十月 己亥 置酒店六所 曰成禮 曰樂賓 曰延齡 曰靈液 曰玉漿 曰喜賓."

여인숙의 구실도 하였고 19세기 후반에는 촌락 10~20리 사이에는 1개소 이상의 주막이 있었다. 특히 場이 열리거나 驛이 있는 곳, 마을 어귀라든가 큰 고개 밑, 나루터 혹은 광산촌 등에 주로 있었다.

옛 주막은 오늘날처럼 간판은 없었다. 주막의 표시로는 장대에 용수를 매달아 지붕위로 올리거나 쇠머리나 돼지머리 삶은 걸 좌판에 늘어놓아 주막임을 표시하기도 하였다. 주막에는 간판은 없었으나 이름은 있었다. 이런 이름은 주막집에서 짓는 것이 아니고 대개는 손님들이 지어주기 마련이었다.[4] 이를테면 주막집 앞에 오동나무가 있으면 오동나무집, 주인이 과부면 과부집 하는 식이었다.

지금까지 주막에 관한 연구 중에서 토지문제와 관련된 경우는 없었는데,[5] 光武量案이 작성될 무렵[6] 충주지역에서는 모두 28곳에 달하는 주막이 나타난다. 당시 충주 관내의 주막을 양안을 통해 확인해 본 결과 다음과 같은 명칭을 확인할 수가 있었다.

<표 1> 충주군 관내의 주막별 위치와 규모

	지명	家屋(間)			면적 (結/坪)	관할 面	현재의 행정구역 및 마을 명칭
		戶	草	瓦			
1	金屛酒店	1	2	0	0.014/4	가차산	충주시 금가면 잠병리금병(진뱅이)
2	板要酒店垈	13	39	0	1.898/890	거곡	음성군 감곡면 문촌리 판요리(늘거리)
3	坪村酒店	1	3	0	1.654/667	금목	음성군 금왕읍 유포리 주막거리
4	蓬川酒店	1	4	0	0.647/338	금목	음성군 금왕읍 봉곡리
5	別仙酒店	1	2	0	0.695/349	금목	음성군 금왕읍 오선리 별산댕이

---

4) 배도식, 「옛 酒幕의 民俗的 考察」, 『한국민속학』 15, 1982, 88~89쪽.

5) 주막과 관련된 글을 보면 다음과 같다. 배도식, 위의 글 ; 최완기, 「원과 주막」, 『한국사 33-조선 후기의 경제』, 국사편찬위원회, 1997 ; 주영하, 「'주막'의 근대적 지속과 분화-한국음식점의 근대성에 대한 일고」, 『실천민속학연구』 11, 안동, 실천민속학회, 2008.

6) 광무양전사업은 1898년(광무 2)~1904년(광무 8) 사이에 실시되었다.

6	內洞酒店	3	9	0	1.624/807	금목	음성군 금왕읍	내송리 숫돌고개
7	五龍洞酒店	1	3	0	0.226/114	금목	음성군 금왕읍	용계리 오룡골
8	白也中村酒店	1	2	0	0.799/403	금목	음성군 금왕읍	백야리 중촌
9	石隅酒店	2	4	0	1.735/806	금목	음성군 금왕읍	금석리 석우(돌모루)
10	達川酒店	2	6	0	0.415/159	남변	충주시 달천동	달천
11	西湖亭酒店	2	6	0	1.866/1,130	남변	충주시 용관동	용관동
12	漁水灘酒店	1	3	0	5.004/2,591	남변	충주시 가주동	어신여울나루터?
13	有酒幕	5	21	0	0.135/49	남변	충주시 단월동	유쥬막.
14	天龍酒店	1	3	0	0.561/248	노은	충주시 노은면	수룡3리 천룡
15	梧山酒幕	1	2	0	0.010/3	대도곡	음성군 대소면	오산리 오미
16	酒幕垈	6	19	0	1.545/564	덕산	제천시 덕산면	성암리?
17	酒幕街垈	8	19	0	3.434/1,111	덕산	제천시 덕산면	도기리?
18	珠峰酒店	14	73	7	2.341/812	북변	충주시 교현동	교현동 주봉(주현)
19	新村酒店	1	5	0	1.597/558	북변	충주시 칠금동	칠금동 신촌(새말)
20	檢城洞酒店	1	2	0	0.099/97	사다산	음성군 대소면	내산리?
21	新酒幕	10	42	0	5.489/1,881	살미	충주시 살미면	세성리 새술막 주막거리
22	下靑龍酒店	13	35	0	4.434/2,464	소대양	충주시 소태면	중청동　하청(아래청룡)
23	監狄酒店	2	5	0	5.323/3,307	신석	충주시 신니면	견학리 학성 갬보들
24	長承酒店	2	8	0	0.138/62	유등	충주시 이류면	매현리
25	萬積酒店	1	3	0	3.108/1,169	유등	충주시 이류면	만정리 만적
26	龍頭院酒店	4	20	0	3.363/1,285	유등	충주시 이류면	충주시 남변면 용두동 용관동?
27	長永酒店	1	7	0	2.053/809	율지	괴산군 불정면	추산리 장수?
28	佳亭酒幕村	7	26	0	4.410/2,333	이안	충주시 이류면	완오동 가정(가젱이).
29	趙 酒幕 坪 (＊)	1	5	0	2.895/1,640	천기음	음성군 삼성면	상곡리?
합		106	373	7	54,617/32,276[7]			

　　위 도표를 보면, 충주군 전체 28(29)개 주막[8] 가운데 7곳이 金目面에 집중되어 있었음을 알 수 있다. 이는 관내 전체 주막의 25%로 매우 높다고

---

7) 이는 대략 10.8정보에 해당한다.
8) '趙酒幕'은 양안작성 당시 폐업한 상태에 있었다.

할 수 있다. 그 배경은 정확히 알 수 없으나 무극을 중심으로 서울과 연결될 뿐만 아니라 鎭川을 비롯한 타 지역과 교통로가 열려 있었다는 점, 규모가 큰 無極場[9]이 가깝다는 점을 들 수가 있겠으나 주변 지역의 경우라든지[10] 주막의 특수성 등 좀 더 검토해 볼 필요가 있다.[11]

　본 연구는 광무양안을 통한 충주군 지역 마을사 연구의 일환으로 이루어진 기초적인 것으로서 일차적으로 금목면 지역 주막의 형편을 알아보고자 하는 데에 목적이 있다.

---

9) 충청북도에는 18세기 중엽에 이미 효율적인 장시망이 형성되어 있었으며 특히 충주에는 邑場을 비롯하여 新塘, 內倉, 嘉興, 大召院, 南倉, 牛目, 漢川, 龍安, 無極, 牧溪 그리고 泉浦에 주기적 장터(5일)가 있었다. 이 중 목계의 거래액은 600원, 읍장이 500원, 무극이 500원의 순으로 되어 있다(이헌창, 「조선후기 충청도지방의 시장망과 그 변동」, 『경제사학』 18호, 1994. 55쪽 도표 참조).

10) 이웃 진천군의 경우에는 모두 12곳에 초가 48호 225칸의 15.360결에 달하는 주막이 있었다. 1개소당 면적은 평균 1.280결로 충주의 1.983결보다 약간 작다 (아래 鎭川郡 酒幕 도표 참조).

	지명	면	현 지명
1	大幕酒店垈	성암	진천읍 운봉리 대막거리
2	酒店	백곡	백곡면 사송리 점말/석현리?
3	下水門洞酒店	백곡	백곡면 대문리 하수문
4	中水門酒店	백곡	백곡면 대문리 중수문
5	穴巖酒店	백곡	백곡면 구수리 혈암
6	葉屯下酒店	백곡	백곡면 갈월리 엽둔
7	下栢酒店	백곡	백곡면 양백리 하백(바깥말)
8	龍津酒店	백곡	백곡면 용덕리 용진
9	在席坪酒店	이곡	
10	長陽酒店	이곡	이월면 장암리
11	大幕酒店	이곡	이월면 송림리 대막(약방말)
12	無愁里酒店	만승	광혜원면 구암리 무수

11) 음성군 지역은 비철분 성분의 화강암 지반으로 이는 양조와 관련이 있다.

2. 금목면 지역의 주막들

충주군 금목면 지역은 1760년대 이후 陰城縣의 金目洞面에 속하였으며(『輿地圖書』), 그 후 1898년에는 忠州郡에 소속되어 金目面에 11개 里가 소속되어 있었다(『忠淸道邑誌』). 해당 광무양안은 이때에 작성된 것으로서 육십치, 반의, 무극, 각회, 도장, 신개천, 구개천, 유촌, 별선, 유포 그리고 덕동 등으로 구성되어 있었다. 근래에는 1973년 음성군 金旺面이 金旺邑으로 승격되면서 이에 속하게 되었다.

본고에서 살펴보고자 하는 7곳의 주막은 각각의 지역적 특성을 갖고 있다. 지역적 특성이 주막의 성격을 그대로 반영하는 것은 아닐지라도 商圈의 형성에 일정한 영향을 줄 수 있다. 이를테면 교통로와의 연계성, 배후지의 사회경제적 조건 등에 따라 주막의 성격이 좌우될 수 있기 때문이다. 필자는 여러 외재적 변수가 작용하는 주막에 앞서 비교적 단순한 형태의 '白也中村酒店'의 경우를 먼저 살펴보고 이를 토대로 이하 다른 주막들을 검토하기로 하였다.

<표 2> 금목면 주막 주변의 환경

	명칭	면적(결/평)	지리적 특성
1	白也中村酒店	0.799/403	산지로 둘러싸인 고립형 계곡
2	坪村酒店	1.654/667	넓고 비옥한 평지형
3	蓬川酒店	0.647/338	소속리산 자락의 山野 복합형
4	別仙酒店	0.695/349	낮은 언덕으로 둘러싸인 분지형
5	內洞酒店	1.624/807	고개마루의 삼거리 교차지점
6	五龍洞酒店	0.226/114	산과 개울이 어우러진 개방형 계곡
7	石隅酒店	1.735/806	준도시형

1) 白也中村酒店

白也里는 본래 충주군 속리산 밑이라는 뜻으로 '배태', '배터' 또는 '백야'

라고도 했다. 일설에 의하면 비가 많이 오면 골짜기가 배 모양으로 되기 때문에 그런 명칭이 생겼다는 말도 있다. 백야리는 양안상의 '中白也', '下白也' 및 '白也中村酒店'에 해당되는 것으로 생각된다.

백야리는 금왕읍에서 남쪽으로 2㎞ 지점에 위치하며 동쪽으로 음성읍 沙丁里, 서쪽으로 금왕읍 蓬谷里, 남쪽으로 음성읍 冬音里, 북쪽으로 금왕읍 無極里와 경계하고 있다. 원래 '웃배태(상촌, 상백야)', '중촌', '하촌(속리뿌리)'의 자연마을로 되어 있었으나 현재는 중촌 일부와 하촌이 백야저수지(일명 용계저수지)에 잠겨있는 상태다.

남쪽에 소속리산(432m) 등 300~400m의 산으로 이루어져 지형이 높게 형성되어 있어 여기서 발원한 물이 북쪽의 저수지로 흘러든다. 주요 도로로는 군도 11번이 무극리에서 남쪽의 백야저수지를 지나 동음리와 연결된다. 웃배태에는 배태고개 이외에도 동골동고개, 꽃내미고개, 접시바위고개가 있어서 타 지역과 통한다. 이곳 백야 마을의 계곡은 6·25전쟁시 피난처로 이용되기도 하여 '피난골'로도 불릴 정도로 비록 교통은 불편하지만 아름다운 숲과 깊은 골짜기 그리고 맑은 물 등 경치가 좋아 현재 삼림욕장과 자연휴양림이 조성되어 웰빙 장소로 각광을 받고 있다.

따라서 백야리는 전형적인 산골 마을로 오늘날 주로 벼농사와 고추, 인삼 등을 생산하고 있다. 이장 최익권씨에 의하면, 현재 마을은 30여 가구 정도가 남아 있으나 대부분 노인들로 구성되어 있고, 논밭 비율은 대체로 6 : 4 정도인데 대개는 새경 즉 품을 사서 경작하는 실정이라고 한다.

(1) 백야 마을의 토지경작 및 주거형태

양안에 등장하는 백야 마을은 모두 9.190결의 경작지로 구성되어 있으며 논은 1.169결, 밭은 8.021결이다.[12] 1, 2등전은 없고 2등전 0.318결, 3등전

---

12) 結負制는 토지의 수확량과 면적을 동시에 표현하는 계량법으로 1結은 100負, 1負는

1.901결, 4등전 5.262결, 5등전 1.709결이다. 마을의 주거상황을 보면, 하백야에만 24호 57칸의 초가(白也中村酒店 1호 2칸 포함)로 구성되어 있다.

　백야 마을의 토지소유 분포를 보면 김두식·김덕중·송명첨 등의 순으로 되어 있다. 본 마을 이외의 다른 지역을 감안한 토지소유결수는 김덕중이 가장 많다. 그는 부재지주로 실제 사는 지역은 금목면 각해리로 보인다. 그러나 마을 자체로서는 김두식이 1.08결로 가장 많은 토지를 소유하고 있었는데 다른 지역의 토지를 합하면 2.814결에 달하였다. 그 중 자경하는 토지는 1.931결이었으며, 0.22결을 차경하기도 하였다. 마을의 時主別 토지경작 및 주거형태는 아래와 같다.

<표 3> 백야 마을의 時主[13]別 토지경작 및 주거형태

순서	적(平方尺)	결(結)	이름	한자	가옥구분	호	칸	총소유결수
1	18,948	1.080	김두식	金斗植	초	1	3	2.814
2	14,640	0.744	김덕중	金德中		0	0	3.478
3	9,297	0.556	송명첨	宋明添	초	1	2	0.556
4	7,913	0.448	하귀석	河貴石	초	1	4	0.448
5	6,126	0.341	김원오	金元五	초	1	3	0.641
6	5,409	0.302	최장건	崔長健	초	1	2	0.302
7	6,290	0.301	노문원	盧文元	초	1	2	0.301
8	5,476	0.301	류준명	柳俊名		0	0	0.426
9	5,688	0.281	노사순	盧四順	초	1	2	0.481
10	5,050	0.278	정덕영	鄭德永		0	0	1.761

　위 10위권에 들어가 있는 시주 중에서 7호가 마을에 거주하고 있었던 것으로 보이는 반면 부재지주는 3호에 지나지 않았다. 그러나 이들 7호가 마을에 갖고 있는 토지가 3.309결로 전체 토지의 36% 정도이며 따라서 이들의 마을에 대한 영향력은 절대적이라고 할 수는 없을 것 같다.

　10束으로 되어 있다.

13) 양안에서는 地主를 時主로, 小作人을 時作으로 표현하였다.

충주지역 양안통계를 보면 無田 농가가 25%, 25負 미만이 44%, 25~50負 가 13%인 점을 감안할 때, 제법 괜찮다고 하는 이들 시주조차 평균치를 약간 상회하는 정도로 평가되는 바 대개 2~4칸 정도의 초가집에 살고 있었다. 전체 백야마을의 생활형편을 짐작하게 해 주는 부분이다.

⑵ 주막(주점)의 영업조건

양안상에 나타나는 특이한 점은 하백야 마을에는 '白也中村酒店'이라고 하는 주막집이 있었다는 것이다. 음성지역이 원래 외진 곳으로 알려져 있지만 특히 백야 마을은 산골에 위치하고 있었다. 주민이 많지 않을뿐더러 생활형편 도 그렇게 썩 좋지는 않았을 것으로 본다면 도대체 술집을 이용하는 사람들은 대체 어떤 사람들이었을까?

『신증동국여지승람』 음성현 조항에는 현 서쪽 1리에 坎原驛, 남쪽 9리에 楊惠院, 서쪽 19리에 長信院이 있다고 하였으나, 백야 마을은 이러한 곳과는 무관한, 대단히 궁벽한 곳이라 하겠다. 그러나 과거 오랜 전통을 갖는 무극장 이 5일 마다 열렸던 점을 감안하면 오히려 궁벽한 곳이기 때문에 장보러 갈 일이 더욱 많았을 개연성도 있다.

무극장은 1770년(영조 46)에 편찬된『동국문헌비고』를 비롯하여 1872년 (고종 9) 제작된『충주목지도』에도 기록되어 있다. 1909년 발간된『한국충청 북도일반』에 의하면 무극장은 주막 10개소, 노점상과 보부상이 16명, 장날 모이는 인구가 800명 정도이고 장날 거래된 금액은 500원[14] 정도로서 주요 매매물은 쌀, 보리, 콩, 소 등이었다고 기록하고 있다.

따라서 사정리, 봉곡리, 동음리 등 음성군 지역을 비롯하여 괴산 및 진천의

---

14) 울산 태생의 향반인 沈遠權(1850~1933)은 그의 일기(분당 토지박물관 소장)에서 1909년 9월 4일에 '쌀 한 되 1냥, 보리 한 되 2전 3푼, 밀 한 되 8전'이라고 기록하였다. 이에 따르면 쌀 한 가마에 대략 1원 정도가 되는 셈이다.

일부 산악지역 주민들은 돌아서 멀리 가기보다는 다소 힘들더라도 가까운 고갯길(배태고개 : 263m)을 택하였을 가능성이 있다. 더구나 무극장은 북으로 장호원을 통해 서울과 연결된다는 점을 감안하면 시골사람들로서는 구경거리가 될 수도 있었을 것이다. 이런 점에서 이 곳 백야 마을의 주막은 동네 사람들을 포함하여, 인근 산골 마을을 떠나 장터에 가는 길손들이 가장 큰 고객이었을 것이다. 이장의 말을 빌리면, 지금은 없지만 예전에는 마을 한 가운데 주막이 있어서 어르신들은 지금도 기억하고 계신다고 한다.

(3) 주막 운영과 토지규모

백야 마을은 '下白也', '白也中村酒店', '中白也'로 나뉘어 있는 것으로부터 알 수 있듯이 계곡을 따라 길게 늘어서 있었다. 다만 '上白也'는 양안에 나타나지 않았지만 1914년 제작된 지도에는 있는 점으로 보아 규모가 작거나 뒤에 형성된 것으로 보이는데 오늘날 이를 '上村' 즉 '웃배태'라고 부르고 있다. 주막터는 字號上 '下白也'에 이어져 있기 때문에 그 위치는 북쪽 마을 어귀에 해당된다.

양안상에 주막은 단지 2칸짜리 초가집만이 보이지만 이외에도 김두식, 김이삼, 노문원, 류덕인, 이치화, 최창석, 하귀석 7사람이 주막터를 소유한 것으로 되어 있다. 주막터의 총면적은 0.799결(14521평방尺을 坪數로 환산하면 대략 403평이 된다)이었다. 여기에 비해 주막 건물은 고작 0.009결(100평방척으로 2.8평 정도)에 지나지 않았다. 그런데 여기서 과연 2.8평 정도의 공간에 2칸의 건물이 들어서 있었을까 하는 궁금증이 생긴다. 아마도 실제 건평은 생각보다는 컸을 가능성이 높다.

『經國大典』家舍 규정에 의하면 大君이 60칸, 王子 君·公主 50칸, 翁主 및 宗親·文武官 2품 이상은 40칸, 3품 이하 30칸 그리고 庶人은 10칸을 초과할 수 없도록 되어 있었다.[15] 따라서 이 규정은 엄격하게 지켜질 수밖에 없었으나 실제 건물의 크기는 천차만별이었다. 이를테면 같은 칸수의 건물이라고 하더라도 間隔은 법으로 규정한 것이 아니기 때문에 고무줄처럼 늘어날 수가 있었다. 이런 문제점이 있었으나 사대부들은 바로 이 점을 역이용하면서 자신의 이익을 챙겼다.

> 토목의 役事가 이제 盛한데, 사대부의 집을 비록 間架의 수는 정하였지만 높이와 넓이의 제도는 정하지 않았기 때문에, 집을 짓는 자가 높고 넓게 하기를 힘써서 그 한 칸(間)이 보통 집 두 칸에 준합니다. 이제 듣건대 小公主 집이 참람하여 궁궐에 비교된다고 하니, 이처럼 사치스럽고 크게 하지 못하게 해야 할 것입니다.16)

따라서 이런 일은 당시에 일반화되었던 것이며 주막도 예외는 아니었을 것이다. 다만 말이 몇 칸 집이지 그야말로 엉성한 경우가 다반사였던 것이다. 마을 주막의 경우에 심지어는 맨바닥에 거적만 깔고 자는 경우가 많았다. 음식값만 받는 이유가 다 있었다. 그렇다면 실제 주점터의 공간배치는 어떤 모습이었을까? 주점 안에는 이를테면 구조상 숙소 그리고 술과 안주를 준비하고 요리하는 주방이 있어야 하지만, 이외에도 손님들이 앉아서 쉴만한 공간과 창고라든가 마굿간 따위가 필요하였을 것이다.17)

한편 8필지의 주막터는 최창석의 집을 중심으로 당초 마을 안에 있었던 집터 및 인접농토였을 것으로 파악된다. '白也中村酒店'이라는 주막의 명칭을 통해서 볼 때에도 그렇고 마을을 벗어난 들판에 주막을 만들 이유가 없기 때문이다.

---

15) 『經國大典』雜令, 家舍.
16) 『成宗實錄』卷91, 성종 9년 4월 21일 2번째 기사.
17) 배도식, 앞의 글, 90쪽.

<표 4> 관련인물들의 토지소유지분 및 주거상황

순서	장소(字番은 모두 稷)	등급[18]	垈主[19] (時主)	한자	토지 지분		가옥 구분		
					면적(결)	%	종류	호수	칸
1	白也中村酒店	4	김두식	金斗植	0.105	13.1		0	0
2	白也中村酒店	4	김두식	金斗植	0.096	12.0		0	0
3	白也中村酒店	4	김이삼	金以三	0.022	2.8		0	0
4	白也中村酒店	4	노문원	盧文元	0.165	20.6		0	0
5	白也中村酒店	4	류덕인	柳德仁	0.253	31.7		0	0
6	白也中村酒店	5	이치화	李致化	0.010	1.3		0	0
7	白也中村酒店	2	최창석	崔昌石	0.009	1.1	초	1	2
8	白也中村酒店	4	하귀석	河貴石	0.139	17.4		0	0
합계					0.799	100		1	2

⑷ 주막운영과 관련인물들의 형편

그렇다면 양안에 등장하는 인물들은 주점운영과 관련하여 어떠한 역할을 담당하였을까? 이 점에 관하여 먼저 양안에 나타나는 인물들에 대한 토지경영 및 주거지 상황을 분석해 보기로 한다.

<표 5> 관련인물들의 토지경영 및 주거지 상황(충주군 전체)

순서	이름	한자	면적(結)			가옥 (초)	칸	筆地數 (소유)
			소유	차경	자경			
1	김두식	金斗植	2.814	0.220	1.931	13	30	43
2	김이삼	金以三	0.202	0	0.202	1	2	4
3	노문원	盧文元	0.301	0	0.301	1	2	3
4	류덕인	柳德仁	0.253	0.083	0.253	0	0	1
5	이치화	李致化	0.753	2.342	0.691	3	7	12
6	최창석	崔昌石	0.009	0	0.009	1	2	1
7	하귀석	河貴石	0.448	0	0.448	1	4	7

---

18) 이하 특별히 畓으로 표시하지 않은 경우는 모두 田이다.

19) 양안에는 가옥이 들어서 있는 경우 時主, 時作이 아닌 垈主, 家主로 표시되어 있다.

먼저 김두식은 앞에서 본 바와 같이 부재지주인 김덕중을 제외하면 백야마을의 주민 가운데 가장 많은 토지를 소유한 사람이지만 동시에 주점에 0.105결(10부 5속)과 0.096결(9부 6속)의 두 필지의 토지를 갖고 있었다. 그가 가진 지분은 전체 주점터 부지의 25.1%에 해낭한다. 그런네 김두식은 모두 2.814결의 토지를 갖고 있었는데 그 중 1.931결은 직접 자경하고 0.22결은 차경하였으며, 가옥을 13채 30칸이나 소유하고 있어서 경제적으로 어려움이 없는 부농이었다.

반면에 김이삼은 자경지 0.202결이 있었으나 외지에 0.014결의 2칸짜리 초가집에 살고 있었음을 감안할 때 당시 대다수를 차지하는 25부 미만의 빈농에 속하였다. 노문원은 그나마 차경할 형편도 안되었는지 자경지 0.301결이 유일한 생산기반이었다. 그 중 0.165결이 주점의 지분으로 들어가 있었으므로 실제 자경면적은 2칸짜리 초가에 딸린 0.008결(8속)을 제외하고 0.136결에 불과하였다. 류덕인은 김이삼과 마찬가지로 자경지 0.253결과 차경지 0.083결 모두 0.336결을 경작하고 있었다. 그는 집도 없는 형편이었다.

한편 이치화는 0.753결의 소유지를 갖고 있었으나 2.342결을 차경하는, 이를테면, 경영형부농이었다. 그는 7칸 3채의 집을 갖고 있었다. 최창석은 고작 0.009결의 초가 2칸의 주점건물을 소유하고 있었다. 그렇다고 남의 땅을 경작하는 것도 아니었다. 끝으로 하귀석은 0.448결의 토지를 소유하고 있으면서 전적으로 자경에 의존하였다. 물론 이에는 집터 0.014결과 주점터 0.139결이 포함되었다. 따라서 그는 자신의 땅 0.448경의 31%에 달하는 많은 부분을 주점에 묶어 놓고 있었음을 알 수 있다.

이상의 개별인물의 경제적 조건을 종합적으로 판단할 때에 약간의 추론이 가능하다.

첫째, 김두식과 이치화는 지주 내지는 경영형부농에 속하며 따라서 당시 사회적으로 천시하고 있었을 법한 술집 운영을 직접하였을 가능성은 낮아

보인다. 그렇다면 이들은 지분을 통해 임차료와 같은 이를테면 투자수익을 챙기는 물주에 해당되었을 것이다.

둘째, 최창석은 관련 인물 가운데 가장 열악한 경제적 형편에 놓여 있었다. 다만 건물을 소유하고 있었으나 오로지 주점에 매달리지 않으면 생계가 막연한 사람이었다. 이 점에 있어서는 류덕인의 경우에도 적용된다. 그 역시 살림집이 없는 사실을 통해 볼 때 어떻게 해서든 주점에 생활근거를 마련하지 않을 수 없었을 것이다. 이렇게 볼 때에 두 가구는 한 집에 살면서 주점운영을 도맡아 하지 않았을까 판단된다.[20]

셋째, 하귀석의 경우는 실제 경작하는 토지가 29부 5속에 달하고 별도의 집이 있는 점으로 보아 주점일에 전적으로 매달릴 형편이 못된다. 따라서 일정한 지분을 갖고 임차료를 챙기면서 바쁠 때 도와주는 그런 역할이었을 것이다. 그밖에 김이삼과 노문원도 비록 빈농에 속하였으나 자신의 농사거리가 있었다. 따라서 일종의 겸업형태로 주점일을 도왔을 가능성이 높다.

요컨대 주점운영은 각자의 처지와 형편에 따라서 역할 분담이 이루어지고 또한 수입을 나누는 형태로 이루어졌을 것으로 생각된다.

2) 坪村酒店

평촌주점은 양안상으로 柳浦東里, 上洑坪과 연결되어 있었다. 이는 오늘날 柳浦里 주막거리에 비견되는데 버들개 남쪽 길가에 있다. 유포리는 1998년에 107호의 주민이 살고 있었고 농사거리는 논밭이 대략 7 : 3 정도에 달한다. 낮은 저지대에 주막이 형성되어 있었으며 이러한 정황은 양안을 통해서도 확인된다. 이 지역은 금왕읍에서 진천으로 이어지는 길목에 해당하는 곳으로 비교적 행인의 출입이 빈번하여 주막도 그만큼 번성하였을 것으로 생각된다.

---

20) 이를테면 酒母 및 부엌일도 이 두 가구 여인네들 중에서 맡았을 것으로 보인다.

<표 6> 평촌주점 관련 토지소유지분 및 주거상황

순서	장소 (字番은 起, 羈)	등급	垈主 (時主)	한자	家主 (時作)	한자	면적 (결)	%	종류	호수	칸
1	坪村酒店	2	윤홍식	尹弘植	김문명	金文明	0.003	0.2	초	1	3
2	坪村酒店	3/답	윤홍식	尹弘植	차순손	車順孫	0.135	8.2		0	0
3	坪村酒店	4/답	윤홍식	尹弘植	차순손	車順孫	0.120	7.3		0	0
4	坪村酒店	3/답	곽수영	郭水永	곽수영	郭水永	0.340	20.6		0	0
5	坪村酒店	3/답	설포청 (둔전)	設砲廳 (屯田)	정한갑	鄭閑甲	0.116	7.0		0	0
6	坪村酒店	3/답	황현규	黃玄圭	노여행	盧汝行	0.391	23.5		0	0
7	坪村酒店	2/답	설포청 (둔전)	設砲廳 (屯田)	이장업	李長業	0.232	14.0		0	0
8	坪村酒店	3/답	윤홍식	尹弘植	윤홍식	尹弘植	0.186	11.2		0	0
9	坪村酒店	4	이용철	李容哲	노여행	盧汝行	0.110	6.7		0	0
10	坪村酒店	4	노여행	盧汝行	노여행	盧汝行	0.021	1.3		0	0
합계							1.654	100		1	3

<표 7> 평촌주점 관련 토지경영 및 주거지 상황(충주군 전체)

순서	이름	한자	소유	차경	자경	가옥 (초)	칸	필지수 (소유)
1	곽수영	郭水永	0.874	0.182	0.874	1	5	6
2	노여행	盧汝行	0.132	0.779	0.132	1	2	4
3	윤홍식	尹弘植	8.698	0.320	3.662	4	9	74
4	이용철	李容哲	5.519	0.288	2.099	6	21	39
5	황현규	黃玄圭	0.391	0	0	0	0	1
6	김문명	金文明	0.671	1.627	0.412	0	0	8
7	이장업	李長業	0	0.510	0	0	0	0
8	정한갑	鄭閑甲	0	0.333	0	0	0	0
9	차순손	車順孫	0.108	0.339	0.108	0	0	1

평촌주점은 모두 10필지 1.654결로 구성되어 있는데 황현규가 0.391결, 곽수영이 0.34결로 각각 전체의 23.5%, 20.6%를 차지하였다. 특이한 것은 앞서의 백야중촌주점을 비롯하여 대부분의 주점은 시주와 시작이 일치하는 데 이곳은 그렇지 않다는 점이다. 즉 전체의 33%에 해당하는 3필지 0.547결만

일치하고 나머지는 일치하지 않는다.

또한 전체 주막면적이 백야주점의 2배에 달하는 데에도 불구하고 공문서에 기록된 건물의 터는 오로지 0.003결(0.93평) 하나였다. 이 정도의 집터라면 사실상 집 한 채 들어설 공간도 되기 어렵다. 그러나 3칸의 건물이라고 하였으므로 間隔이 넓은 형태로 방이 있고 그밖에도 별도의 부속 건물, 이를테면 가건물 따위가 늘어져 있었을 가능성이 높다.

관련 인물들의 토지경영을 보면, 윤홍식이 8.698결(14.848정보, 충주전체 개인별 순위로 168위)이고 그 다음은 이용철(10.119정보, 314위)이 5.519결의 지주에 속한다. 이들을 제외한다면 곽수영이 0.874결, 김문명이 0.678결, 황현규 0.391결로 되어 있고 노여행과 차순손은 0.132결과 0.108결로 빈농에 속하는 규모이고 이장업과 정한갑은 자신의 토지는 없고 차경지를 경작하는 소작인이었다.

생계를 감안하면 주점의 운영은 대체로 家主 혹은 時作人이 담당하였을 것으로 짐작된다. 다만 윤홍식은 4필지 가운데 3필지에 作人을 두고 있었는데 가주인 김문경 같은 사람은 토지소유규모로 보아 단순한 작인은 아닌 듯하다. 이들 작인은 소작료겸 임대료를 시주에게 지불하였을 것이다. 그런데 시주겸 작인인 노여행은 3필지 0.522결의 면적에서 영업을 하고 있었다. 전체 주막면적의 32%에 해당하는 큰 면적이다. 이름을 보더라도 지체가 높지 않은 신분이었을 것으로 보이나 탁월한 영업수완을 보였을 가능성이 있다.

3) 蓬川酒店

봉천주점이 있었던 곳으로 추정되는 蓬谷里는 금왕읍에서 진천으로 가는 통로에 위치한다. 양안상의 필지에는 內蓬川, 上蓬川, 坪里, 五羊洞, 蝶峴, 花峴 등이 연접해 있다. 오늘날 평지말, 오향골이 이와 연관이 있을 듯하다. 봉곡 1리에는 현재 27호가 살고 있고 2리는 100여 가구 정도로 논밭이 반반이다. 논 한 마지기당 면적이 200평이므로 토질은 전국 평균에 속한다고 하겠다.

봉천주점은 금왕에서 진천으로 빠지는 길가에 위치하고 있었을 것으로 짐작된다. 금왕읍 장터까지 4㎞ 정도 된다. 정광환씨(봉곡 2리 이장)는 현재의 봉곡리 127번지가 과거에 주막으로 유명했다고 하는데 이는 무극광산과 관련이 있다. 따라서 광무양안과는 직접적 관련성은 없는 것으로 보이지만 과거의 주막이 광산개발로 번성하였을 가능성도 있다.

<표 8> 봉천주점 관련인물들의 토지소유지분 및 주거상황

순서	장소(字番은 모두 宜)	등급	垈主 (時主)	한자	토지 지분		가옥 구분		
					면적(결)	%	종류	호수	칸
1	蓬川酒店	4	이성보	李成甫	0.006	0.9	초	1	4
2	蓬川酒店	4	이성보	李成甫	0.034	5.3		0	0
3	蓬川酒店	4	정인국	鄭仁國	0.138	21.3		0	0
4	蓬川酒店	5	정인역	鄭仁亦	0.058	9.0		0	0
5	蓬川酒店	4	정기영	鄭奇永	0.029	4.5		0	0
6	蓬川酒店	4	정규상	鄭圭祥	0.257	39.7		0	0
7	蓬川酒店	2	정채선	鄭采先	0.125	19.3		0	0
합계					0.647	100		1	4

<표 9> 봉천주점 관련인물들의 토지경영 및 주거지 상황(충주목 전체)

순서	이름	한자	면적(結)			가옥 (초)	칸	필지수 (소유)
			소유	차경	자경			
1	이성보	李成甫	3.689	3.006	2.592	2	7	44
2	정인국	鄭仁國	1.258	0.291	0.954	0	0	11
3	정인역	鄭仁亦	0.104	0	0.104	0	0	2
4	정기영	鄭奇永	5.346	0.311	4.592	34	101	84
5	정규상	鄭圭祥	1.257	1.258	1.050	2	5	16
6	정채선	鄭采先	4.025	0	3.873	9	27	46

봉천주점의 토지구성을 보면 모두 7필지로서 이성보가 그중 2필지를 차지

하고 있다. 가장 많은 지분을 갖고 있는 정규상은 전체 0.647결 가운데 39.7%에 해당하는 0.257결을 갖고 있었다. 나머지는 모두 정씨들이다.

관련 인물들의 토지경영 상황을 보면, 이성보가 44필지 3.689결을 소유하고 있었으며 특히 정기영은 84필지 5.346결의 대지주(9.293정보, 충주전체 개인별 333위)에 속하며 정채선은 4.025결로 버금(7.484정보, 524위)간다. 북쪽 금왕읍 道晴里가 草溪鄭氏 집성촌으로 이 일대에 유력한 세력이었음을 감안하다면 이들 정씨 지주들은 초계정씨가 아닐까 생각된다.

그러나 이러한 지주들이 주막을 직접 운영하였을 것인가에 대해서는 회의적이다. 다만 정씨들 중에서 鄭仁亦에 주목하게 되는데 그는 0.104결의 토지만을 소유한 것으로 되어 있다. 빈농으로 상대적으로 어려운 처지에 있었을 가능성이 높아 주막의 실질적 운영주체가 아니었을까 한다.

4) 別仙酒店

별선주점은 지금의 오선리 별산댕이(別仙里, 別仙)가 있는 지역에 있었던 것으로 추정된다. 양안에는 梧村洞, 書堂坪, 別仙坪, 別仙前坪이 인접해 있으며 근처에 三省谷과 道庄里가 이어져 있다. 무극에서 진천으로 이어지는 도로가 마을을 지나는데 이 길가에 주점이 있었을 것이다. 오늘날 별산댕이 마을은 개오지 서남쪽에 떨어져 있으며 달보능봉, 산직말, 황새봉 등으로 둘러싸여 논농사를 위주로 각종 채소, 과일을 재배하는 마을이다.

별선주점은 모두 10필지로 구성되어 있다. 가장 많은 지분은 설포청 소속으로 되어 있으며 모두 4필지 0.217결로 전체 0.695결의 31.2%에 달한다. 그밖에 정만용이 0.208결로 전체 주막면적 0.695결의 30%를 소유하고, 박갑달이 0.128결 18.4%의 지분을 갖고 있었다.

<표 10> 별선주점 관련 토지소유지분 및 주거상황

순서	장소(字番은 모두 州)	등급	坮主 (時主)	한자	토지 지분		가옥 구분		
					면적(결)	%	종류	호수	칸
1	別仙酒店	2	박갑달	朴甲達	0.009	1.3	초	1	2
2	別仙酒店	4	정민용	鄭萬用	0.208	30.0		0	0
3	別仙酒店	4	정인두	鄭仁斗	0.072	10.4		0	0
4	別仙酒店	4	송인창	宋仁昌	0.042	6.0		0	0
5	別仙酒店	4	설포청 (둔전)	設砲廳 (屯田)	0.028	4.0		0	0
6	別仙酒店	4	설포청 (둔전)	設砲廳 (屯田)	0.123	17.7		0	0
7	別仙酒店	4	박갑달	朴甲達	0.119	17.1		0	0
8	別仙酒店	4	정돈영	鄭敦永	0.028	4.0		0	0
9	別仙酒店	4	설포청 (둔전)	設砲廳 (屯田)	0.043	6.2		0	0
10	別仙酒店	4	설포청 (둔전)	設砲廳 (屯田)	0.023	3.3		0	0
합계					0.695	100		1	2

<표 11> 별선주점 관련 토지경영 및 주거지 상황(충주목 전체)

순서	이름	한자	면적(結)			가옥 (초)	칸	필지수 (소유)
			소유	차경	자경			
1	박갑달	朴甲達	0.128	0	0.128	1	2	2
2	설포청 (둔전)	設砲廳 (屯田)	31.178	0	2.749			
3	송인창	宋仁昌	0.042	0	0.042	0	0	1
4	정돈영	鄭敦永	0.850	0	0.727	4	13	15
5	정만용	鄭萬用	0.929	0	0.918	1	8	12
6	정인두	鄭仁斗	0.554	0.089	0.554	1	4	8

별선주점 관련 인물들의 토지경영을 보자. 설포청을 제외하고 정만용이 0.929결, 정돈영이 0.85결, 정인두가 0.554결을 소유한 것으로 되어 있다. 별산댕이 북쪽이 또한 도청마을로 초계정씨 집성촌인 점을 감안하면 이들 정씨도 역시 같은 계파가 아니었을까 생각된다. 반면 박갑달과 송인창은

각각 0.128결과 0.042결을 소유하고 있어서 특별히 두드러진 부자가 없는 가운데 위아래 중하층으로 구성되어 있었던 셈이다. 특히 박갑달은 소토지를 소유한 반면 차경을 하는 것도 아니어서 집이 없었던 송인창과 함께 실질적 주점운영에 종사하고 있었을 가능성이 높다.

5) 內洞酒店

내동주점은 오늘날 내송리 숫돌고개에 위치한 것으로 보인다. 양안을 보면 內洞酒店과 인접하여 內洞, 內洞前坪, 防築洞 그리고 약간 떨어져 松堂坪이 있었다.

<표 12> 내동주점 관련 토지소유지분 및 주거상황

순서	장소 (字番은 池)	등급	垈主 (時主)	한자	家主 (時作)	한자	토지 지분		가옥 구분		
							면적 (결)	%	종류	호수	칸
1	內洞酒店	2	이춘쇠	李春釗	이춘쇠	李春釗	0.026	1.6	초	1	2
2	內洞酒店	2	이창서	李昌西	이창서	李昌西	0.027	1.7	초	1	4
3	內洞酒店	2	정평여	鄭平汝	정평여	鄭平汝	0.015	0.9	초	1	3
4	內洞酒店	4	어석근	李石根	이석근	李石根	0.102	6.3		0	0
5	內洞酒店	4	정치수	鄭致水	정치수	鄭致水	0.052	3.2		0	0
6	內洞酒店	4	정인수	鄭仁水	정인수	鄭仁水	0.102	6.3		0	0
7	內洞酒店	4/답	김성오	金成五	김성오	金成五	0.253	15.6		0	0
8	內洞酒店	4	정세건	鄭世建	정세건	鄭世建	0.116	7.1		0	0
9	內洞酒店	4	하봉이	河鳳伊	하봉이	河鳳伊	0.122	7.5		0	0
10	內洞酒店	4	정평여	鄭平汝	정평여	鄭平汝	0.009	0.6		0	0
11	內洞酒店	4/답	정춘서	鄭春西	정춘서	鄭春西	0.048	3.0		0	0
12	內洞酒店	4	정평여	鄭平汝	정평여	鄭平汝	0.287	17.7		0	0
13	內洞酒店	4	지현화	池玄化	지현화	池玄化	0.099	6.1		0	0
14	內洞酒店	4	조만준	趙萬俊	조만준	趙萬俊	0.047	2.9		0	0
15	內洞酒店	4	조규연	趙圭連	조규연	趙圭連	0.099	6.1		0	0
16	內洞酒店	4/답	권풍식	權豊植	이원경	李元敬	0.026	4.2		0	0
17	內洞酒店	4/답	정윤여	鄭允汝	정윤여	鄭允汝	0.193	11.9		0	0
합계							1.624	100		3	9

<표 13> 내동주점 관련 토지경영 및 주거지 상황(충주목 전체)

순서	이름	한자	면적(結)			가옥 (초)	칸	필지수 (소유)
			소유	차경	자경			
1	권풍식	權豊植	7.504	0	3.367	7	25	66
2	김성오	金成五	9.791	4.835	7.546	5	14	79
3	이석근	李石根	0.382	0.079	0.382	2	6	9
4	이원경	李元敬	1.391	1.023	1.391	1	5	19
5	이창서	李昌西	0.170	0	0.170	1	4	2
6	이춘쇠	李春釗	0.026	0	0.026	1	2	1
7	정세건	鄭世建	0.116	0	0.116	0	0	1
8	정윤여	鄭允汝	0.534	0	0.504	1	7	5
9	정인수	鄭仁水	0.951	1.493	0.951	1	2	10
10	정춘서	鄭春西	0.259	0.204	0.259	1	3	5
11	정치수	鄭致水	1.835	1.708	1.721	4	13	21
12	정평여	鄭平汝	1.397	0.302	1.013	1	3	11
13	조규연	趙圭連	0.099	0	0.099	0	0	1
14	조만준	趙萬俊	0.047	0	0.047	0	0	1
15	지현화	池玄化	0.173	0	0.173	2	4	5
16	하봉이	河鳳伊	0.122	0.211	0.122	0	0	1

이곳은 무극에서 서북쪽으로 삼성면을 거쳐 장호원과 서울로 연결되는 도로와 서남쪽으로 대소면을 거쳐 진천, 광혜원으로 이어지는 삼거리에 해당하는 교통의 요충이다. 그만큼 과거 행인과 우마차의 왕래가 빈번한 곳이라 하겠다. 뿐만 아니라 거의 무극장터에 인접해 있는 곳이기도 하다.

주점은 모두 17개의 필지로 논과 밭이 뒤섞여 있었다. 그 면적도 평촌주점에 비교될 정도의 1.624결에 달할 정도로 컸다. 다만 평촌주점이 방 2개에 불과하였으나 이곳은 2칸, 4칸, 3칸의 모두 3채 9칸의 건물이 포함되어 있었다. 금목면 제1의 먹자거리인 셈이다.

다만 시주와 시작은 거의 일치하고 오직 한 필지만 같지 않다는 점이 평촌주점과는 구별되는 점이었다. 토지 지분을 보면 정평여가 0.287결로 17.7%, 김성오가 0.253결로 15.6% 그리고 정윤여가 0.193결로 11.9%를 차지하고 있다. 형제로 보이는 정평여와 정윤여의 지분이 0.495결로 전체의 30.5%

에 달한다. 정평여, 이춘쇠, 이창서는 각각 건물이 들어서 있는 토지의 대주와 가주로 되어 있어서 이들 중심으로 주점이 운영된 것이 아닌가 생각된다.

내동주점 관련 인물들의 계급구성을 보면, 김성오는 79필지 9.791결의 토지를 소유한 대지주(18.648정보, 시주별 개인순위 123위)였으며 권풍식도 66필지 7.504결(13.009정보, 205위)에 달하여 상층부를 이루고 있다. 그 뒤를 이어 정치수가 1.835결, 정평여가 1.397결, 이원경 1.391결, 정인수 0.951결, 정윤여 0.534결, 이석근 0.382결, 정춘서 0.259결의 순으로 앞서의 두 사람과는 큰 차이가 난다.

한편 이와 같은 그룹과는 별도로 지현화 0.173결, 이창서 0.17결, 하봉이 0.122결, 정세건 0.116결, 조만준 0.047결, 이춘쇠 0.026결과 조규연 0.099결 등의 순서로 하층민이 구성원으로 포함되어 있다. 주점 관련 인물들을 중심으로 특성에 따라 몇 개의 부류로 나누어 보면 다음과 같다.

첫째는 김성오라든가 권풍식과 같은 경우이다. 이런 사람들은 주막경영에 직접 관여할 상황은 아니었을 것이다. 이를테면 권풍식의 시작인인 이원경은 1.391결을 소유하여 경제력이 있었음에도 불구하고 굳이 대지주인 권풍식의 작인으로 되어 있었다.[21] 그럼에도 불구하고 시주 및 시작인으로 되어 있는 김성오의 경우는 특이하다. 둘째는 정치수, 정인수라든가 아니면 정평여, 정윤여 형제와 같은 사람들이다. 이들은 비록 대지주에 속하지는 않지만 상당한 재력을 갖추고 있어서 후자의 경우 주막 내 4개의 필지를 소유할 정도로 나름의 능력을 보유한 사람들이다. 셋째는 나머지 빈농층의 부류에 속하는 사람들이다.

6) 五龍洞酒店

오룡동주점은 지금의 용계리 관내 오룡골 남쪽에 있었던 것으로 추측된다.

---

21) 앞서 평촌주점의 경우에 윤홍식과 김문명의 관계와 비교된다.

양안상으로 道來坪, 外五龍坪, 五龍前坪과 五龍洞이 연접해 있다. 지금도 옛날에 주막이 있었으므로 주막거리라 부르고 있으나 양안작성시에 있었던 그 주막을 말하는지는 확실치 않다. 그렇다고는 해도 본래 있었던 주막이 광산개발로 인해 번창했을 가능성이 있다. 그 당시의 정황은 오늘날 근처 무극광산에서 퍼올린 지하수로 인해 수자원이 고갈되어 농사가 여의치 않다는 말로써 짐작할 수 있다.

<표 14> 오룡동주점 관련 토지소유지분 및 주거상황

순서	장소(字番은 모두 畝)	등급	垈主 (時主)	한자	토지 지분		가옥 구분		
					면적(결)	%	종류	호수	칸
1	五龍洞酒店	2	김용문	金用文	0.014	6.2	초	1	3
2	五龍洞酒店	4	김용문	金用文	0.015	6.6		0	0
3	五龍洞酒店	5	정명숙	鄭明肅	0.017	7.5		0	0
4	五龍洞酒店	4	김경칠	金敬七	0.048	21.2		0	0
5	五龍洞酒店	4	이돌석	李乭石	0.082	36.3		0	0
6	五龍洞酒店	4	이우성	李又成	0.050	22.2		0	0
합계					0.226	100		1	3

<표 15> 오룡동주점 관련 토지경영 및 주거지 상황(충주군 전체)

순서	이름	한자	면적(結)			가옥 (초)	칸	필지수 (소유)
			소유	차경	자경			
1	김경칠	金敬七	0.416	0.917	0.377	2	7	10
2	김용문	金用文	0.312	0.552	0.292	3	10	8
3	이돌석	李乭石	0.502	0.166	0.502	1	5	7
4	이우성	李又成	0.351	0.070	0.351	0	0	7
5	정명숙	鄭明肅	0.471	0	0.471	1	2	7

오룡동주점은 6필지로 구성되어 있는데 모두 0.226결의 작은 면적이다. 가장 많은 지분을 소유한 사람은 이돌석으로 0.082결이고 그 다음이 이우성, 김경칠의 순으로 되어 있다. 주점관련 인물들의 토지경영을 보면, 이돌석이 0.502결, 정명숙이 0.471결, 김경칠이 0.416결 순으로 되어 있으나 김경칠은

0.917결, 김용문은 0.552결의 차경지를 갖고 있어서 농사에 부지런한 사람들이 아니었나 생각된다.

따라서 자경 및 차경 면적을 합하면 김경칠은 1.294결, 김용문은 0.844결, 이돌석은 0.668결, 정명숙 0.471결 그리고 이우성의 0.421결 순으로 되어 있어서 주점운영은 농사거리가 많지 않은 이우성과 정명숙 그리고 이돌석을 중심으로 이루어지지 않았을까 생각된다.

7) 石隅酒店

石隅酒店의 위치는 金旺邑 金石里이다. 양안에서는 위로 下白也, 草橋隅가, 아래로는 石隅洞, 茅方이 연접해 있다. 금석리는 본래 충주군 금목면 지역으로 1906년 음성군으로 편입되었고 1914년 행정구역 개편으로 石隅里, 班衣里, 金谷里 일부를 병합하여 금왕면에 편입되었으며 1973년 금왕면이 금왕읍으로 되면서 금왕읍의 1개 리가 되었다. 읍에서 1㎞지점으로 인구가 모여 있는 곳에 해당된다.

주점은 모두 17개 필지 1.735결로 논과 밭으로 구성되어 있다. 2등급의 터에 최덕화와 조석구의 초가집 두 채가 각각 2칸씩으로 들어서 있었다. 가장 많은 면적의 필지를 소유한 사람은 金進玉으로 3필지에 도합 1.080결에 전체의 62%를 차지하여 사실상 주인이나 마찬가지였다. 朴必汝, 朴順之, 全順化는 여성으로 보이며, 시주와 시작인이 일치하지 않는 경우가 5필지 1.131결로 전체 면적의 65%에 달하여 평촌주점의 67%와 비교된다.

주점관련 토지경영을 보면 김진옥은 2.809결, 윤태희는 2.462결, 조석구 1.643결, 최덕화 1.348결의 지주층에 속한다. 이외에 정수천 0.529결, 박순지 0.429결, 박필여 0.421결, 전순화 0.210결의 순으로 토지를 소유한 반면에 류춘서 0.008결로 가장 적다. 차경지까지 고려할 경우 김진옥, 윤태희, 전순화, 조석구, 최덕화는 사실상 주막운영에 직접 참여할 수 없는 형편이었을 것이다.

<표 16> 석우주점 관련 토지소유지분 및 주거상황

순서	장소 (字番은 貢)	등급	垈主 (時主)	한자	家主 (時作)	한자	면적(결)	%	종류	호수	칸
1	石隅酒店	2	최덕화	崔德化	최덕화	崔德化	0.005	0.3	초	1	2
2	石隅酒店	4	박필여	朴必汝	박필여	朴必汝	0.044	2.5	0	0	0
3	石隅酒店	4	윤태희	尹泰凞	윤태희	尹泰凞	0.176	10.1	0	0	0
4	石隅酒店	4	정수천	鄭水千	정수천	鄭水千	0.092	5.3	0	0	0
5	石隅酒店	4	윤태희	尹泰凞	윤태희	尹泰凞	0.018	1.0	0	0	0
6	石隅酒店	4	박순지	朴順之	박순지	朴順之	0.086	5.0	0	0	0
7	石隅酒店	4/답	전순화	全順化	전순화	全順化	0.012	0.7	0	0	0
8	石隅酒店	4	윤태희	尹泰凞	윤태희	尹泰凞	0.023	1.3	0	0	0
9	石隅酒店	4/답	전순화	全順化	전순화	全順化	0.020	1.2	0	0	0
10	石隅酒店	4	전순화	全順化	전순화	全順化	0.054	3.1	0	0	0
11	石隅酒店	4/답	사정동 전답	沙井洞 畓	사정동 전답	沙井洞 畓	0.035	2.0	0	0	0
12	石隅酒店	4	김진옥	金進玉	전순화	全順化	0.214	12.4	0	0	0
13	石隅酒店	4/답	김진옥	金進玉	전순화	全順化	0.637	36.7	0	0	0
14	石隅酒店	4	김진옥	金進玉	전순화	全順化	0.229	13.2	0	0	0
15	石隅酒店	4	윤태희	尹泰凞	윤태희	尹泰凞	0.039	2.2	0	0	0
16	石隅酒店	4	조석구	趙錫九	류춘서	柳春西	0.046	2.7	0	0	0
17	石隅酒店	2	조석구	趙錫九	류춘서	柳春西	0.005	0.3	초	1	2
합계							1.735	100		2	4

<표 17> 석우주점 관련 토지경영 및 주거지 상황(충주군 전체)

순서	이름	한자	소유	차경	자경	가옥 (초)	칸	필지수 (소유)
1	김진옥	金進玉	2.809	3.707	1.408	1	3	20
2	류춘서	柳春西	0.008	0.387	0.008	0	0	1
3	박순지	朴順之	0.429	0.028	0.429	0	0	6
4	박필여	朴必汝	0.421	0	0.421	0	0	6
5	윤태희	尹泰凞	2.462	0.036	2.194	7	19	26
6	전순화	全順化	0.210	1.088	0.210	2	6	6
7	정수천	鄭水千	0.529	0.169	0.529	0	0	8
8	조석구	趙錫九	1.643	0.034	0.678	2	4	16
9	최덕화	崔德化	1.348	0.760	1.066	2	4	18

그렇다면 현실적으로 주막을 움직이는 사람은 가주인 류춘서를 비롯하여 박순지, 박필여가 아니었을까 판단된다. (집이 없는 점을 감안한다면 정수천도 포함될 여지가 있다)

따라서 석우주점의 구성원은 첫째, 김진옥 · 윤태희 · 조석구 · 최덕화와 같은 지주층 내지는 전순화와 같은 광경작자 그룹과 둘째, 류춘서 · 박순지 · 박필여와 같은 직접 관리하는 사람들로 나누어 볼 수 있을 것 같다.

3. 주막운영과 생계

당초 고려시대에 주막(주점)을 설치하게 된 배경을 보면 화폐를 유통시키기 위한 고육책이었다. 다만 조선후기 장시가 번성하고 역참이 발달하면서 더불어 번성한 것으로 되어 있다. 따라서 당초 주점에는 별도의 정기적 세금이 있었던 것은 아닌 듯하다. 다만 선조 34년(1601) 기록에 의하면『경국대전』조항에 의거하여 軍興을 위한 특별세로서 酒稅 징수문제가 제기되고 있다.[22] 이후 고종 22년(1885) 및 순종 2년(1909) 기록에는 다음과 같은 내용이 보인다.

> (의정부에서) 또 아뢰기를,
> "지금 統禦使 趙載觀의 狀啓를 보니, '본 영의 壯士들의 支放과 새로 모집한 군병을 조련하는 데 드는 軍需의 부족분, 新兵과 舊兵의 노자를 6개 고을의 酒稅와 各樣稅로 보충하였으나, 작년 가을에 농사가 흉작이어서 주세는 자연히 논할 여지가 없게 되었고 각양세도 그 때문에 줄어든 것이 적지 않습니다.……'라고 하였다.(하략)"[23]

---

22)『宣祖實錄』卷142, 선조 34년 10월 25일 1번째 기사.
23)『高宗實錄』卷22, 고종 22년 3월 24일 3번째 기사.

家屋稅, 酒稅, 煙草稅法을 모두 비준하다.[24]

이러한 사실들로 보아 우리나라에는 당초 정기적인 주세는 존재하지 않았던 것이며 다만 필요한 경우 특별세로서 군사적 용도에 따라 거두었던 것으로 생각된다. 정식으로 주세가 국가에 의해 세목으로 확정된 것은 1909년에 이르러서의 일이었음을 또한 알 수 있다. 주세의 징수가 농사와 관련지어 운위되고 있음은 저간의 사정을 잘 말하여준다고 하겠다.

그렇다면 당시 주막에서 국가에 내야했던 부담 즉 國役은 어떤 것들이 있었을까? 주막의 경우 나라에 내야할 주요 세금은 토지세였다고 할 수 있다. 주막 관련 인물들은 주막영업과는 상관없이 토지세를 꼬박꼬박 내야 했으며 토지의 등급은 바로 그러한 목적으로 존재했던 것이다. 이 경우에 부담하는 토지세는 오랫동안 과거 우리나라 役 체계의 근간이었던 租庸調 제도의 핵심이었다. 이는 두 측면으로 나누어져 있었는데 농토(田畓)와 대지(家垈)가 그것이다.

토지세는 원칙적으로 농토에 부과되는 것이었겠으나 수익자 부담 원칙에 의거하여 대지에도 家代稅(家垈稅)[25]가 별도로 존재하였다. 따라서 주막에는 이러한 두 종류의 토지가 있어서 時主에게 토지세가, 건물이 달린 토지에는 垈主에게 별도의 가대세가 부과되었을 것이다. 다만 家主에게 부과되어야 했을 법한 건물세(가옥세)는 당초 존재하지 않았음을 위의 『순종실록』 기사는 보여준다.

두 종류의 토지에 대한 세율의 차이는 알 수 없으나, 다만 앞서의 주막들의 경우를 보면 많은 경우 1부 안팎의 자투리 땅[26]에 건물이 들어선 것으로

---

24) 『純宗實錄』 卷3, 순종 2년 2월 8일 3번째 기사.

25) 박경안, 「선초 가대의 절급에 관하여」, 『역사와현실』 69, 2008, 247~251쪽.

26) 초가 및 와가로 구성된 珠峰酒店처럼 0.109結(10.9負)에 이르는 경우도 있으나 대부분 0.010結(1負) 안팎의 면적으로 되어 있다.

되어 있다. 家戶當 家垈 평균면적이 충주군 전체는 2.8부, 금목면은 2.2부 정도인 점을 감안하면,[27] 이는 아무래도 가대세 징수문제와 관련되어 있었을 것으로 보인다. 참고로 세종 7년 서울의 경우에는 가대세가 8과로 나뉘어 부과하였으나 1부 즉 0.01결이 못되는 경우에는 면제하도록 되어 있었다.[28] 이 규정이 지방에도 적용되었는지 확인할 수는 없으나 경향의 차이가 있었을 것으로 보이지 않는다.

주막 사람들의 생활과 관련하여 종합적으로 판단하건대, 토지임차료 지불이야말로 큰 부담이 아닐 수 없었을 것이다. 왜냐하면 지주 입장에서는 일반 소작을 주어도 나름의 소작료를 챙길 수 있는 상황으로 좀 더 높은 지대를 요구하였을 가능성이 있기 때문이다. 게다가 불규칙한 주막 수입은 주막 사람들의 삶을 옥죄었을 가능성이 높다. 마을의 일반 주민들과 비교해서 주막 사람들의 경제적 형편은 결코 나은 것이 아니었으며 오히려 그저 생계를 이어가기 위한 호구지책 정도였을 것이다. 따라서 때로는 영업을 포기하고 집을 비워두기도 하였다.[29]

4. 맺음말

지금까지 알아본 금목면의 7개 주막은 충주군 전체의 한 부분일 따름이다. 따라서 나머지 면에 대한 추가적인 검토가 불가결하며 이는 추후의 과제가

---

27) 충주군 전체의 家戶數는 23,898호이며 家垈結數는 658,883束이고 금목면의 경우는 901戶 19,682束이다.

28) 앞의 글, 250쪽, 인용문 3-4) 참조.

29) 천기음면에 있었던 趙酒幕의 경우를 보면, 당시 양안에 垈主는 '權應五'로 되어 있었으나 家主는 '空'으로 표시하였다. 이는 어떤 사정에 의해 주막영업을 못하게 되었음을 나타낸 것이다. 이럴 경우에 집터의 주인은 대주로서 변동이 없었으나 건물에는 집이 비었음을 명확히 했던 것이다. 아울러 양안상에는 주막으로서의 기능이 상실되었음을 '趙酒幕坪'의 형식으로 표현하였다.

될 것이다. 다만 금목면은 다수의 주막을 형성하고 있는 외에 상이한 지역적 특성을 반영하고 있어서, 향후 충주 전체 주막의 성격을 파악하기 위한 어느 정도의 표본적 결과를 얻을 수 있었다고 할 수 있다. 앞서의 내용을 바탕으로 필자의 생각을 정리하면 아래와 같다.

첫째, 면적순으로 본 7개 주막의 크기는 대략 영업 규모를 반영하는 것으로 생각된다. 석우, 평촌, 내동주점은 토지지분 참여자가 많았으며 대주(시주)와 가주(시작)의 명칭이 일치하지 않는 등 다양한 임대차 관계가 예상될 정도로 분화된 모습을 보여준다.

둘째, 규모가 큰 주막에는 지주의 지분참여가 뚜렷하여 이 시기 지주들이 상업을 비롯한 비농업 분야에 진출하고 있었음을 보여준다. 가장 큰 지주는 평촌주점의 윤홍식으로 충주전체 개인별 순위 163위였으며 지주 가운데에는 설포청도 있었다.

셋째, 지주들의 주막지분 참여는 물주로서의 투자적 성격이 컸겠으나 간혹 노비 혹은 대리인 등을 두어 참여하는 경우도 있었을 것으로 보인다. 그러나 대개 주막의 운영은 주로 여성들을 포함하는 작인들에 의해 이루어졌을 것으로 생각되는데, 이들은 대체로 중하위 계급에 속하는 사람들이었다.

넷째, 주막의 국가에 대한 역 부담은 1909년 이전까지 두 종류의 토지세에 있었다. 하나는 농토로서의 토지세이고 또 다른 하나는 가대세였다. 그러나 주막 운영자들에게 더 무겁게 느껴졌던 것은 작인으로서의 지대(임차료)였을 것으로 판단되었다.

대한제국기 충주의 사원전과 사하촌[*]

임 용 한

1. 머리말

사원은 고려시대에는 다수의 사원전을 소유하고 농장을 형성하며 정치
사회적으로 중요한 역할을 하였다. 조선에서는 사사전 혁파와 억불정책에
의해 사원의 세력이 크게 위축되었다. 그러나 조선시대에도 사원의 역할은
적지 않았다. 특히 왕실의 비호를 받거나 산성의 관리를 위탁받은 사원들은
상당한 경제력을 보유했던 것으로 알려져 있다.[1] 그러나 정작 조선시대
사원전의 규모, 구조, 그 영향력에 대해서 실증적인 검토가 이루어진 적은
없었다. 양안에는 사원의 토지도 기재되어 있으므로 양안에 기재된 내용을
중심으로 충주의 사원전에 대해 고찰해 보고자 한다.

충주의 사원전과 함께 관심을 끄는 부분이 사하촌의 구조이다. 사하촌이
행정단위로 명확히 구분되는 개념은 아니어서 어느 촌락이 사하촌이라고
단정할 수는 없다. 그러나 사원과 인접한 특수한 위치에 있고, 촌락 내에
사원 관계자, 사원의 토지가 밀집한 지역이 충주에서 발견된다. 따라서 이
촌락의 인적구성과 토지소유, 경작관계를 분석하고 주변 촌락과 비교해

---

* 이 글은 『역사와 실학』 42, 2010에 게재한 논문을 전재한 것이다.
1) 김윤갑, 「여대의 사원전과 그 경작농민 : 운문사와 통도사를 중심으로」, 『민족문화논
총』 23, 1982 ; 이병희, 「고려전기 사원전의 분급과 경영」, 『한국사론』 18, 1988 ; 송
수환, 「조선전기의 사원전 : 특히 왕실관련 사원을 중심으로」, 『한국사연구』 79,
1992 ; 김갑주, 『조선시대 사원경제사연구』, 경인문화사, 2007.

보고자 한다.

이 연구는 사원전만이 아니라 조선시대 촌락의 구조, 특히 공동체적 관계에 대한 해명에 중요한 역할을 할 것이라고 생각된다. 그동안 촌락 공동체에 대한 연구는 공동체에 대한 실증적 검증이 부족했던 감이 있다. 공동체의 구성과 긴박도를 결정하는 요인으로는 혈연, 신분, 특정 개인이나 집단에 대한 경제적 예속관계를 들 수 있다. 그러나 지금까지 촌락사 연구에서는 대체로 성씨, 두레, 계와 같은 혈연과 협업 내지는 생활공동체적인 요소가 강조된 경향이 있다. 그러나 혈연을 제외하고는 이런 요소가 공동체를 가능하게 하는 요소가 될 수 있는지는 의문이다. 또 동족촌락이라고 해도 내부에 분화가 진행되지 말라는 법이 없다. 촌락의 공동체적 요소를 가늠하기 위해서는 촌락 내부의 사회적, 계층적 분화와 촌락 구성원의 사회경제적 관계를 파악하는 것이 우선되어야 한다. 이러한 연구를 진행할 수 있는 중요한 자료가 양안이다. 이에 필자는 여러 형태의 촌락 중에서도 사하촌의 구조에 관심을 가져 보았다. 이론적으로 추정해 보면 공동체적 요소, 또는 사원세력에 대한 예속적인 성격이 가장 오랫동안 남아 있어야 하는 곳이 사하촌이기 때문이다.[2] 동시에 이 지역은 월악산 산중으로 충주 관내에서도 가장 오지의 산촌이어서 외부의 영향을 가장 적게 받고 사회분화도 느리게 진행되는 지역이 아닐까라고 추정되기 때문이다.

---

2) 촌락에 대한 사원의 지배를 대표하는 사례가 수원승도와 재가화상이다. 재가화상은 고려시대에 유행했고 조선시대까지도 남아 있었다고 알려져 있다. 이들은 사원전의 전호 또는 사원전에 의탁한 피역민, 사원의 예속민 등으로 판단되고 있다. 이들의 거주지가 사하촌이라는 명증은 없지만, 대체로 사원 근처에서 경작과 목축, 상업에 종사하고, 사원에 부과된 각종 부역이나 인력동원에서 중요한 역할을 했다(李相瑄, 「高麗時代의 隨院僧徒에 대한 考察」, 『숭실사학』 2, 1984 ; 추만호, 「고려승군고」, 『藍史鄭在覺博士古稀紀念東洋學論叢』, 1984 ; 김형수, 「고려전기 사원전경영과 수원승도」, 『한국중세사연구』 2, 1995).

2. 충주의 사원전과 경작자

1) 사원전의 규모와 분포

조선시대의 충주는 면적과 호구로 따지면 전국에서 5위권 안에 드는 대읍이었다. 그러나 군의 규모에 비해 사원 소유 토지가 그리 많지는 않다(<표 1> 참조). 충주의 사원전은 총 13정보로 충주 전체 토지, 29,571정보의 0.04%에 불과하다. 전체 토지면적이 충주의 36%(10,742 정보)에 불과한 여주의 사원전이 충주의 5배나 되는 69정보이다. 그러나 여주의 경우 왕실의 원찰인 신륵사가 무려 54정보의 토지를 소유하고 있어서 여주의 사례가 특별한 경우라고 볼 수도 있다. 진천의 경우는 4정보인데, 전체 토지 7,610정보의 0.05%로서 비율상으로는 충주와 유사하다.[3]

<표 1> 충주, 여주, 진천의 사원전 비교 (단위 : 정보)

지역	전체 토지	사원전	사원전 비율
충주	29,571	13	0.04%
여주	10,743	69	0.64%
진천	7,610	4	0.05%

사원전의 표준적 규모를 밝혀내기 위해서는 앞으로 양안의 전산화가 더 진행되어 더 많은 통계가 밝혀져야 하겠다. 그러나 여주 신륵사의 사례에서 볼 수 있듯이 조선시대 사찰의 토지는 사찰 자체의 종교적 역량보다는 왕실과의 관계가 좌우했던 것 같다. 따라서 사원전의 규모는 군현에 따라 큰 차이가 있었을 것이라고 예상된다. 충주 양안에 기록된 사원전을 사찰별로 살펴보면 아래의 <표 2>와 같다.

---

3) 이하 진천에 관한 통계는 신영우 편, 『광무양안과 진천의 사회경제 변동』, 혜안, 2007에 수록한 진천군 광무양안의 통계를 참조하였다.

<표 2> 충주의 사원전 (단위 : 정보)

명칭		사찰 소재지	소유면적	소유건물		필지	비고
				초가	기와		
덕주사	상덕주사	덕산면 월악산	1.9	0	53	8	현존
	히덕주사		0.4	27	6	8	현존
	덕주사		1.6	0	0	9	
	불향전		2.6	0	0	12	
高山寺		덕산면 용암	0.3	0	10	3	현존
金剛菴	금강암	거곡면 비아곡	0.1	4	0	1	
	佛養전답		0.1	0	0	1	
미륵당		신석면	0.0	0	0	1	
백운사	백운사	엄정면 백운산	2.3	0	14	5	현존
	사원전	엄정면 율전리	0.4	2	0	3	
普德寺		덕산면 몽충평	0.3	0	11	3	
奉仙寺		덕산면 사평	1.6	0	0	4	현존
葯寺		남변면 단월대	0.1	0	3	1	
倉龍寺		(금봉산)	0.9	0	0	5	현존
靑龍寺		남변면 중직동	0.7	0	15	2	현존?
청룡암		소태양면 五良垈	0.0	0	3	1	현존
계			13.3	36	137	68	

　양안의 사원전 기록에서 특이한 점은 정작 사찰의 소재지와 건물은 정확하게 표기하지 않았다는 것이다. 여주 양안의 경우 신륵사의 토지는 188필지나 되지만 정작 신륵사 경내는 양안에서 빠져 있다. 충주 양안의 경우는 비교적 세심하게 기록한 편이다. 그러나 충주 금봉산에 지금도 현존하고 있는 창룡사는 창룡사 소유 토지만 기록하고, 사찰은 기재하지 않았다. 이것은 사찰 건물이 마을과 떨어진 산 속에 있다 보니 발생한 현상이 아닌가 싶다. 예를 들어 충주 양안에서 덕주사의 소재지는 월악산, 백운사는 백운산으로 기록되어 있는데, 월악산, 백운산이라는 지명은 오직 사찰에만 사용되었고, 다른 민가나 토지는 전혀 없다. 이처럼 사찰의 소재지에 별도의 지명이 붙지 않은 이유는 사찰이 민가와 떨어진 산 속에 존재했고, 양안은 기본적으로 농지를 기록하기 위한 대장이었던 탓이 아닌가 한다. 그러나 여주 신륵사

같은 곳은 산 속이 아닌 강변 평지에 존재했음에도 기재되지 않아서 꼭 이런 이유라고 보기도 곤란하다.[4]

양안은 寺址도 기록하지 않았다. 그 이유는 사지가 대부분 경작지로 이용되고 있기 때문이라고 생각된다. 충주 양안의 경우 寺田坮라고 기록된 경우가 딱 하나 있는데, 사찰 명칭은 밝히지 않았다.[5]

충주 양안에 기록된 사찰은 모두 11개이다. 그 중에는 사원전, 불향전답, 불양전답 등으로 표기되어 사찰명이 명확히 확인되지 않는 것도 있지만, 전답의 위치나 경작자를 통해 소유 사찰을 확인할 수 있다.[6]

충주에서 가장 많은 토지를 소유한 사찰은 월악산 덕주사이다. 덕주사의 토지는 총 6.5정보로 충주 전체 사원전의 거의 절반이다. 상덕주사는 현재 덕주사 마애불이 있는 자리에 있던 사찰로 사찰의 대지만 1정보에 53칸의 와가를 보유한 충주 최대의 사찰이었다. 조선시대에 덕주사는 충청도의 중요한 관방시설인 덕주산성 안에 위치한 사찰로 덕주산성 관리와 공납제 운영에서도 큰 역할을 했던 사찰이었다. 1794년에 덕주사가 실화로 90여 칸이 소실되는 큰 화재를 당했다. 게다가 이 화재로 호조에 납부할 白綿紙와 원료로 확보한 닥나무가 불타버렸다고 해서 국가에서 승려 30명 분의 부역을 감면해 주었다.[7] 이 조치로 보면 덕주사는 최소 30명 이상의 승려를 동원한

---

4) 현재 충주 관아 공원 내에 존재하는 충주 동헌인 청령헌은 1870년 동헌이 화재로 소실되자 목사 조병로가 창룡사의 건물을 헐어서 세운 것이다. 창룡사 건물이 양안에 등장하지 않는 것이 혹시 이 사건과 관련이 있을 가능성도 있다고 생각된다. 신륵사의 경우는 왕실과의 관계가 작용한 것이 아닌가 하는데, 이 역시 앞으로 좀 더 고찰이 필요하다.

5)『충주군 양안』엄정면 密 16.

6) 불향전답은 하덕주사 아래 덕주가대에 위치한 것으로 덕주사의 토지가 분명하다. 불향전답은 금강암 바로 옆 필지이다. 사원전도 백운사 바로 옆에 위치한 것으로 백운사의 토지가 분명하다.

7)『일성록』1794년 4월 5일(신유), "左議政 金履素啓言忠淸監司 李亨元所報以爲忠州德周寺偶然失火九十餘間及佛像什物戶曹納白綿紙浮出次一千二百七十兩所貿皮楮一時沒燒三十名緇髡之諸般應役宜有永減而至若被燒之楮出自貢人之物則

종이 제조 시설을 갖추고 생산한 종이를 국가에 공납하고 있었으며, 이 닥나무와 같은 원료 조달을 위해 상업활동도 활발히 하고 있었음을 말해준다. 더욱이 소실된 건물만 90여 칸이었다고 하니 53칸으로 기록된 양안 상의 덕주사보다 규모가 더 컸을 가능성이 있다.

그러나 6·25 때 국군의 공비토벌 과정에서 소실되어서 지금은 마애불과 기단만 남아 있다. 현재의 덕주사는 예전의 하덕주사이다. 양안 상의 하덕주사는 지금보다 훨씬 규모가 작았다. 위의 <표 2>에서 하덕주사 소유의 가옥은 초가 27칸으로 기록되어 있지만, 이것은 하덕주사 소유의 민가를 포함한 가옥수이다. 사찰 자체는 기와 6칸, 초가 5칸이었고, 대지가 0.27정보였다.[8]

덕주사의 토지 규모는 개인의 토지 소유자와 비교하면 충주 양안에 등장하는 개인 35,464명 중 625위 정도에 해당한다. 작은 양이라고 할 수는 없지만, 장원을 연상할 규모의 토지라고 볼 수는 없다.[9] 게다가 이 토지들이 하나로 뭉쳐져 있지도 않다. 덕주사의 토지는 사찰 경내를 제외하고는 총 35필지인데, 이 토지는 모두 덕산면(현재의 제천)에 있으며 덕주사 부근에 집중되어 있다. 특히 덕주가에 19필지가 집중되어 있었다.

그러나 이 같은 집중도는 특수한 사례에 속한다. 이 점에 대해서는 장을 바꾸어 살펴보도록 하겠다.[10]

不可不變通."

8) 『충주군 양안』 38책, 덕산면 熱39.

9) 반면 여주 최고 지주인 민평근의 소유지는 81정보여서 여주의 사원전 69정보와 신륵사의 54정보는 상위권에 속한다.

10) 여주 신륵사의 경우 덕주사의 10배나 되는 토지를 소유하고 있다. 그 토지들은 거의가 북면에 위치하고 있다. 그럼에도 불구하고 필지가 여기저기 나뉘어져 있다. 특히 대부분의 토지가 평야에 위치하여 덕주사처럼 촌락에 밀집하여 사하촌을 형성하지는 못하고 있다. 적어도 충주, 진천, 여주의 양안으로 보면 덕주사처럼 촌락에 토지가 집중된 사례는 매우 드문 경우라고 하겠다.

<표 3> 덕주사 소유 토지분포

면	지 명	필지수	면 적
	용추평	4	0.75
	만수곡	1	0.05
	덕주가	19	2.7
	이곡평	1	0.1
	증금리평	1	0.1
덕산면	월롱곡전평	2	0.3
	덕은원평	1	0.1
	어목평	4	0.6
	백암평	1	0.3
	탄지후평	1	0.1
	계	35	5.1

다음으로 많은 토지를 소유한 곳이 봉선사와 백운사이다. 이 두 사찰은 각각 4필지와 5필지의 토지를 소유하고 있는데, 토지분포 상황은 덕주사와 같다.

봉선사는 4필지의 토지를 모두 덕산면 사평에 소유하고 있다. 백운사도 사찰 인근인 태봉평에 모든 토지가 집중되어 있다. 면적으로 보면 백운사가 2.3정보, 봉선사가 1.6정보 정도이다. 개인소유의 토지가 이 정도 규모로 한 마을에 집중되는 경우는 흔치 않다. 이것이 사원전이 지니는 하나의 특성이라고 할 수 있다. 그러나 토지의 절대면적이 그리 크지 않고, 이 지역 외에 토지가 전혀 존재하지 않는다는 것은 조선시대 사찰의 지역적, 정치적 영향력의 한계를 보여주는 것이라고 생각된다. 신륵사와 같이 특별한 비호를 받지 않는 사원의 경우 사원전의 축소는 조선후기, 한말로 올수록 심화되어 간 것 같다. 예를 들어 소태양면 五良垈(현재의 충주 소태면 오량리)에 위치한 청룡암은 원래는 청룡사로서 1394년(태조 3)에 건립된 청룡사보각국사정혜원륭탑(국보 197호), 보각국사정혜원륭탑사자석등(보물 656호) 등 국보급 유물이 산재한 사원이었다. 이곳은 조선후기 숙종, 영조때까지만 해도 상당한

규모를 지닌 사찰로 현재 남아 있는 청룡사 위전비에는 청룡사에 기부한 상당량의 토지와 기부자의 명단이 남아 있다. 비문에 기재한 토지에는 충주 동량면 등 충주에 속한 토지가 많다. 그러나 양안 작성시에는 기와 1칸, 초가 3칸의 암자만 남아 겨우 명맥을 유지하고 있으며, 그 외 토지는 전혀 기록되어 있지 않다.

다음으로 사원전 토지의 질에 대해 살펴보겠다. 사원전의 토지는 일반 토지보다는 질이 우수한 편이라고 보여진다. 전답의 비율은 충주 전체의 전답 비율이 51 : 49인데 반해 사원전은 45 : 55로 답의 비율이 조금 높다. 사원이 대부분 산지에 위치하고 사원전이 사원 부근의 토지라는 점을 감안하면 답의 비율은 상당히 높은 편이라고 할 수 있다. 사원전의 절반을 차지하는 덕주사 토지는 전부가 덕산면 월악산 일대에 포진했고, 고산사 등 다른 사원의 토지도 덕산면에 소재한 것이 많다. 그런데 산지인 덕산면의 전답 비율은 61 : 39로 전의 비율이 평균 이상으로 높다. 하지만 덕주사의 토지는 전답 비율이 44 : 56으로 덕산면의 평균보다 훨씬 높다. 토지들이 산지에 위치했지만 월악산 계곡수를 이용한 답들을 확보한 덕분에 답의 비율을 높일 수 있었다.

<표 4> 사원전의 전답 비율

구 분	전	답	계	백분율	
				전	답
충 주	15,150	14,420	29,570	51%	49%
사원전	6	7	13	45%	55%
덕주사	3	4	6	44%	56%
덕산면	583	369	952	61%	39%

전품별 통계를 보면 전체 충주 토지에서 1등전이 1%에 불과하지만 사원전은 15%가 1등전이다. 2등전도 평균이 11%인데, 사원전은 20%이다. 반면

3~6등전의 비율은 평균보다 낮고, 최하급인 5·6등전은 비슷하다. 덕산면의 전품은 충주 전체 보다는 상등전의 비율이 약간 높은 반면 최하등인 6등전의 비율도 높다. 그러나 사원전의 경우는 덕산면 전체 평균보다 상등전은 더 높고, 하등전은 전체 평균과 유사하다.

<표 5> 사원전의 전품

전품	사원전		덕산면		충주	
	면적	비율	면적	비율	면적	비율
1	1.9	15%	18.6	2%	360	1%
2	2.6	20%	144	15%	3,331	11%
3	3	23%	199	21%	8,423	29%
4	1.6	12%	205	22%	9,865	33%
5	3	23%	165	17%	5,597	19%
6	1	8%	220	23%	1,958	7%
계	13.1	100%	951.6	100%	29,534	100%

이상의 결과를 보면 사원전은 대부분 산지에 위치한다는 악조건에도 불구하고 전답 비율에서나 전품에서나 질이 좋은 토지에 설정되어 있음을 알 수 있다.

2) 사원전 경작자의 토지소유, 경작 현황

충주 사원전의 경작자는 총45명이다. 이들의 토지소유 및 차경 현황은 다음 <표 6>과 같다.[11]

---

11) 이 분류는 최윤오, 「대한제국기 광무양안의 토지소유구조와 농민층 동향」(『광무양안과 진천의 사회경제변동』, 혜안, 2007, 62쪽)에 근거하였다.

<표 6> 사원전 경작자의 소유, 차경 현황

구분	소유지		차경지	
	인원	%	인원	%
무전민	22	54%	0	0%
0.5정보 이하	9	22%	26	63%
0.5~1.5정보	6	15%	10	24%
1.5~5정보	4	10%	4	10%
5정보 이상	0	0%	1	2%
계	41	100%	41	100%

<표 7> 충주민 전체의 소유, 차경 현황

구분	소유지		차경지	
	인원	%	인원	%
무전민	8,693	25%	0	0%
0.5정보 이하	15,487	44%	15,228	70%
0.5~1.5정보	7,143	20%	5,023	23%
1.5~5정보	3,221	9%	1,490	7%
5정보 이상	920	3%	85	0.4%
계	35,464	100%	21,826	100%

<표 6>과 <표 7>에서 차경지는 자경지를 제외한 순수한 차경지를 말한다. 위 표에서 보듯이 사원전 경작인의 소유지와 차경지 비율은 충주 전체의 비율에 비해서 낮다. 특히 무전민의 비율이 전체 비율의 2배가 넘는 점이 주목된다. 사원전 경작자의 평균 소유비율도 0.4정보로 전체 평균 0.8정보의 절반수준이다. 충주 전체의 비율에는 100정보 이상을 소유한 부재지주들도 포함되어 있어서 실제 경작자를 대상으로 하는 경작자의 소유, 차경지 분포는 당연히 전체 비율보다 낮을 수밖에 없는 일면이 있다. 그러나 그런 점을 감안하더라도 사원전 경작자의 경제적 형편은 낮은 편이다. 다만 소유지에 비해 차경지는 큰 차이가 없고, 오히려 일부 분야는 높기도 하다.

사원전 경작자의 현황을 좀 더 명확히 파악하기 위해 다른 지목의 경작자와 비교해 보았다.

<표 8> 민응식 토지 경작인의 소유, 차경분포

구분	소유지		차경지	
	인원	%	인원	%
무전민	109	32%	0	
0.5정보 이하	101	29%	126	37%
0.5~1.5정보	65	19%	129	38%
1.5~5정보	48	14%	75	22%
5정보 이상	20	6%	13	4%
계	343	100%	343	100%

<표 8>은 충주 최대 지주인 민응식의 토지 경작자 344명의 소유지와 차경지 규모를 분석한 것이다. 무전민의 비율은 전체 평균보다 8% 정도 높지만 그외의 경작인의 소유지 분포는 전체 평균보다 양호하다. 특히 1.5~5 정보 이상의 부농층의 비율이 전체 평균이 9%인데 반해 민응식의 작인은 14%나 된다. 이것은 세력이 있는 지주일수록 경영 안정을 위해 토지와 노동력이 충분한 경작자를 선호하는 경향이 있기 때문이다. 그런데 충주 사원전 경작자의 형편이 평균 이하이고 무전민이 평균치의 2배가 넘는다는 것은 지주로서의 사원이 소위 세력 있는 대지주의 토지 경영형태와 역행하고 있다는 사실을 말해주고 있다.

그 이유가 지주로서 사원의 지위가 하락했기 때문인지, 아니면 종교단체로서의 특별한 사명감 때문인지는 현재로서는 확정하기가 어렵다. 앞으로 좀 더 많은 사례 검토가 필요하다고 생각된다. 그러나 사원전이 규모로나 경영형태로나 상위 지주로서의 모습을 보이지 못하고 있는 것은 사실이다.

사원전 경작자의 경작현황을 분석하면 무전민이 많다는 것 외에 또 하나의 특징이 발견된다. 오직 사원전의 토지만 경작하는 사원에 전속한 차경인이 많다는 것이다.

<표 9> 덕주사 경작인 현황

번호	작인	소유지	차경지	덕주사 경작지	덕주사경작비율
1	고순업	0	0.58	0.58	100%
2	김노경	1.36	1.23	0.6	49%
3	김만용	1.12	0.6	0.13	22%
4	김순필	4.57	1.52	0.01	1%
5	김일여	0	0.35	0.07	20%
6	김주일	0	0.69	0.69	100%
7	박가의	0.38	0.16	0.16	100%
8	백성준	0.34	0.33	0.33	100%
9	변도여	0	0.15	0.15	100%
10	승 려	0	0.09	0.09	100%
11	신군명	0	0.00	0.01	100%
12	양도길	0	0.62	0.62	100%
13	양도일	0	0.02	0.02	100%
14	양도홍	0	0.01	0.01	100%
15	오석근	0	0.4	0.4	100%
16	이금철	0.96	0.15	0.05	33%
17	이임돌	0	0.66	0.1	15%
18	장서울	0	0.14	0.14	100%
19	조귀복	0.1	0.16	0.16	100%
20	조문업	0	0.34	0.2	59%
21	주주일	0	0.14	0.14	100%
22	지경순	0	0.02	0.02	100%
23	지수옥	0	0.24	0.24	100%
24	차이손	0	0.12	0.12	100%
25	홍우헌	0.07	0.38	0.12	32%
계		9.05	9.13	5.16	57%

위의 <표 9>는 덕주사 경작인의 경작현황을 표로 만든 것이다. 덕주사 토지의 경작비율이 100%인 즉 덕주사의 토지만 경작하는 사람이 총25명의 경작인 중에 14명이나 된다.[12]

---

12) 이 통계는 경작지는 없고 덕주사 소유 토지에 거주하는 가주도 포함시켰다. 후술하듯 이 이들이 양안 상에는 작인으로 기록되어 있지 않지만 실제로는 시작으로 등재된 인물과 일가로서 함께 경작에 참여하는 경우도 상정할 수 있기 때문이다. 또 가옥이라 고 해도 양안의 가옥은 대지를 포함한 것으로 가옥규모에 비해 대지가 넓은 경우가

소유지에 비해 차경지가 월등히 많은 경우도 발견되기는 하지만, 일반적으로 소유지가 적을수록 차경지도 적어지는 것이 상례이다. 충주 전체의 무전민이 대략 8,693명인데, 家垈를 포함하여 이들이 경작하는 필지가 15,178필지로 무전민의 평균 경작 필지는 1.74필지이다. 따라서 무전민이 많은 사원전의 경작자들이 차지 경로가 다양하지 않은 것이 당연할 수도 있겠다. 그러나 무전민 중에서도 사원전 경작자의 전속률은 높은 편이다. 또 무전민이 많은 것이 원인이라고 해도 결과적으로 사원전의 경작자 중에서는 사원전을 전속 경작하는 경작자가 많다는 사실은 흥미로운 사실이라고 하겠다.

3. 덕주사의 사하촌과 주민구성

1) 德周街의 위치

충주의 사원전에서 특징적인 현상은 사원에 인접하고, 촌락의 토지와 가옥에 사원소유지의 비중이 큰 사하촌의 존재가 보인다는 것이다. 그 촌락이 덕주사 아래 德周街라고 기록된 지역이다.

덕주가는 양안에는 德周街坪과 德周街垈라는 2가지 명칭으로 기록되어 있다. 다행히 이곳은 위치도 판별이 가능하다. 덕주가평에 하덕주사[13]와 하덕주사 서쪽에 위치한 '동문'이 차례로 표시되어 있는데,[14] 이 동문은 덕주산성 동문이 분명하다. 따라서 덕주가평은 현재의 제천시 한수면 송계4리로서 창말에서 덕주사(양안의 하덕주사)로 올라가는 덕주골 계곡에 위치한 것이 분명하다.

보통이다. 이는 가옥으로 기재된 곳이라도 텃밭 등 소규모라도 경작지를 포함하는 경우가 많았을 것임을 의미한다.

13) 『충주군 양안』 덕산면 熱39.

14) 『충주군 양안』 38책, 덕산면 熱43.

덕주가의 토지는 약 15정보이다. 이 중 약 25%인 2.7정보가 덕주사 소유토지이다. 가옥도 총21호의 가옥 중 28%인 6채가 하덕주사 소유이다. 혹시 이 6채가 하덕주사의 사찰 건물일 가능성도 있다. 그러나 양안의 사표를 통해 위치를 복원해 보면 하덕주사와 하덕주사의 서쪽에 위치한 덕주산성 동문 사이에 불향전답이 있고, 동문에서 서쪽을 따라 내려오면서 토지가 분포하고, 그 다음에 하덕주사 소유의 가옥이 있다. 최초의 가옥이 하덕주사 소유로 양도일이 거주하는 가옥[15])이며 그 북쪽 즉 산비탈 쪽 위로 김순옥 가옥이 있다. 사표를 통해 정확한 위치를 파악하기는 어렵지만 양안에 표시된 필지들이 항상 한쪽에 東川, 西渠를 끼고 분포하고 있는 것으로 보아 덕주골 계곡의 하천을 따라 분포한 것이 분명하다. 따라서 하덕주사 소유의 가옥은 하덕주사의 경내 외곽에 있는 것이 분명하다.

이 덕주골은 지리적으로도 고립성이 강한 곳이며, 전통적으로 전란기의 피난처로 이용되었다. 고려시대 몽골의 침공 때도 충주민들이 덕주산성 안쪽 즉 이 지역으로 피난했는데, 몽골군이 공격하려다가 공격을 포기했다는 전설이 전해지고 있으며, 임진왜란 때도 왜군이 미치지 않았다고 한다. 근대에는 고종과 명성황후가 유사시에 대피하는 곳으로 정하고, 창말에 별장인 월악궁까지 건설했다고 한다.

2) 덕주가의 주민구성과 관계

덕주가에는 총 21호의 가옥이 있다. 그런데 소유자와 거주자가 일치하는 가옥은 백성준, 석육성, 이연득 2호뿐이고, 대부분 타인 소유가옥이다. 이중 6채가 하덕주사 소유이다.

---

15) 『충주군 양안』 38책, 덕산면 熱57.

(1) 덕주사 소유 가옥 거주자 및 불향전 경작자

<표 10> 덕주가의 덕주사 소유 가옥 거주자

거주자 (경작자)	칸수	경작자 소유지	가옥 거주	경작 필지	덕주사 이외 경작필지
양도일	5	0.00	○		
양도홍	3	0.00	○		
신군명	2	0.15	○		
지경순	5	0.00	○		
김순필	4	4.57	○		
김주일	3	0.00	○	4	

하덕주사 소유의 가옥에 거주하는 사람은 양도일, 양도홍, 신군명, 지경순, 김순필, 김주일 6명이다. 이 중 양도일, 양도홍, 지경순, 김주일, 신군명 5명은 무전자이며, 김주일을 제외한 4명은 거주 가옥 외에 차경지도 전혀 없다. 그런데 소유지도 차경지도 없는 양도일과 지경순의 가옥은 5칸, 4칸으로 중산층 이상의 규모를 보이고 있다. 이것을 어떻게 설명해야 할까? 덕주사 소유 토지의 경작자 명단을 보면 덕주가에 있는 덕주사 소유 토지 1필지와 불향전 3필지, 총 0.62정보를 양도길이라는 사람이 경작하고 있다. 반면 그의 가옥은 나타나지 않는다. 이름으로 보면 양도길, 양도일, 양도홍은 일가로 추정되는데, 이들이 함께 양도길 명의로 된 토지를 경작하면서 덕주사 소유 가옥에 살았던 것이라고 생각된다. 즉 양도길, 도일, 도홍이 같은 토지를 경작하고 있지만 가옥은 도일, 도홍 명의로 토지는 도길의 명의로 양안에 기록된 것이라고 추정할 수 있다.

5칸 가옥에 거주하는 지경순도 소유지도 차경지도 없다. 이 경우도 덕주사 불향전 경작자로 총 0.24 정보를 차경하고 있으며 역시 양도길처럼 거주가옥이 확인되지 않는 지순옥이 지경순과 일가가 아닌가 싶다.

김주일은 4필지, 총 0.7정보의 불향전을 경작하고 있다. 그의 차경지는 모두 덕주사 불향전이다. 신군명은 가옥도 2칸에 불과하고, 소유지와 경작지가 없다. 소파면에 자영농인 신군명이라는 사람이 있으나 지역이 멀고 소파년 설피리에 거주 가옥이 있어서[16] 동명이인이라고 판단된다. 양씨가나 지씨가처럼 마을에 같은 성씨의 인물도 없다. 그러나 전통사회에서는 외가나 처가와의 관계가 긴밀해서 성씨민으로 연고자가 없다고 단정할 수는 없다. 그는 덕주사에서 일을 하거나 다른 사람과 함께 불향전을 경작하는 사람일 가능성도 있다.

유일한 예외가 김순필이다. 충주 양안을 검색해 보면 김순필은 살미면, 유등면 등지에 4.57정보의 토지를 소유하고 있다. 덕주가대에는 단지 1필지의 4칸 초가만을 소유하고 있는데, 이 면적은 겨우 99㎡로서 경작지는 없고 가옥이라고 보여진다. 게다가 가옥과 소유 토지가 너무 멀다. 따라서 이 김순필이 4.57정보의 토지를 소유한 지주 김순필과 동일인물이라고 보기는 어려울 듯하다. 동명이인이거나 김순필의 일가나 관련인물로 김순필 명의로 가옥을 소유하고 있다고 생각된다.

덕주사 소유 가옥의 거주자는 아니지만 덕주가의 거주민인 백성준도 덕주사의 토지만을 전담 경작하는 차경인이다. 그는 덕주가에 위치한 자신의 초가 2칸에 거주하면서 덕주사의 토지 0.33정보를 차경하고 있는데, 그의 소유지는 가옥이 있는 대지뿐이다.

이처럼 덕주사 소유 가옥에 거주하는 사람은 무전민에 다른 차경지도 없고 거의 전적으로 덕주사의 불향전이나 덕주마을 소재 토지를 전적으로 경작하는 인물들이다. 오늘날로 치면 덕주사 직원에 가까운 사람이라고 할 수 있다. 그렇다고 해도 이들의 경작지는 거의 0.2~0.6정보 수준에 불과하다. 50%의 지대를 물고 있다고 가정하면 소유지 0.1~0.3정보 수준의 빈농이다. 신군명은 경작지도 확인되지 않는다. 하지만 가옥은 중농, 부농 수준의 칸수를 보이고 있다. 그 이유는 명확히 알 수 없지만, 이들과 덕주사의 관계로

---

16) 『충주군 양안』 소파면, 書3.

볼 때, 덕주사의 토지 경작만이 아니라 덕주사에서 필요한 여러 가지 일과 사무에 종사하면서 부가적인 수익이나 혜택을 받았다고 생각된다.

⑵ 덕주가의 일반 거주민

<표 11> 덕주가의 가옥과 거주자 현황

가옥 소유자	거주자	칸수	거주자 소유지	거주자 차경지	거주자 가대	덕주가 경작지
백성준*	백성준*	2	0.34	0.33		0.33
백성준	박준철	2	0.23	0.02		0.25
최순경	조문업	5	0.00	0.34		0.20
최순경	이운경	1	3.75 (0.00)	2.96 (0.27)		0.27
이연득*	이연득*	6	2.40 (1.52)	0.00		0.42
석육성*	석육성*	5	1.98	0.62		0.75
석육성	김금용	3	3.89	5.75		0.01
석육성	김광문	2	0.17	0.01		0.07
석육성	이종기	2	1.67	0.23		0.01
석육성	전용철	2	0.06	0.00		0.00
석육성	함점용	2	0.50	0.01		0.02
석육성	여학선	2	0.11	0.01		0.12
김만홍	신봉운	1	0.80	0.97		0.01
김만홍	김만석	2	9.55 (0.00)	6.43 (0.02)		0.02
김만홍	구용택	3	0.35	0.26		0.15

비고 : *표시는 대주와 가주가 일치하는 경우임.

덕주마을에서 하덕주사 소유 가옥을 제외하면 15호가 남는다. 이 15호 중 7호가 석육성, 3호가 김만홍의 소유이고, 나머지 5호는 백성준과 최순경이 각각 2호씩, 이연득이 1호를 소유하고 있다.

<표 11>에서 볼 수 있듯이 석육성은 이 마을에 초가 5칸의 거주지를 지니고 있으며, 소유지가 약 2정보, 경작지가 0.6정보의 부농으로 이 마을 거주자 중에서는 최고의 부호이다.[17) 그는 마을 주택의 1/3을 소유하고 있으

---

17) 덕주가의 거주자 중에서 김순필은 4정보 이상의 소유지이고, 이운경은 3.75정보,

며 덕주가에 0.8정보의 토지를 소유해서 덕주가 전체 토지 중 5%가 그의 소유이다. 그러나 덕주가에 있는 그의 토지는 거의가 자영이다. 그의 소유 가옥에 거주하는 사람들 김금용, 김광문, 이종기, 전용철, 함점용, 여학선은 석육성 소유의 대지에 가옥을 소유하고 있을 뿐, 모두가 창말이나 주변 지역에 있는 자신의 토지나 다른 사람의 토지를 경작하고 있어서 석육성과 지주-전호관계를 맺고 있는 인물은 한 명도 없다. 그들이 석육성이 시작으로 표시된 토지를 실제로 경작하거나 고공 등 임금노동으로 경작에 종사할 가능성도 있지만, 덕주가에 소재한 석육성의 토지도 0.8정보 정도로서 가족노동 이외에 많은 노동력이 필요한 규모도 아니다. 따라서 석육성의 대지에 살고 있는 사람들은 말 그대로 그의 토지에 살고 있을 뿐 그 이상의 가시적 관계를 맺고 있지 않다.

덕주가의 또 한 명의 부호는 李然得이다. 그는 총 2.4정보를 소유하고 있다. 그의 토지는 모두 덕주가와 인근 倉里, 城坪에 분포하고 있어서 동일인물이 분명하다. 단 산척면 온금평과 칠곡평에 한자가 다른 또 한 명의 李連得이 있다. 산척면 이연득의 가옥은 온금평에 4칸 초가가 있다. 묘하게도 두 사람 모두 차경자도 차경지도 없는 완전한 자영농이다. 2.4정보는 이 두 사람의 토지를 합산한 것인데, 만약 두 사람이 서로 다른 인물이라면 덕산면 이연득의 소유지는 1.52정보로 석육성보다 약간 적게 된다.

결론적으로 덕주가 21호의 거주민 중 1정보 이상의 토지를 소유한 사람은 석육성, 이연득, 이종기 3인뿐이다. 그러나 이들은 덕주가 토지를 거의 자경하

김금용은 3.89정보, 김만석은 무려 9.55정보의 소유자로 나타난다. 그런데 이운경의 경우는 소유지와 경작지가 가차산면, 거곡면, 복성면, 북변면, 천기음면 등지에 흩어져 있고, 거주 가옥도 여기저기에 있다. 그런데 덕주가의 가옥은 겨우 초가 1칸이다. 이 정도 토지소유자가 월악산중에서 초가 1칸에 거주한다고 보기는 어렵다. 동명이인이거나 이운경의 명의로 일가나 관련인물이 거주하는 것으로 보아야 할 것 같다. 김금용과 김만석의 경우도 같다. 김순필은 앞에서 이미 살펴보았다. 따라서 덕주가 거주자 중에서 최고의 부농은 석육성이라고 판단된다.

면서 주민들과는 거의 경작관계를 맺고 있지 않아서 덕주사 소유 가옥 거주자의 경우와는 크게 대별된다. 이상 덕주가 거주민 21호의 전체의 토지소유를 소유 규모별로 분석하면 아래와 같다.

<표 12> 덕주가 주민의 소유분포

구분	덕주가		충주
	인원	%	%
무전민	11	52.4%	25%
0.5정보 이하	6	28.6%	44%
0.5~1.5정보	1	4.8%	20%
1.5~5정보	3	14.3%	9%
5정보 이상	0	0.0%	3%
계	21	100.0%	100%

이 표에서 보듯이 덕주가 주민의 토지소유 현황은 충주 전체 평균에 비해 매우 낮다. 오히려 앞의 <표 6>에서 보이는 사원전 경작자의 전체 평균과 유사하다. 이것은 사원전 경작자의 토지소유 상태가 평균 이하로 열악한 것이 사원전이라는 특수한 형태 때문이 아니라 상대적으로 경제적 상황이 열악한 산골 지역의 일반적 특성과 관련이 있는 것이 아닌가 하는 의문이 들게 한다.

이런 의문을 풀기 위해 덕주사 인근의 마을 주민의 토지소유 현황을 분석해 보았다. 덕주사 근처의 마을 중에서 제일 큰 마을이 현재의 한수면 송계리 창말이다. 동창이 설치되어 있어서 창말이라고 불리게 되었는데, 동창이 설치된 데서도 알 수 있듯이 살미면(현재의 충주호 수몰지구)에서 월악산 계곡을 지나는 교통의 요지이다. 비록 산간마을이지만 충주호로 연결되는 蓮川을 끼고 하천 양쪽으로 평야가 길게 형성된 지역이다. 이 일대에서는 지금까지도 제일 큰 마을로 현재는 월악산 관광의 중심이 되는 마을이다.

양안에서 이 창말은 창동, 동창, 동창리 등으로 표기되었다. 일부 지역은

酒幕垈, 城坪, 考柱村 등으로 표기되었다.[18] 이 지역에 가옥을 소유하고 있는 인물은 총62명이다. 이들 62명이 충주군 전체에 소유한 토지소유를 추출해서 소유 규모별 분포도를 작성해 보았다. 이 표에 의하면 창말 주민의 토지소유 상태는 넉주가 주민과 별 차이가 없거나 근소한 차이지만 더 열악하다. 무전민도 더 많은데, 그것은 이 지역에 창고도 있고, 물레방아도 유달리 많아[19] 품팔이 등 일거리도 더 많았기 때문이 아닌가 한다.

<표 13> 덕산면 창말 주민의 소유분포

구분	창 말	
	인원	%
무전민	35	56.5%
0.5정보 이하	15	24.2%
0.5~1.5정보	7	11.3%
1.5~5정보	5	8.1%
5정보 이상	0	0.0%
계	62	100.0%

---

18) 양안에 등장하는 지명을 현재의 지명에 맞추어 비정하기는 쉽지 않다. 특히 양안의 지명은 일반적으로 우리가 알고 있거나 사용하는 지명보다 훨씬 세분화 된 경우가 종종 있다. 그것은 당시의 행정제도에 번지, 통반제도가 도입되지 않았던 사정과 관련이 있지 않을까 한다. 양안 지명의 위치 비정을 위해서는 『제천시지』(제천시지 편찬위원회, 2004), 『제천시 문화유적분포지도』(충북대학교 박물관, 2003), 『구한말 한반도지형도』(남영우 편저, 성지문화사), 『근세한국오만분지일지형도』(경인문화사) 등을 참고하였다.
성평은 창말 위쪽 지역으로 현재 지명은 성채뜰이다. 주막대는 창말 남쪽으로 한수초 등학교 부근으로 현재도 주막거리라는 명칭이 남아 있다. 고주촌은 위치가 분명하지 않다. 그런데 양안에서 고주촌은 주막대 바로 옆에 위치했으며, 이 지역에서는 드문 기와집이 있다. 그런데 창말에는 월악궁이라고 해서 명성황후의 별장이 조성되어 있었다고 한다. 이 건물은 해체되어 한수초등학교 건설에 사용되었으며, 현재는 이곳에 충주호 수몰지구에서 이전된 김세균 판서 고가 등이 복원되어 있다. 그렇다면 고주촌은 이 월악궁지 부근이라고 생각된다.
19) 충주군 38면 중에 물레방아가 105좌가 있었다(이외 물레방아인지 확인할 수 없지만 방아 2개가 더 있다). 그중 21개가 덕산면에 있었다.

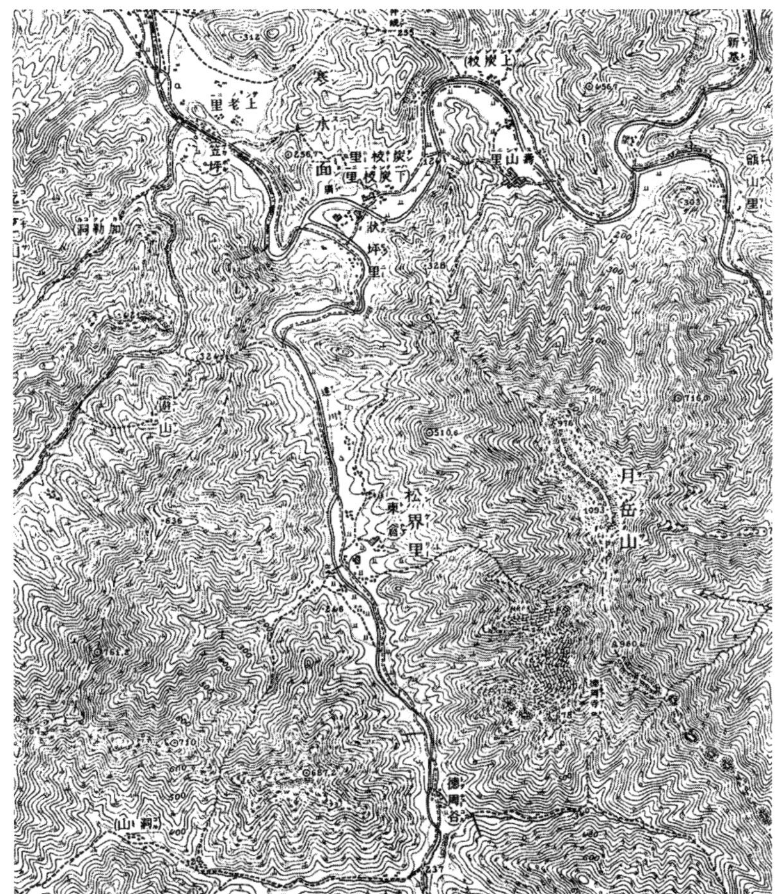

<그림 1> 덕주가 일대(『근세한국오만분지일지형도』, 도22 黃江里)

지도에 덕주곡으로 표기된 지역이 덕주가이며, 덕주사는 상덕주사이다. 송계리(동창)는 창말이다. 송계리 위쪽에 탄지, 서남쪽에 동산이 표기되어 있다. 동산 남쪽이 사정이다.

3) 덕주가의 토지소유자와 경작자

지금까지 덕주가에 살고 있는 주민의 토지소유와 경작관계를 살펴보았다. 그런데 덕주가 지역의 토지소유와 경작관계에서는 또 하나의 특징이 있다. 덕주가 지역의 개인 소유 농지는 총 12정보이다. 이 토지를 소유한 사람은 모두 49명이다. 이외에 앞에서 살펴본 덕주사 토지 2.69정보와 송계동의 洞田 0.05정보가 설정되어 있다.

덕주가 일대 토지 소유자의 명단과 거주지 현황은 아래 <표 14>와 같다.

<표 14> 덕산면 토지소유자 현황(토지소유량 순)

이 름	덕주가 분포토지	전체 소유지	거주지	경작지로 본 추정 거주지
김두한	1.55	12.31	덕산면 寺亭	
이홍복	0.74	8.78	이안면 장재동	이안면
권보선	0.18	7.50	미상	살미면 소룡촌?
이운경	0.26	3.75	덕산면 덕주가	
이용하	0.84	3.17	덕산면 창말	
이연득	0.43	2.40	덕산면 덕주가	산척면
최순경	0.07	2.35	산척 신담대 또는 율지 소탑동	선척 신담대 또는 율지 소탑동
김순금	0.17	2.28	미상	덕주가? 살미면? 불정면?
여순섭	1.24	2.13	덕산면 창말	
김만홍	0.40	2.02	덕산면 창말	
석육성	0.80	1.98	덕산면 덕주가	
이종섭	0.28	1.94	신니면 양촌	
박성천	0.11	1.17	덕산면 창말	
홍우혁	0.33	1.02	덕산면 탄지촌	창말 북쪽
이금철	0.14	0.96	덕산면 창말	
함돌당	0.16	0.91	덕산면 창말	
이성봉	0.02	0.90	미상	창말 부근?
석만종	0.07	0.87	미상	창말 또는 덕주가
이정득	0.09	0.74	사이면 벌리촌	
함성용	0.10	0.73	미상	덕주가 또는 창말 부근
함점석	0.52	0.71	미상	덕주가 또는 창말 부근
피군집	0.47	0.70	미상	덕주가 또는 창말 부근
구한갑	0.08	0.69	덕산면 늠동	
성경운	0.32	0.64	미상	몽충평(창말 부근)
원성학	0.04	0.62	덕산면 창말	
우덕삼	0.03	0.62	덕산면 사정	
함점용	0.01	0.50	미상	창말 부근
이상업	0.18	0.49	덕산면 창말	

구팔만	0.21	0.40	덕산면 늑동	
피봉운	0.11	0.36	덕산면 가우리	
구용택	0.13	0.35	덕산면 덕주가	
백성준	0.14	0.34	덕산면 덕주가	
구봉학	0.08	0.34	덕산면 창말	
구업이	0.22	0.27	덕산면 창말	
박준철	0.23	0.23	덕산면 덕주가	
여학손	0.16	0.22	미상	덕주, 몽충
성정환	0.06	0.21	미상	덕주가
서고돌	0.19	0.19	미상	덕주가?
김광문	0.06	0.17	덕산면 덕주가	
여갑술	0.15	0.15	미상	덕주가평 부근
여학선	0.11	0.11	덕산면 덕주가	
조춘금	0.11	0.11	성동면 육곡	성동면
안억출	0.10	0.10	덕산면 창말	
양인선	0.10	0.10	미상	덕주가 부근
김주채	0.08	0.08	미상	
양조홍	0.08	0.08	미상	덕주가 부근
안억복	0.07	0.07	덕산면 창말	
함정용	0.07	0.07	미상	덕주가
여계복	0.03	0.03	미상	덕주가

　이 표에 의하면 토지소유자 중에서 정작 덕주가에 거주하는 사람은 이운경, 이연득, 석육성, 구용택, 박준철, 김광문, 여학선, 백성준 8명뿐이다. 다만 거주지가 나와 있지 않은 사람이 18명이나 되는데, 이 중에는 덕주가 거주민인 양도길, 여학선, 함점용과 성이 같은 인물도 몇 명이 있다. 따라서 이들이 모두 덕주가에 거주한다면 시주의 절반 이상이 덕주가에 거주하는 셈이 된다. 그러나 덕주가의 가옥이 총 21호밖에 되지 않아서 이 사람들이 모두 덕주가에 거주한다고 보기는 어려울 듯하다. 유력한 인물을 뽑아도 대략 10명 정도라고 보면 덕주가 토지소유자 49명 중 10~18명 정도가 덕주가에 거주하는 셈이 된다.

　나머지 토지는 외지인의 소유인 셈이다. 그 중에서도 가장 부유한 김두한, 이홍복, 권보선의 소유지가 2.5정보로 덕주가 전체 토지 12정보의 21%이다.

나머지 사람도 덕산면 이외 지역에 거주하는 지주는 거의 없고 대부분이 덕산면 창말 주민으로 창말 주민은 확인된 인물이 12명, 소유지나 경작지를 통해 창말 부근으로 추정되는 인물이 2~5명 정도이다. 그 외의 인물도 창말 일대의 늑동, 사정, 턴지촌 주민들이다.[20] 덕산면 이외의 거주자로 확인되는 사람은 8명 정도이다.

어쨌든 덕주가의 토지소유자 중 덕주가에 거주하는 사람은 아무리 많아도 40%를 넘지 못한다는 결론이 나온다. 이것은 1900년대 초반이면 덕주가와 같은 깊은 산곡의 마을에서도 촌락민의 토지소유가 이미 불안정해지고, 지주-전호제가 깊이 침투하였다는 것을 의미한다. 즉 적어도 토지소유나 경작관계로 보면 촌락의 공동체적 요소를 보장할만한 요소는 거의 존재하지 않는다는 의미가 된다. 게다가 양안에 드러난 경작관계로 보면 계나 두레와 같은 협업체제를 구성하기도 쉽지 않았을 것 같다. 소유자뿐 아니라 덕주가 토지의 경작자들도 창말과 같은 외부 마을에서 오는 사람들이 많기 때문이다.

그래도 이곳은 오지인 때문인지 토지소유자의 대부분이 인근 마을 거주자이다. 충주의 대지주나 서울이나 타군에 거주하는 부재지주의 토지는 전혀 없다. 이 점은 이 지역이 지니는 중요한 특징이라고 하겠다.

이런 사정으로 이 지역 토지소유자의 경제상태도 열악한 편이다. 토지소유자 49명 중 10정보 이상의 지주는 김두한 1명뿐이다. 소유지 기준으로 충주의 지주 중 223위에 해당한다. 그는 창말 남쪽 寺亭(洞山 인근)에 살고 있으며, 총 81필지의 토지를 소유하고 있는데, 모든 토지가 덕산면과 덕산면과 접경한 살미면에 있다. 따라서 전형적인 덕산면의 재지지주라고 하겠다. 덕주가에 소유한 토지는 약 1.6정보로서 그의 전체 토지의 약 13%이다. 그 외에 총 5정보 이상 부농이 이홍복, 권보선 2명에 불과하며, 2~4정보의 토지를 소유한 사람도 7명밖에 되지 않는다.

---

20) 늑동은 현재의 가륵동으로 추정된다.

4. 맺음말

충주의 규모에 비해 사원의 토지는 매우 적은 편이다. 청룡사와 같은 사찰은 과거에는 꽤 많은 토지를 소유했으나 양안에서는 암자 수준으로 영락해 있다. 그러나 여주의 신륵사와 같은 경우는 무려 54정보나 되는 토지를 여전히 소유하고 있다. 따라서 청룡사의 사례가 이 조선시대의 꾸준한 억불정책의 결과인지, 아니면 청룡사의 개별적 사례인지는 현재로서는 결론을 내리기가 곤란하다. 좀 더 많은 사례를 축적해야 명확해 질 것이라고 생각된다.

사원전의 토질은 충주의 평균보다는 높은 편이다. 전답 비율도 충주의 평균치보다는 높다. 이것은 사원들이 의도적으로 좋은 곳에 토지를 마련하고, 자신들의 토지를 관리한 결과라고 보여진다. 그러나 사원의 경작자를 분석해 보면 충주의 평균치보다 낮다. 특히 무전민의 비율은 54%로서 충주 전체 평균 25%의 2배가 넘는다. 충주의 최대 지주이며 당대의 권력자였던 민응식의 작인들과 비교하면 사원전 경작자의 빈곤은 더욱 두드러진다. 민응식 작인들의 평균 토지소유는 충주 전체 평균보다도 높은 토지소유량을 보여주고 있기 때문이다. 대신 차경지는 평균 수준이거나 좀 더 많아서 안정적인 모습을 보여준다.

한편 사원전 경작자 특히 무전민들은 다른 지주의 토지를 차경하지 않고 사원의 토지만을 차경하는 전속률이 높다. 일례로 덕주사 토지의 차경인 25인 중 오직 덕주사의 토지만을 경작하는 사람이 무려 14명이나 되었다. 이러한 구성은 사원과 사원전 경작자 간에 강한 또는 일반적인 지주-전호관계보다는 높은 예속관계가 형성된 것이 아닐까 하는 의문을 들게 한다.

그러나 덕주사 아래 벌판에 있는 창말 경작자의 토지소유를 분석해 보니 덕주사 토지경작자와 비슷한 소유분포를 보여주었다. 따라서 사원전 경작자에서 두드러지는 무전민의 비율이나 낮은 토지소유량은 사원전의 특징,

또는 종교적 구호사업이나 이념에 의한 것이라기보다는 사원이 위치한 산촌 지역의 보편적 특성일 가능성이 더 높다.

그러나 사원전 경작자들의 사원전 토지에 대한 전속비율이 높은 것은 확실히 두드러지는 현상이다. 이런 현상은 사찰 가까이에 형성된 사하촌에서 더욱 분명히 나타난다. 현재의 덕주사로 올라가는 월악산 계곡을 따라 형성된 德周街에는 총 21호의 가옥 중 6채(24%)가 덕주사 소유 가옥이며 전체 토지의 18%를 덕주사가 소유하고 있다. 덕주사 소유 가옥에 거주하는 주민은 거의가 무전민이며 오직 덕주사의 토지만을 경작하거나 경작지조차도 없다. 그런데 이들의 소유지와 차경지가 없거나 극소함에도 불구하고 5칸 내외의 상대적으로 큰 가옥에 거주하고 있다. 이것은 이들이 덕주사와의 관계를 통해 토지소유 이상의 수익을 얻고 있음을 암시한다.

이런 정황으로 보면 이 지역에서 덕주사의 토지지배력, 경작자의 예속성, 주변 마을에 대한 영향력은 일반 촌락에 비해 높을 것이라고 추정할 수 있다. 하지만 그렇다고 해서 이 정도의 사원전의 규모나 구성, 인적관계로서는 지역사회나 촌락에 힘과 영향력을 발휘하기는 아주 어렵다고 보여진다.

사하촌인 덕주가 마을에 대해서도 덕주사의 영향력은 제한적이다. 왜냐하면 덕주가의 토지와 토지경작자들은 최대 60% 이상이 이미 외지인의 차지가 되어 있다. 심지어 마을 주민들도 절반 이상이 다른 곳의 토지를 경작하고 있으며, 마을의 토지를 외지의 경작자들이 경작하고 있다.

산곡에 위치해서 경작지도 적고, 오랫동안 피난처로 이용될 정도로 폐쇄적이며 접근성도 크게 떨어지는 이 지역에까지 주민들이 농업공동체를 형성하기 어려울 정도로 외지인의 소유지와 차경지가 침투해 있다는 것은 이 시기의 사회를 이해하는 데에 있어 중요한 시사점을 준다고 생각된다. 다만 외지인이라고 해도 주민이나 경작자와 혈연, 인척관계로 보이거나 덕주가에서 멀지 않은 동창 등 인근 마을 또는 덕산면 내의 외지인이 대부분이고, 다른 군현이나 면외 지역의 지주는 거의 없는 편이다.

  결론적으로 말하면 입지상으로는 전형적인 사하촌의 입지를 갖추고 있으며, 지리적으로 고립된 지역임에도 불구하고 사원의 장원적 혹은 공동체적 구속력, 토지와 경작관계를 중심으로 하는 마을의 공동체적 구심력을 발견하기는 어렵다. 다만 반대로 이런 사정으로 마을이 강고한 공동체를 형성하지 못하기 때문에 상대적으로 단결력과 정체성을 지닌 덕주사와 덕주사 관련 주민들의 영향력이 컸을 가능성은 있다. 그러나 이런 형태의 영향력은 과거의 장원적 지배력과는 확연히 다른 것이라고 하겠다.

  이상으로 충주 양안에 나타난 사원전의 규모와 경작자, 사하촌의 성격을 지닌 촌락의 주민구성에 대해 살펴보았다. 다른 군현과의 비교연구가 불가능했기 때문에 논지와 결론을 일반화하기에는 어려움이 있다. 그러나 아직 양안의 전산화가 극히 미진한 상태이므로 차후로 다른 군현의 데이터베이스화 작업도 진전되어 데이터가 축적되면 보다 풍부한 비교와 이해가 가능하리라고 생각된다.

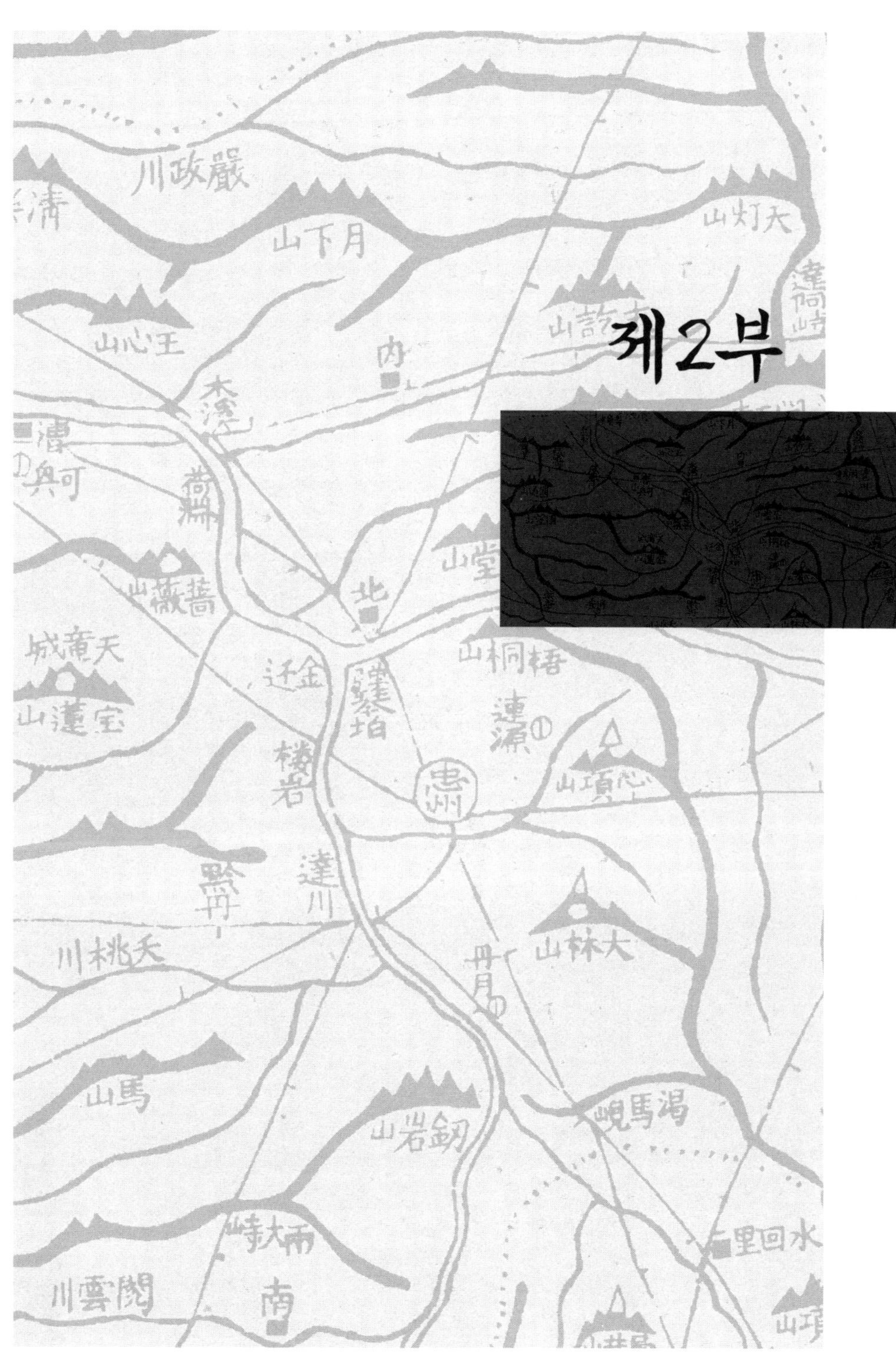

제2부

1. 충주 양안 통계 및 해설

신영우 · 임용한

<표 1> 충주 전답면적

구분	정보	척수	결수
전	15,150(51%)	138,897,151	7,301결 96부 5속
답	14,421(49%)	132,209,747	8,522결 26부 5속
계	29,571	271,106,898	15,824결 23부 9속

【해설】

양안 기록에서 면적은 척수로 기재되어 있다. 정보는 척수를 9168로 나누어 환산한 수치이다(정보＝척수/9168).

충주 양안에서는 화전도 나온다. 그러나 화전은 결수만 기록하고, 척수는 기록하지 않았다. 따라서 위의 면적과 결수는 화전은 제외한 수치이다. 화전의 결수는 88결 94부 1속이다.

충주 양안에는 전답의 면적이 271,317,244척, 15,830결 28부 4속으로 기재되어 있어서 <표 1>의 통계와는 차이가 난다. 그러나 양안에 기록된 척수와 결수를 컴퓨터로 환산하여 상호비교해 보니 숫자를 오기하는 등 기재에 오류가 있는 경우가 있었다. 흔한 경우가 척수의 끝자리가 00 단위로 떨어지거나 0이 들어갈 때 '0'을 빠트리는 사례인데, 양안에서는 아라비아 숫자를 사용하지 않다 보니 '0'의 사용에서 실수가 잦았던 듯하다. 또 양안 기록에서는 일일이 주판을 사용해서 수기로 더하다 보니 계산에서 착오가 발생할 소지가 높다. 이 연구에서는 컴퓨터로 면적을 합산하여 계산에는 착오가 없다. 그러나 컴퓨터를 이용해도 원본 중에 페이지가 결락된 부분도 있고, 간혹 글씨가 보이지 않는 부분도 있어서 완벽한 통계는 어려웠다.[1]

---

1) 1부에 수록한 논문과 2부의 통계자료의 수치에 약간의 차이가 있다. 연구자의 논문 간에도 통계 수치에서 약간의 차이가 있다. 그 이유는 논문은 거의가 2007년 연구 완료시점에서 도출한 통계를 자료로 했기 때문이다. 그런데 2007년 이후 통계를 검토하는 과정에서 양안의 복사 과정에서 누락된 페이지가 있음이 발견되었고, 추가로 교정 작업을 벌인 결과 입력과정에서 약간의 오타도 발견되었다. 여주와 충주 양안의 데이터를 합치면 20만개가 넘는 분량이고, 한 개의 데이터 당 20개에 가까운 항목이 보니 교정에도 많은 시간이 요구되었다. 단 한 개의 오자만 수정해도 전체 수치에 변화가 발생하기 때문에 1부의 논문과 2분의 통계에 차이가 발생하게 되었다. 하지만 이 수정치는 오차 범위의 안에 있으며 결론에 미치는 영향은 미미하다. 대부분의 통계의 경우 수정치를 적용해서 0.1%의 변동도 발생하지 않는다. 1,2개 항목에서 전체 통계가 상당히 달라 보이는 경우도 있으나 그것은 통계의 기준과 분류에 변화를 주었기 때문이다. 이런 경우는 주해에 설명을 부기했다.

<표 2> 충주의 생산량 추정치

구분	결수	생산량(石)		
		공법(26석)	공법*1.5	공법*2
전	7,301결 97부 4속	189,851	284,777	379,703
답	8,522결 26부 5속	221,579	332,368	443,158
계	15,824결 23부 9속	411,430	617,145	822,860

【해설】

고려, 조선시대에는 토지면적을 표시할 때 생산량을 기준으로 하는 결부법이라는 독특한 방식을 사용했다. 과전법에서 1결은 300두(소두, 20석)를 생산하는 면적이었다. 세종 때에는 1결의 생산량을 400두(약 26석)로 정했다. 생산량은 토질에 따라 다르다 그러므로 토지를 6등급으로 나누었는데 이 방법을 전분6등법이라고 했다. 양안에서도 이 6등급의 구분을 그대로 사용했다. 그런데 조선후기에 단위생산고가 증가하여 1결의 생산량이 세종 때에 비해 최소 1.5배에서 3배 이상 늘어났다. 광무양안에서 1결의 생산량을 얼마를 기준으로 했는지, 당시 충주의 1결 당 실제 생산량이 얼마나 되는 지는 정확하지 않다. 따라서 결부수를 공법 기준, 공법의 1.5, 2배로 산정해서 표에 제시하였다.

<표 3> 충주·여주·진천의 토지면적 비교

구분	충주	여주	진천
전	15,150	3870	2,839
답	14,421	6,873	4,771
계	29,571	10,743	7,610

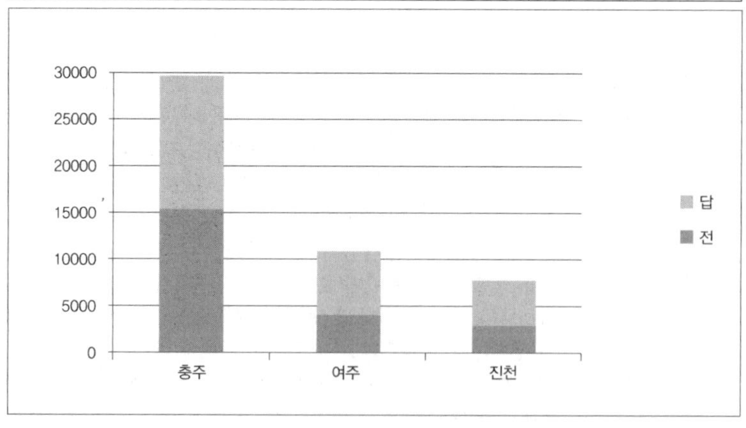

【해설】

　충주는 조선의 군현 중 전국 5위 안에 드는 대읍이었다. 충주의 행정영역은 현재의 음성, 괴산, 제천 일부까지 포함하였다. 이것은 경작지의 비교에서 잘 드러난다. 여주는 한때 대도호부로까지 승격되었던 읍으로 조선의 일반 군현 중에서는 상등에 해당하는 군현이었고, 진천은 중간 규모의 군이었다. 그런데도 충주의 면적은 여주의 2배, 진천의 3배를 상회하고 있다. 단 전답 비율에서는 전의 비율이 매우 높다. 여주는 남한강 유역의 도시로 답의 비율이 평균 이상인 군이고, 진천은 전답 비율도 역시 중부지방에서는 표준적인 규모였다. 이 두 군현과 비교하면 충주는 논의 비율이 적은 편이다.

<표 4> 충주 토지의 소유 주체별 현황

구분	정보	결수
개인토지	28,682.8	15,236결 .26부 6속
관청, 사우, 서원	650.6	452결 24부 7속
궁방전	59.0	42결 65부 7속
동전	97.0	51결 78부 4속
사원전	13.8	7결 87부 8속
종중, 묘위전	62.1	31결 07부 3속
화전	미상	88결 94부 1속
진전, 응탈	5.7	2결 32부 5속
계	29,571.0	15,913결 17부 1속

【해설】

　화전은 개별 시주나 시작이 표기되어 있지 않고 대부분 동임의 명의로 되어 있다. 그래서 양안에 기록한 화전이 동전의 용도로 쓰이는 토지일 가능성도 있다. 일단 이 표에는 둘을 분리했다. 총결수가 위의 <표 1>과 차이가 나는 이유도 이 표에서는 화전을 포함시켰기 때문이다.

<표 5> 면별 규모 및 전답면적

면	면적		계	면	면적		계
	전	답			전	답	
가차산면	240	220	460	불정면	486	371	857
가홍면	260	179	439	사다산면	156	401	557
감물면	394	214	608	사이면	237	262	499
감미면	233	284	517	산척면	463	442	905
거곡면	359	494	853	살미면	911	361	1,272

면	전	답	계	면	전	답	계
금목면	484	554	1,038	생동면	412	456	868
금천면	360	306	666	소태양면	109	272	381
김생면	396	350	746	소탄면	447	379	826
남변면	753	550	1,303	소파면	255	314	569
노은면	623	519	1,142	신니면	281	306	587
대도곡면	173	421	594	신석면	378	512	890
덕면	403	552	955	앙엄면	438	229	667
덕산면	583	370	953	엄정면	568	532	1,100
동량면	702	373	1,075	유등면	364	211	575
두의면	124	276	400	율지면	171	175	346
맹동면	603	620	1,223	이안면	356	370	726
법왕면	273	442	715	주류면	314	357	671
복성면	537	297	834	지내면	227	440	667
북변면	941	664	1,605	천기음면	136	346	482
				계	15,150	14,421	29,571

<표 6> 면별 전답 비율

순위	면	전	답	순위	면	전	답
1	사다산면	28%	72%	20	율지면	49%	51%
2	천기음면	28%	72%	21	산척면	51%	49%
3	소탄면	29%	71%	22	엄정면	52%	48%
4	대도곡면	29%	71%	23	가차산면	52%	48%
5	두의면	31%	69%	24	김생면	53%	47%
6	지내면	34%	66%	25	금천면	54%	46%
7	법왕면	38%	62%	26	소태양면	54%	46%
8	거곡면	42%	58%	27	노은면	55%	45%
9	덕면	42%	58%	28	불정면	57%	43%
10	신석면	42%	58%	29	남변면	58%	42%
11	소파면	45%	55%	30	북변면	59%	41%
12	감미면	45%	55%	31	가흥면	59%	41%
13	금목면	47%	53%	32	덕산면	61%	39%
14	주류면	47%	53%	33	유등면	63%	37%
15	생동면	47%	53%	34	복성면	64%	36%
16	사이면	47%	53%	35	감물면	65%	35%
17	신니면	48%	52%	36	동량면	65%	35%
18	이안면	49%	51%	37	앙엄면	66%	34%
19	맹동면	49%	51%	38	살미면	72%	28%

【해설】

 면별 전답 비율을 보면 답의 비율이 70%가 넘는 면이 사다산면, 천기음면, 소탄면, 대도곡면 4개면, 60%대가 두의면, 지내면, 법왕면 3개 면이다. 70%가 넘는 면은 하나 같이 면적규모로는 전체 38개 면 중에서 각각 30위, 33위, 37위에 해당하는 작은 면들이다. 반면 밭의 비율이 높은 살미면(3위), 앙엄면(22위), 동량면(7위)은 면적상으로는 큰 면이다. 동량면 같은 곳은 호구수도 상당히 많다. 이런 사정을 보면 면별로 경작환경이나 가계소득에는 상당한 차이가 있었을 것으로 예상된다.

<표 7> 충주 전체 토지면적 대비 면별 토지면적 비율

순위	면	비율	순위	면	비율
1	북변면	5.4%	20	법왕면	2.4%
2	남변면	4.4%	21	주류면	2.3%
3	살미면	4.3%	22	앙엄면	2.3%
4	맹동면	4.1%	23	지내면	2.3%
5	노은면	3.9%	24	금천면	2.3%
6	엄정면	3.7%	25	감물면	2.1%
7	동량면	3.6%	26	대도곡면	2.0%
8	금목면	3.5%	27	신니면	2.0%
9	덕면	3.2%	28	유등면	1.9%
10	덕산면	3.2%	29	소파면	1.9%
11	산척면	3.1%	30	사다산면	1.9%
12	신석면	3.0%	31	감미면	1.7%
13	생동면	2.9%	32	사이면	1.7%
14	불정면	2.9%	33	천기음면	1.6%
15	거곡면	2.9%	34	가차산면	1.6%
16	복성면	2.8%	35	가홍면	1.5%
17	소태양면	2.8%	36	두의면	1.4%
18	김생면	2.5%	37	소탄면	1.3%
19	이안면	2.5%	38	율지면	1.2%

<표 8> 전품별 면적(정보)

등급	면적	%
1등전	360	1.2%
2등전	3,331	11.3%
3등전	8,424	28.5%
4등전	9,865	33.4%
5등전	5,598	18.9%
6등전	1,958	6.6%
휴경전	34	0.1%
계	29,570	100.0%

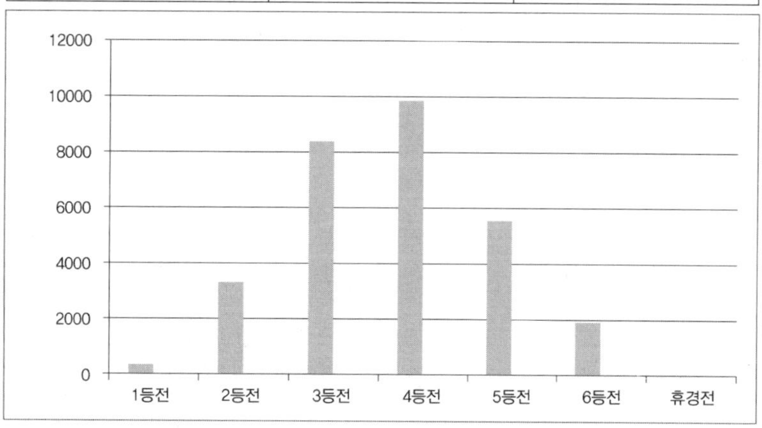

<표 9> 전답별 전품 분포

등급	면적(정보)		
	전	답	계
1등전	129	231	360
2등전	1,061	2,270	3,331
3등전	2,784	5,640	8,424
4등전	5,254	4,611	9,865
5등전	4,081	1,517	5,598
6등전	1,809	149	1,958
휴경전	33	1	34
계	15,151	14,419	29,570

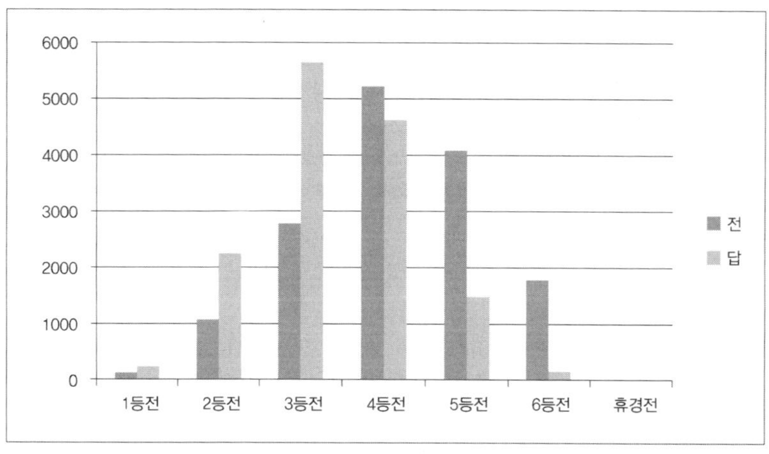

<표 10> 지주별 전품비교

등급	전체	역(驛)	명례궁	운현궁	개인	
					민응식	한성회
1등전	1.2	24.6	23.1	1.4	0.3	2.0
2등전	11.3	41.6	50.0	20.5	6.1	18.1
3등전	28.5	22.1	20.8	22.6	38.5	43.1
4등전	33.4	9.6	4.3	10.6	34.8	26.3
5등전	18.9	1.8	1.1	2.9	18.3	8.9
6등전	6.6	0.4	0.8	0	1.9	1.7
휴경전	0.1	0	0	0	0	0
계	100	100	100	100	100	100

【해설】

조선왕조의 왕실, 권력자, 양반가들은 상대적으로 양질의 토지를 소유하였고, 평민들이 소유한 토지는 상대적으로 토질이 낮았다. 그것은 충분히 예상할 수 있는 현상이다. 그러나 실제 그러한 차이가 어느 정도인지는 알 수 없었다. 한편 소유주의 입장에서는 실제 토질보다 전품이 낮게 책정될수록 이익이므로 권세가의 토지는 전품이 낮게 책정되고, 일반민의 토지는 반대로 높게 책정되었을 것이라고 추측하기도 했다.

이 표는 이 같은 의문을 해소하기 위해 충주의 대표적 대토지 소유자들을 유형별로 추출하고 그들의 소유지의 전품별 비율을 분석한 것이다. 역전은 충주의 최대 지주로 대표적인 관청소유지였다. 명례궁과 운현궁은 궁방전이다. 명례궁은 7궁 중 하나로 7궁 중에서도 대표적인 왕실재정기관이다. 운현궁 토지는 홍선대원군이 소유했던 토지로 궁방이기는 하지만 개인소유지의 성격이 강한 것이다. 개인지주 중에서는 민응식과 한성회를 선정했다. 민응식은 민씨가의 대표적인 관원으로 충주의 최대 지주였다. 한성회는 대소원동에 저택을 지닌 충주의 대표적인 토착지주 이다.

이 표에 의하면 이들 시주들의 소유지는 확실히 전체 평균보다 토지 등급이 높다. 그 중에서도 역전과 명례궁은 90%의 토지가 1~3등전이며, 1등전의 비율이 20% 이상일 정도로 전품이 압도적으로 높다. 이것은 국가기관, 왕실과 같은 공식 기관이 좋은 토지를 다량으로 차지하고 있고, 공공기관이라는 성격상 전품도 공정하 게 설정하고 있음을 보여준다.

반면에 운현궁, 민응식, 한성회의 토지는 평균 이상의 전품이기는 하지만 2, 3등전에서 우위를 보이고 1등전은 비슷한 비율이다. 이 중에서도 민응식의 토지는 전품이 가장 좋지 않다. 1, 2등전의 비율은 전체 평균보다도 낮고, 3, 4등전에 토지가 집중되어 있다. 이것은 민응식이 권력을 이용해서 전품을 낮게 책정했거나 한성회 같이 토착 기반과 정보력이 없기 때문에 이들만큼 양질의 토지를 확보하지 못했던 것으로 추정된다.

<표 11> 소유면적별 현황

구분	인원	백분율
무전민	8,693	24.51%
0.5정보 미만	15,462	43.60%
0.5~1.5정보	7,165	20.20%
1.5정보~5정보	3,224	9.09%
5정보 이상	920	2.59%
계	35,464	100.00%

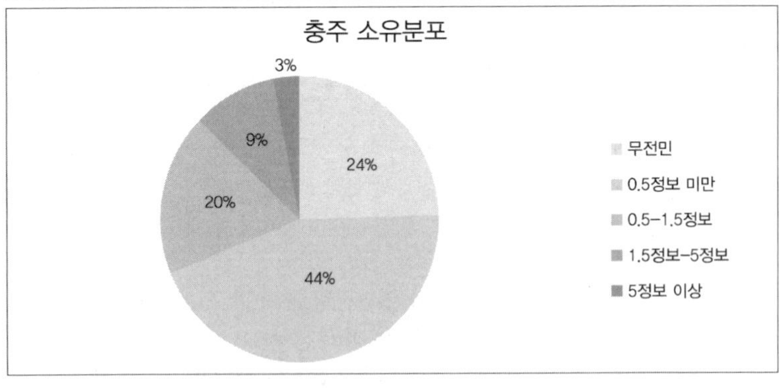

【해설】
　충주 양안에 등장하는 모든 시주와 시작의 소유지를 합산하고, 소유규모별로
분류하였다. 이전의 양안 연구에서는 시주만을 추출하여 그들의 소유구모를 분석했
으나 이 연구에서는 시작으로 기재된 인물도 추출한 뒤, 컴퓨터로 시주와 시작의
인명을 일일이 대조 비교하여, 이들 중 차경지만 있고 소유지는 없는 사람들을
무전민으로 추출, 분류했다.

<표 12> 차경면적별 현황

구분	인원	백분율
0.5정보 미만	15,213	69.7%
0.5~1.5정보	5,037	23.1%
1.5정보~5정보	1,491	6.8%
5정보 이상	85	0.4%
계	21,826	100.0%

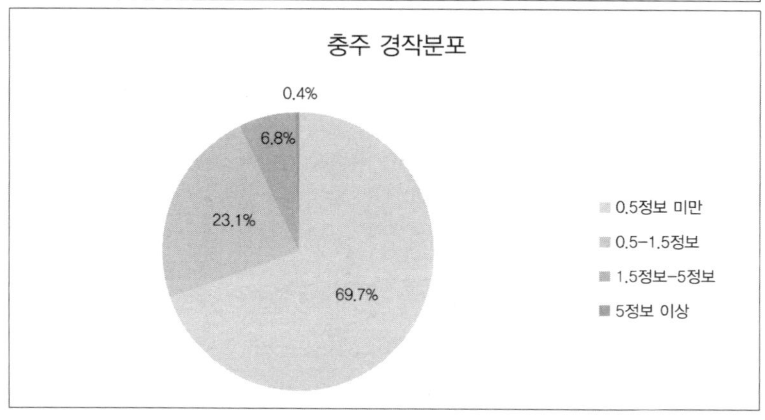

【해설】
　차경지는 양안에 시작으로 기재된 사람의 경작지를 합산한 것이다. 단 이 경우
시작과 시주가 일치하면 그것은 차경지가 아닌 자경지가 된다. 따라서 이런 자경지
는 제외하고 시주와 시작이 다른 순수한 차경지만을 합산하여 개인별 차경 면적을
추출하고, 차경지의 규모별 분포도를 정리하였다.

<표 13> 무전민의 차경지 현황

구분	인원	백분율
0.5정보 미만	6,792	78.14%
0.5~1.5정보	1,643	18.90%
1.5성보~5정보	250	2.88%
5정보 이상	7	0.08%
계	8,692	100.00%

<표 14> 호수와 가옥

총호수	초가	기와	
		초가+기와	기와
24,185	23,921	74	82

【해설】

　가옥수는 관청과 개인가옥, 사찰, 물레방아 등을 모두 합친 것이다. 실제 충주의 민호는 이보다는 적을 것이나 양안으로 민호를 엄밀히 판정하기는 곤란하다. 다만 관청, 창고, 사찰 건물 등은 그리 많지는 않아서 전체 호수에 큰 차이는 없다. 충주 양안에는 면별로 초가, 와가, 물레방아 등의 호수, 칸수를 정리해 놓았는데, 관청, 물레방아 등을 제외한 것이다. 그러나 이를 감안해도 숫자에서 전산통계와 차이가 많이 나는데 양안의 통계는 합산하는 과정에서 오류가 있었다고 추정된다.

<표 15> 충주 개인기와집

번호	면	지명	대주	가주	가옥규모(칸수)	
					초가	기와
1	가흥면	中洞垈	박상진	박상진	3	5
2	가흥면	上洞垈	역	박하렬	3	7
3	가흥면	右谷坪	박홍렬	박홍렬	5	5
4	가흥면	右谷坪	김천석	김천석	3	22
5	가흥면	中洞垈	원세옥	원세옥	3	5
6	가흥면	中洞垈	역	박상항	0	4
7	가흥면	長尾山洞垈	신태덕	신태덕	3	5
8	감물면	赤德洞	이종승	이종승	0	5
9	감물면	大相前坪	안경삼	안경삼	0	3
10	감물면	佛洞	이성익	이성익	4	3
11	감물면	山直村	이광우	구영준	0	6
12	감미면	롱下坪	박천봉	박천봉	0	10

13	감미면	右乃洞	박천봉	박천봉	0	9
14	감미면	城坪下	한규호	한규호	7	3
15	감미면	公山洞	김정득	김정득	0	10
16	거곡면	上梧甲垈	윤태원	윤태원	5	5
17	거곡면	下梧甲垈	신일대	신익회	10	3
18	거곡면	居谷垈	남궁표	김정남	0	12
19	금목면	道庄里	민영후	민영후	0	10
20	금목면	長峴里	정원영	정원영	5	5
21	금목면	晴日洞	이순거	이순거	3	6
22	금천면	琴亭	정필원	정필원	5	5
23	금천면	島里	정운형	정운형	15	2
24	금천면	光垈	정보원	정보원	7	5
25	남변면	一部垈	민귀돌	민귀돌	7	5
26	남변면	南部	조정삼	조정삼	0	9
27	남변면	氷峴	홍관화	홍관화	6	13
28	남변면	龍山垈	홍명학	홍명학	3	5
29	남변면	尙洞坪	이병찬	이병찬	2	3
30	남변면	上南部	홍명화	홍명화	3	8
31	남변면	上南部	손능근	손능근	0	9
32	김생면	玉江坪	윤태길	윤태길	0	10
33	김생면	玉江洞	김용하	김용하	0	10
34	김생면	月灘洞口	오정국	오정국	4	4
35	김생면	月灘洞口	정운일	정운일	0	10
36	김생면	盤松	이도춘	이도춘	0	17
37	김생면	梧坪洞	정복돌	정복돌	6	6
38	김생면	禾洞	이채	정해윤	3	10
39	노은면	下立場	신재관	신재관	0	10
40	노은면	思養洞	이병옥	이병옥	0	4
41	덕면	中里	김종오	안석이	0	8
42	덕면	社樂洞	임기대	임기대	5	5
43	덕산면	洑坪垈	윤명섭	윤명섭	13	15
44	덕산면	城內坪	곽수현	곽수현	9	4
45	동량면	茂洞	조연쇠	조연쇠	6	3
46	동량면	荷谷	이명좌	이명좌	0	9
47	동량면	朝遷	홍태권	홍태권	0	8
48	동량면	朝遷	김규익	김규익	0	9
49	동량면	龍臺	신태홍	신태홍	3	4
50	동량면	龍坮	신천손	신천손	0	9
51	동량면	龍坮	서상옥	서상옥	5	7

52	동량면	龍臺	서상령	서상령	5	10
53	동량면	雲橋	송득이	송득이	0	20
54	동량면	大也	김갑규	김갑규	0	25
55	동량면	下沙川	김학용	김학용	4	6
56	동량면	下沙川	이사면	이사면	2	5
57	북변면	內里	김만용	김만용	0	7
58	북변면	內里	김이매	김이매	0	6
59	북변면	御臨村	피정모	황영수	0	3
60	북변면	珠峰酒店	정세원	정세원	20	7
61	북변면	連原後坪	전충석	전충석	6	8
62	북변면	連原後坪	연원역	정운우	3	10
63	북변면	岐灘村	이상정	이상정	0	6
64	불정면	德室垈	김필배	김필배	4	5
65	불정면	開實垈	이태호	이태호	0	5
66	불정면	開實垈	이보영	이보영	6	5
67	불정면	開實一里垈	조동숙	조동숙	5	7
68	불정면	開實一里垈	안상량	안상량	5	5
69	산척면	小林	유완돌	유완돌	0	15
70	산척면	桂尺坪	이손이	이손이	0	8
71	살미면	梅南	이정화	이정화	0	9
72	살미면	栗谷前坪	김두한	우학경	0	4
73	살미면	新堂市基	권은	권은	8	7
74	살미면	龍洞	최송수	최송수	0	9
75	살미면	龍洞	최헌수	최헌수	9	14
76	살미면	武陵坪	최영수	최영수	7	7
77	살미면	新堂上坪	김영억	김영억	10	5
78	성동면	말馬洞	김상쇠	김상쇠	5	5
79	성동면	新昌洞垈	민형기	민형기	0	23
80	성동면	新昌洞垈	민병승	민병승	10	20
81	소태양면	月村垈	이건호	이건호	6	7
82	소태양면	月村垈	김규완	김규완	3	10
83	소태양면	月村垈	정헌섭	정헌섭	0	9
84	소태양면	陽村垈	안명원	안명원	3	4
85	소태양면	松洞垈	김진엽	김진엽	4	6
86	소태양면	佳亭垈	서영순	서영순	5	7
87	소태양면	福灘垈	권승만	권승만	0	12
88	소태양면	德隱垈	정희섭	정희섭	0	8
89	소태양면	德隱垈	정노섭	정노섭	5	10
90	신니면	毛陶院	김용준	김용준	2	4

91	신니면	本里	이기종	이기종	7	10
92	신니면	本里	윤우영	윤우영	8	5
93	엄정면	栗旨坪	정락원	박홍원	0	12
94	엄정면	內洞	이병찬	이병찬	8	10
95	엄정면	美谷洞	윤양계	윤양계	3	7
96	엄정면	內蒼洞	윤태경	윤태경	5	10
97	엄정면	里門洞	윤양계	윤양계	15	9
98	엄정면	新垈洞	김석조	김석조	0	7
99	엄정면	東道里	박봉규	이규석	0	7
100	엄정면	槐亭洞	안성규	안성규	4	3
101	엄정면	九萬里	윤양국	윤양국	0	5
102	엄정면	簇子洞	이장석	이장석	4	10
103	엄정면	簇子洞	이호성	이호성	7	7
104	엄정면	簇子洞	이천구	이천구	10	7
105	엄정면	江峴谷	이상엽	이상엽	0	15
106	엄정면	中葛洞	이건형	이건형	0	15
107	엄정면	中葛洞	이건오	이건오	0	14
108	엄정면	陵里洞	홍승철	홍승철	0	10
109	엄정면	內山溪	최보현	천성익	0	7
110	엄정면	外山溪	민병한	이선일	0	10
111	엄정면	外山溪	심상훈	심상훈	0	8
112	유등면	刹洞北邊	홍순형	박여성	5	5
113	율지면	水山西洞	이근수	이범수	2	5
114	율지면	水山東里	김우현	류호석	5	5
115	율지면	小탑洞	지여중	정진석	4	7
116	율지면	南倉洞	김용직	김용직	4	4
117	이안면	篤洞	김도일	김도일	0	10
118	이안면	大召院洞	한백영	김구수	5	4
119	이안면	大召院洞	한백영	한백영	0	30
120	이안면	大召院洞	한백영	한경회	0	25
121	이안면	大召院洞	한성회	한성회	15	13
122	천기읍면	上谷洞	이사용	이사용	4	10
123	천기읍면	上谷洞	이용선	이용선	10	8

<표 16> 초가 칸수별 호수

면	소계	1칸	2칸	3칸	4칸	5칸	6칸	7~9칸	10칸 이상
가차산면	327	0	105	127	47	33	10	5	0
가흥면	301	1	86	116	24	23	15	23	13
감물면	555	0	74	349	61	33	13	18	7
감미면	411	0	165	154	49	30	5	8	0
거곡면	616	0	231	254	72	42	5	6	6
금목면	895	0	480	249	100	47	9	7	3
금천면	447	0	227	116	31	32	13	18	10
김생면	375	0	80	202	49	21	12	8	3
남변면	1,068	1	232	514	97	84	51	56	33
노은면	947	1	218	519	123	47	19	17	3
대도곡면	278	0	61	131	41	24	10	7	4
덕면	596	0	133	282	54	59	24	34	10
덕산면	1,172	57	398	434	112	109	33	23	6
동량면	1,031	0	251	523	121	93	20	20	3
두의면	264	0	36	165	31	21	6	4	1
맹동면	873	0	181	405	122	80	32	45	8
법왕면	476	0	136	171	80	38	19	22	10
복성면	777	0	138	409	86	75	24	32	13
북변면	1,138	0	327	497	109	89	42	45	29
불정면	767	0	304	243	106	69	17	25	3
사다산면	367	0	145	123	34	32	17	9	7
사이면	425	0	174	163	57	19	1	11	0
산척면	963	0	82	693	89	79	8	11	1
살미면	1,168	2	286	584	152	75	29	31	9
생동면	718	0	174	336	87	52	16	37	16
소태양면	794	1	147	333	128	97	49	29	10
소탄면	190	0	39	81	24	25	9	11	1
소파면	513	1	179	217	63	37	5	8	3
신니면	496	0	221	174	57	27	13	2	2
신석면	759	41	253	256	67	48	36	46	12
앙엄면	518	2	97	248	52	57	13	35	14
엄정면	1,200	0	153	656	145	108	47	61	30
유등면	548	0	82	256	85	63	28	31	3
율지면	319	0	42	156	44	33	20	18	6
이안면	622	0	60	338	86	61	18	42	17

주류면	395	0	40	259	50	17	10	12	7
지내면	403	0	142	195	16	33	6	6	5
천기음면	210	0	51	107	23	19	6	2	2
계	23,922	107	6,230	11,035	2,774	1,931	710	825	310

<표 17> 주요 관청과 공공건물

기관명		면적(정보)	건물규모(칸수)	
			초가	기와
공해고(公廨庫)		0.11	0	15
공해익랑(公廨翼廊)		0.27	0	6
향교		0.3	0	80
교동영당(校洞影堂)		0.13	0	0
관아	내아	0.08	19	0
	외아	0.28	0	37
	부아(府衙)	0.92	0	129
동문		0.09	0	0
남문		0.05	0	0
북문		0.07	0	0
동창		0.10	0	10
군기소		0.09	0	19
병참소		0.43	6	30
봉세청(棒稅廳)		0.01	0	3
사령청		0.04	0	17
성역도청(城役都廳)		0.09	14	0
세무청		0.07	0	7
세창		0.06	0	20
소학교		0.19	0	12
수문청		0.02	0	3
영청(營廳)		0.05	0	12
옥터		0.39	0	0
우체사		0.26	0	10
장청(將廳)		0.06	0	8
종계소(種繼所)		0.11	0	6
창사		0.05	3	0
충열사		7.06	36	24
형방청		0.07	0	11

【해설】

양안에는 충주에 있던 각종 관청과 대지, 건물의 규모, 칸수가 수록되어 있다. 이 관청 건물들은 그 터가 전해지는 곳도 있지만, 위치가 잘못 알려진 곳도 있다. 양안 기록을 잘 살펴보면 충주의 관청 종류와 위치를 파악하는데 큰 도움이 된다. 특히 건물의 규모, 칸수는 다른 자료에서는 파악할 수 없는 내용들이다.

흥미 있는 사실은 전통 관청 외에 소학교, 우체사, 경무청, 세무청, 우두 접종을 담당한 종계소와 같은 근대식 관청들이 있다는 것이다. 이런 관청들은 여주나 진천 같은 군 단위에서는 발견되지 않는다. 아마도 1900년 초에 충주와 같은 도청소재지 급에 먼저 설치가 되었던 것 같다. 이런 사실은 문헌자료에서 확인할 수 있지만, 그 규모와 위치를 보여주는 자료는 양안이 유일하다. 특히 우체사, 종계소 등이 적지 않은 대지와 건물을 차지하고 있다는 사실은 당시 이 새로운 관청에 거는 정부의 기대와 노력을 보여준다.

내아는 감사의 가족이 거주하는 사택인데, 모두가 초가로 된 것이 특이하다. 19세기 말에 대화재로 충주 관청이 소실된 사건이 일어났다. 동헌인 청령헌은 1870년에 복구했는데, 내아까지는 완전히 복구하지 못했던 것일 수도 있다.

향청이나 전각 중에는 충주 지도나 충주 군지에 나오지만 양안에는 없는 것들도 있다. 이것은 외아, 부아가 합하여 160여 칸으로 기록된 데서 알 수 있듯이 관청 안에 있는 건물은 일일이 표기하지 않은 탓인 듯하다. 그 결과 우체사, 장청 등과 같이 관청 건물과 떨어져 존재하던 건물들만 표기된 것 같다.

<표 18> 충주의 사찰, 교회

명칭	소재지	면적 (정보)	건물		비고
			초가	기와	
상덕주사(上德周寺)	덕산면 월악산	1.0	0	53	현존
하덕주사(下德周)	덕산면 월악산	0.3	5	6	현존
고산사(高山寺)	덕산면 용암대	0.07	0	10	현존
금강암(金剛菴)	거곡면 비아곡	0.07	4	0	
미륵당	신석면 원대동	0.02	0	0	건물없음
백운사(白雲寺)	엄정면 백운산	0.04	0	14	현존
보덕암(普德菴)	덕산면 몽충평	0.1	0	11	
봉선사(奉仙寺)	(덕산면 사평?)	1.6	0	0	건물없음
약사(藥寺)	남변면 단월대	0.1	0	3	
창룡사(倉龍寺)	(직봉산)	미상	미상	미상	현존
청룡사(靑龍寺)	남변면 중직동	0.3	0	15	현존?
청룡암	소태양면 오량	0.03	0	3	현존
양교당(洋敎堂)	거곡면 매산	0.5	3	22	현존

【해설】

　양안에 기록된 충주의 사찰이다. 상덕주사는 현재 기단으로 둘러싸인 터만 남아 있는데, 이 터의 면적이 양안의 기록과 거의 같아 양안의 정확성을 보여준다. 하덕주사는 현재의 덕주사로서 당시에는 규모가 훨씬 작았음을 보여준다. 그러나 모든 기록이 정확한 것은 아니다. 미륵당과 봉선사는 건물이 기록되어 있지 않고 소유 토지만 보인다. 타지의 사찰이 충주에 토지를 가지고 있을 가능성도 있다. 가장 이상한 것은 창룡사로서 창룡사의 건물이 충주 동헌을 복원할 때 사용되었을 정도로 규모가 있는 사찰이었다. 그러나 이 공사의 여파 때문인지 충주 양안에는 사찰 소유의 토지만 기록하고 사찰은 기록하지 않았다. 청룡암은 원래는 청룡사로서(표에 있는 청룡사와는 다른 사찰임) 숙종, 영조때까지도 번영을 누리던 사찰이었다. 현재도 이 터에는 1394년에 세운 청룡사보각국사정혜원륭탑(국보 197호) 등 국보급 유물이 남아 있다. 터에 남아 있는 청룡사 위전비석에 의하면 상당한 토지도 보유하고 있었다. 그러나 광무 연간에는 이미 폐사에 가깝게 몰락하여 기와 3칸의 암자만 겨우 남아 있음을 보여준다.

　양교당은 황현의 『매천야록』에도 기록된 민응식의 저택이다. 임오군란 때 명성왕후가 이 집으로 피난했었다. 후에 의병에 의해 화재로 소실되고 일부 건물만 남아 있었던 것을 천주교단에서 구입하여 매괴성당을 세웠다. 그것이 이 양교당으로 기와 22칸 규모임을 보여준다. 나중에 매괴성당은 원 위치에서 조금 높은 언덕 위에 새로 건축되었다. 현재 이 자리에는 매괴여자중고등학교가 자리잡고 있다.

<표 19> 상위 기관 토지소유자

순위	시주	시주(한자)	면적(정보)	분류
1	역	驛	374.4	역전
2	설포청	設砲廳	57.9	관둔전
3	명례궁	明禮宮	36.5	궁방전
4	군기감	軍器監	32.5	관둔전
5	대소원동	大召院洞	26.1	동전
6	운현궁	雲峴宮	20.9	궁방전
7	사복시	司僕寺	20.6	관둔전
8	교궁	校宮	20.3	향교전
9	관둔전	官屯田	14.5	관둔전

【해설】

　충주의 지주 중 개인이 아닌 기관, 단체 소유자를 순위대로 정리한 것이다. 토지를 소유한 기관, 단체도 500개 이상으로 상당히 많다. 그러나 10위부터는 소유면적이 한자리수 대 이하로 급격히 적어져서 9위까지만 표기했다.

가장 많은 토지를 소유한 기관은 374정보인 역이다. 이는 개인, 기관을 망라한 최대 규모이다. 충주에는 단월, 연원, 안보, 수산 4개 역이 있는데, 양안에는 이를 구분해서 표기한 것도 있고, 그렇지 않은 것도 있어서 역별 전답 규모는 파악할 수 없다.

이처럼 역전이 지주 순위에서 1위를 하는 현상은 대부분의 군현에서 공통된 현상으로 역전은 토지 규모도 많을 뿐 아니라 전품도 최상등의 토지로 구성되어 있다. 한말에 역전의 수세문제, 역둔토의 토지소유 문제가 지속적으로 발생한 사정을 잘 보여준다.

설포청과 군기감의 둔전이 2위와 3위를 하고 있는 것은 국가 재정에서 군사비 명목의 재정 비중이 높았음을 보여준다. 특이한 것은 대소원동의 동전이 26정보로서 전체 5위에 올라 있다는 사실이다. 대소원동에 많은 동전이 설정된 배경은 앞으로의 탐구과제이다. 대소원동의 규모에는 미치지 못하지만 전천, 여주와 비교해서 충주에는 동전, 동답이 많다. 비교대상이 적어 충주의 동전과 동답의 규모가 이례적인 것인지는 확인할 수 없지만 군현마다 그 규모가 크게 다른 것은 흥미로운 사실이라고 생각된다.

<표 20> 충주 1~500위 지주(개인) 단위 : 정보

순위	이름	이름(한자)	소유지	차경지	자경지
1	민응식	閔應植	144.63	0.02	1.16
2	민병한	閔丙漢	123.82	0.00	0.39
3	홍순형	洪淳迥	109.68	0.00	1.50
4	한성회	韓聖會	105.65	1.09	10.55
5	민형식	閔亨植	89.36	0.00	1.43
6	한경회	韓敬會	83.47	0.73	24.56
7	민병석	閔丙奭	80.87	0.00	0.00
8	이종건	李鐘健	72.36	0.00	3.15
9	민병승	閔炳承	72.02	0.00	11.89
10	김영시	金永始	69.96	0.00	0.64
11	김갑규	金甲圭	68.14	0.00	7.58
12	이종태	李鍾泰	68.00	0.26	9.56
13	김용규	金用圭	66.71	0.65	3.33
14	민영준	閔泳駿	63.79	0.00	0.00
15	한백영	韓百英	61.11	0.15	4.88
16	조순구	趙順九	58.66	0.00	4.76
17	민형기	閔衡基	55.77	0.00	4.52
18	홍정희	洪正熹	51.77	0.00	15.74

19	정보원	鄭普源	50.00	0.50	3.66
20	조장복	趙長卜	49.17	0.00	12.16
21	구형조	具亨祖	48.45	0.00	9.89
22	정필원	鄭弼源	47.56	0.00	5.40
23	민만돌	閔萬乭	44.67	5.75	0.04
24	민영익	閔泳翊	42.27	0.00	0.67
25	김정규	金貞圭	42.14	0.00	0.00
26	윤우영	尹友榮	40.72	0.00	13.10
27	윤양계	尹養桂	40.69	0.00	8.11
28	조형하	趙衡夏	40.05	0.62	3.15
29	김병석	金炳錫	39.69	0.14	1.60
30	조동윤	趙東允	39.03	0.00	0.00
31	정세원	鄭世原	38.95	0.00	3.04
32	정규원	鄭圭源	38.92	0.15	6.95
33	이도춘	李道春	38.88	0.28	18.87
34	홍승인	洪承仁	38.63	0.07	11.36
35	박대현	朴大鉉	38.20	0.06	5.91
36	이우상	李祐相	38.12	0.12	0.97
37	이순길	李順吉	38.11	1.54	6.87
38	민순만	閔順万	37.06	1.38	5.17
39	이만석	李萬石	36.46	7.86	18.27
40	김달수	金達壽	35.70	0.09	11.12
41	심상훈	沈相薰	35.19	0.00	0.14
42	김도일	金道一	32.99	0.62	10.74
43	이순거	李順居	32.80	3.57	16.67
44	이민응	李珉應	31.76	0.00	4.20
45	이근배	李根背	31.46	0.41	7.85
46	민정식	閔定植	31.44	0.19	3.96
47	김규룡	金奎龍	31.15	0.59	13.52
48	홍두희	洪斗憙	31.06	0.00	9.61
49	정해륜	鄭海崙	29.99	0.80	1.03
50	박경양	朴敬陽	29.90	0.11	13.02
51	한대성	韓大成	29.62	4.43	10.35
52	김규홍	金圭興	29.23	0.00	4.93
53	정해윤	鄭海崙	29.15	0.10	0.31
54	김가진	金嘉鎭	29.07	0.10	1.09
55	김선수	金宣洙	29.07	0.00	0.26
56	홍성칠	洪成七	28.81	9.31	19.36

57	박수안	朴壽安	28.72	0.00	0.00
58	김인수	金仁壽	28.67	0.63	6.75
59	조군서	趙君西	27.89	2.65	4.25
60	이철운	李哲云	27.40	0.18	1.75
61	이병찬	李炳瓚	27.09	0.05	9.28
62	이우규	李禹圭	27.06	0.07	0.06
63	김윤식	金允式	27.03	0.26	10.03
64	김우현	金禹玄	26.96	0.25	11.42
65	정복돌	鄭卜乭	25.73	0.83	23.08
66	정태영	鄭太永	25.70	0.32	3.89
67	김덕수	金德水	25.61	4.35	18.47
68	이용직	李容稷	25.40	1.11	22.91
69	김성택	金性澤	24.95	0.59	2.03
70	이억석	李億石	24.26	0.07	15.25
71	이만영	李萬榮	24.21	2.15	11.99
72	이정화	李正化	24.09	1.08	12.00
73	이복용	李卜用	23.80	2.30	7.66
74	박천봉	朴千鳳	23.69	0.13	3.15
75	이필영	李必永	23.57	0.09	7.71
76	김용적	金用積	23.52	0.00	2.44
77	최영수	崔永水	23.31	0.70	20.01
78	이근수	李根秀	23.30	2.74	1.33
79	홍순익	洪淳益	23.26	0.06	14.60
80	윤태경	尹太景	23.23	0.26	5.83
81	이태호	李泰浩	23.15	0.27	10.68
82	이시영	李始榮	23.13	1.72	15.96
83	김백만	金伯万	22.80	3.74	11.68
84	권명섭	權命燮	22.72	0.02	13.77
85	권일선	權一先	22.63	0.00	10.08
86	이준명	李俊明	22.57	0.07	0.36
87	민완식	閔完植	22.55	0.01	6.18
88	민영철	閔泳喆	22.51	0.05	2.30
89	신용균	申用均	22.40	0.26	10.81
90	홍승철	洪承轍	22.27	0.02	5.50
91	한백승	韓百升	22.17	0.00	0.94
92	권은	權水隱	22.11	0.00	6.98
93	정두교	鄭斗敎	21.95	0.00	6.09
94	김현국	金顯國	21.89	0.00	4.88

95	신직현	申稷鉉	21.61	0.00	10.25
96	김정원	金正元	21.51	0.59	10.72
97	민수근	閔水根	21.45	0.00	2.03
98	박상우	朴相雨	21.12	0.09	3.00
99	조동혹	趙東或	20.92	0.00	1.95
100	조윤문	趙允文	20.91	0.00	1.64
101	한규설	韓圭卨	20.74	0.00	0.33
102	민영우	閔泳愚	20.63	0.00	0.00
103	김각규	金珏圭	20.61	0.05	1.33
104	박석현	朴奭鉉	20.50	0.00	8.57
105	조운서	趙雲瑞	20.50	0.66	9.03
106	한순길	韓順吉	20.39	0.04	2.18
107	정운형	鄭雲亨	20.32	0.00	2.81
108	이화구	李華九	20.15	0.00	2.28
109	홍대식	洪大植	19.98	0.00	1.58
110	김득이	金得伊	19.76	0.29	3.33
111	한국동	韓國東	19.45	0.00	15.84
112	김형규	金衡圭	19.38	0.00	0.00
113	권재항	權在恒	19.37	0.00	11.17
114	김구수	金求秀	19.27	0.13	1.47
115	김용화	金龍化	19.26	1.23	6.28
116	이창묵	李昌默	19.25	4.35	4.95
117	김연규	金蓮圭	19.23	1.31	7.66
118	임동식	林東植	19.14	0.00	13.57
119	장창석	張昌石	19.05	0.02	1.86
120	윤희건	尹希謇	18.88	0.00	3.63
121	임대준	任大準	18.82	0.00	2.89
122	김기영	金基泳	18.81	0.00	7.03
123	김성오	金成五	18.65	8.35	14.10
124	김두락	金斗洛	18.44	0.00	2.60
125	한종회	韓鍾會	17.87	0.00	1.74
126	오학수	吳學壽	17.87	0.00	11.66
127	박하현	朴夏鉉	17.85	0.03	3.62
128	이희서	李熙西	17.80	0.20	13.70
129	강삼이	姜三伊	17.69	0.00	1.00
130	이선일	李善一	17.65	1.74	6.51
131	이기종	李起鍾	17.57	1.32	5.46
132	이한영	李漢永	17.57	0.00	1.90

133	서상령	徐相齡	17.54	0.00	12.84
134	김무쇠	金茂釗	17.53	0.19	17.27
135	윤대성	尹大成	17.42	0.00	6.48
136	이희직	李喜直	17.40	0.21	4.28
137	박오복	朴五卜	17.33	0.25	13.41
138	신학이	申學伊	17.23	0.00	10.24
139	민대득	閔大得	17.04	0.00	8.67
140	이희원	李喜元	17.03	0.18	8.18
141	이상회	李相會	16.70	2.12	2.17
142	안효승	安孝承	16.68	0.00	9.44
143	이용선	李容善	16.55	1.65	9.64
144	민영후	閔泳厚	16.53	0.53	8.26
145	홍종악	洪鍾岳	16.52	0.00	0.23
146	이덕현	李德玄	16.50	1.32	1.58
147	윤용식	尹容植	16.49	0.00	0.83
148	서만석	徐萬石	16.46	0.03	9.67
149	정해식	鄭海植	16.44	0.00	10.76
150	김창식	金昌植	16.37	1.50	7.53
151	임백현	林百玄	16.25	0.10	6.37
152	이종필	李鍾必	16.21	0.10	7.11
153	정순화	鄭順化	15.94	0.81	12.77
154	이만손	李萬孫	15.93	2.94	14.09
155	정원영	鄭元永	15.90	1.24	11.15
156	김만수	金萬水	15.71	2.51	14.40
157	이덕홍	李德興	15.65	0.27	5.53
158	이금복	李今卜	15.64	1.03	5.59
159	김치순	金致順	15.45	2.21	13.86
160	윤원재	尹元在	15.38	0.00	2.07
161	백남규	白南圭	15.34	1.20	10.17
162	조동옥	趙東玉	15.24	0.36	1.52
163	오건수	吳建秀	15.16	0.00	6.98
164	신기현	申基鉉	15.15	0.52	5.09
165	박경구	朴敬九	15.08	0.00	9.50
166	김현주	金顯주	15.01	1.73	6.63
167	이상익	李商翼	14.88	0.50	8.92
168	윤홍식	尹弘植	14.85	0.48	6.05
169	이철호	李哲浩	14.84	0.05	9.66
170	조귀철	趙貴哲	14.62	0.00	1.56

171	이덕성	李德成	14.54	0.75	10.57
172	최선주	崔善柱	14.49	4.96	9.34
173	한승회	韓承會	14.36	0.00	1.19
174	이재순	李載純	14.36	0.02	0.16
175	민동식	閔炯植	14.36	0.66	0.43
176	민관식	閔觀植	14.32	0.00	0.00
177	신백만	申百萬	14.31	0.00	6.99
178	정만석	鄭萬石	14.30	1.07	2.24
179	홍순원	洪順元	14.26	0.00	13.87
180	이규회	李奎會	14.26	0.07	2.56
181	정원석	丁元石	14.20	0.02	14.15
182	이귀성	李貴成	14.15	0.01	4.36
183	권승만	權承萬	14.12	0.21	3.99
184	강우형	姜友馨	14.12	0.00	0.04
185	안지승	安志承	14.11	0.00	2.03
186	이우영	李佑永	14.04	0.07	9.35
187	홍순갑	洪順甲	14.00	0.00	3.48
188	이명여	李明汝	13.89	1.77	5.89
189	이병혁	李炳赫	13.88	0.00	8.31
190	정성오	鄭成五	13.86	0.53	2.66
191	류홍규	柳洪圭	13.75	0.00	0.35
192	이우삼	李友三	13.70	0.32	1.03
193	홍원길	洪元吉	13.65	0.00	8.34
194	김인석	金仁石	13.59	0.42	1.75
195	이용덕	李容德	13.56	0.00	8.22
196	이용원	李容元	13.54	0.17	11.87
197	이성재	李性宰	13.43	1.62	6.24
198	정운영	鄭運永	13.42	0.89	11.80
199	김영수	金永壽	13.42	7.29	11.15
200	민용학	閔龍學	13.41	0.00	6.60
201	임백신	任百侁	13.34	0.00	1.12
202	홍우학	洪遇學	13.27	0.07	1.69
203	윤공일	尹公一	13.15	1.61	8.00
204	김규익	金奎翼	13.02	0.02	11.84
205	권풍식	權豊植	13.01	0.00	5.56
206	김용직	金容直	12.88	0.28	5.31
207	김장식	金長植	12.83	0.00	1.60
208	안필중	安必中	12.82	0.08	7.05

209	신태희	申台凞	12.80	0.05	2.60
210	이천만	李千萬	12.78	2.11	10.29
211	이덕영	李德英	12.77	0.07	5.14
212	이건상	李建相	12.76	0.00	9.13
213	김영전	金永典	12.76	0.00	0.00
214	이응상	李膺相	12.65	0.00	6.15
215	권귀정	權貴丁	12.59	0.00	5.75
216	조순길	趙順吉	12.57	0.08	2.64
217	피덕술	皮德術	12.53	0.00	0.70
218	윤약대	尹若大	12.52	0.00	2.66
219	윤태영	尹泰榮	12.48	0.07	4.95
220	전창묵	全昌默	12.43	0.23	11.29
221	김도연	金道然	12.39	0.00	10.81
222	홍승경	洪承敬	12.35	0.37	6.46
223	김두한	金斗漢	12.31	0.00	0.26
224	최덕영	崔德永	12.26	0.01	4.88
225	조득용	趙得用	12.25	0.00	0.93
226	최복득	崔卜得	12.21	0.07	11.18
227	정만억	鄭萬抑	12.19	0.28	11.48
228	이건호	李建浩	12.15	2.20	8.78
229	김천석	金千石	12.14	4.29	8.73
230	이춘득	李春得	12.13	0.53	5.57
231	정덕원	鄭德元	12.10	12.09	7.16
232	이용적	李容迪	12.06	0.00	4.85
233	박운종	朴雲鍾	12.06	0.00	0.00
234	이문용	李文用	12.04	0.37	8.62
235	구연호	具然浩	12.04	0.37	2.57
236	이용학	李龍學	12.00	1.17	5.76
237	정운철	鄭雲哲	11.95	0.00	0.00
238	권천만	權千萬	11.91	0.00	1.08
239	전충석	全忠石	11.89	0.29	4.18
240	한준회	韓俊會	11.88	0.89	6.41
241	조종명	趙鐘鳴	11.86	0.00	3.67
242	김화실	金化實	11.86	1.87	8.56
243	현흥원	玄興元	11.84	0.00	7.13
244	이옥이	李沃伊	11.80	0.00	2.14
245	이억배	李億倍	11.71	0.00	0.23
246	남정규	南廷奎	11.71	0.04	5.88

247	이석구	李錫九	11.65	0.85	5.64
248	정운교	鄭雲喬	11.64	0.70	1.92
249	구흥조	具興祚	11.61	0.14	7.06
250	김종벽	金宗璧	11.59	1.00	8.71
251	조태륜	趙泰崙	11.58	0.00	9.23
252	윤대흥	尹大興	11.57	0.00	0.90
253	신세균	申世均	11.55	0.73	7.71
254	오경수	吳京守	11.54	0.00	7.32
255	이명수	李明壽	11.52	0.54	5.55
256	박성근	朴成根	11.48	0.95	10.30
257	윤상학	尹尙學	11.47	0.00	1.49
258	한시동	韓始東	11.40	0.00	0.52
259	홍승필	洪承弼	11.39	0.30	2.92
260	김복겸	金卜兼	11.37	0.00	0.00
261	경석홍	慶錫洪	11.34	0.05	7.90
262	정산여	鄭山汝	11.32	0.33	1.48
263	이우용	李雨用	11.32	0.02	6.22
264	구경조	具敬祖	11.32	2.18	4.96
265	이문흠	李文欽	11.29	0.00	0.96
266	이시재	李始宰	11.27	0.00	2.70
267	민진쾌	閔辰快	11.25	0.00	5.43
268	김사원	金士元	11.22	3.69	9.43
269	정윤경	鄭允敬	11.12	0.26	2.53
270	권용종	權用宗	11.11	0.16	6.75
271	민재홍	閔在洪	11.10	1.49	5.10
272	조동희	趙東熙	11.09	0.00	5.73
273	민영옥	閔泳玉	11.08	0.00	1.77
274	안종봉	安鐘鳳	11.07	0.00	0.00
275	정운상	鄭雲尙	10.98	2.28	4.98
276	이희필	李喜必	10.98	0.02	5.05
277	김도흠	金道欽	10.96	0.04	1.96
278	이원구	李元九	10.94	0.87	10.27
279	정대위	丁大緯	10.92	0.00	0.60
280	황승지	黃升知	10.91	0.00	4.97
281	백남수	白南秀	10.86	0.17	5.49
282	정운탁	鄭雲卓	10.85	0.70	1.44
283	이필세	李弼世	10.82	0.00	3.83
284	김운경	金云京	10.80	1.63	7.08

285	이상엽	李相燁	10.80	0.05	2.47
286	권용갑	權用甲	10.79	0.00	7.75
287	조필원	趙弼元	10.73	0.01	5.97
288	이중현	李中鉉	10.68	2.30	2.82
289	긴현문	金顯文	10.61	0.74	6.26
290	진상만	陳上萬	10.56	0.13	9.95
291	한택회	韓宅會	10.56	0.30	2.49
292	민순흥	閔順興	10.52	0.01	0.00
293	김중협	金重憛	10.52	0.97	7.21
294	이응래	李應來	10.50	0.14	8.62
295	최영식	崔榮植	10.49	1.19	7.32
296	이희일	李喜一	10.49	0.42	8.47
297	이직곤	李直坤	10.45	0.00	5.03
298	정인필	鄭寅弼	10.44	0.04	5.03
299	단덕선	段德先	10.43	0.00	0.00
300	조만석	趙萬石	10.42	0.22	5.74
301	김영한	金榮漢	10.40	0.02	1.44
302	송득이	宋得伊	10.39	0.09	9.22
303	김태수	金泰洙	10.39	0.00	2.27
304	류동근	柳東根	10.33	2.73	5.94
305	송재화	宋在化	10.32	0.00	0.00
306	민영기	閔泳綺	10.32	0.40	0.00
307	김순대	金順大	10.31	2.79	1.43
308	임재호	林在好	10.23	0.18	4.60
309	신태덕	申泰德	10.21	0.00	5.03
310	이호성	李浩聖	10.17	0.01	1.76
311	이희동	李喜東	10.16	1.06	6.99
312	임원식	林原植	10.15	0.00	4.26
313	황한주	黃漢周	10.14	0.75	6.52
314	이용철	李容哲	10.12	0.56	4.45
315	한백준	韓白俊	10.10	0.00	0.55
316	서창순	徐昌淳	10.09	0.00	5.09
317	김종오	金宗五	10.07	0.00	5.78
318	허선	許墡	10.05	0.12	8.70
319	이방인	李方仁	10.00	0.00	4.15
320	윤수돌	尹水乭	10.00	0.44	3.27
321	이정관	李正官	9.90	1.57	8.24
322	최상옥	崔上玉	9.88	1.98	4.83

323	이원재	李元宰	9.86	1.55	3.35
324	오대근	吳大根	9.84	0.00	6.42
325	어정락	魚定洛	9.83	0.00	6.97
326	이순익	李順翼	9.81	0.38	1.33
327	김용묵	金容默	9.77	0.11	2.56
328	최명득	崔命得	9.77	0.00	8.82
329	이규식	李圭式	9.77	0.00	2.28
330	김용복	金龍卜	9.77	0.37	3.13
331	이병식	李秉植	9.76	1.63	6.90
332	김성운	金聖云	9.76	5.04	6.76
333	홍종대	洪鍾大	9.75	0.00	4.21
334	한석숭	韓石崇	9.73	0.35	1.43
335	김만석	金萬石	9.71	6.43	7.63
336	조준행	趙駿行	9.69	0.00	2.02
337	이홍석	李弘石	9.68	0.00	2.29
338	이백현	李白玄	9.62	0.78	6.11
339	이성오	李成五	9.61	6.02	8.09
340	엄덕호	嚴德浩	9.54	1.34	5.44
341	조치문	趙治文	9.46	0.63	5.29
342	이국영	李國榮	9.44	0.00	7.38
343	김순복	金順卜	9.43	6.17	8.73
344	최현순	崔顯順	9.41	0.07	4.17
345	박인수	朴仁水	9.37	1.77	8.30
346	강문영	姜文瑛	9.36	0.00	5.75
347	어용학	魚用學	9.35	0.00	4.78
348	안명집	安明集	9.34	4.38	5.48
349	정기영	鄭奇永	9.29	0.45	8.09
350	김상익	金商益	9.29	1.96	7.94
351	양한교	梁漢交	9.29	0.00	9.26
352	이재설	李裁設	9.28	0.00	0.00
353	신명집	辛命集	9.28	0.00	8.46
354	김인제	金仁濟	9.26	0.74	9.26
355	이정표	李正杓	9.24	0.00	4.04
356	백남효	白南孝	9.21	0.00	2.59
357	조용구	趙龍九	9.20	0.15	3.57
358	정찬용	鄭贊鎔	9.19	0.00	0.22
359	권재영	權在英	9.19	0.06	4.78
360	김응칠	金應七	9.18	3.89	5.75

361	김용을	金用乙	9.17	0.00	2.28
362	정운화	鄭雲華	9.14	1.18	6.88
363	유한익	劉漢翼	9.13	0.00	1.40
364	박승근	朴承根	9.11	0.05	6.27
365	이승오	李承五	9.07	0.85	0.52
366	최학수	崔學水	9.05	0.01	7.66
367	박봉규	朴鳳奎	9.04	0.05	0.28
368	정노섭	丁魯燮	9.04	0.00	5.10
369	이용흠	李龍欽	9.00	0.83	4.98
370	김성보	金性甫	8.98	4.24	6.20
371	조헌구	趙憲九	8.98	0.00	0.00
372	우창기	禹昌起	8.97	0.00	7.89
373	유치규	兪致珪	8.96	0.07	8.48
374	이종근	李鍾根	8.95	0.00	0.00
375	서상윤	徐相閏	8.93	0.40	0.26
376	김필배	金弼培	8.90	0.11	4.59
377	이사득	李士得	8.90	1.72	5.42
378	이희석	李喜石	8.89	0.97	6.90
379	이규승	李奎承	8.88	0.00	4.02
380	정진태	鄭眞泰	8.88	0.00	2.18
381	이정로	李正老	8.86	1.10	0.60
382	정치영	鄭致永	8.86	0.34	8.81
383	최명서	崔明西	8.84	2.28	7.84
384	이득복	李得卜	8.83	0.00	2.64
385	민병돈	閔炳敦	8.82	0.16	0.38
386	김성락	金成洛	8.81	0.48	8.53
387	심돌명	沈乭明	8.81	0.00	2.96
388	한규호	韓奎浩	8.79	0.00	2.55
389	이원서	李元西	8.79	4.35	8.49
390	이흥복	李興福	8.78	2.02	2.94
391	윤억만	尹億萬	8.76	0.97	4.74
392	민영수	閔泳壽	8.76	0.10	2.02
393	황명주	黃命周	8.75	0.00	7.26
394	한규직	韓圭直	8.74	0.00	0.00
395	곽수현	郭秀鉉	8.74	0.01	1.34
396	황원현	黃元顯	8.72	0.00	7.18
397	안경중	安敬中	8.72	0.29	6.16
398	권덕문	權德文	8.67	0.00	5.26

399	홍윤식	洪允植	8.64	0.08	6.37
400	김건규	金健圭	8.63	0.50	0.44
401	최창기	崔彰基	8.62	0.04	6.08
402	김진협	金鎭協	8.62	0.00	1.27
403	장보형	張甫衡	8.59	0.00	6.78
404	권용창	權用昌	8.58	0.00	3.44
405	신복균	申福均	8.58	0.38	7.35
406	이기호	李基浩	8.58	0.02	5.03
407	임순옥	林順玉	8.58	0.15	7.13
408	이원기	李元基	8.57	0.63	6.01
409	민영순	閔泳純	8.57	0.00	0.00
410	윤태원	尹泰源	8.54	0.20	5.95
411	이겸구	李謙求	8.54	0.00	8.39
412	이병호	李秉浩	8.48	1.21	7.59
413	한정현	韓正鉉	8.48	0.00	5.40
414	이천구	李天九	8.47	0.00	1.55
415	윤두영	尹斗榮	8.46	0.02	4.27
416	김치문	金致文	8.45	3.60	8.26
417	김성칠	金成七	8.45	2.60	7.22
418	채정석	蔡正錫	8.44	0.00	0.30
419	심능일	沈能一	8.43	0.00	7.53
420	이계필	李繼弼	8.42	0.00	7.04
421	유학준	兪學濬	8.42	0.47	3.03
422	오태성	吳太成	8.40	0.00	4.61
423	정규형	鄭圭亨	8.38	0.00	7.53
424	장광지	張光之	8.38	0.08	4.51
425	이호석	李好石	8.34	0.38	7.83
426	이교린	李敎獜	8.34	1.72	5.84
427	김덕여	金德汝	8.33	2.48	7.36
428	김규완	金奎完	8.29	0.74	1.78
429	김성진	金星鎭	8.28	1.55	7.36
430	김명서	金明瑞	8.27	5.16	7.03
431	이규복	李圭復	8.27	0.56	7.95
432	신천쇠	申千釗	8.25	0.00	2.14
433	심의청	沈宜靑	8.22	0.00	6.50
434	조이분	趙二分	8.21	0.40	7.12
435	이우경	李友敬	8.21	0.00	3.90
436	박익서	朴益西	8.18	0.00	3.16

437	윤태진	尹太眞	8.18	3.97	6.04
438	이종복	李宗卜	8.17	0.42	7.08
439	이승복	李承卜	8.15	0.78	5.07
440	한인호	韓仁浩	8.15	0.00	0.49
441	최중필	崔仲必	8.13	0.32	2.18
442	정락원	鄭樂源	8.12	0.89	1.17
443	이태영	李泰榮	8.11	0.10	5.16
444	허경	許璟	8.10	0.00	6.36
445	현학연	玄學然	8.09	0.00	3.51
446	이만억	李万億	8.07	1.09	2.77
447	이종석	李宗石	8.05	0.30	6.03
448	전치원	全治元	8.05	0.00	5.70
449	최원삼	崔元三	8.03	0.96	6.18
450	신정균	申晶均	8.01	0.29	7.16
451	임순홍	林淳弘	8.00	0.34	6.13
452	최석준	崔石俊	8.00	0.17	2.88
453	윤호선	尹浩善	8.00	0.02	7.96
454	박기하	朴起夏	7.97	0.19	4.46
455	정일영	鄭一永	7.97	0.00	1.86
456	홍우석	洪祐石	7.96	0.00	4.25
457	이남숙	李南叔	7.93	0.00	1.90
458	김영혹	金榮或	7.92	0.17	7.15
459	단우계	段宇桂	7.92	0.00	0.00
460	최유대	崔有大	7.91	0.00	7.88
461	조덕진	趙德眞	7.91	0.67	3.29
462	권익진	權益鎭	7.91	0.00	2.04
463	이종성	李鍾成	7.90	0.18	4.56
464	민영필	閔泳弼	7.89	0.00	4.27
465	이종원	李鍾元	7.88	0.93	5.78
466	조철구	趙喆九	7.87	0.00	2.12
467	이종선	李宗先	7.86	0.27	1.70
468	이해봉	李海奉	7.86	0.00	1.50
469	이병의	李秉儀	7.86	0.26	4.06
470	김쇠돌	金釗乭	7.84	4.30	3.29
471	임기대	林基大	7.84	0.00	3.99
472	김홍배	金洪倍	7.81	4.18	5.92
473	김영식	金永植	7.81	0.29	6.19
474	홍명학	洪明學	7.80	0.04	1.60

475	주계선	朱啓先	7.79	0.05	5.89
476	임형재	任衡宰	7.79	0.00	2.41
477	정계원	鄭啓源	7.79	0.16	0.69
478	김만태	金万太	7.77	0.03	0.26
479	박숙재	朴叔載	7.73	0.00	1.21
480	윤태운	尹泰運	7.70	0.00	4.67
481	이규상	李圭祥	7.66	3.06	2.74
482	이정선	李正先	7.64	0.58	6.38
483	이태산	李泰山	7.64	1.25	0.76
484	김규용	金圭用	7.64	0.04	5.19
485	우상일	禹相一	7.62	0.00	0.59
486	조병모	趙秉模	7.60	0.20	0.73
487	조헌규	趙憲奎	7.60	0.19	3.42
488	박순두	朴舜斗	7.59	0.00	3.39
489	신일대	申日大	7.59	0.00	4.47
490	김상철	金相哲	7.58	0.02	0.69
491	박창렬	朴昌烈	7.58	0.00	5.67
492	김인배	金仁培	7.57	3.90	3.70
493	이희준	李喜俊	7.55	0.05	4.75
494	정해진	鄭海振	7.53	0.04	3.75
495	이우일	李愚日	7.52	1.50	6.37
496	권보선	權寶善	7.50	0.00	0.36
497	정규남	鄭圭南	7.50	0.73	7.41
498	정채선	鄭采先	7.48	0.00	7.27
499	김상구	金相九	7.48	0.00	2.16
500	박일성	朴一成	7.45	0.91	7.42

【해설】

이 순위는 소유지의 면적(정보)을 기준으로 분류한 것이다. 생산량(결부수)를 기준으로 하면 대체로 큰 변화는 없지만 순위가 한두 자리 정도 자리바꿈 하는 경우가 일부 있다. 예를 들어 정보를 기준으로 하면 1위는 민응식, 2위가 민병한이지만 결부를 기준으로 하면 1위 민병한, 2위 민응식이 된다. 그러나 이런 사례는 극히 드물다.

<표 21> 충주 차경지 소유자 1~200위 단위 : 정보

순위	이름	이름(한자)	차경지	소유지	자경지
1	이사길	李士吉	23.28	0.26	0.19
2	어재홍	魚在洪	20.21	0.84	0.84
3	정덕원	鄭德元	12.09	12.10	7.16
4	주치선	朱致先	11.13	2.38	0.83
5	최병준	崔秉俊	9.60	0.00	0.00
6	홍성칠	洪成七	9.31	28.81	19.36
7	이규하	李圭夏	8.79	2.45	2.07
8	김성오	金成五	8.35	18.65	14.10
9	조헌인	趙憲仁	8.32	0.41	0.41
10	김순일	金順一	8.00	4.50	4.50
11	이봉학	李奉學	7.91	1.13	1.13
12	김천길	金千吉	7.89	2.42	2.42
13	이만석	李萬石	7.86	36.46	18.27
14	이용환	李容瓛	7.85	0.00	0.00
15	김순보	金順甫	7.80	3.32	3.27
16	김공칠	金功七	7.73	2.40	0.66
17	이정옥	李正玉	7.71	2.08	1.80
18	이덕화	李德化	7.67	2.97	2.97
19	김영화	金永化	7.63	1.56	1.37
20	김용이	金用伊	7.61	2.95	2.17
21	김경선	金敬先	7.58	1.12	1.12
22	이범수	李凡秀	7.47	1.22	1.12
23	김덕재	金德在	7.47	5.99	5.82
24	김만쇠	金萬釗	7.40	4.83	3.79
25	이동근	李凍根	7.39	6.91	3.85
26	임정달	林丁達	7.38	0.27	0.27
27	이수옥	李秀玉	7.33	2.61	2.38
28	김영수	金永壽	7.29	13.42	11.15
29	최군실	崔君實	7.27	1.05	1.05
30	김순여	金順汝	7.26	5.75	5.27
31	김중오	金仲五	7.10	3.16	3.11
32	이규화	李圭和	6.90	1.85	1.85
33	김정락	金正洛	6.86	1.56	1.17
34	이중선	李仲先	6.85	1.27	1.27
35	김진옥	金進玉	6.84	5.10	2.61
36	김기한	金基漢	6.73	1.64	1.45

37	이만보	李万甫	6.70	4.67	3.91
38	김돌석	金乭石	6.69	1.37	1.30
39	박순화	朴順化	6.67	2.65	1.74
40	송익진	宋益鎭	6.64	0.39	0.00
41	장선종	張先宗	6.57	1.14	1.14
42	허진	許鎭	6.50	2.13	1.48
43	김만북	金晩北	6.44	5.41	4.33
44	김만석	金萬石	6.43	9.71	7.63
45	윤상구	尹相求	6.33	1.50	1.50
46	김봉학	金奉學	6.26	2.59	2.59
47	김억천	金億千	6.22	0.32	0.32
48	김순복	金順卜	6.17	9.43	8.73
49	이문약	李文若	6.08	0.01	0.01
50	이수길	李壽吉	6.07	0.17	0.17
51	이석보	李石甫	6.07	4.53	3.95
52	이성오	李成五	6.02	9.61	8.09
53	박광래	朴光來	5.94	2.71	1.50
54	김성학	金聖學	5.87	5.29	4.91
55	이치선	李致先	5.85	4.56	3.87
56	천성재	千聖在	5.78	0.00	0.00
57	김금용	金今用	5.75	3.77	3.70
58	민만돌	閔萬乭	5.75	44.67	0.04
59	안만수	安萬水	5.73	0.23	0.23
60	이덕여	李德汝	5.69	5.02	4.50
61	이순여	李順汝	5.69	4.60	4.31
62	정수봉	鄭水奉	5.66	6.80	2.32
63	이백용	李白用	5.65	0.02	0.02
64	한용오	韓用五	5.60	0.33	0.33
65	이덕삼	李德三	5.60	5.78	4.19
66	송순감	宋淳鑑	5.50	0.00	0.00
67	이승업	李承業	5.48	0.00	0.00
68	윤만석	尹萬石	5.42	1.25	0.89
69	김중일	金重一	5.39	4.40	4.24
70	이성보	李聖甫	5.36	7.24	5.76
71	최순복	崔順卜	5.30	1.83	1.44
72	박봉진	朴鳳珍	5.25	0.24	0.24
73	이용여	李用汝	5.22	1.64	1.23
74	이정보	李正保	5.21	2.43	2.32
75	이수복	李壽卜	5.17	1.25	1.24

76	김명서	金明瑞	5.16	8.27	7.03
77	이천석	李千石	5.13	6.80	5.85
78	안순경	安順京	5.13	1.43	1.43
79	최영선	崔永先	5.11	2.80	2.78
80	김지묵	金知默	5.11	0.16	0.16
81	김수업	金守業	5.10	2.20	1.36
82	김성국	金性國	5.04	1.28	1.28
83	김성운	金聖云	5.04	9.76	6.76
84	류학년	柳鶴年	5.03	0.00	0.00
85	서정실	徐廷實	5.01	0.00	0.00
86	김순경	金順京	4.99	3.94	0.59
87	김학봉	金學奉	4.98	4.15	2.48
88	최선주	崔善柱	4.96	14.49	9.34
89	김윤쇠	金潤釗	4.95	0.39	0.39
90	이병수	李炳水	4.93	1.79	1.79
91	정희원	鄭義源	4.88	3.61	0.73
92	김덕보	金德甫	4.85	4.37	4.33
93	김순화	金順化	4.83	0.48	0.48
94	박정오	朴正五	4.81	0.42	0.20
95	김만길	金萬吉	4.79	2.08	1.37
96	정인선	鄭仁善	4.78	3.49	2.92
97	정치홍	鄭致弘	4.75	5.84	3.70
98	박춘식	朴春植	4.75	0.14	0.14
99	이세영	李世永	4.73	0.92	0.92
100	박용철	朴用哲	4.72	0.00	0.00
101	권예쇠	權禮釗	4.70	0.00	0.00
102	박운서	朴云西	4.70	3.34	3.34
103	김규현	金圭鉉	4.69	2.78	1.76
104	이명선	李明先	4.67	4.44	4.20
105	안대중	安大中	4.66	4.32	2.74
106	이학여	李學汝	4.64	1.20	1.15
107	이영수	李永壽	4.62	6.52	6.10
108	한정회	韓鼎會	4.58	0.00	0.00
109	김은식	金殷植	4.56	0.95	0.95
110	박순종	朴順從	4.56	0.93	0.93
111	박여성	朴汝成	4.56	0.18	0.00
112	김윤명	金允明	4.54	0.09	0.09
113	하치문	河致文	4.52	0.00	0.00
114	강삼룡	姜三龍	4.51	0.00	0.00

115	서천석	徐千石	4.51	1.42	1.42
116	이학보	李學甫	4.51	1.09	1.09
117	정구성	鄭九成	4.49	0.17	0.00
118	박양래	朴陽來	4.47	0.17	0.17
119	남영식	南永植	4.47	0.25	0.25
120	이점손	李占孫	4.46	1.12	0.68
121	박순보	朴順甫	4.43	3.46	3.46
122	한대성	韓大成	4.43	29.62	10.35
123	류원주	柳元朱	4.43	0.28	0.28
124	이억만	李抑萬	4.43	1.91	1.91
125	이순보	李順甫	4.41	1.68	1.68
126	임덕보	林德甫	4.40	0.11	0.11
127	김덕현	金德賢	4.40	5.60	5.60
128	한석복	韓石卜	4.39	0.01	0.01
129	김순돌	金順乭	4.39	1.99	1.69
130	안명집	安明集	4.38	9.34	5.48
131	김경순	金敬順	4.38	4.25	3.82
132	김춘서	金春瑞	4.37	3.41	2.16
133	이창묵	李昌默	4.35	19.25	4.95
134	이원서	李元西	4.35	8.79	8.49
135	김덕수	金德水	4.35	25.61	18.47
136	남정의	南廷義	4.34	0.00	0.00
137	김인서	金仁西	4.33	0.90	0.90
138	김치구	金致九	4.33	0.32	0.32
139	김순명	金順明	4.33	5.66	3.54
140	김순석	金順石	4.33	1.59	1.59
141	최여선	崔汝善	4.32	1.35	1.35
142	김쇠돌	金釗乭	4.30	7.84	3.29
143	김천석	金千石	4.29	12.14	8.73
144	김영오	金永五	4.26	0.46	0.44
145	송백용	宋白用	4.25	0.02	0.02
146	김성보	金性甫	4.24	8.98	6.20
147	박성화	朴性化	4.21	1.43	1.43
148	김억만	金億萬	4.21	3.04	1.85
149	김순업	金順業	4.20	0.33	0.33
150	김덕문	金德文	4.20	1.60	1.59
151	임순기	林淳琦	4.19	0.00	0.00
152	김홍배	金洪倍	4.18	7.81	5.92
153	이순명	李順明	4.18	2.72	2.48

154	이치화	李致化	4.18	1.60	1.50
155	황정순	黃正淳	4.15	0.00	0.00
156	김현륜	金顯崙	4.13	0.00	0.00
157	김금석	金今石	4.12	3.78	3.62
158	김약성	金若成	4.12	0.45	0.33
159	이만직	李万稙	4.11	0.00	0.00
160	이화서	李化西	4.10	3.62	3.25
161	송순일	宋順一	4.10	0.85	0.85
162	김중칠	金重七	4.09	4.67	4.08
163	정중오	鄭中五	4.09	0.49	0.06
164	김봉운	金鳳云	4.08	5.53	5.43
165	김칠성	金七星	4.07	3.15	2.98
166	정해홍	鄭海弘	4.07	2.84	2.19
167	이사홍	李士弘	4.07	4.98	3.87
168	김대길	金大吉	4.06	0.66	0.66
169	정을록	鄭乙祿	4.04	0.00	0.00
170	민주옥	閔珠玉	4.00	0.00	0.00
171	이덕보	李德甫	3.99	4.61	3.96
172	신갑출	申甲出	3.98	0.00	0.00
173	이병제	李秉濟	3.98	0.26	0.26
174	윤태진	尹太眞	3.97	8.18	6.04
175	박영동	朴永同	3.97	0.02	0.00
176	김관중	金寬中	3.95	0.00	0.00
177	권명운	權明云	3.95	0.19	0.19
178	김경삼	金敬三	3.93	5.09	4.79
179	김인배	金仁培	3.90	7.57	3.70
180	김응칠	金應七	3.89	9.18	5.75
181	우천석	禹千石	3.88	0.00	0.00
182	임영수	任永受	3.86	3.60	3.50
183	김덕화	金德化	3.85	3.98	3.98
184	이예선	李澧善	3.84	0.00	0.00
185	김준제	金俊濟	3.83	1.22	1.22
186	김성만	金聖万	3.83	0.65	0.65
187	김상주	金商柱	3.82	0.11	0.11
188	김이갑	金二甲	3.81	0.00	0.00
189	이화실	李化實	3.81	2.91	2.70
190	차덕원	車德元	3.80	0.00	0.00
191	김치실	金致實	3.79	0.92	0.92
192	이치명	李致明	3.79	2.09	1.75

193	정인익	鄭寅益	3.78	4.99	2.14
194	김순득	金順得	3.77	5.86	5.21
195	김덕원	金德元	3.77	2.70	2.70
196	김영서	金榮西	3.75	6.92	6.08
197	신택균	辛宅均	3.75	2.00	2.00
198	이상력	李象曆	3.75	1.31	1.17
199	이복만	李卜萬	3.74	6.07	5.97
200	김백만	金伯万	3.74	22.80	11.68

<표 22> 충주의 방아(물레방아)

번호	면	마을	전품	결수	정보	대주	가주
1	가흥면	仰承坪	1	5	0.0052	김현주	장범오
2	감물면	中坪	1	5	0.0052	정두교	정두교
3	감미면	麟坪洞	1	14	0.0157	이희원	이희원
4	거곡면	下梧甲垈	1	4	0.004	신복덕	신복덕
5	거곡면	城隍坪	1	18	0.0196	윤보명	윤보명
6	거곡면	益今	1	28	0.0301	이낙선	이낙선
7	금목면	柳浦前坪	1	5	0.0052	조운삼	조운삼
8	금목면	上洑坪	1	5	0.0052	윤홍식	오시영
9	금목면	蛇峴坪	1	4	0.0044	윤태진	윤태진
10	금목면	漢川坪	1	4	0.0048	조철하	조철하
11	금목면	金谷前坪	1	4	0.0048	정원복	정원복
12	금천면	葛谷	1	8	0.0082	한준회	한준회
13	노은면	立場前坪	2	99	0.1276	이치봉	이치봉
14	노은면	薪田前坪	1	14	0.0157	김락주	김락주
15	노은면	陵岸前坪	1	10	0.0109	송정인	송정인
16	노은면	院垈洞	1	20	0.0214	정원모	정원모
17	노은면	猫巖坪	1	10	0.0109	홍필후	조헌극
18	대도곡면	梧山東坪	1	30	0.0327	이종필	이선영
19	대도곡면	梧山村前馬泉	1	30	0.0327	최병영	김봉업
20	대도곡면	鞍峴前坪	1	61	0.0668	신학이	신용균
21	덕면	新垈	1	23	0.0245	김인수	윤명선
22	덕면	堤內前坪	1	14	0.0157	정한원	정한원
23	덕산면	前屛岩坪	1	5	0.0059	이홍복	박성도
24	덕산면	東倉垈	1	6	0.007	여순섭	여순섭
25	덕산면	德周街坪	1	5	0.0053	함점용	함점용
26	덕산면	炭枝後坪	1	5	0.0053	탄지동	탄지동

27	덕산면	炭枝坕	1	6	0.007	탄지동	탄지동
28	덕산면	曾今里坕	1	4	0.0039	신도동	신도동
29	덕산면	藏賢根坕	1	6	0.007	김금복	김금복
30	덕산면	坪村坕	1	5	0.0053	권기정	곽수현
31	덕산면	城內坪	1	14	0.0157	정일영	류홍렬
32	덕산면	中坪	1	10	0.0109	조병억	조병억
33	덕산면	仙林坕	1	6	0.007	윤용식	하용이
34	덕산면	退村坕	1	6	0.007	안인업	백만석
35	덕산면	紅街坕	1	6	0.0069	박종원	박종원
36	덕산면	酒幕街坕	1	5	0.0086	이정만	이정만
37	덕산면	城巖坕	1	10	0.0109	역전답	이구현
38	덕산면	城巖坕	1	10	0.0109	김현수	김현수
39	덕산면	馬革嶺	1	10	0.0109	금천문	금천문
40	덕산면	新村坕	1	10	0.0109	이태수	이복래
41	덕산면	新村坕	1	10	0.0109	신치근	신치근
42	덕산면	龍巖坕	1	10	0.0109	신풍언	신풍언
43	덕산면	龍巖坕	1	10	0.0109	이성옥	이성옥
44	두의면	陵洞坕	1	12	0.0131	한백준	권형진
45	두의면	石橋項	1	10	0.0109	권복순	권복순
46	맹동면	新坕坪	1	10	0.0109	신세균	신세균
47	맹동면	新溪坕	1	12	0.0131	김평여	조헌상
48	맹동면	新洑坪	1	17	0.0184	정운영	정수영
49	맹동면	新村坕	1	19	0.0204	배정문	박경춘
50	맹동면	新村前坪	1	12	0.0132	이학성	이학성
51	맹동면	丹月坕	1	14	0.0157	박승화	박승화
52	법왕면	山幕後坪	1	18	0.0192	한규설	이성삼
53	법왕면	泗溪後坪	1	20	0.0213	한석원	한석원
54	법왕면	本里前坪	1	12	0.0131	조헌규	조헌규
55	법왕면	鷹坕坪	1	15	0.016	허주	민응식
56	복성면	場坕街	1	26	0.0279	경석홍	경석홍
57	북변면	渴馬坪	1	20	0.0218	이재근	이재근
58	북변면	鳳溪坪	2	18	0.0229	정경원	손봉오
59	북변면	上浦內坪	1	26	0.0279	서상윤	권재선
60	불정면	文等新坪	1	10	0.0109	조헌인	조헌인
61	불정면	新坪	1	14	0.0157	홍정희	함달용
62	불정면	三省坕	1	23	0.0245	김필배	김성문
63	불정면	一里前坪	1	10	0.0109	조동숙	조동숙
64	사다산면	水春洞	1	10	0.0109	김영만	김영만
65	사다산면	下古音防	1	10	0.0109	박대현	박의현

66	사다산면	五柳三上坪	1	10	0.0109	우선여	우선여
67	사다산면	薍湖前坪洞	1	17	0.0184	한주홍	이정홍
68	사다산면	小竹洞前	1	40	0.0436	김장선	김영수
69	사다산면	眉山洞	1	8	0.0082	권응규	오백영
70	사이면	伐里坪	1	13	0.0139	김선동	홍사집
71	사이면	伏巳谷	1	17	0.0184	양덕문	유명서
72	사이면	牛目坪	1	11	0.0118	이윤철	신희균
73	산척면	洑坪	1	12	0.0132	한국동	윤현직
74	산척면	桂尺坪	1	8	0.0088	이손이	장기현
75	성동면	車坪	1	14	0.0157	장행원	장행원
76	성동면	知非坪	1	6	0.007	김순복	김순복
77	성동면	農浦坪	1	14	0.0157	윤복득*	김기문
78	성동면	中笙垈	1	10	0.0108	이규직*	한성리
79	소태양면	釜洞前坪	1	10	0.0109	김수동	김수동
80	소태양면	細浦垈	1	10	0.0109	이병우	서명여
81	소탄면	坪里垈	1	16	0.017	이규화	이규화
82	소탄면	富潤後坪	4	105	0.2072	조만석	조만석
83	소파면	水春村垈	1	19	0.0209	민정국	민정국
84	신석면	外龍安洞	1	8	0.0082	윤거복	윤거복
85	신석면	龍堂前坪	1	8	0.0082	엄용문	엄용문
86	신석면	黑岩洞	1	6	0.007	이기섭	이기섭
87	신석면	黑岩西坪	1	8	0.0082	이희림	정경로
88	신석면	監洑酒店	1	14	0.0157	윤일선	송용출
89	엄정면	栗旨洞	1	19	0.0209	김문여	김문여
90	엄정면	內倉場垈	1	15	0.016	이병찬	이병찬
91	엄정면	里門洞	1	6	0.0067	윤태경	윤태경
92	엄정면	里門洞	1	5	0.0052	윤양계	윤양계
93	엄정면	春門	1	9	0.0099	어용학	어용학
94	엄정면	多谷里	1	8	0.0082	윤북길	윤북길
95	율지면	水春坪	1	15	0.016	구형조	권병규
96	율지면	南倉洞	1	17	0.0184	박운서	박운서
97	주류면	草豆洞	1	53	0.0577	김구수	이홍열
98	지내면	水淸下坪	1	12	0.0131	우득복	우득복
99	지내면	山古之坪	1	10	0.0113	하치원	하치원
100	지내면	良谷垈	1	4	0.004	송양호	송양호
101	지내면	源九坪	1	4	0.004	정응선	정응선
102	지내면	院下里	1	12	0.0131	권용철	권양호
103	지내면	林泉坪	1	40	0.0436	권일선	권일선
104	지내면	玉洋地坪	1	23	0.0245	권순필	권순필

105	천기음면	龍山坪	1	8	0.0082	권용갑	권용갑
106	천기음면	井之坪	1	4	0.004	김만수	김만수
107	천기음면	沙月坪	1	4	0.004	정순화	정순화

【해설】

　양안에시 물레방아는 일련번호에 수좌(水座)라고 기록하고, 대주, 가주를 기록하는 항목에 가주 대신 용주(舂主)라고 표기했다. 이렇게 기록된 물레방아는 전부 105개로서 충주 양안의 기록과 전산통계가 정확하게 일치한다. 그런데 성동면의 윤복득(77번)과 이규직(78번)은 일련번호에 '수좌'를 기록하지 않고 가주 항목에 '용주'라고만 기록했다. 이것이 수좌를 실수로 빠트린 것인지, 아니면 이 방아는 물레방아가 아닌 다른 방아였는지 확실하지 않다. 기록에 실수가 없다면 후자일 가능성이 높다고 생각된다. 이 표에서는 일단 2개를 합쳐서 기록해서 모두 107개가 되었는데, 충주의 물레방아가 107개이거나 물레방아 105개에 기타 방아 2개일 가능성이 있다.

2. 지명편

충주 양안의 지명

지명의 특성과 복원방법

양안이 지닌 독보적인 자료 중 하나가 지명이다. 충주 양안에는 4,605개의 지명이 나온다. 기존에 조사된 지명보다도 훨씬 많다. 어떤 지명은 일제시대에 생긴 것이라든가, A라는 지명이 근대에 B로 변화된 것이라는 설이 제시되어 있는데, 양안을 보면 일제시기 이전부터 B라는 지명이 사용되고 있는 것을 확인할 수 있는 경우도 있었다. 이것은 지명이라는 것이 생명이 길기도 하지만, 전설이나 관념에 의해 왜곡되기도 쉽다는 것을 보여준다.

이 표는 면별로 지명을 정리했다. 면은 가나다 순으로 정리했지만 지명은 위치 판독과 추정을 위해 양안에 기재한 순서대로 정리하였다. 이 표에서 복원한 지명의 현 위치는 각 군의 군지와 지명조사 자료, 구한말 1/5000 지도, 문화유적조사 지도 등을 참조하였다. 그런데 양안의 충주는 현재의 충주시뿐 아니라 제천, 음성, 괴산 일부까지 포괄하는 넓은 지역이어서 지명조사에 애로가 많았다.

게다가 양안에 등장하는 지명은 아주 작은 구획의 지명들도 상당히 많다. 이 중에는 현지에서 기억하고 있는 것도 있지만, 그렇지 않은 경우도 꽤 된다. 특히 들이나 작은 골짜기, 정자, 불당, 다리 등 특정한 시설과 연결시켜 붙인 지명은 확인이 더욱 곤란한 경우가 많으며, 범위가 워낙 작다 보니 공장이나 골프장 등 시설이 들어서면 그 지명의 범위를 완전히 잠식해 버리는 경우도 종종 있었다. 정확한 복원을 위해서는 현지 조사와 추가적인 조사가 필요했지만, 이번 연구의 한계상 그 작업까지 진행할 수는 없었다.

다만 이런 작은 구획들은 전후의 지명을 통해 추정하면 위치를 대략 짐작할 수는 있다. 그러나 이 표에서는 가능하면 그런 추정은 하지 않고 확인 가능한 지명만 현위치를 복원하였다. 따라서 현위치의 복원은 대략적인 것이며, 정확한 확인을 위해서는 보다 본격적인 현지 조사가 필요할 것이다.

면	지명	현위치		
		시군	면	위치
가차산면	河潭洞垈	충주	금가면	하담리 하담
가차산면	河潭前坪	충주	금가면	하담리 하담
가차산면	荷潭前坪	충주	금가면	하담리 하담
가차산면	荷潭後坪	충주	금가면	하담리 하담
가차산면	梨木坪			
가차산면	淸明洞坪	충주	금가면	잠병리 축동의 청명마을 싸리골 서쪽
가차산면	淸明洞垈	충주	금가면	잠병리 청명

가차산면	驟雨谷坪			
가차산면	驟雨谷垈			
가차산면	驟雨谷下坪			
가차산면	小荷沼谷坪	충주	금가면	하담리 하담
가차산면	澌所岩坪			
가차산면	小荷潭谷坪	충주	금가면	하담리 하담
가차산면	斗潭前坪	충주	금가면	하담리 두담(두무소) 하소 북쪽. 장천리에 공군 사격장이 들어서면서 현위치로 이주함.
가차산면	冷泉谷坪			
가차산면	斗潭西峴	충주	금가면	하담리 두담(두무소)
가차산면	斗潭洞垈	충주	금가면	하담리 두담(두무소)
가차산면	元哥谷坪			
가차산면	斗潭上坪	충주	금가면	하담리 두담의 웃거리
가차산면	五里木谷			
가차산면	谷斗潭坪			
가차산면	發即谷坪			
가차산면	龍山谷坪	충주	금가면	잠병리 용산골 양지말 북쪽으로 이어진 골짜기
가차산면	龍山谷下坪	충주	금가면	잠병리 용산골
가차산면	上岺洞垈	충주	금가면	잠병리
가차산면	莫峴坪			
가차산면	繩洞前坪	충주	금가면	잠병리 싸리골 앞뜰
가차산면	繩谷垈	충주	금가면	잠병리 싸리골
가차산면	繩洞後坪	충주	금가면	잠병리 싸리골
가차산면	多岩谷上坪			
가차산면	多岩谷下坪			
가차산면	雲橋坪			
가차산면	杻洞前坪	충주	금가면	잠병리 축동
가차산면	杻洞垈	충주	금가면	잠병리 축동. 소 북동쪽에 위치한 마을
가차산면	金屛酒店	충주	금가면	잠병리 금병(진뱅이) 초당 북쪽
가차산면	大坪			
가차산면	大野坪			
가차산면	中岺洞垈			
가차산면	蜚花里谷			
가차산면	蜚花里谷坪			
가차산면	平田松坪			
가차산면	下岺洞垈			
가차산면	下岺坪			
가차산면	草堂洞垈	충주	금가면	잠병리, 초당, 가곡 마을 북쪽에 위치

가차산면	沙浪洞後坪	충주	금가면	잠병리, 하담리 사량동
가차산면	沙浪洞坪	충주	금가면	잠병리, 하담리 사량동
가차산면	沙浪坪	충주	금가면	잠병리, 하담리 사량동
가차산면	沙浪前坪	충주	금가면	잠병리, 하담리 사량동
가차산면	沙浪後坪	충주	금가면	잠병리, 하담리 사량동
가차산면	沙浪洞垈	충주	금가면	잠병리, 하담리 사량동
가차산면	沙浪谷坪	충주	금가면	잠병리, 하담리 사량동
가차산면	沙浪谷	충주	금가면	잠병리, 하담리 사량동
가차산면	內洞坪			
가차산면	基洞垈	충주	금가면	도촌리, 사암리 터골
가차산면	基洞上坪	충주	금가면	도촌리, 사암리 터골
가차산면	基洞下坪	충주	금가면	도촌리, 사암리 터골
가차산면	檜花谷坪			
가차산면	金長坪			
가차산면	長金坪			
가차산면	外永琴坪			
가차산면	內永琴坪			
가차산면	內永琴下坪			
가차산면	寺谷			
가차산면	寺谷坪			
가차산면	高山垈	충주	금가면	도촌리 도리에 속한 자연마을 태고산 남쪽. 현재는 古山으로 표기
가차산면	島里垈	충주	금가면	도촌리 섬말 경촌과 괴정 서편에 위치
가차산면	戰田坪			
가차산면	戰田下坪			
가차산면	卿村前坪	충주	금가면	도촌리, 사암리 목행대교 건너 19번국도
가차산면	卿村垈	충주	금가면	도촌리, 사암리
가차산면	槐亭坪	충주	금가면	도촌리, 괴정(구라니,괴암)
가차산면	槐亭垈	충주	금가면	도촌리, 괴정(구라니,괴암)
가차산면	大味前坪			
가차산면	月湄谷坪			
가차산면	水踰峴	충주	금가면	사암리 마사 무너미 마을. 대미초등학교 앞 서편
가차산면	月嵋谷坪			
가차산면	甘芝谷坪	충주	금가면	사암리 마사 음지말에 속한 감줄마을
가차산면	麻沙前坪	충주	금가면	사암리 마사 목행대교 건너 19번 도로 따라 서편
가차산면	麻沙垈	충주	금가면	사암리 마사
가차산면	下麻沙洞坪	충주	금가면	사암리 마사

가차산면	麻沙洞垈	충주	금가면	사암리 마사
가차산면	外長牙谷坪			
가차산면	外長牙寶坪			
가차산면	朴坪			
가차산면	沙川前坪	충주	금가면	잠병리, 사암리
가차산면	梧山後坪			
가차산면	飛山洞坪			
가차산면	飛山洞垈			
가차산면	注羅坪			
가차산면	下洞古池坪			
가차산면	上洞古池坪			
가차산면	內長牙谷坪			
가차산면	休岩前坪	충주	금가면	사암리 휴암
가차산면	來長牙谷坪			
가차산면	休巖新垈	충주	금가면	사암리 휴암. 미사 서편에 있는 마을
가차산면	休巖前坪	충주	금가면	사암리 휴암
가차산면	休巖洞垈	충주	금가면	사암리 휴암
가차산면	訓導院坪			
가흥면	靑龍隅坪	충주	앙성면	도산리 청룡
가흥면	八松洞垈			
가흥면	裳岩坪			
가흥면	於春坪			
가흥면	上洑坪			
가흥면	內洞垈	충주	가금면	봉황리 안골 가흥초 지나 앙성쪽으로 좌측
가흥면	仰承坪			
가흥면	柴根坪			
가흥면	東右里坪			
가흥면	院洞垈	충주	가금면	가흥리 원골. 가흥리 새터와 봉황리 능암 사이 장미산성 위치함
가흥면	院洞坪	충주	가금면	가흥리 원골
가흥면	院種垈	충주	가금면	가흥리 원골
가흥면	院洞上坪	충주	가금면	가흥리 원골
가흥면	白將谷坪	충주	가금면	가흥리 백장골. 새터에서 원골 올라오는 길목 좌측
가흥면	院洞前坪	충주	가금면	가흥리 원골
가흥면	隱夜味坪			
가흥면	陵岩前坪	충주	가금면	봉황리 능암(능바위) 안골로 들어가다가 중간쯤에 있는 마을
가흥면	陵岩坪	충주	가금면	봉황리 능암(능바위)

가흥면	鳳凰前坪	충주	가금면	봉황리
가흥면	鳳凰川坪	충주	가금면	봉황리
가흥면	彌勒坪			
가흥면	新垈坪	충주	가금면	가흥리 새터 하가흥을 지나 38국도를 가다 안골 입구 직전 좌측
가흥면	新垈洞坪	충주	가금면	가흥리 새터
가흥면	漢江坪			
가흥면	可興前坪	충주	가금면	가흥리
가흥면	可興垈	충주	가금면	가흥리
가흥면	黃鳥坪			
가흥면	分土坪			
가흥면	社稷坪	충주	가금면	가흥리 사직골. 원골고개쪽
가흥면	猪谷坪	충주	앙성면	중전리 돼지골
가흥면	猪谷上坪	충주	앙성면	중전리 돼지골
가흥면	漢坪			
가흥면	中洞初	충주	가금면	가흥리 중동
가흥면	中洞垈	충주	가금면	가흥리 중동
가흥면	上洞垈	충주	가금면	가흥리 중동
가흥면	右谷坪			
가흥면	倉洞垈	충주	가금면	가흥리 상가흥리에 있는 마을. 가흥창이 있다.
가흥면	雙砧洞坪			
가흥면	內長灘坪			
가흥면	道伊坪			
가흥면	孤鳥坪			
가흥면	堂後坪	충주	가금면	가흥리 당뒤 삼친동 삼형제 바위 우측
가흥면	遠馬實坪	충주	가금면	가흥리 마실. 하가흥리에 있는 마을
가흥면	達馬實洞垈	충주	가금면	가흥리 마실
가흥면	山斗坪			
가흥면	衛川洞垈	충주	가금면	장천리 형천. 보조댐을 지나 우측 남한강을 따라 형성.
가흥면	驛農坪			
가흥면	驛農谷坪			
가흥면	衡川前坪	충주	가금면	장천리 형천. 보조댐을 지나 우측 남한강을 따라 형성.
가흥면	衡川洞垈	충주	가금면	장천리 형천
가흥면	花井坪			
가흥면	下松坪			
가흥면	德如鬱坪			

가흥면	無量峴坪			
가흥면	九里谷坪			
가흥면	多字谷坪			
가흥면	多字洞坪			
가흥면	鷹峴坪			
가흥면	長尾山洞坪	충주	가금면	장천리 장미산
가흥면	長尾山洞垈	충주	가금면	장천리 장미산
가흥면	浮圖前坪	충주	가금면	장천리 부도동
가흥면	浮圖洞垈	충주	가금면	장천리 부도동
가흥면	月灘坪	충주	금가면	월상리 월탄동
가흥면	沙谷島筏前			
가흥면	荷沼坪	충주	금가면	하담리 하소
감물면	發里鳳谷			
감물면	飛龍坪			
감물면	桂潭洞	괴산	감물면	이담리 계담. 잉어소 서쪽에 있는 마을
감물면	鶩渡坪			
감물면	大寺洞			
감물면	大寺洞前坪			
감물면	虎巖洞	괴산	감물면	이담리 호담. 범바위. 붉은더기 서북쪽에 있는 마을
감물면	虎岩前坪	괴산	감물면	이담리 호담
감물면	桂潭前坪	괴산	감물면	이담리 계담. 잉어소 서쪽에 있는 마을
감물면	鯉潭洞	괴산	감물면	이담리 잉어소. 잉어배미
감물면	鯉潭前坪	괴산	감물면	이담리 잉어소. 잉어배미
감물면	洪坪			
감물면	第坪			
감물면	石陽坪			
감물면	赤德洞	괴산	감물면	이담리 붉은더기. 황골 서북쪽에 있는 마을. 흙빛이 붉으며, 언덕으로 되었음.
감물면	大相洞	괴산	감물면	이담리 대상동. 잉어소 남쪽에 있는 마을
감물면	大相前坪	괴산	감물면	이담리 대상동
감물면	內洞			
감물면	俊元坪			
감물면	項谷坪	괴산	감물면	이담리 항골. 잉어소 서북쪽에 있는 마을
감물면	上項谷坪	괴산	감물면	이담리 항골
감물면	飛龍隅			
감물면	舟越洞	괴산	감물면	구월리 배너미(주월리). 배너미고개밑에있는 마을
감물면	寺洞			

감물면	舟越前坪	괴산	감물면	구월리 배너미(주월리)
감물면	栗里洞	괴산	감물면	구월리 아시리. 구월리에서 중심이 되는 마을. 밤나무가 많았다 함.
감물면	栗里前坪	괴산	감물면	구월리 아시리
감물면	陵洞			
감물면	昆池沼	괴산	감물면	구월리 곤지소
감물면	細洞			
감물면	昆洞上里	괴산	감물면	구월리 곤동(곤졸). 아시리 남쪽에 있는 마을. 곤지소가 있었음.
감물면	昆洞下里	괴산	감물면	구월리 곤동(곤졸)
감물면	昆洞前坪	괴산	감물면	구월리 곤동(곤졸)
감물면	佛洞	괴산	감물면	백양리. 절터날. 뱅골 동쪽에 있는 산. 박달산 기슭이 되는 데, 절터가 있음.
감물면	伯陽二里洞	괴산	감물면	백양2리
감물면	伯陽三里前	괴산	감물면	백양2리
감물면	伯陽二里	괴산	감물면	백양2리
감물면	武陵谷			
감물면	馬差坪			
감물면	伯陽一里前	괴산	감물면	백양1리
감물면	伯陽一里洞	괴산	감물면	백양1리
감물면	塔谷			
감물면	伐坪			
감물면	石庄村			
감물면	下巖谷			
감물면	蘇台洞	괴산	감물면	백양리 소태실들. 송정자 아래쪽에 있는 들
감물면	蘇台前坪	괴산	감물면	백양리 소태실들
감물면	藥水谷			
감물면	道長谷			
감물면	伐垈前坪	괴산	감물면	광전리 미전3리. 벌터. 미랏 북쪽 벌판에 새로 된 마을
감물면	伐垈洞	괴산	감물면	광전리 미전3리. 벌터
감물면	外德雲坪			
감물면	內德雲坪			
감물면	外德雲谷			
감물면	迷九谷			
감물면	南陽洞	괴산	감물면	오성리 남양골(남양동). 오성리에서 가장 큰 마을. 양지바름.
감물면	犢峴			
감물면	山直村	괴산	감물면	오성리 산직촌. 남양골 서쪽에 있는 마을. 연

				락이씨의 산지기 집이 있음.
감물면	鴨峴			
감물면	軍糧坪	괴산	감물면	오성리 군량들. 남양골 앞에 있는 들. 옛날에 군량을 저장하였다 함.
감물면	新基	괴산	감물면	오성리 새터마을. 말바우 서쪽에 새로된 마을
감물면	旀田三里洞	괴산	감물면	광전리 미전3리. 벌터. 미랏 북쪽 벌판에 새로 된 마을
감물면	旀田三里前坪	괴산	감물면	광전리 미전3리. 벌터
감물면	旀田二里前坪	괴산	감물면	광전리 미전2리. 웃미랏. 미탓 위쪽에 있는 마을
감물면	唐木谷			
감물면	光芝洞後坪	괴산	감물면	광전리 광지실(광지리)
감물면	光芝後谷	괴산	감물면	광전리 광지실
감물면	光芝洞	괴산	감물면	광전리 광지실. 웃미랏 동쪽 골짜기에 있는 마을. 박달산 밑이 됨.
감물면	都長谷			
감물면	撑石坪			
감물면	中坪			
감물면	占隴谷			
감물면	帽巖谷			
감물면	新垈			
감물면	旀田二里洞	괴산	감물면	광전리 미전질. 웃미랏. 미탓 위쪽에 있는 마을
감물면	旀田後坪	괴산	감물면	광전리 미랏(미전). 광저리에서 으뜸되는 마을. 벌판이 됨.
감물면	牛只谷			
감물면	伴多谷	괴산	감물면	오성리가 반다리의 이부를 병합함.
감물면	斗巖洞			
감물면	都將谷			
감물면	伴多洞	괴산	감물면	오성리가 반다리의 이부를 병합함.
감물면	伊實坪			
감물면	城洞	괴산	감물면	오성리 성골(성동). 방골 남쪽에 있는 마을. 성불산밑이 됨.
감물면	黃鳥坪			
감물면	暮洞	괴산	감물면	오성리 모촌(저무니). 남양동 서쪽에 있는 마을. 근처에 괘등혈의 명당이 있다함.
감물면	暮洞前坪	괴산	감물면	오성리 모촌
감물면	再旀坪			

감물면	渴洞			
감물면	方干坪			
감미면	嶺村	음성	감곡면	영산1리 영촌. 재말. 원통산 밑. 이완대장 생장지
감미면	隴下坪			
감미면	嚴長谷	음성	감곡면	영산리 영장골. 공산정 동북쪽에 있는 마을
감미면	公山坪	음성	감곡면	영산2리 공산정이
감미면	公山案山坪	음성	감곡면	영산2리 공산정이
감미면	梨谷前坪	음성	감곡면	영산리 배나무골
감미면	巨洞峙	음성	감곡면	영산1리 거둥터. 임금이 거둥하였다 함.
감미면	巨洞峙前後坪	음성	감곡면	영산1리 거둥터
감미면	右乃洞	음성	감곡면	영산1리 우뢰편 잿말 옆에 있는 마을
감미면	嶺村下坪	음성	감곡면	영산1리 영촌 재말
감미면	荷峙洞	음성	감곡면	월정2리 하티. 메티. 다릿골 서북쪽에 있는 마을
감미면	月洞	음성	감곡면	월정2리 월동. 다릿골. 고니골 동북쪽에 있는 마을
감미면	老隱面界	음성	감곡면	월정리 노은면 경계
감미면	無愁洞	음성	감곡면	월정1리 무수동. 다릿골 서쪽에 있는 마을
감미면	隅坪			
감미면	篤亭坪	음성	감곡면	월정1리 독정이. 무수동 서쪽에 있는 마을
감미면	篤亭	음성	감곡면	월정1리 독정이
감미면	桑村藿巖坪	음성	감곡면	상평1리 상촌. 상평리에서 으뜸되는 마을
감미면	桑村	음성	감곡면	상평1리 상촌
감미면	城坪上	음성	감곡면	상평리 성들. 성평. 상평리에서 제일 큰 마을. 뒷산이 성처럼 되어 있음.
감미면	德谷坪	음성	감곡면	상평2리 덕동. 터골. 성들 남서쪽 골짜기 안에 있는 마을
감미면	介峴	음성	감곡면	상평2리 개현. 개터. 터골 동북쪽에 있는 마을
감미면	洑坪			
감미면	城坪下	음성	감곡면	상평2리 성들. 상평리에서 가장 큰 마을. 터골 북쪽에 있다.
감미면	公山前坪	음성	감곡면	영산리 공산정이
감미면	公山亭	음성	감곡면	영산리 공산정이
감미면	公山洞	음성	감곡면	영산리 공산정이. 잿말 서쪽에 있는 마을
감미면	硯峙			
감미면	羅今坪	음성	감곡면	원당2리 나븐들(주천리들). 학교촌 북쪽에 있는 들

감미면	西坡洞	음성	감곡면	원당1리 섭배(서배). 큰원당 동쪽에 있는 마을
감미면	蓮方築谷	음성	감곡면	원당1리 연방죽골. 서배 서쪽에 있는 골짜기.
감미면	城隍堂坪			
감미면	小院堂坪	음성	감곡면	원당2리 새터. 작은 원당이(원생이) 새터 앞에 있는 마을. 홍수로 없어짐.
감미면	外舟洞	음성	감곡면	주천리
감미면	掛月里前坪	음성	감곡면	주천리 괘월
감미면	掛月前坪	음성	감곡면	주천리 괘월
감미면	介四里坪	음성	감곡면	주천리 개사리. 괘월 북쪽에 있는 들
감미면	內舟	음성	감곡면	주천리 내주 골배내. 배내 안쪽에 있는 마을
감미면	麟坪	음성	감곡면	주천리 기린들. 배내 북쪽에 있는 들
감미면	銅坪	음성	감곡면	주천리 구른들. 구른들에 있는 마을. 없어지고 경지정리로 새터에 편입
감미면	溫水坪			
감미면	麟坪洞	음성	감곡면	주천리 기린들
감미면	九龍洞			
감미면	燐坪	음성	감곡면	주천리 기린들
감미면	院堂里	음성	감곡면	원당리
감미면	先谷坪	음성	감곡면	원당1리 선골(선곡리, 선화리)
거곡면	文巖後坪	음성	감곡면	문촌8리 굴아우(문암, 구라우)
거곡면	舊鳥項谷	음성	감곡면	문촌3리 새목이(석주리). 새터 동쪽에있는 마을
거곡면	文岩垈	음성	감곡면	문촌8리 굴아우(문암)
거곡면	文岩前坪	음성	감곡면	문촌8리 굴아우(문암, 구라우)
거곡면	蘆田坪			
거곡면	沙器店谷	음성	감곡면	문천2리 사기장골. 중간말 동쪽
거곡면	道道洞			
거곡면	下屈羅隅			
거곡면	板要芝長坪	음성	감곡면	문촌2리 늘거리(판요리)
거곡면	板要下沙哭店谷	음성	감곡면	문천2리 사기장골. 중간말 동쪽
거곡면	板要前坪	음성	감곡면	문촌2리 늘거리(판요리)
거곡면	板要	음성	감곡면	문촌2리 늘거리(판요리). 새말 남쪽에 이는 마을
거곡면	板要酒店垈	음성	감곡면	문촌2리 늘거리(판요리)
거곡면	胎峰谷			
거곡면	板要垈	음성	감곡면	문촌2리 늘거리(판요리). 새말 남쪽에 이는 마을

거곡면	板要店後坪	음성	감곡면	문촌2리 늘거리(판요리)
거곡면	板要土店後坪	음성	감곡면	문촌2리 늘거리(판요리)
거곡면	新村前坪	음성	감곡면	문촌2리 새터
거곡면	新村坌	음성	감곡면	문촌2리 새터. 웃오갑 동남쪽으로 새로 된 마을
거곡면	新村	음성	감곡면	문촌2리 새터
거곡면	新村後谷	음성	감곡면	문촌2리 새터
거곡면	無愁洞	음성	감곡면	문촌2리 무수막곡
거곡면	上梧甲洑坪	음성	감곡면	문촌1리, 4리 웃오감(상오갑, 상오리)
거곡면	小塘谷			
거곡면	上梧甲後坪	음성	감곡면	문촌1리, 4리 웃오감(상오갑, 상오리)
거곡면	上梧甲前坪	음성	감곡면	문촌1리, 4리 웃오감(상오갑, 상오리)
거곡면	上梧甲前春橋坪	음성	감곡면	문촌1리, 4리 방아다리들. 웃오갑 북쪽에 잇는 들
거곡면	上梧甲坌	음성	감곡면	문촌1리, 4리 웃오감(상오갑, 상오리). 오갑산 남쪽에 있는 마을
거곡면	石柱坌	음성	감곡면	문촌3리 석주리 새목이. 새터 동쪽에 있는 마을
거곡면	石柱前坪	음성	감곡면	문촌3리 석주리 새목이
거곡면	基谷			
거곡면	鶴洞			
거곡면	泉谷			
거곡면	春橋坪			
거곡면	壯坪前坪	음성	감곡면	문촌5리 장평. 늘거리 서쪽 벌판에 위치한 마을
거곡면	洑坪	음성	감곡면	문촌2리 봇들. 늘거리 서쪽에 있는 들
거곡면	遠坌			
거곡면	壯坪	음성	감곡면	문촌5리 장평
거곡면	壯坪坌	음성	감곡면	문촌5리 장평. 늘거리 서쪽 벌판에 위치한 마을
거곡면	上沙	음성	감곡면	사곡1리 윗사장골
거곡면	五陽谷			
거곡면	上沙坌	음성	감곡면	사곡1리 윗사장골. 사장골 윗쪽에 있는 마을.
거곡면	熊洞	음성	감곡면	사곡1리 웅말. 윗사장골 동쪽에 있는 골짜기.
거곡면	五將谷	음성	감곡면	사곡리 오장골. 애래사장골 동쪽에 있는 골짜기
거곡면	下沙	음성	감곡면	사곡1리 아래사장골
거곡면	下沙坌	음성	감곡면	사곡1리 아래사장골. 사장골 아래쪽에 있는 마을

거곡면	沙場谷	음성	감곡면	사곡리 사장골. 사곡리에서 으뜸되는 마을. 모래가 많음.
거곡면	下沙前坪	음성	감곡면	사곡1리 아래사장골. 사장골 아래쪽에 있는 마을
거곡면	土谷浚谷	음성	감곡면	사곡2리 너른골(광곡과 토곡을 합친이름)
거곡면	土谷下廣谷	음성	감곡면	사곡2리 너른골(광곡과 토곡을 합친이름)
거곡면	土谷	음성	감곡면	사곡2리 토실
거곡면	土谷坮	음성	감곡면	사곡2리 토실. 아래사장골 남서쪽 골짜기에 있는 마을
거곡면	葛古里谷			
거곡면	佛堂谷	음성	감곡면	사곡2리 불당골. 독실 남서쪽에 있는 골짜기. 예전에 불당이 있었음.
거곡면	上谷			
거곡면	猫頭谷			
거곡면	飛雅谷			
거곡면	上廣耳谷			
거곡면	下廣耳谷			
거곡면	丹芝谷			
거곡면	沐谷	음성	감곡면	오궁리 목골(못골). 외딴터 남쪽에 있는 마을. 1가구 거주
거곡면	茅谷			
거곡면	通壽下谷			
거곡면	瓦谷			
거곡면	瓦谷下坪			
거곡면	遠坮坪			
거곡면	下梧甲坮	음성	감곡면	오궁리 아래오갑. 오갑산 아랫쪽에 있는 마을
거곡면	石田坪			
거곡면	下梧甲前坪	음성	감곡면	오궁리 아래오갑. 오갑산 아랫쪽에 있는 마을
거곡면	石隅	음성	감곡면	상우3 석우리(세거리, 돌마래미). 점말 동쪽에 있는 마을
거곡면	石隅後坪	음성	감곡면	상우3 석우리(세거리, 돌마래미)
거곡면	石隅坮	음성	감곡면	상우3 석우리(세거리, 돌마래미)
거곡면	石隅洞口	음성	감곡면	상우3 석우리(세거리, 돌마래미)
거곡면	上牙安坮	음성	감곡면	상우리
거곡면	上牙安	음성	감곡면	상우리
거곡면	上牙後谷	음성	감곡면	상우리
거곡면	上牙前坪	음성	감곡면	상우리

거곡면	可長谷			
거곡면	店村上坪	음성	감곡면	상우2리 점말
거곡면	店村坅	음성	감곡면	상우2리 점말
거곡면	店村	음성	감곡면	상우2리 점말 아연이 아래쪽이 됨. 그릇점이 있었음.
거곡면	大方谷	음성	감곡면	상우2리 내방골
거곡면	觀岩坪			
거곡면	弓場坪	음성	감곡면	오궁리 궁장리. 아래오갑 서쪽에 있는 마을
거곡면	鶴岩坪			
거곡면	下梧甲後坪	음성	감곡면	오궁리 아래오갑. 오갑산 아랫쪽에 있는 마을
거곡면	音坪			
거곡면	小音谷			
거곡면	果木谷	음성	감곡면	오향2리 과수원말
거곡면	弓庄後坪	음성	감곡면	오궁리 궁장리
거곡면	弓庄坅	음성	감곡면	오궁리 궁장리. 아래오갑 서쪽에 있는 마을
거곡면	咸井谷			
거곡면	城隍堂	음성	감곡면	오향2리 거일 서낭당
거곡면	弓庄前坪	음성	감곡면	오궁리 궁장리
거곡면	弓庄	음성	감곡면	오궁리 궁장리. 아래오갑 서쪽에 있는 마을
거곡면	城隍坪	음성	감곡면	오향2리 거일 서낭당
거곡면	益今後坪	음성	감곡면	오향1리 익금
거곡면	益今	음성	감곡면	오향1리 익금. 왕정리 마을 남쪽에 있는 마을
거곡면	益今坅	음성	감곡면	오향1리 익금
거곡면	長院坅	음성	감곡면	장호원
거곡면	長院	음성	감곡면	장호원
거곡면	梅山坅	음성	감곡면	왕장리 매산. 매산 밑에 있는 마을
거곡면	內谷	음성	감곡면	단평1리 안말. 웃단양군 안쪽에 있는 골짜기
거곡면	內谷坅	음성	감곡면	단평1리 안말
거곡면	大谷上坪	음성	감곡면	단평2리 대곡
거곡면	大谷坅	음성	감곡면	단평2리 대곡. 큰골 복자동 남쪽 골짜기에 있는 마을
거곡면	大谷	음성	감곡면	단평2리 대곡
거곡면	下谷坅			
거곡면	老坪	음성	감곡면	단평리 노평리
거곡면	福子洞	음성	감곡면	단평2리 복자동. 단양군 동남쪽에 있는 마을
거곡면	福子洞後坪	음성	감곡면	단평2리 복자동
거곡면	丹楊群	음성	감곡면	단평1리 단양군이. 단평리에서 가장 큰 마을

거곡면	內村	음성	감곡면	단평1리 안말
거곡면	丹楊群上坪	음성	감곡면	단평1리 단양군이
거곡면	丹楊群垈	음성	감곡면	단평1리 단양군이
거곡면	一泉谷			
거곡면	連琵谷			
거곡면	文邑皮坪			
거곡면	丹楊群後坪	음성	감곡면	단평1리 단양군이
거곡면	丹楊群前坪	음성	감곡면	단평1리 단양군이
거곡면	自來坪	음성	감곡면	단평1리 새말. 자래들. 윗단양군 남쪽에 있는 들
거곡면	丹楊群下坪	음성	감곡면	단평리 아랫 단양군
거곡면	福子洞前坪	음성	감곡면	단평2리 복자동
거곡면	旺垈前坪	음성	감곡면	왕장5리 왕대
거곡면	旺垈	음성	감곡면	왕장5리 왕대. 장터 북쪽에 있는 마을
거곡면	旺垈垈	음성	감곡면	왕장5리 왕대
거곡면	旺垈上坪	음성	감곡면	왕장5리 왕대
거곡면	旺垈下坪	음성	감곡면	왕장5리 왕대
거곡면	軍糧坪	음성	감곡면	왕장1리 매산. 군향들. 매산 서쪽에 있는 들
거곡면	司僕坪			
거곡면	益今坪	음성	감곡면	오향1리 익금
거곡면	益今前坪	음성	감곡면	오향1리 익금
거곡면	立石坪	음성	감곡면	오향리 선돌바위들
거곡면	乾柿坪			
거곡면	莫隱谷			
거곡면	居谷	음성	감곡면	오향2리 거일 거곡면 터
거곡면	居谷垈	음성	감곡면	오향2리 거일 거곡면 터
거곡면	居谷坪	음성	감곡면	오향2리 거일 거곡면 터
거곡면	小周谷			
거곡면	杏公里城隍谷	음성	감곡면	오향2리 행군이(향공)
거곡면	杏公後坪	음성	감곡면	오향2리 행군이(향공)
거곡면	杏公垈	음성	감곡면	오향2리 행군이(향공). 거일 남쪽 골짜기에 있는 마을
거곡면	中里	음성	감곡면	오2리 행군이 중말. 행군이 서쪽에 있는 마을 1가호밖에 없음.
거곡면	杏公	음성	감곡면	오향2리 행군이(향공)
거곡면	杏公下坪	음성	감곡면	오향2리 행군이(향공)
거곡면	新垈	음성	감곡면	오향3리 신대말
거곡면	古林坪			
거곡면	梧根前坪	음성	감곡면	오향4리 오근이

거곡면	新垈垈	음성	감곡면	오향3리 신대말. 오근이 서북쪽에 있는 마을
거곡면	査木谷			
거곡면	妙山谷			
거곡면	梧根垈	음성	감곡면	오향4리 오근이
거곡면	梧根	음성	감곡면	오향4리 오근이 거일 남쪽 골짜기에 있는 마을
거곡면	中房坪			
거곡면	杏亭	음성	감곡면	오향6리 살구나무정이
거곡면	杏亭垈	음성	감곡면	오향6리 살구나무정이(향정, 우실). 오근이 서남쪽 우실 골짜기에 있는 마을
거곡면	牛膝谷	음성	감곡면	오향6리 우실골. 살구나무정이 동쪽에 있는 골짜기
거곡면	東幕谷	음성	감곡면	오향6리 동막골. 살구쟁이 동남쪽 골짜기에 있는 마을
금목면	鳳溪坪	음성	금왕읍	삼봉리
금목면	鳳溪里	음성	금왕읍	삼봉리
금목면	丁丹前坪	음성	금왕읍	삼봉2리 정단
금목면	新垈前坪	음성	금왕읍	삼봉2리 새터
금목면	新垈里	음성	금왕읍	삼봉2리 새터. 정단 서쪽에 새로된 마을
금목면	葛坪			
금목면	冠巖坪	음성	금왕읍	삼봉2리 갓바위
금목면	磨玉坪	음성	금왕읍	삼봉1리 마옥. 거륵목. 한삼 사이에 있는 들
금목면	介倫坪			
금목면	新洑坪			
금목면	曾山坪	음성	금왕읍	삼봉1리 증산앞들
금목면	新村坪	음성	금왕읍	삼봉2리 신대
금목면	陵洞坪			
금목면	佛堂谷	음성	금왕읍	유촌리 웃가래들 불당곡
금목면	上柳村	음성	금왕읍	유촌리 웃가래들
금목면	寺洞坪	음성	금왕읍	유포리 윗가래들 절골
금목면	方築洞	음성	금왕읍	유포리 한삼골 방죽
금목면	柳浦前坪	음성	금왕읍	유포리
금목면	東岳洞柳浦中里	음성	금왕읍	유포리 동학동. 버들개 북쪽에 있는 마을
금목면	中里前坪	음성	금왕읍	유포리
금목면	柳浦中里	음성	금왕읍	유포리
금목면	柳浦上坪	음성	금왕읍	유포리
금목면	上深坪	음성	금왕읍	유포리 버들개(가래들) 상보들
금목면	柳浦東里	음성	금왕읍	유포리

금목면	坪村酒店	음성	금왕읍	유포리 주막거리
금목면	上洑坪	음성	금왕읍	유포리 버들개 상보들
금목면	林隅坪			
금목면	林隅上坪			
금목면	柳村西里	음성	금왕읍	유촌리
금목면	柳村西前坪	음성	금왕읍	유촌리
금목면	九龍池	음성	금왕읍	유촌리 구룡지, 아래가래들 북쪽에 있는 마을
금목면	廣亭坪	음성	금왕읍	유촌리 광정
금목면	廣亭里	음성	금왕읍	유촌리 광정. 구룡지 북쪽에 있는 마을
금목면	閑野坪			
금목면	蓬川坪	음성	금왕읍	봉곡2리 다부내
금목면	黃淸中坪	음성	금왕읍	봉곡2리 황총모시
금목면	黃淸池	음성	금왕읍	봉곡2리 황총모시
금목면	內蓬川	음성	금왕읍	봉곡2리 안다부내 평짓말 남쪽에 위치.
금목면	外蓬川	음성	금왕읍	봉곡2리 다부내
금목면	坪里	음성	금왕읍	봉곡2리 평짓말. 평리
금목면	陰村坪里	음성	금왕읍	봉곡리 음달말. 음달촌
금목면	五羊洞	음성	금왕읍	봉곡2리 오향골. 다부내 동남쪽에 있는 마을
금목면	九容洞			
금목면	蝶峴			
금목면	硯隅坪			
금목면	國士良坪			
금목면	花峴			
금목면	蓬川酒店	음성	금왕읍	봉곡동
금목면	上蓬川	음성	금왕읍	봉곡동
금목면	金治德洞			
금목면	鉢峴			
금목면	花田			
금목면	蓬川	음성	금왕읍	봉곡2리 다부내
금목면	開陽池			
금목면	伐坪			
금목면	廣坪			
금목면	陵隅			
금목면	靈谷前坪	음성	금왕읍	봉곡리 영곡
금목면	舊開川前坪	음성	금왕읍	봉곡1리 구계촌. 다부내 북쪽에 있는 마을
금목면	靈谷	음성	금왕읍	봉곡리 영곡
금목면	東山後			
금목면	寺根洞			

금목면	莊子谷	음성	금왕읍	쌍봉2리 지소 장자
금목면	莊子洞	음성	금왕읍	쌍봉2리 지소 장자
금목면	內莊子洞	음성	금왕읍	내장자동
금목면	南朴洞			
금목면	生谷			
금목면	生洞			
금목면	生洞下生谷			
금목면	梧村前坪	음성	금왕읍	오선리 개오지. 오동나무가 많아 오선리
금목면	別仙坪	음성	금왕읍	오선리 별산댕이. 개오지 서남쪽에 떨어져 있는 마을
금목면	書堂坪	음성	금왕읍	오선리 별산댕이 서당고개. 여전에 서낭당이 있었다.
금목면	梧村洞	음성	금왕읍	오선리 개오지
금목면	別仙酒店	음성	금왕읍	오선리 별산댕이
금목면	別仙前坪	음성	금왕읍	오선리 별산댕이
금목면	三省谷			
금목면	道庄里	음성	금왕읍	도청1리 되자니. 도장
금목면	加增坪			
금목면	春橋前坪			
금목면	德洞坪			
금목면	明心坪			
금목면	陵峴			
금목면	法旺面界	음성	금왕읍	법왕면계
금목면	後洞坪	음성	금왕읍	도청2리 뒷골. 쇠늦골 뒤에 있는 골짜기
금목면	長峴里	음성	금왕읍	도청2리 장현. 진재. 되자니 서쪽에 있는 마을
금목면	內垈坪	음성	금왕읍	도청2리 안터골
금목면	本金目里	음성	금왕읍	도청리
금목면	晴日洞	음성	금왕읍	도청리 청일리. 양달말. 되자니 양지쪽에 있는 마을
금목면	鷺家谷坪	음성	금왕읍	도청2리 황새집곡. 양달말 서북쪽 골짜기
금목면	屈目坪	음성	금왕읍	도청2리 골메기(방죽)
금목면	松堂坪	음성	금왕읍	내송2리 송당. 소댕이. 내송리 서북쪽에 있는 마을
금목면	家作谷	음성	금왕읍	내송2리 가재골. 소뎅이 동북쪽
금목면	分土谷			
금목면	內洞	음성	금왕읍	내송1리 내동
금목면	內洞前坪	음성	금왕읍	내송1리 비성거리
금목면	內洞酒店	음성	금왕읍	내송1리 비성거리

금목면	防築洞	음성	금왕읍	내송리 비선거리방죽
금목면	板堰坪			
금목면	貢稅坪			
금목면	恭沼洞	음성	금왕읍	내송1리 공시울
금목면	越村坪			
금목면	加敬谷			
금목면	九南坪			
금목면	基谷			
금목면	三松坪			
금목면	洞口坪			
금목면	舊垈			
금목면	德洞	음성	금왕읍	각회2리 덕동 각구실 서쪽에 있는 마을
금목면	間洞			
금목면	表谷			
금목면	山現谷			
금목면	山養坪			
금목면	德洞後坪	음성	금왕읍	각회2리 덕동
금목면	山底峴			
금목면	德洞前坪	음성	금왕읍	각회2리 덕동
금목면	松溪坪			
금목면	松溪			
금목면	冶洞			
금목면	覺悔前坪	음성	금왕읍	각회리
금목면	覺悔後洞	음성	금왕읍	각회리
금목면	寺谷			
금목면	覺悔里	음성	금왕읍	각회리
금목면	東村坪	음성	금왕읍	각회리 동촌 동양말
금목면	蛇峴坪			
금목면	金堂坪	음성	금왕읍	각회1리 금탕재
금목면	黑巖坪			
금목면	漢川坪			
금목면	無極	음성	금왕읍	무극리
금목면	藥村	음성	금왕읍	무극2리 양방말. 새말 서쪽에 있는 마을
금목면	班衣里	음성	금왕읍	금석2리 바디실(반의곡리). 쇠실 북쪽에 있는 마을
금목면	班衣	음성	금왕읍	금석2리 바디실
금목면	蟾山谷			
금목면	金谷前坪	음성	금왕읍	금석1리 쇠실
금목면	金谷	음성	금왕읍	금석1리 쇠실(금곡) 금촌부곡

금목면	無極場垈	음성	금왕읍	무극 1리 장터거리. 배래미 동쪽에 있는 마을
금목면	鉢山坪	음성	금왕읍	무극3리. 발산리(바라미)
금목면	鉢山後坪	음성	금왕읍	무극3리. 발산리(바라미)
금목면	砥石峴坪	음성	금왕읍	무극3리 숫돌고개
금목면	防築前坪	음성	금왕읍	무극3리 발산동. 방죽밑
금목면	場峴坪			
금목면	道來坪			
금목면	攻石坪			
금목면	五龍洞酒店	음성	금왕읍	용계1리 주막거리. 오룡골 남쪽에 있는 마을
금목면	外五龍坪	음성	금왕읍	용계1리 오룡골
금목면	五龍前坪	음성	금왕읍	용계1리 오룡골
금목면	五龍洞	음성	금왕읍	용계1리 오룡골
금목면	回隅坪			
금목면	梨洞	음성	금왕읍	용계1리 배나무골. 오룡골 안쪽에 있는 골짜기
금목면	梟木洞			
금목면	介川前坪	음성	금왕읍	용계2리 신개천
금목면	柰木洞			
금목면	介川後坪	음성	금왕읍	용계2리
금목면	新介川	음성	금왕읍	용계2리 신개천. 오룡골 동남쪽에 있는 마을
금목면	上新介川	음성	금왕읍	용계2리 신개천
금목면	新介川下村	음성	금왕읍	용계2리 신개천
금목면	小俗離隅	음성	금왕읍	백야리 속리. 속리뿌리
금목면	下白也	음성	금왕읍	백야리 하촌. 속리뿌리. 백야저수지에 잠김.
금목면	白也中村酒店	음성	금왕읍	백야리 중촌. 배태 중앙에 있는 마을
금목면	中白也	음성	금왕읍	백야리 중촌
금목면	寺洞			
금목면	接匙峴孟洞界	음성	금왕읍	백야리 웃배태. 접시바위고개. 사시나무골 너머 고개
금목면	竹枝洞孟洞界			
금목면	草橋隅			
금목면	石隅洞			
금목면	石隅酒店			
금목면	茅方			
금목면	小茅方			
금목면	大茅方			
금목면	墨方里店村	음성	금왕읍	육령2리 멍방이. 버득이 동남쪽에 있는 마을. 먹방이 있었음.

금목면	石隅坪	음성	금왕읍	
금목면	銀池谷	음성	금왕읍	육령2리 먹방이 은지골. 살미면됨.
금목면	銅店谷	음성	금왕읍	육령리
금목면	亂里坪	음성	금왕읍	육령2리 기령리(기랭이). 나니골. 기령이 북동쪽에 있는 골짜기
금목면	鬱林谷	음성	금왕읍	육령2리 기령이 울림터골
금목면	內塘谷	음성	금왕읍	육령1리 마당곡
금목면	與白谷	음성	금왕읍	육령1리 넉바골
금목면	陵洞	음성	금왕읍	육령1리 능말. 나주 정씨의 능이 있는 마을
금목면	外釜洞	음성	금왕읍	
금목면	六十峙	음성	금왕읍	육령1리 예순티 능말. 서남쪽 예순티 고개
금목면	新垈	음성	금왕읍	육령2리 새터 버득이. 능말 서남쪽에 새로 생긴 마을. 육령리저수지 축조시 살미면
금천면	倉洞	충주	가금면	누암리, 창동리 창동
금천면	琴亭	충주	가금면	창동리
금천면	金串			
금천면	金串前坪			
금천면	渴馬前坪	충주	가금면	창동리 갈마 칠금동에서 탄금대교 건너 좌측
금천면	淡巖前坪	충주	가금면	창동리 담바위
금천면	淡巖店坪	충주	가금면	창동리 담바위
금천면	淡巖上	충주	가금면	창동리 담바위
금천면	淡巖中	충주	가금면	창동리 담바위
금천면	淡巖下	충주	가금면	창동리 담바위
금천면	渴馬洞	충주	가금면	창동리 갈마
금천면	東山谷			
금천면	冶峴			
금천면	島里	충주	가금면	누암리
금천면	光垈前坪			
금천면	寺洞	충주	가금면	누암리 절골 새말 서남방
금천면	寺洞坪	충주	가금면	누암리 절골 새말 서남방
금천면	金灘			
금천면	光垈	충주	가금면	누암리
금천면	樓巖坪	충주	가금면	누암리 누암
금천면	杏亭	충주	가금면	누암리
금천면	七谷前坪	충주	가금면	용전리 누암리 일곱실(칠곡)
금천면	七谷	충주	가금면	용전리 누암리 일곱실(칠곡) 두련에 딸린 자연마을
금천면	斗蓮里	충주	가금면	누암리 두련
금천면	斗蓮前坪	충주	가금면	누암리 두련

금천면	塔坪	충주	가금면	탑평리 탑평
금천면	銀谷			
금천면	仁潭後坪	충주	가금면	탑평리 인담 가금면 소재지
금천면	仁潭	충주	가금면	탑평리 인담 가금면 소재지
금천면	盤川	충주	가금면	탑평리 반천
금천면	石坡峴			
금천면	石坡前坪			
금천면	立石前坪	충주	가금면	용전리
금천면	立石	충주	가금면	용전리 중원고구려비가 있음.
금천면	立石後坪	충주	가금면	용전리
금천면	無懷前坪	충주	가금면	용전리 회골
금천면	無慢前坪			
금천면	無懷洞	충주	가금면	용전리 회골
금천면	栢峴			
금천면	外無懷	충주	가금면	용전리 회골
금천면	外無慢洞			
금천면	長田前坪			
금천면	陽村			
금천면	下傑前坪	충주	가금면	하구암리 걸피기
금천면	下傑坡	충주	가금면	하구암리 걸피기
금천면	下傑	충주	가금면	하구암리 걸피기
금천면	下傑坡前坪	충주	가금면	하구암리 걸피기
금천면	上傑坡	충주	가금면	하구암리 걸피기
금천면	舊店洞	충주	가금면	하구암리 구정골
금천면	上傑			
금천면	道壯谷	충주	가금면	하구암리 도장골
금천면	銅店村			
금천면	長田坪			
금천면	長田			
금천면	書只谷			
금천면	葛谷	충주	가금면	용전리 갈골, 갈동에 위치한 마을
금천면	葛谷前坪	충주	가금면	용전리 갈골
금천면	葛谷店	충주	가금면	용전리 갈골
금천면	法峴	충주	가금면	범정리 법현
김생면	梅沙洞口芝	충주	금가면	매하리 매사
김생면	峽谷			
김생면	梅沙坪			
김생면	加馬洞			
김생면	梅沙加馬坪	충주	금가면	매하리 매사

김생면	石峴			
김생면	五柳洞			
김생면	池谷坪			
김생면	梅汝坪			
김생면	小梅沙洞	충주	금가면	매하리 매사. 매새 하시의 남동쪽
김생면	梅沙洞	충주	금가면	매하리 매사
김생면	基洞坪			
김생면	基洞			
김생면	合篤			
김생면	合篤坪			
김생면	合篤洞			
김생면	斗地洞			
김생면	斗地坪			
김생면	水乾坪			
김생면	下矢	충주	금가면	매하리 하시
김생면	下矢洞			
김생면	下矢坪	충주	금가면	매하리 하시
김생면	下矢後坪	충주	금가면	매하리 하시
김생면	上矢	충주	금가면	매하리, 월상리 상시
김생면	棲卵洞			
김생면	凉坪後坪			
김생면	凉坪洞			
김생면	加亭谷			
김생면	玉江坪	충주	금가면	월상리 옥강정
김생면	玉江洞	충주	금가면	월상리 옥강정. 조정지댐 남동쪽에 위치
김생면	楊坪			
김생면	上仙坪			
김생면	仙坪			
김생면	長春谷			
김생면	咸朴坪			
김생면	梅南坪			
김생면	月灘洞	충주	금가면	월상리 달여울
김생면	月灘洞口	충주	금가면	월상리 달여울. 옥강전 동남쪽에 위치한 마을
김생면	月灘坪	충주	금가면	월상리 달여울
김생면	月灘	충주	금가면	월상리 달여울
김생면	小月灘	충주	금가면	월상리 달여울
김생면	要洞	충주	금가면	월상리 밤나무골
김생면	遠坪上坪			

김생면	遠坪谷			
김생면	遠坪里			
김생면	遠坪前坪			
김생면	鍾浦坪	충주	금가면	원포리 종포(북개)
김생면	鍾浦洞	충주	금가면	원포리 종포(북개). 월상리 남동쪽에 위치
김생면	連合坪	충주	금가면	오석리 연합
김생면	連合前坪	충주	금가면	오석리 연합
김생면	連合洞	충주	금가면	오석리 연합 석교에 속한 마을
김생면	下篤在			
김생면	下篤谷			
김생면	梅沙後坪			
김생면	馬山坪	충주	금가면	문산리 마산
김생면	篤在			
김생면	上篤谷			
김생면	上篤坪			
김생면	馬山中坪	충주	금가면	문산리 마산
김생면	馬山後谷	충주	금가면	문산리 마산
김생면	馬山前坪	충주	금가면	문산리 마산
김생면	馬山	충주	금가면	문산리 마산
김생면	文旨坪			
김생면	文支前坪			
김생면	小馬山坪			
김생면	龍山前坪			
김생면	再村坪			
김생면	龍山下坪			
김생면	廣于坪			
김생면	廣宇洞			
김생면	倉里洞	충주	금가면	유송리 창동
김생면	盤松	충주	금가면	유송리 반송
김생면	盤松坪	충주	금가면	유송리 반송
김생면	游洞	충주	금가면	유송리 유동
김생면	游洞下佳座	충주	금가면	유송리 유동
김생면	上佳座			
김생면	上陵洞			
김생면	下陵洞			
김생면	文旨朝方谷			
김생면	上石大朝方谷	충주	금가면	오석리
김생면	上石上坪	충주	금가면	오석리
김생면	上石坪	충주	금가면	오석리

김생면	下石洞	충주	금가면	오석리
김생면	下石坪	충주	금가면	오석리
김생면	下石	충주	금가면	오석리
김생면	新垈坪	충주	금가면	문산리 새터말 신대에 속한 자연마을
김생면	石橋坪	충주	금가면	오석리 석교
김생면	石橋洞	충주	금가면	오석리 석교
김생면	寒泉洞			
김생면	高浪原			
김생면	石橋	충주	금가면	오석리 석교
김생면	梧坪			
김생면	梧坪洞	충주	금가면	오석리 오평들
김생면	梧坪中坪	충주	금가면	오석리 오평들
김생면	毛山坪	충주	금가면	오석리 모산
김생면	毛山洞前坪	충주	금가면	오석리 모산
김생면	毛山前坪	충주	금가면	오석리 모산
김생면	毛山洞	충주	금가면	오석리 모산
김생면	禾洞			
남변면	三部垈	충주	시내	성내 성남 성서동 삼부동
남변면	一部垈	충주	시내	성내 성남 성서동 일부동
남변면	西部垈	충주	시내	성내 성남 성서동 충주읍성의 서문이 있던 부근
남변면	南部	충주	시내	성내 성남 성서동 충주읍성의 남문 밖
남변면	氷峴	충주	시내	지현동 현 용운사 옆의 서낭댕이 동편일대
남변면	藪巨里			
남변면	望峴下	충주	시내	지현동 망재. 현 시장관사 부근의 마을
남변면	都督谷	충주	시내	호암동 도둑돌
남변면	藪內			
남변면	德木谷			
남변면	沙坪			
남변면	蓮池洞	충주	시내	호암동 연지
남변면	細可門里			
남변면	黔地峴坪			
남변면	黔地嶺			
남변면	大堤後谷	충주	시내	호암동 대제동(수청)
남변면	達新坪	충주	시내	달천동 달천파출소 부근. 달래강변에서 두 번째로 생긴 마을
남변면	新垈	충주	시내	단월동 새터. 하단 서쪽에 있는 마을
남변면	達新垈	충주	시내	달천동 달천파출소 부근. 달래강변에서 두 번째로 생긴마을

남변면	大堤洞	충주	시내	호암동 대제동
남변면	大堤洞垈	충주	시내	호암동 대제동
남변면	達川垈	충주	시내	달천동 달천리
남변면	達川	충주	시내	달천동 달천리
남변면	達川店	충주	시내	달천동 달천리
남변면	毛沙坪	충주	시내	단월동 모새내(모시래)
남변면	大堤垈			호암동 대제동
남변면	屈於坪			
남변면	丹月洞	충주	시내	단월동
남변면	昆坪	충주	시내	단월동
남변면	昆坪垈	충주	시내	단월동 원달천 남쪽에 있는 마을
남변면	松林坪	충주	시내	달천동 곤평 서남쪽에 있는 마을
남변면	丹月	충주	시내	단월동
남변면	丹月新垈	충주	시내	단월동 새터 하단 서쪽에 있는 마을
남변면	丹新垈	충주	시내	단월동
남변면	丹月坪	충주	시내	단월동
남변면	關後坪			
남변면	丹月垈	충주	시내	단월동
남변면	松亭	충주	시내	용산동
남변면	松亭垈	충주	시내	단월동 송정 하단 동남쪽에 있는 마을
남변면	丹新前坪	충주	시내	단월동
남변면	松林	충주	시내	달천동 송림사(단호사)
남변면	松林洞	충주	시내	달천동 곤평 서남쪽에 있는 마을
남변면	松林垈	충주	시내	달천동 곤평
남변면	達川酒店	충주	시내	달천동
남변면	場坪	충주	시내	용두동 장터거리
남변면	龍頭坪	충주	시내	용두동
남변면	龍頭垈	충주	시내	용두동
남변면	朱峴			
남변면	龍頭	충주	시내	용두동
남변면	東沙坪			
남변면	斗潭垈	충주	시내	용관동 두담(두무소)
남변면	乾秋坪			
남변면	西湖亭酒店	충주	시내	용관동 서호정
남변면	西湖亭	충주	시내	용관동 서호정
남변면	屯田坪			
남변면	觀山洞	충주	시내	용관동 벌미. 두루봉 서남쪽에 있는 마을
남변면	關山	충주	시내	용관동 관산(벌미)
남변면	關山垈	충주	시내	용관동 관산(벌미)

남변면	後谷			
남변면	斜陽里	충주	시내	가주동 사양리(생이)
남변면	汝陽垈			
남변면	西堂谷			
남변면	斜陽前坪	충주	시내	가주동 사양리
남변면	小佳垈	충주	시내	가주동 소가리
남변면	塞峙			
남변면	小佳前坪	충주	시내	가주동 소가리
남변면	山陽隅			
남변면	大佳洞	충주	시내	가주동. 가주동에서 중심이 되는 마을
남변면	大佳後谷	충주	시내	가주동
남변면	道長洞			
남변면	大佳前坪	충주	시내	가주동. 가주동에서 중심이 되는 마을
남변면	乾畓坪			
남변면	漁水灘酒店		시내	가주동 어신여울
남변면	大佳前谷	충주	시내	가주동
남변면	長進谷			
남변면	城隍嶺下		시내	가주동 매산서낭당이
남변면	東幕村	충주	시내	풍동 중풍. 남쪽에 있는 마을
남변면	東幕	충주	시내	풍동 중풍
남변면	東幕垈	충주	시내	풍동 중풍
남변면	東幕前坪	충주	시내	풍동 중풍
남변면	虎尾洞			
남변면	虎尾垈			
남변면	下東幕垈	충주	시내	풍동 동막 아래쪽에 있는 마을
남변면	後洞			
남변면	陵洞後谷	충주	시내	풍동 진비알
남변면	陵洞垈	충주	시내	풍동 진비알 북쪽에 있는 마을
남변면	陵洞	충주	시내	풍동 진비알
남변면	陵洞前隅	충주	시내	풍동 진비알
남변면	上楓洞	충주	시내	풍동 상풍
남변면	上楓垈	충주	시내	풍동 상풍
남변면	楸洞			
남변면	山幕洞	충주	시내	풍동 상동막
남변면	下楓垈	충주	시내	풍동 하풍
남변면	下楓洞	충주	시내	풍동 하풍
남변면	廣谷			
남변면	丹芝所谷			
남변면	上楓前坪	충주	시내	풍동 상풍

남변면	上丹月	충주	시내	단월동 상단 유주막 부근의 마을
남변면	上丹後坪	충주	시내	단월동 상단
남변면	堂谷		시내	단월동 당골들.
남변면	上丹垈	충주	시내	단월동 상단
남변면	馬堤坪			
남변면	上丹前坪	충주	시내	단월동 상단
남변면	有酒幕	충주	시내	단월동 유주막. 영의정 유영경등이 자주 왕래.
남변면	周池院			
남변면	可長谷			
남변면	可長里下坪			
남변면	道庄洞	충주	시내	호암동 도장동
남변면	道庄前坪	충주	시내	호암동 도장골들
남변면	道庄中坪	충주	시내	호암동 도장골들
남변면	貫珠谷	충주	시내	호암동 관주동
남변면	道庄谷	충주	시내	호암동 동장골
남변면	水淸洞	충주	시내	호암동 수청(대제동)
남변면	水淸坪	충주	시내	호암동 수청(대제동)
남변면	水淸前坪	충주	시내	호암동 수청(대제동)
남변면	水淸洞坪	충주	시내	호암동 수청(대제동)
남변면	水淸洞垈	충주	시내	호암동 수청(대제동)
남변면	水淸谷前坪	충주	시내	호암동 수청(대제동)
남변면	貫珠下坪	충주	시내	호암동 관주동
남변면	貫珠洞	충주	시내	호암동 관주동
남변면	靈岳洞			
남변면	貫珠坪	충주	시내	호암동 관주동
남변면	貫珠後坪	충주	시내	호암동 관주동
남변면	直洞下坪	충주	시내	직동
남변면	直洞	충주	시내	직동
남변면	九雲前坪	충주	시내	직동
남변면	九雲洞	충주	시내	직동 자래바우 남쪽에 있는 마을
남변면	下九雲洞	충주	시내	직동
남변면	發峙洞	충주	시내	직동 곧은골 동쪽에 있는 마을
남변면	發峙前坪	충주	시내	직동
남변면	九雲新村	충주	시내	직동 구운리(구루미)
남변면	直洞上坪	충주	시내	직동
남변면	直洞中坪	충주	시내	직동
남변면	直洞垈	충주	시내	직동
남변면	良人寺谷			

남변면	直洞坪	충주	시내	직동
남변면	中直洞坌	충주	시내	직동 중말
남변면	虎巖上坪	충주	시내	호암동 범바위가 있는 산밑의 마을
남변면	虎巖洞	충주	시내	호암동
남변면	虎巖沙室其坪	충주	시내	호암동
남변면	慕獨率里	충주	시내	호암동 모독수리고개
남변면	元斗峙	충주	시내	호암동 원두재
남변면	巾之峴			
남변면	芝谷坌	충주	시내	지현동
남변면	周峰谷			
남변면	庫坪			
남변면	龍山坌	충주	시내	용산동
남변면	松亭坪	충주	시내	용산동 솔정이들. 현재 남산초교 부근에서 원호암 부근까지의 들
남변면	尙洞坪			
남변면	南山山上坪	충주	시내	용산동 남산
남변면	南山下坪	충주	시내	용산동 남산
남변면	錦月坪	충주	시내	용산동 남산
남변면	南部錦月坪	충주	시내	성내동
남변면	龍山洞	충주	시내	용산동
남변면	龍山坪	충주	시내	용산동
남변면	上南部			성내동
노은면	孝竹前坪	충주	노은면	신효2리
노은면	孝竹洞	충주	노은면	신효2리
노은면	孝竹	충주	노은면	신효2리
노은면	堰洑坪			
노은면	下新坌	충주	노은면	신효1리
노은면	池沙坪	충주	노은면	신효1리. 지사울들
노은면	寶蓮前坪	충주	노은면	연하2리. 상입장 동편 보련산 밑
노은면	寶蓮洞前坪	충주	노은면	연하2리
노은면	寶蓮洞	충주	노은면	연하2리
노은면	蓮花洞	충주	노은면	연하1리
노은면	蓮花洞前坪	충주	노은면	연하1리
노은면	立場前坪	충주	노은면	연하2리
노은면	立場左坪	충주	노은면	연하2리
노은면	河南洞	충주	노은면	연하2리
노은면	河南前坪	충주	노은면	연하2리
노은면	河南	충주	노은면	연하2리
노은면	立場	충주	노은면	연하2리 입장

노은면	立場洞	충주	노은면	연하2리 입장
노은면	下立場	충주	노은면	연하2리 입장
노은면	立場前坪	충주	노은면	연하2리 입장
노은면	楮田	충주	노은면	문성2리 닥밭골
노은면	楮田前坪	충주	노은면	문성2리 닥밭골
노은면	下楮田	충주	노은면	분성2리 아랫닥밭골
노은면	薪田下坪	충주	노은면	문성2리 섭밭. 섭밭골
노은면	薪田	충주	노은면	문성2리 섭밭. 섭밭골. 노은면 소재지에서 서쪽으로 1㎞지점
노은면	薪田前坪	충주	노은면	문성2리 섭밭. 섭밭골
노은면	新興前坪	충주	노은면	가신3리 근본동. 본말 동쪽, 청주 한씨들이 이주해 만듬.
노은면	新興	충주	노은면	가신3리 근본동
노은면	新興後坪	충주	노은면	가신3리 근본동
노은면	佳亭前坪	충주	노은면	가신1리 가정, 본말
노은면	佳亭左坪	충주	노은면	가신1리 가정, 본말
노은면	池屯地坪		노은면	
노은면	佳亭後坪	충주	노은면	가신1리 가정, 본말
노은면	佳亭洞	충주	노은면	가신1리 가정, 본말
노은면	東幕前坪	충주	노은면	가신1리 동막골 가정자 서북쪽
노은면	東幕	충주	노은면	가신1리 동막골
노은면	通隅前坪			
노은면	通隅			
노은면	洪谷前坪	충주	노은면	가신2리 홍골
노은면	洪谷	충주	노은면	가신2리 홍골. 줄골 동남쪽 홍씨들이 많이 거주
노은면	洪谷洞前坪	충주	노은면	가신2리 홍골
노은면	佳亭子後坪	충주	노은면	가신1리 가정. 본말
노은면	佳亭子	충주	노은면	가신1리 가정. 본말
노은면	佳亭子前坪	충주	노은면	가신1리 가정. 본말
노은면	扣馬坪			
노은면	上龍堂前坪	충주	노은면	안락리
노은면	上龍堂	충주	노은면	안락리
노은면	龍堂前坪			
노은면	上龍	충주	노은면	안락리
노은면	龍堂後坪	충주	노은면	안락리
노은면	龍堂	충주	노은면	안락리(용당이). 안락동에서 으뜸, 근처에 용이 승천한 못
노은면	下龍堂	충주	노은면	안락리

노은면	洼洞前坪			
노은면	下洼洞			
노은면	上洼洞			
노은면	洼洞後坪			
노은면	洼洞後坪			
노은면	遠通左坪	충주	노은면	대덕리
노은면	遠通洞	충주	노은면	대덕리. 호장골 북쪽 원통산 아래
노은면	遠通前坪	충주	노은면	대덕리
노은면	遠通後坪	충주	노은면	대덕리
노은면	下遠通前坪	충주	노은면	대덕리
노은면	下遠通	충주	노은면	대덕리
노은면	下元通	충주	노은면	대덕리
노은면	好場洞	충주	노은면	대덕2리. 대덕저수지 남쪽에 있는 마을. 뒷산에 伏虎穴이 있다.
노은면	好場後坪	충주	노은면	대덕2리
노은면	直洞後坪	충주	노은면	대덕2리 곧은터 호장골 서쪽 골짜기
노은면	直洞	충주	노은면	대덕2리 곧은터
노은면	直洞前坪	충주	노은면	대덕2리 곧은터
노은면	陵岸			
노은면	陵岸後坪			
노은면	陵岸前坪			
노은면	坪村			
노은면	坪村洞			
노은면	陵岸右坪			
노은면	坪村谷			
노은면	法洞一里	충주	노은면	법동리
노은면	要谷坪			
노은면	法洞前坪	충주	노은면	법동리
노은면	法洞	충주	노은면	법동리
노은면	法洞上坪	충주	노은면	법동리
노은면	法洞中坪	충주	노은면	법동리
노은면	法洞二里	충주	노은면	법동리
노은면	法洞下坪	충주	노은면	법동리
노은면	灰谷坪			
노은면	安樂後坪	충주	노은면	안락리(도화동)
노은면	安樂洞	충주	노은면	안락리(도화동)
노은면	安樂前坪	충주	노은면	안락리(도화동)
노은면	思養洞前坪			
노은면	思養洞			

노은면	查養洞上坪			
노은면	査養洞			
노은면	內洞後坪			
노은면	內洞			
노은면	內洞前坪			
노은면	新垈村	충주	노은면	신효1리 솟대울 서쪽 삼거리 마을
노은면	新垈前坪	충주	노은면	신효1리 솟대울
노은면	文巖後坪	충주	노은면	문성1리 문바우
노은면	文巖洞	충주	노은면	문성1리 문바우 우리재 서북쪽에 있음.
노은면	文巖洞前坪	충주	노은면	문성1리 문바우
노은면	外廣大坪			
노은면	廣大中坪			
노은면	廣大谷			
노은면	內廣大谷坪			
노은면	外廣大下坪			
노은면	于城前坪	충주	노은면	문성3리 우리재
노은면	于城	충주	노은면	문성3리 우리재 웃닥밭골 남쪽
노은면	鱉坪			
노은면	內湫坪			
노은면	化谷坪			
노은면	沙里谷坪			
노은면	大湫坪			
노은면	仰洞前坪			
노은면	知方岩坪			
노은면	仰洞			
노은면	土唐谷			
노은면	內大方	충주	노은면	신효1리 골대방골. 대방골 동남쪽 골짜기
노은면	內大方前坪	충주	노은면	신효1리 골대방골
노은면	柳木坪			
노은면	院垈前坪	충주	노은면	신효2리 원터
노은면	院垈	충주	노은면	신효2리 원터. 솟대울 동남쪽
노은면	小南谷坪			
노은면	大小南坪			
노은면	院垈洞	충주	노은면	신효2리 원터. 솟대울 동남쪽
노은면	院垈後坪	충주	노은면	신효2리 원터. 솟대울 동남쪽
노은면	加丁前坪			
노은면	加丁洞			
노은면	防吉坪			
노은면	市谷洞			

노은면	水鐵中里	충주	노은면	수룡1리 원우 동남쪽
노은면	中深坪			
노은면	水鐵中里前	충주	노은면	수룡1리 원우
노은면	水鐵上里	충주	노은면	수룡1리 원우
노은면	水鐵下里			
노은면	老峴坪			
노은면	九乙谷			
노은면	老峴洞			
노은면	院隅前坪	충주	노은면	수룡1리 원모랭이
노은면	院隅	충주	노은면	수룡1리 원모랭이
노은면	院隅洞	충주	노은면	수룡1리 원모랭이
노은면	猫巖坪			
노은면	天龍酒店	충주	노은면	수룡3리 산막골 서쪽. 뒷산에 용추가 있음.
노은면	痒校坪			
노은면	垈上洞			
노은면	沙器店			
노은면	宗坪			
노은면	天龍洞	충주	노은면	수룡3리 산막골 서쪽
노은면	書堂谷			
노은면	水流谷			
노은면	人松前坪	충주	노은면	수룡2리 천룡 동북쪽
노은면	人松	충주	노은면	수룡2리 천룡 동북쪽. 소나무 8그루가 있었음.
노은면	人松洞	충주	노은면	수룡2리
노은면	眞木坪			
노은면	山幕坪	충주	노은면	수룡1리
노은면	山幕	충주	노은면	수룡1리
대조곡면	率耕坪			
대조곡면	泰峙右坪	음성	대소면	태생3리 태인말 오른쪽 들
대조곡면	泰峙前坪	음성	대소면	태생3리 태인말 앞들
대조곡면	泰峙洞垈	음성	대소면	태생3리
대조곡면	官坪			
대조곡면	川洑坪			
대조곡면	水多洞坪			
대조곡면	泉谷前坪			
대조곡면	寒坪			
대조곡면	梧山東坪	음성	대소면	오산1리
대조곡면	九萬洞垈			
대조곡면	梧山後坪	음성	대소면	오산1리

대조곡면	梧山垈	음성	대소면	오산1리
대조곡면	梧山前坪	음성	대소면	오산1리
대조곡면	梧山村前馬泉	음성	대소면	오산1리
대조곡면	倉堡坪	음성	대소면	미곡리, 창보들. 맑은대 동북쪽에 있는 들
대조곡면	防築坪	음성	대소면	대풍1리 방축골
대조곡면	倉堡下坪	음성	대소면	미곡리
대조곡면	淸根坪	음성	대소면	미곡리 맑은대
대조곡면	沑坪			
대조곡면	鞍峴前坪			
대조곡면	淨斤坪	음성	대소면	미곡리 맑은대
대조곡면	美谷新垈	음성	대소면	미곡리
대조곡면	美谷	음성	대소면	미곡리
대조곡면	美谷垈	음성	대소면	미곡리
대조곡면	美谷後坪	음성	대소면	미곡리
대조곡면	尤恙谷垈	음성	대소면	미곡리
대조곡면	井谷洞垈	음성	대소면	삼정1리
대조곡면	井谷越坪	음성	대소면	삼정1리
대조곡면	薪官坪	음성	대소면	미곡리
대조곡면	井谷前坪	음성	대소면	삼정1리
대조곡면	井谷垈	음성	대소면	삼정1리
대조곡면	井谷後坪	음성	대소면	삼정1리
대조곡면	旺財坪			
대조곡면	倉洑坪	음성	대소면	삼정1리 창보. 재끼실 북쪽에 있는 보
대조곡면	梧山越坪	음성	대소면	오산1리
대조곡면	白今坪	음성	대소면	삼정2리 백금
대조곡면	白今洞垈	음성	대소면	삼정2리 백금
대조곡면	生洞前坪	음성	대소면	안생골−태생2리. 외생골−태생3리
대조곡면	梧山酒幕	음성	대소면	오산1리
대조곡면	生洞坪	음성	대소면	안생골−태생2리. 외생골−태생3리
대조곡면	生洞垈	음성	대소면	안생골−태생2리. 외생골−태생3리
대조곡면	柴木洞			
대조곡면	木洞坪			
대조곡면	閑陽峙坪			
대조곡면	貢稅坪			
대조곡면	伐井坪			
대조곡면	角洞後坪	음성	대소면	성본3리 각동. 각골
대조곡면	角洞坪	음성	대소면	성본3리 각동. 각골
대조곡면	角洞垈	음성	대소면	성본3리 각동. 각골
대조곡면	角洞前坪	음성	대소면	성본3리 각동. 각골

대조곡면	所堂土洞	음성	대소면	소석리 소당이
대조곡면	所堂垈	음성	대소면	소석리 소당이
대조곡면	所堂坪	음성	대소면	소석리 소당이
대조곡면	所堂前坪	음성	대소면	소석리 소당이
대조곡면	所堂右坪	음성	대소면	소석리 소당이
대조곡면	防築洞	음성	대소면	대풍1리 방축골
대조곡면	下所堂里垈	음성	대소면	소석리 소당이. 참나무배기 동북쪽에 있는 마을
대조곡면	下所堂坪	음성	대소면	소석리 소당이.
대조곡면	下所堂垈	음성	대소면	소석리 소당이.
대조곡면	三汗堅垈	음성	대소면	소석1리 삼한이 고개. 원앙샘거리에서 진천군 만승면으로 넘어가는 고개
대조곡면	三汗右坪	음성	대소면	소석1리 삼한이 고개
대조곡면	三汗北坪	음성	대소면	소석1리 삼한이 고개
대조곡면	三汗前坪	음성	대소면	소석1리 삼한이 고개
대조곡면	三汗垈	음성	대소면	소석1리 삼한이 고개
대조곡면	三汗後坪	음성	대소면	소석1리 삼한이 고개
대조곡면	下三汗坪	음성	대소면	소석리
대조곡면	舊三汗坪	음성	대소면	소석2리 구삼한이골. 돌격골 서쪽의 들로 전에 마을이 있었음.
대조곡면	石格坪	음성	대소면	소석리 석격동. 참나무배기 남쪽에 있는 마을
대조곡면	石格里垈	음성	대소면	소석리 석격동(돌격골)
덕면	不見坪			
덕면	粟木峴			
덕면	石隅坪			
덕면	黃方里	충주	주덕면	당우리 석우(원당우) 행궁이
덕면	石隅洞	충주	주덕면	당우리 석우
덕면	石隅	충주	주덕면	당우리 석우
덕면	斗無洞	충주	주덕면	당우리 두모골. 행궁이 서북쪽
덕면	斗無坪	충주	주덕면	당우리 두모골
덕면	梨室坪	충주	주덕면	당우리 배실골. 현재 저수지 유
덕면	梨室洞	충주	주덕면	당우리 배실
덕면	堂隅坪	충주	주덕면	당우리 당모루
덕면	堂隅洞	충주	주덕면	당우리 당모루. 원당우
덕면	鶴成店			
덕면	鶴成坪			
덕면	柳洞	충주	주덕면	당우리 유동 버들골
덕면	柳洞前坪	충주	주덕면	당우리 벌미들

덕면	下柳洞	충주	주덕면	당우리 유동 아랫마을
덕면	下柳洞坪	충주	주덕면	당우리 유동 아랫마을
덕면	筏義坪			
덕면	新垈			
덕면	新垈坪			
덕면	草處前坪	충주	주덕면	장록리
덕면	草處洞	충주	주덕면	장록리
덕면	草處坪	충주	주덕면	장록리
덕면	草處上坪	충주	주덕면	장록리
덕면	上草處洞	충주	주덕면	장록리
덕면	池內前坪	충주	주덕면	장록리 지내 못안마을 앞들
덕면	池內洞	충주	주덕면	장록리 지내 못안마을
덕면	池內上坪	충주	주덕면	장록리 지내 못안마을
덕면	倉洞	충주	주덕면	덕련리 창동 창말. 양달말 음달말 중턱말, 창고 소재
덕면	墻內洞	충주	주덕면	덕련리 장내마을
덕면	島岑洞	충주	주덕면	덕련리 조고리. 양달말 서북쪽 공말의 딸린 마을
덕면	墻內坪	충주	주덕면	덕련리 장내미들. 양달말 서쪽 장이 섰음.
덕면	倉洞下坪	충주	주덕면	덕련리 창동 창말
덕면	纏頭坪	충주	주덕면	덕련리 전두실마을
덕면	纏頭谷坪			
덕면	聖城坪	충주	주덕면	제내리 승동. 성골 풍동 동남
덕면	聖城谷	충주	주덕면	제내리 승동. 성골
덕면	長綠坪	충주	주덕면	장록리 원장록
덕면	長綠洞	충주	주덕면	장록리 원장록. 장록개, 장록포
덕면	長綠前坪	충주	주덕면	장록리 원장록
덕면	淸上坪			
덕면	淸上浦			
덕면	票木坪	충주	주덕면	제내리 원장록 북쪽
덕면	邊洞坪	충주	주덕면	제내리 가정이골 가진골 갓골
덕면	可眞坪	충주	주덕면	제내리 가정이골, 가진골
덕면	寺洞			
덕면	玉洞	충주	주덕면	제내리 풍덕 부근 음달말 서쪽마을
덕면	邊洞	충주	주덕면	제내리 가진골 가장골
덕면	豊德前坪	충주	주덕면	제내리 풍덕마을
덕면	豊德洞	충주	주덕면	제내리 풍덕마을. 이언량의 정착지. 덕면사무소 옛 소재
덕면	堤內前坪	충주	주덕면	제내리 방죽안

덕면	堤內洞	충주	주덕면	제내리 방죽안
덕면	柳等川坪			
덕면	柳等坪	충주	주덕면	제내리 우등산. 벌건 동산 요토산 큰말 북쪽
덕면	貢稅坪			
덕면	桂幕洞	충주	주덕면	화곡리 계말. 원화곡 서쪽
덕면	桂幕前坪	충주	주덕면	화곡리 계말앞들 계막 남쪽 공심이 동쪽들
덕면	耳巖坪			
덕면	耳巖			
덕면	耳巖前坪			
덕면	態洞	충주	주덕면	화곡리 곰실 구야 동북쪽 마을
덕면	態洞坪	충주	주덕면	화곡리 곰실구렁 곰실남쪽 골짝기
덕면	如意川	충주	주덕면	화곡리 여의천 음달말. 양달말 부근
덕면	萃谷上直業洞			
덕면	梨木坪	충주	주덕면	화곡리 화곡저수지 동쪽골. 독장골 남쪽
덕면	書堂谷	충주	주덕면	화곡리 화곡저수지 동남쪽 골짜기
덕면	梨洞	충주	주덕면	화곡리 배나무골
덕면	大梨木洞		주덕면	
덕면	葛谷			
덕면	東幕洞	충주	주덕면	화곡리 동막. 화곡리 최북단 원사락 동북쪽
덕면	東幕坪			
덕면	大洞	충주	주덕면	화곡리 대골
덕면	大谷	충주	주덕면	화곡리 대골. 화곡저수지 서북쪽 골짜기
덕면	大谷坪	충주	주덕면	화곡리 대골
덕면	鳳臺谷	충주	주덕면	화곡리 봉대골. 동막서쪽 골짜기
덕면	花谷如意川			
덕면	如意洞			
덕면	萃谷坪			
덕면	中里	충주	주덕면	사락리 원사락
덕면	井口			
덕면	外奄洞	충주	주덕면	사락리 엄동
덕면	奄洞	충주	주덕면	사락리 엄동
덕면	上奄洞	충주	주덕면	사락리 엄동
덕면	下奄洞	충주	주덕면	사락리 엄동
덕면	內奄洞	충주	주덕면	사락리 엄동
덕면	社樂洞	충주	주덕면	사락리 원사락. 웃말, 아랫말이 있음
덕면	上社樂洞	충주	주덕면	사락리 원사락의 웃말
덕면	社子洞前坪			
덕면	梅南	충주	주덕면	사락리 원사락 서북쪽 은재 남쪽
덕면	梅南前坪	충주	주덕면	사락리 원사락

덕산면	獨骨山			
덕산면	文石坪			
덕산면	新垈	제천	한수면	복평리 새터
덕산면	洑坪	제천	한수면	복평리 봇. 두둘기
덕산면	洑坪垈	제천	한수면	복평리 보평
덕산면	宕岩坪	제천	한수면	복평리 탕건바위
덕산면	堂越坪	제천	한수면	복평리 서낭당
덕산면	米身坪	제천	한수면	복평리 싸리지실기
덕산면	松界楡川坪	제천	한수면	송계리
덕산면	松界楡川坪	제천	한수면	송계리
덕산면	楡川坪			
덕산면	炬谷	제천	한수면	송계리 구곡
덕산면	前屛岩坪			
덕산면	勒洞垈			
덕산면	勒洞前坪			
덕산면	東倉垈	제천	한수면	송계리 창말
덕산면	寒沙峙	제천	한수면	송계리 창말 남쪽 덕주골로 사이에 있는 고개
덕산면	龍秋坪	제천	한수면	송계리 와룡대
덕산면	寺亭垈	제천	한수면	송계리 절골
덕산면	洞山	제천	한수면	송계리 동산
덕산면	洞山垈	제천	한수면	송계리 동산
덕산면	洞山坪	제천	한수면	송계리 동산
덕산면	土硯坪			
덕산면	土硯垈			
덕산면	萬樹谷	제천	한수면	만수계곡 .
덕산면	月岳山	제천	한수면	월악산
덕산면	德周街坪	제천	한수면	송계4리 덕주골
덕산면	德周街垈	제천	한수면	송계4리 덕주골
덕산면	倉里垈	제천	한수면	송계리 창말
덕산면	城坪	제천	한수면	송계리 창말
덕산면	孝柱村垈	제천	한수면	송계리 창말 주막거리 부근 월악궁지
덕산면	酒幕垈	제천	한수면	송계리 창말 주막거리
덕산면	東倉里坪	제천	한수면	송계리 창말
덕산면	倉洞垈	제천	한수면	송계리 창말
덕산면	佳節里垈			
덕산면	間坪			
덕산면	蒙忠坪			
덕산면	旺利峴	제천	덕산면	수산리 왕리재

덕산면	後淸谷	제천	덕산면	수산리 후청골
덕산면	村谷坪	제천	한수면	송계리 사장. 덕주골 남쪽에 있는 마을
덕산면	射場垈坪	제천	한수면	송계리 사장
덕산면	道土幕			
덕산면	實金里			
덕산면	齋宮谷			도전리 재궁
덕산면	斗得坪	제천	덕산면	수산리
덕산면	炭枝後坪	제천	덕산면	수산리 탄지(숯갓, 수가리)
덕산면	中新垈	제천	덕산면	
덕산면	炭枝前坪	제천	덕산면	수산리 탄지
덕산면	炭枝垈	제천	덕산면	수산리 탄지
덕산면	君靈山坪			
덕산면	乫沼坪			
덕산면	下峴坪			
덕산면	懸溗坪			
덕산면	山垈			
덕산면	甑山垈	제천	덕산면	수산리 증산(정산리). 수산동쪽에 있는 마을
덕산면	幕基谷			
덕산면	舟街村			
덕산면	舟街村垈			
덕산면	梨谷坪	제천	덕산면	도전리 뱃골. 신현리, 수산리로 통하는 골짜기
덕산면	乷皮坪	제천	덕산면	도전리 살패(서포, 금곡). 중금이 서북쪽에 있는 마을
덕산면	吉麻峴			
덕산면	後谷坪	제천	덕산면	도전리 후촌(뒷말) 성내뒤 골짜기에 있는 마을
덕산면	下三田垈	제천	덕산면	도전리 하삼전
덕산면	曾今里坪	제천	덕산면	도전리 중금
덕산면	曾今里垈	제천	덕산면	도전리 중금. 장바구니 서북쪽에 있는 마을
덕산면	藏賢根坪			
덕산면	藏賢根垈			
덕산면	廣陳坪			
덕산면	廣川里垈	제천	덕산면	도전리 광천
덕산면	盤瑯谷			
덕산면	牛舞實坪			
덕산면	陳實坪			
덕산면	上三田垈	제천	덕산면	도전리 상삼전
덕산면	三田坪	제천	덕산면	도전리 삼전(나실)

덕산면	大水谷坪			
덕산면	三田垈	제천	덕산면	도전리 삼전 달롱실 서쪽에 있는 마을
덕산면	直洞			
덕산면	三田	제천	덕산면	도전리 삼전
덕산면	舟峴	제천	덕산면	도전지 뱃골(뱃재)
덕산면	月弄谷	제천	덕산면	도전리 월롱곡
덕산면	月弄谷垈	제천	덕산면	도전리 월롱곡(달롱실). 어래산 밑에 있는 마을
덕산면	鳩峴			
덕산면	制禮谷坪			
덕산면	原夜味坪			
덕산면	宮坪	제천	덕산면	도전리 궁골
덕산면	齋宮坪	제천	덕산면	도전리 재궁골
덕산면	月弄谷前坪	제천	덕산면	도전리 월롱곡
덕산면	鶴谷坪	제천	덕산면	도전리 황새골
덕산면	城內越坪	제천	덕산면	도전리 성내
덕산면	弄鏡地坪			
덕산면	都馬味坪			
덕산면	生金坪	제천	덕산면	도전리 생금못
덕산면	都馬味垈			
덕산면	生金垈	제천	덕산면	도전리 생금못
덕산면	歇里谷坪			
덕산면	生今坪	제천	덕산면	도전리 생금
덕산면	生金坪	제천	덕산면	도전리 생금
덕산면	坪村垈			
덕산면	城內坪	제천	덕산면	도전리 성내
덕산면	谷村垈	제천	덕산면	도전리 골말
덕산면	城內	제천	덕산면	도전리 성내
덕산면	城內垈	제천	덕산면	도전리 성내 도전리의 중심마을
덕산면	寺坪	제천	덕산면	선고리
덕산면	木谷坪	제천	덕산면	선고리
덕산면	澤谷垈	제천	덕산면	선고리 못골
덕산면	龍屯地垈	제천	덕산면	선고리 왯-둔지. 중미 서남쪽에 있는 마을
덕산면	德恩寺垈	제천	덕산면	선고리 더운절(덕은사) 왯둥지 남쪽에 있는 마을
덕산면	德恩寺坪	제천	덕산면	선고리 더운절
덕산면	德隱寺垈	제천	덕산면	선고리 더운절
덕산면	龍谷坪			
덕산면	德恩院垈	제천	덕산면	선고리 더운절

덕산면	德恩院坪	제천	덕산면	선고리 더운절
덕산면	盤南谷			
덕산면	石沼坪			
덕산면	南陽谷坪			
덕산면	南陽谷垈			
덕산면	馬坪	제천	덕산면	선고리 마들. 마뜰 앞에 있는 들
덕산면	古木垈	제천	덕산면	선고리 고목(곰의목) 중미 남쪽 고목 아래에 있는 마을
덕산면	古木坪	제천	덕산면	선고리 고목
덕산면	中坪			
덕산면	楸洞垈			
덕산면	楸洞坪			
덕산면	中山垈			
덕산면	古木洞垈	제천	덕산면	선고리 고목
덕산면	茂南坪			
덕산면	同衣壓洞			
덕산면	同衣壓谷			
덕산면	彭岩坪	제천	덕산면	선고리 팽개바위
덕산면	門前坪	제천	덕산면	선고리 문안들
덕산면	夏谷垈			
덕산면	大湫坪			
덕산면	路井坪			
덕산면	路井垈			
덕산면	庫街坪			
덕산면	退村垈	제천	덕산면	선고리 툇골(퇴곡). 선림 서쪽에 있는 마을
덕산면	銀谷坪	제천	덕산면	
덕산면	仙林垈	제천	덕산면	선고리 선림(설림). 선고 동북쪽에 있는 마을
덕산면	文坪			
덕산면	葛文坪			
덕산면	筏坪垈			
덕산면	筏坪			
덕산면	於穆坪			
덕산면	小鱉巖坪			
덕산면	中村坪			
덕산면	中坪垈			
덕산면	仙林坪	제천	덕산면	선고리 선림
덕산면	堂前垈	제천	덕산면	선고리 당앞들
덕산면	閒寺垈	제천	덕산면	선고리 한걸리
덕산면	退村坪	제천	덕산면	선고리 퇴골

덕산면	後寺谷			
덕산면	新坪垈			
덕산면	新坪			
덕산면	紅街坪			
덕산면	紅街垈			
덕산면	願洛垈			
덕산면	黃牛垈			
덕산면	黃牛坪			
덕산면	外仙女谷	제천	덕산면	도기리 선녀골
덕산면	內仙女谷	제천	덕산면	도기리 선녀골
덕산면	道基坪	제천	덕산면	도기리 독기
덕산면	道基垈	제천	덕산면	도기리
덕산면	大垈垈	제천	덕산면	도기리 대동(큰말). 도기리에서 가장 큰마을.
덕산면	紫砂坪	제천	덕산면	도기리 싸리재. 대동에서 북쪽에 있음.
덕산면	陽珠坪	제천	덕산면	도기리 양주동
덕산면	陽珠洞坪	제천	덕산면	도기리 양주동
덕산면	陽珠垈	제천	덕산면	도기리 양주동. 대동 남쪽에 있는 마을
덕산면	紫谷坪	제천	덕산면	도기기 싸리재
덕산면	冠巖坪			
덕산면	陰蜂谷			
덕산면	陽珠前坪	제천	덕산면	도기리 양주동
덕산면	白巖谷	제천	덕산면	도기리 흰바위들
덕산면	白巖坪	제천	덕산면	도기리 흰바위들. 양주동 동쪽에 있는 들.
덕산면	白巖垈	제천	덕산면	도기리 흰바위들
덕산면	道基前坪	제천	덕산면	도기리
덕산면	酒幕街垈			
덕산면	望臺坪	제천	덕산면	도기리 망월놀이 풍습이 있음.
덕산면	盆店谷	제천	덕산면	도기리
덕산면	盆店垈	제천	덕산면	도기리
덕산면	樓洞垈	제천	덕산면	도기리 다락골. 다락재 밑에 있는 마을
덕산면	街伊垈			
덕산면	木洞			
덕산면	神巖坪			
덕산면	雷洞坪	제천	수산면	수곡리 뇟골. 현재 수산면 대전리에 편입
덕산면	雷洞垈	제천	수산면	수곡리 뇟골(뇌곡)
덕산면	雷洞	제천	수산면	수곡리 뇟골
덕산면	丹芝垈	제천	수산면	수곡리 단지실. 뇟골 동남쪽에 있는 마을
덕산면	丹芝谷垈	제천	수산면	수곡리 단지실
덕산면	室通谷坪			

덕산면	水村垈	제천	수산면	수곡리 물춘이(수촌). 수곡리 동남쪽에 있는 마을
덕산면	水村坪	제천	수산면	수곡리 물춘이
덕산면	渴馬谷			
덕산면	集原谷	제천	수산면	수곡리 집실
덕산면	集原垈	제천	수산면	수곡리 집실. 수래골 동쪽 깊은 산 골짜기에 있는 마을
덕산면	集實垈	제천	수산면	수곡리 집실
덕산면	水落洞	제천	수산면	수곡리 수라곡(수랫골). 현재 수산면 수리에 편입
덕산면	水落垈	제천	수산면	수곡리 수라곡
덕산면	赤谷	제천	수산면	수곡리 적곡(불구실). 수곡리의 중심마을
덕산면	堂峴			
덕산면	赤谷坪	제천	수산면	수곡리 적곡
덕산면	赤谷垈	제천	수산면	수곡리 적곡
덕산면	赤谷前坪	제천	수산면	수곡리 적곡
덕산면	車谷	제천	덕산면	성암리 찻골. 거리미 위에 있는 마을
덕산면	城巖坪	제천	덕산면	성암리 성바우
덕산면	城巖垈	제천	덕산면	성암리 성바우
덕산면	城巖前坪	제천	덕산면	성암리 성바우
덕산면	馬革嶺	제천	덕산면	성암리 말구리재. 욋골에서 수산면 오티리로 가는 고개
덕산면	曲峴前坪	제천	덕산면	신현리 곡현(고분재)
덕산면	曲峴垈	제천	덕산면	신현리 곡현. 고분재 밑에 있는 마을
덕산면	曲峴坪	제천	덕산면	신현리 곡현
덕산면	栢嶺	제천	덕산면	신현리 뱃골. 수산2리에서 삼전리로 넘어가는 고개
덕산면	新村垈	제천	덕산면	신현리 신촌말. 고분재 북쪽에 새로 된 마을
덕산면	新村后谷	제천	덕산면	신현리 신촌
덕산면	龍巖前坪	제천	덕산면	신현리 용암
덕산면	龍巖垈	제천	덕산면	신현리 용암. 신촌말 북쪽에 있는 마을
덕산면	新基垈	제천	덕산면	신현리 새터
동량면	浦灘	충주	동량면	포탄리
동량면	花巖	충주	동량면	화암리 꽃바우. 화암
동량면	莫衣洞			
동량면	莫衣			
동량면	浪洞			
동량면	陽木洞	충주	동량면	화암리 양목. 볕남기, 충주호선착장
동량면	黑木	충주	동량면	서운리 흑목골. 흥목골, 지동리의 흑목이로

				가는 길 어귀에 형성
동량면	兩牙	충주	동량면	지동리 손동리 탄동 남동쪽에 형성된 마을
동량면	美羅洞			
동량면	晩知洞	충주	동량면	지동리 금잠에 속한 자연마을의 하나
동량면	絲傍里	충주	동량면	지동리 금잠
동량면	絲傍里	충주	동량면	지동리 금잠
동량면	白石	충주	동량면	지동리 백석
동량면	金岑	충주	동량면	지동리 쇠잠. 쇠재미
동량면	紙洞	충주	동량면	지동리 종이골. 조골, 지동
동량면	茂洞			
동량면	拜坪	충주	동량면	하천리 뱃들. 살미면됨
동량면	菊谷	충주	동량면	하천리 국곡, 국실, 하곡에 속한 자연마을의 하나, 하실의 동
동량면	荷谷	충주	동량면	하천리 하곡, 하실
동량면	蘆谷			
동량면	宋坪	충주	동량면	하천리 송평, 살미면 됨
동량면	萬川坪	충주	동량면	하천리 만편, 만내 하천교 북쪽의 마을, 안말 통막골, 벌말
동량면	大斗谷			
동량면	炭洞	충주	동량면	손동리 숯동. 음양지 남동쪽에 발달한 마을
동량면	杜武	충주	동량면	손동리 두무. 두무실, 독지 남쪽에 있는 탄동에 속한 자연마을
동량면	獨知	충주	동량면	손동리 탄동의 자연마을 중 하나
동량면	陽遜			
동량면	陽遜			
동량면	馬谷			
동량면	粟谷			
동량면	陰遜			
동량면	月谷			
동량면	長善			
동량면	冠岩			
동량면	乾地			
동량면	冠武	충주	동량면	조동리 관암. 조돈리와 탐평리 사이의 조동천 서편에 위치한 마을
동량면	黑武	충주	동량면	조동리 관암 마을 동남쪽의 마을
동량면	地登			
동량면	安方			
동량면	朝遜			
동량면	龍臺			

동량면	龍坮	충주	동량면	용교리 운교마을 동쪽 강가에 위치한 큰 마을
동량면	龍臺			
동량면	雲橋	충주	동량면	용교리 운교1구—속담, 북편, 거려골, 운교2구—피남골, 남편
동량면	大也	충주	동량면	대전리 대미(대야)
동량면	月山			
동량면	沙川	충주	동량면	대전리 사천(모래내)
동량면	長水			
동량면	下沙川			
동량면	萬衣			
동량면	夫銀			
동량면	排日谷	충주	동량면	대전리
동량면	排日	충주	동량면	대전리 배일. 뱀골
동량면	馬屹	충주	동량면	대전리 마흘(멀미, 홀살)
동량면	內洞	충주	동량면	대전리 내동(안골)
동량면	水回	충주	동량면	대전리 수회(수녹골). 안골마을 동남쪽 삼거리에 위치
동량면	釜洞		동량면	
동량면	黃田	충주	동량면	대전리 황전(황밭).
동량면	小毛川	충주	동량면	조동리
동량면	大毛川	충주	동량면	조동리 대모천(대모내, 큰모내)
두의면	黃山坪	음성	삼성면	능산리. 충주군 두의곡면 지역. 陵洞의 陵자와 黃山의 山자를 따서 능산리라 함
두의면	黃山垈	음성	삼성면	능산리 황산
두의면	栢子坪			
두의면	黃山店	음성	삼성면	능산리 황산
두의면	黃新垈			
두의면	加堂坪			
두의면	小加堂坪			
두의면	豆衣前坪	음성	삼성면	대정리
두의면	乿味坪			
두의면	中村坪	음성	삼성면	대야리 중촌. 아래대실
두의면	下里垈	음성	삼성면	대정리 하리. 下里와 九井里를 병합
두의면	下里前坪	음성	삼성면	대정리 하리
두의면	內洞垈	음성	삼성면	대정리 안골
두의면	內洞前坪	음성	삼성면	대정리 안골
두의면	新垈村	음성	삼성면	능산리 신대
두의면	斗乙坪			

두의면	中里坪	음성	삼성면	선정2리 중간말
두의면	飛力坪	음성	삼성면	대정리 비력이. 웃두리실 동쪽에 있는 들
두의면	九井前坪	음성	삼성면	대정리 구정리
두의면	佛陵谷			
두의면	善山谷			
두의민	九井坌	음성	삼성면	대정리 구정리
두의면	內洞坪	음성	삼성면	
두의면	書堂谷			
두의면	陵洞坌	음성	삼성면	능산리 능동
두의면	陵隅洞			
두의면	介也坪			
두의면	陵洞前坪	음성	삼성면	능산리 능동
두의면	陵洞店	음성	삼성면	능산리 능동
두의면	小谷			
두의면	山直村坌	음성	삼성면	능산리 산직
두의면	陵谷坪	음성	삼성면	능산리 능동 북쪽에 있는 골짜기
두의면	天臨坪			
두의면	可里坪			
두의면	巖內洞	음성	상성면	능산리 바위안(암내) 능머루 북쪽호랑바우의 안쪽에 있는 마을.
두의면	夫之中坪			
두의면	石橋項			
두의면	軒坪			
두의면	佛堂店前	음성	삼성면	용대리 부처당이. 마루들 북쪽에 있는 마을로 미륵이 있음.
두의면	佛堂店坌	음성	삼성면	용대리 부처당이
두의면	外陽下里坪			
두의면	馬婁坪			
두의면	城屈坪			
두의면	赤其實坪			
두의면	九羅坪			
두의면	後谷			
두의면	外洋峨里坪			
두의면	水月坪			
두의면	占巡坪			
두의면	龍山店	음성	삼성면	청룡리 용산
두의면	龍山坌	음성	삼성면	청룡리 용산
두의면	莊子坪			
두의면	小木谷			

두의면	占心坪			
두의면	水越坪			
두의면	平村坪			
두의면	乭石里前坪			
두의면	內垈前坪	음성	삼성면	용대리 내대리(안터)
두의면	內垈洞	음성	삼성면	용대리 안터
두의면	土玉谷坪			
두의면	望頭石谷坪			
두의면	栗洞垈			
두의면	金城浦			
두의면	鵝谷坪			
두의면	下升數洞坪			
두의면	元帥洞坪			
두의면	才公坪			
두의면	姑峴坪			
두의면	姑峴			
두의면	中牛項坪	음성	삼성면	대야리, 용대리. 쇠메기산과 쇠메기 고개가 있음. 소의 목처럼 생김.
두의면	道章谷坪			
두의면	五里洞			
두의면	九街坪			
두의면	上牛項	음성	삼성면	대야리 쇠메기산
두의면	富具谷			
두의면	上大也後谷牛項坪	음성	삼성면	대야리 쇠메기산
두의면	上大也坪	음성	삼성면	대야리
두의면	上大也	음성	삼성면	대야리
두의면	大也垈	음성	삼성면	대야리
두의면	住長谷			
두의면	五洞谷			
두의면	山底坪			
두의면	霹靂巖坪			
두의면	博石峙	음성	삼성면	천평3리 박알미. 바갈미
두의면	新垈前坪	음성	삼성면	능산리 신대
두의면	長者谷坪			
두의면	大野新垈			
맹동면	方五大坪			
맹동면	方五大垈			
맹동면	新垈坪	음성	맹동면	봉현2리 새터. 갈모랭이

맹동면	新垈	음성	맹동면	봉현2리 새터. 갈모랭이
맹동면	鳳基坪			
맹동면	鳳巖	음성	맹동면	봉현2리 봉암. 박촌 남쪽에 있는 마을. 입구에 큰 바위가 있음.
맹동면	鳳巖前坪	음성	맹동면	봉현2리 봉암
맹동면	介峴洞	음성	맹동면	봉현1리 개현. 1. 개고개
맹동면	介峴垈	음성	맹동면	봉현1리 개현
맹동면	僧住坪			
맹동면	新溪前坪	음성	맹동면	봉현리
맹동면	新溪垈	음성	맹동면	봉현리
맹동면	新溪坪	음성	맹동면	봉현리
맹동면	新溪坪垈	음성	맹동면	봉현리
맹동면	介峴前坪	음성	맹동면	봉현1리 개현
맹동면	新洑坪			
맹동면	新村坪			
맹동면	新村垈			
맹동면	鷄林坪	음성	맹동면	본성1리 중돈 절음바다(계림바다)
맹동면	新村前坪			
맹동면	溪林坪	음성	맹동면	본성1리 계림바다
맹동면	中原坪			
맹동면	寒泉谷	음성	맹동면	본성1리 중돈 참샘. 중돈 서남쪽에 있는 샘으로 물이 아주 차다..
맹동면	蛙等坪			
맹동면	寺後坪	음성	맹동면	본성2리 미륵당
맹동면	寺後谷	음성	맹동면	본성2리 하본
맹동면	赤院村			
맹동면	赤院村前坪			
맹동면	紅川坪	음성	맹동면	용촌리 홍개보들. 던언독과 봉암(봉현2리)사이에 있는 들
맹동면	閑川坪			
맹동면	間川坪			
맹동면	谷村垈			
맹동면	龍頭垈	음성	맹동면	용촌3리 용미머리. 골말 서쪽에 있는 마을
맹동면	葛洑坪	음성	맹동면	용촌3리 갈보들. 골말에 있는 들
맹동면	葛洑坪	음성	맹동면	용천3리 골말 갈보들
맹동면	上敦後谷	음성	맹동면	신돈리 상돈. 돈저리의 위쪽에 있는 마을
맹동면	上敦垈	음성	맹동면	신돈리 상돈
맹동면	上敦坪	음성	맹동면	신돈리 상돈
맹동면	敦節里			

맹동면	敦節里前坪			
맹동면	中敦坪	음성	맹동면	본성1리 중돈. 본성리 서남쪽에 있는 마을
맹동면	中敦垈	음성	맹동면	본성1리 중돈
맹동면	大泉谷	음성	맹동면	신돈리 새말 큰샘골. 큰말과 새말의 경계선의 새말 동쪽에 있는 골짜기
맹동면	中山谷	음성	맹동면	신돈리 중생골 새말 동쪽에 있는 골짜기
맹동면	陽池村後谷			
맹동면	上石後谷			
맹동면	上石坪			
맹동면	平田村			
맹동면	下石村			
맹동면	壯巖			
맹동면	下石坪			
맹동면	壯巖坪			
맹동면	陽地村谷			
맹동면	陽地村垈			
맹동면	大化坪			
맹동면	上石洞			
맹동면	大化陽谷			
맹동면	大化陰谷			
맹동면	友石坪			
맹동면	新垈村			
맹동면	後村坪			
맹동면	後村垈			
맹동면	斗北前坪			
맹동면	智洞前谷			
맹동면	智洞前坪			
맹동면	智洞坪			
맹동면	越室谷			
맹동면	中孟谷前坪	음성	맹동면	본성리 주앵골. 중본. 종돈 동남쪽에 있믐 마을
맹동면	後谷坪	음성	맹동면	본성리 뒷골
맹동면	鵝谷			
맹동면	下孟後谷	음성	맹동면	본성리 아래맹골
맹동면	枸塚谷			
맹동면	中敦里	음성	맹동면	본성1리 중돈. 중맹골 북서쪽에 있는 마을
맹동면	下本谷	음성	맹동면	본성2리 하본 아래맹골. 중돈 북쪽에 있는 마을
맹동면	下孟洞	음성	맹동면	본성2리 아래맹골

맹동면	泉谷坪	음성	맹동면	본성1리 참샘구례. 참샘 앞에 있는 논
맹동면	下本坪	음성	맹동면	본성2리 하본 아래맹돌
맹동면	馬加下坪			
맹동면	堂前坪	음성	맹동면	쌍정1리 당앞들. 정내 앞에 있는 들.
맹동면	程川前坪	음성	맹동면	쌍정1리 정내(정내 앞에 있는 들=당앞들)
맹동면	上程川	음성	맹동면	쌍정1리 윗정내. 정내의 위쪽에 있는 마을
맹동면	程川	음성	맹동면	쌍정1리 정내
맹동면	漸谷			
맹동면	如水谷			
맹동면	東山底坪			
맹동면	程川坪	음성	맹동면	쌍정1리 정내
맹동면	栗里前坪	음성	맹동면	쌍정2리 배미(밤나무)
맹동면	栗西坌	음성	맹동면	쌍정2리 선녁골. 배미 남쪽에 있는 마을
맹동면	開里坪	음성	맹동면	쌍정2리
맹동면	栗里	음성	맹동면	쌍정2리 배미. 정내 남쪽에 있는 마을
맹동면	中栗里坌	음성	맹동면	쌍정2리 배미
맹동면	栗里坪	음성	맹동면	쌍정2리 배미들. 배미앞에 있는 들
맹동면	新基坪			
맹동면	上栗里坌	음성	맹동면	쌍정2리 배미
맹동면	舊味室	음성	맹동면	쌍정2리 규미실. 장구바위앞들
맹동면	栗里山底坪	음성	맹동면	쌍정2리
맹동면	寺前坪	음성	맹동면	쌍정리 절골. 전에 쌍룡사가 있었음.
맹동면	卿校洞坪			
맹동면	宣洞坪			
맹동면	樊畓坪			
맹동면	富成前坪	음성	맹동면	두성1리 윗맹골. 감나무골 북쪽에 있는 마을 (부성리)
맹동면	富成坪	음성	맹동면	두성1리 윗맹골
맹동면	富成坌	음성	맹동면	두성1리 윗맹골
맹동면	斗村後谷	진천	덕산면	두촌리
맹동면	斗村坌	진천	덕산면	두촌리
맹동면	斗村	진천	덕산면	두촌리
맹동면	上孟前坪	음성	맹동면	두성리 윗맹골. 유교를 숭상해 맹골이라 함.
맹동면	上孟坌	음성	맹동면	두성리 윗맹골
맹동면	山藩里谷			
맹동면	僧房谷			
맹동면	東作谷			
맹동면	獨行谷			
맹동면	堂庭谷			

맹동면	斗東坪	음성	맹동면	두성2리 두동. 안골. 맹골 동남쪽에 있는 마을.
맹동면	斗東垈	음성	맹동면	두성2리 안골
맹동면	松峴洞	음성	맹동면	두성2리 솔테안골. 안골에서 통동리로 넘어가는 고개
맹동면	通谷後谷	음성	맹동면	두성2리 솔테안골
맹동면	通谷垈	음성	맹동면	통동리 샘골마을. 새터 남쪽에 있는 마을. 통골
맹동면	通谷店垈	음성	맹동면	통동리 샘골 통골
맹동면	通谷	음성	맹동면	통동리 통골
맹동면	馬吉谷	음성	맹동면	통동리 중말(중리) 말이장고개(단양테). 진천 덕산 구만리로 넘어가는 고개. 말지라골
맹동면	葛谷			
맹동면	小味來谷			
맹동면	下通谷	음성	맹동면	통동리
맹동면	茶水洞			
맹동면	栗洞			
맹동면	可樂洞	음성	맹동면	통동리
맹동면	可樂谷	음성	맹동면	통동리 가락골. 중말 동쪽에 있는 골짜기
맹동면	上通谷	음성	맹동면	통동리 샘골. 통골
맹동면	通谷前坪	음성	맹동면	통동리 샘골. 통골
맹동면	矢峴下谷			
맹동면	矢峙谷			
맹동면	通谷上谷	음성	맹동면	통동리 샘골. 통골
맹동면	基谷			
맹동면	靈川坪			
맹동면	雷川坪			
맹동면	沈屛谷			
맹동면	祖峴谷			
맹동면	上丹月前坪	음성	음성읍	삼용1리 단월. 용당이 서남쪽에 있는 마을
맹동면	丹月	음성	음성읍	삼용1리 단월
맹동면	丹月垈	음성	음성읍	삼용1리 단월
맹동면	丹月坪	음성	음성읍	삼용1리 단월
맹동면	丹越村	음성	음성읍	삼용1리
맹동면	三聖坪	음성	음성읍	삼생2리
맹동면	三生坪	음성	음성읍	삼생2리 삼싱이(삼생이)
맹동면	下三生里村	음성	음성읍	삼생2리
맹동면	杏洞前坪	음성	음성읍	삼용2리 은행나무골
맹동면	三生前坪	음성	음성읍	삼용2리 하삼리. 물언덕 북쪽에 있는 마을

맹동면	下三杏洞	음성	음성읍	삼용2리 은행나무골
맹동면	三杏洞	음성	음성읍	삼용2리 은행나무골
맹동면	小外陽洞			
맹동면	大外陽村			
맹동면	忠洞村			
맹동면	三生後谷	음성	음성읍	삼생2리 뒷골. 마을 시쪽골짜기
맹동면	聖住垈			
맹동면	間峙谷	음성	음성읍	삼생리
맹동면	內三生前坪	음성	음성읍	삼생2리
맹동면	內三生垈	음성	음성읍	삼생2리
맹동면	三生垈	음성	음성읍	삼생2리
맹동면	九進峙谷	음성	맹동면	군자리 구진테. 구진테고개 밑에 있는 험한 골짜기
맹동면	君子洞垈	음성	맹동면	군자리
맹동면	君子村	음성	맹동면	군자리
맹동면	仙棠坪			
맹동면	羅粉峙谷			
맹동면	程川後谷	음성	맹동면	쌍정리 정내
맹동면	上程川垈	음성	맹동면	쌍정리 윗정내. 정내의 위쪽에 있는 마을
맹동면	下程川垈	음성	맹동면	쌍정리 아래정내. 정내의 아래쪽에 있는 마을
맹동면	九禮坪			
맹동면	新坪後谷			
맹동면	新坪			
맹동면	新坪村			
맹동면	新村後坪			
맹동면	中方坪			
맹동면	程川下坪	음성	맹동면	쌍정리 정내
맹동면	松洞坪	음성	맹동면	인곡리 송동.세
맹동면	松洞前坪	음성	맹동면	인곡리 송동
맹동면	丹里坪	음성	맹동면	인곡리 단이곡
맹동면	丹里洞	음성	맹동면	인곡리 단이곡. 양달말(양촌) 남쪽에 있는 마을
맹동면	丹里洞垈	음성	맹동면	인곡리 단이곡
맹동면	仁谷垈	음성	맹동면	인곡리
맹동면	大谷前坪	음성	맹동면	인곡리 대곡
맹동면	大谷坪	음성	맹동면	인곡리 대곡
맹동면	仁谷前坪	음성	맹동면	인곡리 뺑들. 다니골 서쪽앞에 있는 들
맹동면	梅山村	음성	맹동면	마산리 매산. 밤까실 서북쪽에 있는 마을

맹동면	春橋坪			
맹동면	床云洞			
맹동면	梅山洞	음성	맹동면	마산리 매산
맹동면	陵隅坪			
맹동면	利信谷			
맹동면	德谷	음성	맹동면	마산리 덕골 구례
맹동면	德洞坪	음성	맹동면	마산리 덕골
맹동면	防築坪	음성	맹동면	마산리 덕골방죽.
맹동면	後坪			
맹동면	釗大薄伊			
맹동면	上未易洞			
맹동면	甘長洞			
맹동면	日長洞			
맹동면	細谷洞			
법왕면	石院前坪	음성	금왕읍	호산리
법왕면	鉤坪			
법왕면	后坪			
법왕면	后溪村			
법왕면	雉尾坪	음성	금왕읍	호산리
법왕면	馬墳坪			
법왕면	新江坪			
법왕면	小渴坪			
법왕면	喜日前坪			
법왕면	喜日洞前坪			
법왕면	喜日洞			
법왕면	加德坪			
법왕면	山幕後坪	음성	금왕읍	호산1리 산막골.
법왕면	山幕洞	음성	금왕읍	호산1리 산막골. 회리 서쪽에 있는 마을
법왕면	蒜山坪			
법왕면	羅可坪			
법왕면	山幕坪	음성	금왕읍	호산1리 산막골
법왕면	菱洞坪			
법왕면	泗溪後坪	음성	금왕읍	구계2리 마루택
법왕면	黃山前木洞坪			
법왕면	木洞坪	음성	금왕읍	구계2리 마루택. 모골 제2저수지 부근의 들
법왕면	陳設坪			
법왕면	泗溪洞	음성	금왕읍	구계2리 마루택. 쇠때배기 서북쪽에 있는 마을
법왕면	泗溪前坪	음성	금왕읍	구계2리 마루택

법왕면	保習前坪	음성	금왕읍	구계1리 보습고지
법왕면	保習洞	음성	금왕읍	구계1리 보습고지. 주계비에 달린 마을
법왕면	渴馬坪	음성	금왕읍	구계1리 갈마지들. 마을 앞 국도변에 있는 들
법왕면	雙渠里坪			
법왕면	竹葉洞	음성	금왕읍	구계1리 주계비(죽엽). 쇠때배기 동쪽에 있는 마을
법왕면	竹葉前坪	음성	금왕읍	구계1리 주계비(죽엽)
법왕면	九龍洞	음성	금왕읍	구계1리 주계비 남쪽에 있는 마을
법왕면	堤內前坪	음성	금왕읍	내곡리 방죽말
법왕면	堤內中坪	음성	금왕읍	내곡리 방죽말
법왕면	宮堤洞	음성	금왕읍	구계리
법왕면	山陽峴			
법왕면	堤內坪	음성	금왕읍	내곡리 제내
법왕면	堤內洞	음성	금왕읍	내곡리 제내(방죽말). 방죽말고개에 있는 마을
법왕면	高峯洞	음성	금왕읍	내곡리 높은봉
법왕면	高峯洞垈	음성	금왕읍	내곡리 높은봉. 높은봉고개 밑에 있는 마을
법왕면	後洞坪			
법왕면	雙峯坪	음성	금왕읍	쌍봉리
법왕면	水谷洞	음성	금왕읍	내곡리 수곡. 수실말고개 밑에 있는 마을
법왕면	水谷前坪	음성	금왕읍	내곡리 수곡
법왕면	山亭坪			
법왕면	只所里	음성	금왕읍	쌍봉2리 지소. 중터말 북쪽에 있는 마을
법왕면	芝所前坪	음성	금왕읍	쌍봉2리 지소.
법왕면	長堤坪			
법왕면	冠岩坪	음성	금왕읍	쌍봉리 갓바위(지도에 있는 지명임)
법왕면	雙峯洞	음성	금왕읍	쌍봉리
법왕면	黃谷上坪	음성	금왕읍	신평리 황골
법왕면	江口前坪	음성	금왕읍	신평리 강구리
법왕면	康衢洞垈	음성	금왕읍	신평리 강구리(강거리). 쌍봉리와 걸쳐있는 마을
법왕면	黃洞村	음성	금왕읍	신평리 황골
법왕면	黃谷下坪	음성	금왕읍	신평리 황골
법왕면	凰谷後坪	음성	금왕읍	신평리 황골
법왕면	石井村	음성	금왕읍	신평리 석정 도도물. 황골 남쪽에 있는 마을
법왕면	杏亭前坪	음성	금왕읍	행제1리 행정
법왕면	杏井洞垈	음성	금왕읍	행제1리 행정. 신평리 도도물 서쪽에 있는 마을

법왕면	杏亭洞垈	음성	금왕읍	행제1리 행정.
법왕면	本里村	음성	금왕읍	본대1리 본리. 본대리에서 으뜸마을. 행제1리 남쪽에 위치.
법왕면	本里前坪	음성	금왕읍	본대1리 본리
법왕면	蘆坪			
법왕면	基谷			
법왕면	狗首坪	음성	금왕읍	행제1리 개머리. 행정마을 서쪽의 들
법왕면	鷹垈前坪	음성	금왕읍	본대2리 매터골
법왕면	鷹垈洞	음성	금왕읍	본대2리 매터골, 매대. 응대. 본리 서쪽에 있는 마을
법왕면	鷹垈坪	음성	금왕읍	본대2리 매터골
법왕면	後坪洞	음성	금왕읍	본대2리 뒤들. 매터골 서쪽에 있는 마을
법왕면	後坪	음성	금왕읍	본대2리 뒤들
법왕면	川防前坪	음성	금왕읍	행제2리 천뱅이
법왕면	蓮堤前坪	음성	금왕읍	행제1리 연제(연방죽)
법왕면	蓮堤坪	음성	금왕읍	행제1리 연방죽
법왕면	蓮堤洞	음성	금왕읍	행제1리 연방죽. 행정 서북쪽에 있는 마을
법왕면	川防坪	음성	금왕읍	행제3리 천뱅이
법왕면	川防垈	음성	금왕읍	행제3리 천뱅이
법왕면	內洞垈	음성	금왕읍	행제리 내동. 안골. 행정 안쪽에 있는 마을
법왕면	方龍坪			
법왕면	倉東里	음성	금왕읍	사창리
법왕면	倉西里	음성	금왕읍	사창리
법왕면	社倉洞前坪	음성	금왕읍	사창리
법왕면	倉垈	음성	금왕읍	사창리
법왕면	黃山木谷終境			
법왕면	黃山木谷終			
복성면	下伐川坪	충주	앙성면	조천리 벌천(비내).
복성면	下伐川垈	충주	앙성면	조천리 벌천(비내). 조터골 서북쪽 마을
복성면	小倉谷			
복성면	仲山谷			
복성면	達斗朴谷			
복성면	大倉谷			
복성면	伐川江邊	충주	앙성면	조천리 벌천(비내)
복성면	末伐川洞	충주	앙성면	조천리 벌천(비내). 조터골 서북쪽 마을
복성면	後谷	충주	앙성면	돈산리 후곡
복성면	中里垈			
복성면	成淸街			
복성면	島坪			

복성면	伐川洞垈	충주	앙성면	조천리 벌천
복성면	伐川垈	충주	앙성면	조천리 벌천
복성면	伐川後谷	충주	앙성면	조천리 벌천
복성면	踏山谷			
복성면	寺谷	충주	앙성면	마련리 절골
복성면	土主谷			
복성면	小店谷	충주	앙성면	본평리 점터 장터거리와 인접해 남쪽으로 형성된 마을
복성면	大店谷			
복성면	刀藏谷			
복성면	案山底	충주	앙성면	능암리 행상바위
복성면	山亭谷	충주	앙성면	돈산리 산정(산전) 앙성천과 능선 아래 위치한 마을
복성면	舊寺谷	충주	앙성면	모점리 구절골 조자나무골로 들어가 좌측
복성면	三朴谷			
복성면	伐川坪	충주	앙성면	조천리 비내 조터골 서북쪽에 있는 마을
복성면	國手峰底	충주	앙성면	능암리 국사봉
복성면	釣堂洞坪	충주	앙성면	조천리 조대
복성면	鉢山谷			
복성면	艾洞前坪			
복성면	釣堂下坪	충주	앙성면	조천리 조대
복성면	釣堂下村	충주	앙성면	조천리 조대
복성면	尾谷			
복성면	新村前坪			
복성면	釣堂坪	충주	앙성면	조천리 조대
복성면	釣堂洞垈	충주	앙성면	조천리 조대
복성면	上谷	충주	앙성면	사미리 윗말
복성면	沙器店村	충주	앙성면	조천리. 사기점 조천리에 있는 마을
복성면	樗木村店			
복성면	鳳凰坪	충주	앙성면	능암리 봉황내
복성면	鳳川島坪	충주	앙성면	능암리 봉황내
복성면	鳳凰垈	충주	앙성면	능암리 봉황내
복성면	長參谷			
복성면	狗峙坪	충주	앙성면	능암리 개치들 대촌과 평촌 앞의 국도 양옆
복성면	鳳凰後坪			
복성면	以忠洞垈			
복성면	坪村			
복성면	升巖坪			
복성면	竹巖垈	충주	가금면	죽암리

복성면	竹巖上坪	충주	가금면	죽암리
복성면	竹巖上村	충주	가금면	죽암리
복성면	竹巖前坪	충주	가금면	죽암리
복성면	陽地坪	충주	앙성면	능암리 양지말
복성면	陽地洞垈	충주	앙성면	능암리 양지말 대평촌의 마을
복성면	細坡坪			
복성면	聖注洞	충주	앙성면	능암리 성주동 대평촌에 딸린 자연마을
복성면	公峴坪			
복성면	公峴洞			
복성면	公峴			
복성면	新田			
복성면	新田坪			
복성면	屯田坪	충주	앙성면	능암리 둔전 38번 국도와 앙성천 사이에 형성됨.
복성면	公峴川邊			
복성면	君應谷			
복성면	沙器店谷	충주	앙성면	조천리 사기점 조천리에 있는 마을
복성면	陵內谷			
복성면	陵洞垈	충주	앙성면	능암리 능골 38번 국도를 따라가다가 좌우로 형성
복성면	陵洞	충주	앙성면	능암리 능골
복성면	鷹峰底	충주	앙성면	용대리 돈산리의 매봉
복성면	同幕谷	충주	앙성면	능암리 동막
복성면	店街			
복성면	東巖坪	충주	앙성면	돈산리 동암 탄산온천이 개발된 곳에서 좌측
복성면	陵洞上坪	충주	앙성면	능암리 능골
복성면	東巖川邊	충주	앙성면	돈산리 동암
복성면	院街			
복성면	黃屯地	충주	앙성면	돈산리 황둥지들
복성면	黃屯地垈	충주	앙성면	돈산리 황둥지들
복성면	山城谷			
복성면	花田			
복성면	舊敦潭	충주	앙성면	돈산리 돈담.
복성면	舊敦潭垈	충주	앙성면	돈산리 돈담. 돈산교 지나 좌측
복성면	洞前坪			
복성면	官淸坪			
복성면	敦潭	충주	앙성면	돈산리 돈담
복성면	新敦潭	충주	앙성면	돈산리 돈담
복성면	黑巖			

복성면	屯地			
복성면	弓坪	충주	앙성면	용대리 궁평
복성면	蓮洞	충주	앙성면	사미리, 마련리 연동1. 2 마련교를 건너 좌측
복성면	嘉屯地			
복성면	知今坪			
복성면	山亭上坪	충주	앙성면	마련리 사미리 산정동
복성면	山亭坪	충주	앙성면	마련리 사미리 산정동
복성면	坪山亭	충주	앙성면	마련리 사미리 산정동
복성면	溫水坪	충주	앙성면	돈산리 온수들
복성면	阡底			
복성면	槐亭店			
복성면	山亭後坪	충주	앙성면	마련리 사미리 산정동
복성면	山井後坪	충주	앙성면	마련리 사미리 산정동
복성면	山井垈	충주	앙성면	마련리 사미리 산정동
복성면	鵝谷坪			
복성면	沙伊洞坪	충주	앙성면	사미리 사리골
복성면	沙伊垈	충주	앙성면	사미리 사리골 사미리의 자연마을
복성면	沙里坪	충주	앙성면	사미리 사리골
복성면	沙里垈	충주	앙성면	사미리 사리골
복성면	地金坪			
복성면	地金垈			
복성면	蓮洞坪	충주	앙성면	사미리, 마련리 연동1. 2 마련교를 건너 좌측
복성면	山幕谷	충주	앙성면	마련리 산막골
복성면	豊美坪	충주	앙성면	사미리 풍미동
복성면	豊美洞	충주	앙성면	사미리 풍미동
복성면	豊美洞坪	충주	앙성면	사미리 풍미동
복성면	豊美垈	충주	앙성면	사미리 풍미동
복성면	堂隅			
복성면	豊美前坪	충주	앙성면	사미리 풍미동
복성면	洪街			
복성면	檟亭坪			
복성면	馬場坪	충주	앙성면	마련리 마장동
복성면	馬場店	충주	앙성면	마련리 마장동
복성면	馬場洞	충주	앙성면	마련리 마장동. 연동 우측으로 큰 골짜기를 경계로 형성
복성면	馬場洞垈	충주	앙성면	마련리 마장동
복성면	佛堂谷	충주	앙성면	마련리 불당골
복성면	外宕谷			
복성면	內局亭坪			

복성면	馬場前坪	충주	앙성면	마련리 마장동
복성면	七山坪			
복성면	月隱坪			
복성면	兄弟巖谷			
복성면	月峴後谷			
복성면	長勝坪			
복성면	宮坪			
복성면	宮坪垈			
복성면	弓坪			
복성면	水鶴谷			
복성면	後坪			
복성면	宮坪上垈			
복성면	莘木谷			
복성면	伐村			
복성면	陽地村	충주	가금면	하구암리 양지촌
복성면	陽智垈	충주	가금면	하구암리 양지촌
복성면	中村			
복성면	長峴			
복성면	河南			
복성면	新垈	충주	앙성면	용대리 신대
복성면	新垈前坪	충주	앙성면	용대리 신대
복성면	新垈垈	충주	앙성면	용대리 신대
복성면	德津坪			
복성면	內龍塘村			
복성면	內龍塘垈			
복성면	龍塘坪			
복성면	外龍塘村			
복성면	店垈			
복성면	梧里坪			
복성면	小峴			
복성면	司馬谷			
복성면	外龍塘店			
복성면	外龍塘下			
복성면	周洞坪	충주	앙성면	용대리 의용골
복성면	周洞垈	충주	앙성면	용대리 의용골 궁들 버스승강장 우측
복성면	谷村垈			
복성면	月浦下村	충주	앙성면	용포리 달개
복성면	月浦垈	충주	앙성면	용포리 달개 용당에서 앙성천을 건너 우측
복성면	月浦坪	충주	앙성면	용포리 달개

복성면	上月浦垈	충주	앙성면	용포리 달개
복성면	上月浦坪	충주	앙성면	용포리 달개
복성면	小湫坪			
복성면	葛峙坪	충주	앙성면	용포리 갈대(갈티)
복성면	九禮坪	충주	앙성면	돈산리 구례들
복성면	中葛峙垈			
복성면	三仙堂			
복성면	葛峙垈	충주	앙성면	용포리 갈대, 갈티 용당에서 599지방도 따라 북쪽
복성면	葛峙峴	충주	앙성면	용포리 갈대
복성면	小插洞	충주	앙성면	본평리 소삽
복성면	小插垈	충주	앙성면	본평리 소삽
복성면	小插隅	충주	앙성면	본평리 소삽
복성면	本福洞	충주	앙성면	본평리 본복 당골 동북쪽에 있는 마을
복성면	基谷	충주	금가면	사암리 기골(터골)
복성면	本福洞垈	충주	앙성면	본평리 본복
복성면	上坪			
복성면	黃牛峴			
복성면	要谷坪			
복성면	本福下垈	충주	앙성면	본평리 본복 당골 동북쪽에 있는 마을
복성면	裏浦坪			
복성면	堂坪	충주	앙성면	본평리 당들 당평,
복성면	堂坪垈	충주	앙성면	본평리 당들 당평,
복성면	細浦坪	충주	앙성면	본평리 가느개
복성면	細浦垈	충주	앙성면	본평리 가느개 본복에딸리자연 마을
복성면	細浦洞垈	충주	앙성면	본평리 가느개
복성면	細浦洞前	충주	앙성면	본평리 가느개
복성면	大同坪			
복성면	中村坪			
복성면	庚良坪			
복성면	水春街	충주	앙성면	증전리 수룡골
복성면	有良坪	충주	앙성면	본평리 유량 용당 지나 38국도를 따라 도로 좌측
복성면	場垈街			
복성면	伏蟹谷	충주	앙성면	본평리 복개골 , 복해골 유량 남쪽
복성면	有良洞	충주	앙성면	본평리 유량 용당 지나 38국도를 따라 도로 좌측
복성면	內洞坪			
복성면	無垈谷			

복성면	湯地谷			
복성면	葛朴谷			
복성면	牛南場			
복성면	露積垈			
복성면	敦垈			
복성면	屯峙	충주	앙성면	지당리 둔터
복성면	屯峙下谷	충주	앙성면	지당리 둔터
복성면	智藏前坪	충주	앙성면	지당리 지장
복성면	智藏洞	충주	앙성면	지당리 지장
복성면	智藏中村	충주	앙성면	지당리 지장
복성면	上智藏村	충주	앙성면	지당리 지장
복성면	智藏上村	충주	앙성면	지당리 지장
복성면	智藏陽地	충주	앙성면	지당리 지장
복성면	智藏潭南	충주	앙성면	지당리 지장
복성면	後谷坪			
복성면	筏村坪			
복성면	筏村			
복성면	泰鳳谷			
복성면	險像谷			
복성면	産洞上坪	충주	앙성면	지당리 산골(산동)
복성면	産洞前坪	충주	앙성면	지당리 산골(산동)
복성면	産洞村	충주	앙성면	지당리 산골(산동) 삼당 서남쪽에 있는 마을 터
복성면	甕家坪			
복성면	瓮家坪			
복성면	坪村前坪			
복성면	林烏下坪			
복성면	唐坪後坪	충주	앙성면	본평리 당들
복성면	下三堂谷	충주	앙성면	모점리 지당리
복성면	下三堂村	충주	앙성면	모점리 지당리 대촌 동북쪽에 있는 마을
복성면	塔街里谷			
복성면	內三堂村	충주	앙성면	모점리 지당리
복성면	中三堂村	충주	앙성면	모점리 지당리
복성면	林烏坪			
복성면	林烏峴			
복성면	林烏店			
북변면	東門里	충주	시내	성내동 동문
북변면	內里	충주	시내	성내동 내리
북변면	校洞	충주	시내	교현동 향교 부근

북변면	校洞前坪	충주	시내	교현동
북변면	鷺坪	충주	시내	황새머리들
북변면	東門里前坪			
북변면	島村	충주	시내	봉방동, 봉방동 동남쪽에 있는 마을
북변면	下廉所大坪			
북변면	南山坪	충주	시내	안림동 남산 일내
북변면	上廉所大坪			
북변면	韓德山坪	충주	시내	안림동 한덕산. 어림에 딸린 마을.
북변면	御臨下坪	충주	시내	안림동 어림앞들
북변면	御臨中坪	충주	시내	안림동 어림
북변면	御臨上坪	충주	시내	안림동 어림
북변면	守永谷			
북변면	坪守永谷			
북변면	通水谷	충주	시내	안림동 퉁수골. 새절골과 지네골 사이에 있는 골짜기
북변면	御臨上坪通水谷	충주	시내	안림동 어림 퉁수골
북변면	御林前坪	충주	시내	안림동, 백제 문주왕이 가행궁을 짓고 있던 솔밭이라는 뜻. 일부는 교현동에 들어감
북변면	御臨下村	충주	시내	안림동 어림
북변면	御臨村	충주	시내	안림동 어림
북변면	御臨村	충주	시내	안림동 어림
북변면	黃沙坪			
북변면	御臨上村	충주	시내	안림동
북변면	御臨洞	충주	시내	안림동
북변면	藥巖坪	충주	시내	안림동 약바우. 임이정골 밑 서쪽에 있는 바위
북변면	梨谷坪	충주	시내	안림동 이꼴.(이골). 임이정골 위쪽에 있는 골짜기.
북변면	鋤泉坪			
북변면	凡衣洞	충주	시내	안림동 범의 동남쪽에 있는 마을
북변면	凡衣前坪	충주	시내	안림동 범의(약막)
북변면	凡衣洞前店	충주	시내	안림동 범의
북변면	良幕洞	충주	시내	안림동 약막(범의)
북변면	屯地			
북변면	良幕後坪	충주	시내	안림동 약막(범의)
북변면	安心東巷坪	충주	시내	안림동 안말(안심)
북변면	安心坪	충주	시내	안림동 안말
북변면	城隍堂坪	충주	시내	안림동 안심서낭당.

북변면	安心里	충주	시내	안림동 안말. 암림리에서 중심되는 마을.
북변면	安心後坪	충주	시내	안림동 안말
북변면	小七牙坪			
북변면	七億谷坪	충주	시내	안림동 치랏골. 안림 서북쪽에 있는 들.
북변면	深井谷坪			
북변면	圖章谷坪	충주	시내	암리동 도장골들. 안림 서북쪽에 있는 들.
북변면	麗水杏坪	충주	시내	교현동 여수월(어우골)
북변면	安心前坪	충주	시내	안림동 안심
북변면	安心下坪	충주	시내	안림동 안심
북변면	士德坪	충주	시내	안림동 사덕이들 사덕이 근처에 있는 들.
북변면	中麗水坪	충주	시내	교현동 여수월 부근
북변면	下麗水坪	충주	시내	교현동 여수월부근
북변면	冶峴	충주	시내	교현동 야현(풀무고개) 향교말 서북쪽
북변면	麗水谷	충주	시내	교현동 여수월마을. 향교를 처음 세웠던 지역이라고 함.
북변면	新億谷坪			
북변면	新億谷			
북변면	冶峴後坪	충주	시내	교현동 야현 부근
북변면	校洞後坪	충주	시내	교현동 향교 부근
북변면	女祭堂坪			
북변면	珠峰後坪	충주	시내	교현리 주봉(주현). 산봉이 구슬같이 둥글었다고 함.
북변면	冶峴洞店	충주	시내	교현동 야현(풀무고개)
북변면	渴馬坪			
북변면	珠峰	충주	시내	교현동 주봉
북변면	珠峰前坪	충주	시내	교현동 주봉
북변면	珠峰村	충주	시내	교현동 주봉 충주여중과 야현천구교 사이에 있던 마을.
북변면	珠峰酒店	충주	시내	교현동 주봉
북변면	安心里坪	충주	시내	안림동 안심
북변면	大加美上坪	충주	시내	교현2동 주봉 서남방 대감리라고도 했다.
북변면	大加美前坪	충주	시대	교현2동 대가미
북변면	大加美洞	충주	시대	교현2동 대가미. 주봉 서남방마을.
북변면	大加美坪	충주	시대	교현2동 대가미
북변면	大加美下坪	충주	시대	교현2동 대가미
북변면	於時來坪			
북변면	鳳溪前坪	충주	시내	봉계동
북변면	鳳溪洞	충주	시내	봉계동 봉계. 현 충주농고 앞에 있는 마을.
북변면	靈泉坪			

북변면	鳳溪下村	충주	시내	봉계동 봉계
북변면	藪巨里坪	충주	시내	봉계동 숲거리(무학당). 현 삼원로터리 동북방에 있던 마을.
북변면	漁亭坪	충주	시내	봉계동 어정평(어정이들)
북변면	鳳溪坪	충주	시내	봉계동 봉계
북변면	鳳溪上村	충주	시내	봉계동 봉계
북변면	中洑坪			
북변면	鳳溪後坪	충주	시내	봉계동 봉대
북변면	中坐坪			
북변면	新洑坪			
북변면	新渁坪			
북변면	上新洑坪			
북변면	大加美坪	충주	시내	교현2동 대가미
북변면	大加美防等坪	충주	시내	교현2동 대가미
북변면	南城坪			
북변면	北城坪			
북변면	下沙陽坪			
북변면	上沙陽坪			
북변면	東守坪	충주	시내	연수동, 동수마루
북변면	東守中坪	충주	시내	연수동, 동수마루
북변면	東守上坪	충주	시내	연수동, 동수마르
북변면	東守洞	충주	시내	연수동, 동수마루. 동쪽에 있는 큰 마을, 연원역 찰방이 있었으며, 동편을 지키는 망대가 있어서 동수라고 했다고 함, 연원과 동수를 합쳐 연수동이 됨
북변면	東守上洞	충주	시내	연수동, 동수마루(동수)
북변면	九雲谷坪			
북변면	九雲谷中坪			
북변면	九雲谷上坪			
북변면	屈武谷			
북변면	內梨木谷坪	충주	시내	연수동 배나무실들 배나무실들 앞에 있는 들.
북변면	君雄峴坪	충주	시내	연수동 그능고개. 동수와 금곡 사이에 있는 고개.
북변면	梨木谷坪	충주	시내	연수동 배나무실들
북변면	錦谷坪	충주	시내	연수동, 금곡 동편 동쪽에 있는 마을
북변면	於我坪			
북변면	山祭堂坪	충주	시내	연수동 산지당골. 금곡 동편 뒷산.
북변면	基谷坪			

북변면	面粧峴			
북변면	金谷	충주	시내	연수동, 동편 동쪽에 있는 마을
북변면	島村坪	충주	시내	봉방동, 봉방동 동남쪽에 있는 마을
북변면	梨木谷			연수동 배나무실
북변면	連原坪島村	충주	시내	연수동 연원
북변면	連原上坪	충주	시내	연수동 연원
북변면	基谷前坪			
북변면	募隱坪	충주	시내	연수동 막은현(막은대미재)
북변면	募隱洞	충주	시내	연수동, 막은대미재. 연안애서 용탄리 학골로 넘어가는 고개.
북변면	內谷			
북변면	連原東里	충주	시내	연수동 연원역과 영원도 찰방관이 있었음
북변면	金谷洞	충주	시내	연수동 금곡(금고리)
북변면	連原後坪	충주	시내	연수동 연원
북변면	連原中里	충주	시내	연수동 연원
북변면	連原西里	충주	시내	연수동 연원
북변면	連原後谷	충주	시내	연수동 연원
북변면	連原前坪	충주	시내	연수동 연원
북변면	造山外坪	충주	시내	연수동, 조산바께. 서편 앞에 있는 마을
북변면	下造山外坪	충주	시내	연수동 조산바께.
북변면	佛峴坪	충주	시내	연수동 부채고개.
북변면	鳳城谷坪			
북변면	虎巖村前坪	충주	시내	금능동 호암
북변면	虎巖村	충주	시내	금능동 호암
북변면	虎巖下坪	충주	시내	금능동 호암
북변면	陳帖坪			
북변면	率境地谷坪			
북변면	作乽峴	충주	시내	금능동 작살고개. 광명산 동편 국도의 고개.
북변면	作乽峴坪	충주	시내	금능동 작살고개.
북변면	金堤	충주	시내	금능동
북변면	金堤坪	충주	시내	금능동
북변면	升朴谷			
북변면	上文內坪			
북변면	金堤前坪	충주	시내	금능동
북변면	上洑坪			
북변면	下洑坪			
북변면	上尺坪			
북변면	付柒杖村	충주	시내	칠금동 옻갓.
북변면	貞節上坪	충주	시내	금능동 정저리들. 잿들 남쪽의 들.

북변면	貞節中坪	충주	시내	금능동 정저리들.
북변면	貞節下坪	충주	시내	금능동 정저리들.
북변면	貞節前坪	충주	시내	금능동 정저리들.
북변면	中尺坪			
북변면	柒枝前坪	충주	시내	칠금동,
북변면	柒枝	충주	시내	칠남동, 옻갓-칠금리에서 으뜸되는 마을
북변면	漆枝洞	충주	시내	칠금동, 옻갓
북변면	柒枝洞	충주	시내	칠금동, 옻갓
북변면	尺坪			
북변면	漆枝前坪	충주	시내	칠금동, 칠지(옻갓)
북변면	付柒枝	충주	시내	칠금동 칠지
북변면	新村酒店	충주	시내	칠금동 새말
북변면	新村	충주	시내	칠금동 새말(신촌). 옻갓 서남쪽에 새로 된 마을
북변면	浦內坪			
북변면	付漆枝	충주	시내	칠금동 칠지
북변면	下浦內坪			
북변면	門內坪			
북변면	上浦內坪			
북변면	水溢坪			
북변면	漁汀坪	충주	시내	봉방동 어정평(어정이들). 상방마을 북방에 위치하며 지대가 낮다.
북변면	上方村	충주	시내	봉방동 상방(웃방장골). 충주역 남쪽에 있는 마을
북변면	上方村前坪	충주	시내	봉방동 상방(웃방장골)
북변면	付上方村	충주	시내	봉방동 상방(웃방장골)
북변면	上方村下坪	충주	시내	봉방동 상방(웃방장골)
북변면	上方坪	충주	시내	봉방동 상방(웃방장골)
북변면	下方村	충주	시내	봉방동 하방(아래방장골)구. 충주역 아랫쪽에 있는 마을
북변면	下方坪	충주	시내	봉방동 하방(아래방장골)
북변면	付下方村	충주	시내	봉방동 하방(아래방장골)
북변면	春橋坪			
북변면	若鏡洲			
북변면	魑魅橋坪			
북변면	達江店	충주	시내	달천교 부근
북변면	龍頭院	충주	시내	용두동
북변면	龍頭院坪	충주	시내	용두동
북변면	市坪			

북변면	黔丹坪	충주	시내	
북변면	龍頭院黔丹坪	충주	시내	용두동 검단골
북변면	長承里	충주	시대	용두에서 검단으로 가는 곳에 장승이 있었다고 함.
북변면	長承坪	충주	시대	검단골 부근
북변면	長承洞	충주	시대	검단골 부근
북변면	梧桐坪			
북변면	岩虎坪			
북변면	彈琴坮	충주	시내	칠금동 탄금대
북변면	彈琴坮村	충주	시내	칠금동 탄금대
북변면	祭堂越坪			
북변면	紙燈坪			칠금동 지등개
북변면	島坪	충주	시내	금능동 섬들. 웃늪 서쪽 건너편에 있는 들
북변면	陵岩坪	충주	시내	금능동 능암
북변면	陵岩	충주	시내	칠금동 능암
북변면	中里陵岩	충주	시내	칠금동 중말. 능암
북변면	陵岩村	충주	시내	칠금동 능암(능바우). 금제 서북쪽에 있는 마을
북변면	後巨里坪	충주	시내	금능동 후거리(뒷거리). 능암 뒤쪽에 있는 마을
북변면	付陵岩村	충주	시내	금능동 능암
북변면	付陵岩	충주	시내	금능동 능암
북변면	陵岩後巨里坪	충주	시내	금능동 능암. 후거리
북변면	四美谷			
북변면	四美谷坪			
북변면	付美域	충주	시내	목행동 미력리(미륵리). 은행정이 동남쪽에 있는 마을
북변면	美力坪	충주	시내	목행동 미륵리
북변면	付美力	충주	시내	목행동 미륵리
북변면	竹杖洞坪			목행동 죽장골. 행상바위 아래쪽에 있는 골짜기
북변면	三峰坪			
북변면	愚浦坪	충주	시내	목행동 어린개고개. 서홍 뒤쪽에 있는 고개
북변면	宗坪	충주	시내	목행동 마루뜰. 새모골 맨 끝 마루에 있는 들
북변면	美力	충주	시내	목행동 미륵리
북변면	美力村	충주	시내	목행동 미륵리
북변면	楮田坪	충주	시내	목행동 닥밭굴고개.
북변면	杏亭坪	충주	시내	목행동 행정(은행정이)
북변면	杏亭	충주	시내	목행동 행정 목수 서남쪽에 있는 마을.

북변면	銀杏亭里	충주	시내	목행동 은행정이
북변면	牧水坪	충주	시내	목행동 목수울
북변면	牧水山洞	충주	시내	목행동 목수울(후문, 목수). 목행동 동북쪽에 있는 마을
북변면	牧水洞	충주	시내	목행동 목수울
북변면	牧水	충주	시내	목행동 목수울
북변면	瓦野			
북변면	付岐灘洞	충주	시내	용탄동 기탄(가래여울). 가리여울이 있는 마을.
북변면	付岐灘	충주	시내	용탄동 가래여울
북변면	大洞坪			
북변면	岐灘坪	충주	시내	용탄동 가래여울
북변면	岐灘村	충주	시내	용탄동 가래여울
북변면	壽累谷			
북변면	莫近峙	충주	시내	용탄동 막은데미재. 확골에서 연수리로 넘어가는 고개.
북변면	倭莫里			
북변면	水樓谷			
북변면	院基谷			
북변면	岐灘後坪	충주	시내	용탄동 가래여울
북변면	臼洞村	충주	시내	용탄동 구동(확골). 둔지별 서쪽 골짜기에 있는 마을
북변면	臼洞坪	충주	시내	용탄동 확골
북변면	寺谷	충주	시내	용탄동 절골
북변면	龍洞村	충주	시내	용탄동 용동(용골). 용탄리 으뜸되는 마을
북변면	龍洞坪	충주	시내	용탄동 용동(용골)
북변면	龍洞前坪	충주	시내	용탄동 용동(용골)
북변면	沙羅	충주	시내	용탄동 사라동(사래실)
북변면	沙羅村	충주	시내	용탄동 사래실. 절골 동북쪽에 있는 사래실 골짜기에 있는 마을
북변면	沙羅坪	충주	시내	용탄동 사래실
북변면	射場			
북변면	沙根			
북변면	長子洞			
북변면	民宗	충주	시내	종민동 민마루(민종). 종민동 가장 하단에 위치하는 뜻
북변면	民宗村	충주	시내	종민동 민마루
북변면	凡洞後谷	충주	시내	종민동 범동(봉골)
북변면	民宗坪	충주	시내	종민동 민마루

북변면	凡洞村	충주	시내	종민동 범동. 민마루 위쪽에 있는 마을
북변면	長子谷			
북변면	栗木谷			종민동 밤나무골. 종댕이 매봉재골 서북쪽에 있는 큰 골짜기
북변면	凡洞坪	충주	시내	종민동 범동
북변면	煩石			
북변면	基洞村	충주	시내	종민동 기동(텃골)
북변면	基洞坪	충주	시내	종민동 기동(텃골)
북변면	下宗堂	충주	시내	종민동 하종
북변면	下宗堂村	충주	시내	종민동 하종(아랫종댕이). 종민동 중심에 있는 마을
북변면	山谷			
북변면	宗堂村	충주	시내	종민동 종댕이. 원터 서북쪽에 있는 마을
북변면	宗堂坪	충주	시내	종민동 종댕이
북변면	王谷			
북변면	三相洞			
북변면	院垈村	충주	시내	종민동 원터. 밍개 서쪽에 있는 마을
북변면	院垈坪	충주	시내	종민동 원터.
북변면	武音浦村			종민동 밍개. 원터 밑에 있는 마을
불정면	三方後谷	괴산	불정면	삼방리
불정면	長通谷			
불정면	三方垈	괴산	불정면	삼방리. 고려말 배극렴이 은거. 조선 태조가 3번 찾아와 정사를 의논하여 삼방이라 함.
불정면	三方前坪	괴산	불정면	삼방리
불정면	洞口外谷			
불정면	三方	괴산	불정면	삼방리
불정면	常直洞			
불정면	松谷			
불정면	寒泉谷坪			
불정면	獐項谷坪			
불정면	撐巖谷			
불정면	瀑布水谷			
불정면	冠錢水谷	괴산	불정면	삼방리 갓돈(관전)
불정면	冠錢垈	괴산	불정면	삼방리 갓돈(관전). 원삼방 북동쪽에 있는 마을
불정면	冠錢坪	괴산	불정면	삼방리 갓돈(관전)
불정면	金谷峴			
불정면	栢垈谷坪			
불정면	冠錢	괴산	불정면	삼방리 갓돈(관전)

불정면	望谷峴			
불정면	三方越坪	괴산	불정면	삼방리
불정면	安村庭地坪	괴산	불정면	삼방리 안촌(외방)
불정면	巢住谷			
불정면	山葵堂谷			
불정면	安村下里垈	괴산	불정면	삼방리 안촌(외방). 원삼빙 마깥쪽에 있는 마을
불정면	安村垈	괴산	불정면	삼방리 안촌(외방)
불정면	黃峴			
불정면	安村前坪	괴산	불정면	삼방리 안촌(외방)
불정면	兎灘坪			
불정면	庭底坪			
불정면	陽甘隅			
불정면	屯朕坪			
불정면	銅泉坪			
불정면	加山谷			
불정면	蓮池坪	괴산	불정면	삼방리 연못골(연지)
불정면	蓮池洞坪	괴산	불정면	삼방리 연못골(연지).
불정면	蓮支垈	괴산	불정면	삼방. 연못골(연지). 원삼방 동북쪽에 있는 마을. 연못이 있었음.
불정면	蛭谷			
불정면	塔村前坪	괴산	불정면	삼방리 탑말(탑촌).
불정면	塔村坪	괴산	불정면	삼방리 탑말(탑촌).
불정면	塔村垈	괴산	불정면	삼방리 탑말(탑촌). 연못골 동북쪽에 있는 마을. 삼층석탑이 있음.
불정면	釗實峴店	괴산	불정면	외령리 쇠실고개
불정면	塔村越坪	괴산	불정면	삼방리 탑말(탑촌)
불정면	坊築坪			
불정면	驛畓坪			
불정면	谷村垈			
불정면	坊築洞垈			
불정면	嶺村垈	괴산	불정면	외령리 영촌(잿말). 능현 서북쪽에 있는 마을. 쇠실고개 밑이 됨.
불정면	嶺村坪	괴산	불정면	외령리 영촌(잿말)
불정면	外村谷			
불정면	紙桶村坪			
불정면	松峴			
불정면	外陵鳳谷垈			
불정면	鳳谷前坪			

불정면	畓谷			
불정면	外陵前坪			
불정면	外陵垈			
불정면	墨坊谷			
불정면	陵下坪			
불정면	四峴垈	괴산	불정면	외령리 사현(네보르미). 능현 동북쪽에 있는 마을. 네고개 밑이 됨.
불정면	四峴坪	괴산	불정면	외령리 사현(네보르미)
불정면	上四峴坪	괴산	불정면	외령리 사현(네보르미)
불정면	上四峴垈	괴산	불정면	외령리 사현(네보르미)
불정면	上四峴前坪	괴산	불정면	외령리 사현(네보르미)
불정면	紙桶里前坪			
불정면	陽甘谷			
불정면	梧率坪			
불정면	鷄卵峯下坪			
불정면	德達坪			
불정면	雄洞前店			
불정면	雄洞前坪			
불정면	雄洞垈			
불정면	鳥嶺谷			
불정면	古來坪			
불정면	古來上坪			
불정면	雄洞前垈			
불정면	高峴右坪			
불정면	孤峴			
불정면	文等垈	괴산	불정면	문등리(무덤실, 문등곡)
불정면	文等坪	괴산	불정면	문등리(무덤실, 문등곡)
불정면	佛堂谷			
불정면	佛堂坪			
불정면	內洑坪			
불정면	隅前坪			
불정면	灰石隅前坪			
불정면	文等新坪	괴산	불정면	문등리(무덤실, 문등곡)
불정면	列九川坪			
불정면	九禮坪			
불정면	德橋坪			
불정면	高峴前坪	괴산	불정면	웅동리. 고현(높은고개). 웅골 남쪽에 있는 마을
불정면	高峴垈	괴산	불정면	웅동리. 고현(높은고개). 웅골 남쪽에 있는 마

				을
불정면	不谷坪			
불정면	쑞套谷			
불정면	老困谷			
불정면	獨政谷			
불정면	鶯村坪	괴산	불정면	앵천리 꾀꼬리모랭이(앵촌).
불정면	大阿谷			
불정면	鶯村垈	괴산	불정면	앵천리 꾀꼬리모랭이(앵촌). 여르내 서쪽에 있는 마을. 꾀고리가 많았다 함.
불정면	鶯村前坪	괴산	불정면	앵천리 꾀꼬리모랭이(앵촌)
불정면	黃陳味坪			
불정면	治洞垈			
불정면	鶯村新垈	괴산	불정면	앵천리 꾀꼬리모랭이(앵촌).
불정면	占積谷			
불정면	兄峴下			
불정면	龍峴坪			
불정면	介五介垈	괴산	불정면	신흥리 개오개. 신흥리에서 중심되는 마을. 입구에 큰 은행나무가 있음.
불정면	介五介上垈	괴산	불정면	신흥리 개오개.
불정면	介五介下垈	괴산	불정면	신흥리 개오개.
불정면	介五介	괴산	불정면	신흥리 개오개.
불정면	見峴谷坪			
불정면	兒峴谷坪			
불정면	斗村	괴산	불정면	신흥리 두촌
불정면	斗村坪	괴산	불정면	신흥리 두촌
불정면	斗村前坪	괴산	불정면	신흥리 두촌
불정면	斗村垈	괴산	불정면	신흥리 두촌(두무절, 두무사). 개오개 동쪽에 있는 마을. 절이 있었음.
불정면	斗村後坪	괴산	불정면	신흥리 두촌
불정면	佛無道坪	괴산	불정면	
불정면	斗村下垈	괴산	불정면	신흥리 두촌
불정면	斗村下坪	괴산	불정면	신흥리 두촌
불정면	乾川坪	괴산	불정면	신흥리 건개울. 모내일 북쪽에 있는 마을. 앞에 건개울이 있음.
불정면	住景坪			
불정면	細坪	괴산	불정면	세평리 셋들
불정면	細坪上坪	괴산	불정면	세평리 셋들
불정면	射亭谷			
불정면	宮谷			

불정면	細坪上垈	괴산	불정면	세평리 셋들.
불정면	秀才谷			
불정면	細坪垈	괴산	불정면	세평리 셋들.
불정면	洗足谷			
불정면	開台谷坪			
불정면	細坪後谷	괴산	불정면	세평리 셋들.
불정면	後谷			
불정면	泉峙坪			
불정면	細坪下里內垈	괴산	불정면	세평리 셋들. 불정면지역.
불정면	介峙谷			
불정면	斌峰下坪			
불정면	野村	괴산	불정면	지장리 야촌(들말). 가는골 서남쪽 등레 있는 마을.
불정면	立石坪			
불정면	立石店			
불정면	長承峴			
불정면	長承峴谷坪			
불정면	屈峙			
불정면	加庄谷			
불정면	新村坪			
불정면	寒水川坪			
불정면	茂泰坪			
불정면	城山坪			
불정면	野村坪	괴산	불정면	지장리 야촌(들말).
불정면	德室前坪			
불정면	內石井坪	괴산	불정면	지장리 돌우물(석정).
불정면	外石井坪	괴산	불정면	지장리 돌우물(석정).
불정면	外石井垈	괴산	불정면	지장리 돌우물(석정). 가는골 서북쪽에 있는 마을. 돌우물이 있음.
불정면	山直村坪			
불정면	閒谷坪			
불정면	後谷坪			
불정면	五也谷坪			
불정면	外石井後坪	괴산	불정면	지장리 돌우물(석정)
불정면	外石井前坪	괴산	불정면	지장리 돌우물(석정).
불정면	內石井垈	괴산	불정면	지장리 돌우물(석정). 가는골 서북쪽에 있는 마을. 돌우물이 있음
불정면	石井坪	괴산	불정면	지장리 돌우물(석정).
불정면	書堂谷			

불정면	內石井	괴산	불정면	지장리 돌우물(석정)
불정면	古陽谷			
불정면	德室垈	괴산	불정면	지장리 덕실(덕촌). 들말 서남족 골짜기에 있는 마을
불정면	野村垈	괴산	불정면	지장리 야촌(들말). 가는골 서남쪽 등레 있는 마을.
불정면	隱九飛			
불정면	池峴坪			
불정면	小池峴谷			
불정면	細谷前坪	괴산	불정면	지장리 세곡(가는골).
불정면	細谷後坪	괴산	불정면	지장리 세곡(가는골).
불정면	細谷垈	괴산	불정면	지장리 세곡(가는골). 지장리에서 중심되는 마을. 골이 마처럼 생겼음..
불정면	細谷坪	괴산	불정면	지장리 세곡(가는골).
불정면	寺洞坪			
불정면	細谷上坪	괴산	불정면	지장리 세곡(가는골).
불정면	小木峴			
불정면	靑龍坪			
불정면	三省坪	괴산	불정면	지장리 산선댕이
불정면	三省垈	괴산	불정면	지장리 산선댕이. 가는골 동남쪽에 있는 마을. 옛날에 삼신당이 있었음.
불정면	行吉谷			
불정면	行吉谷上谷稷			
불정면	行吉谷下坪			
불정면	長華前坪	괴산	불정면	지장리 장횃들. 장화앞에 있는 들
불정면	鐵安上垈			
불정면	長華垈	괴산	불정면	지장리 장횃. 가는골 동남쪽에 있는 마을.
불정면	三田峴			
불정면	玄巖坪			
불정면	鐵安坪	괴산	불정면	지장리 철안리(철안이). 가는골 동쪽에 있는 마을
불정면	鐵安玄巖垈			지장리 철안이
불정면	三幕谷			
불정면	鐵安	괴산	불정면	지장리 철안리(철안이). 가는골 동쪽에 있는 마을
불정면	大谷坪			
불정면	後江邊坪			
불정면	開實垈	괴산	불정면	목도리 개실(가동). 가야 서쪽에 있는 마을
불정면	木斗店			

불정면	木斗垈			
불정면	開實坪	괴산	불정면	목도리 개실(가동)
불정면	開實前坪	괴산	불정면	목도리 개실(가동). 가야 서쪽에 있는 마을
불정면	龍上谷	괴산	불정면	목도리 용상곡(용상골). 물갯말 서북쪽, 용산 밑에 있는 마을
불정면	開實後谷垈	괴산	불정면	목도리 개실(가동). 가야 서쪽에 있는 마을
불정면	二里前坪	괴산	불정면	
불정면	長斜來坪			
불정면	加陽坪			
불정면	移生處			
불정면	達開坪移生處	괴산	불정면	목도리 달갯들. 목도 북서쪽에 있는 들. 땅이 좋아 달걀 노른자위와 같다 함.
불정면	達開坪	괴산	불정면	목도리 달갯들
불정면	二里垈			
불정면	庫舍谷			
불정면	一里垈			
불정면	一里前坪			
불정면	一里洞垈			
불정면	開實一里垈	괴산	불정면	목도리 개실(가동)
불정면	杏谷坪			
불정면	花英谷	괴산	불정면	목도리 꽃부리재. 가동서쪽에서 지장리러 넘어가는 고개
불정면	墓幕前坪			
불정면	沙斤川坪	괴산	불정면	앵천리 사그내
불정면	下沙斤川垈	괴산	불정면	앵천리 사그내(사근천, 신천). 중심되는 마을. 전에 마을앞에 모래가 많이 쌓였다 함.
불정면	沙斤川下坪	괴산	불정면	앵천리 사그내
불정면	上沙斤川垈	괴산	불정면	앵천리 사그내
불정면	忽作谷			
불정면	酒境谷			
불정면	乾夜前坪	괴산	불정면	앵천리 건배미(건야미)
불정면	乾夜垈	괴산	불정면	앵천리 건배미(건야미). 사그내 서쪽에 있는 마을. 물이 적어서 논이 늘 말라 있다 함.
불정면	花藥谷			
사다산면	防築谷	음성	대소면	대풍리 방축골, 중방골 동쪽에 있는 마을
사다산면	法旺後坪	음성	금왕면	본래 충주군 법왕면
사다산면	法旺坪	음성	금왕면	본래 충주군 법왕면
사다산면	新目前坪			
사다산면	新目陽地洞垈			

사다산면	新目陰地洞垈			
사다산면	新目後坪			
사다산면	楊洞			
사다산면	聖直谷			
사다산면	楓洞谷	음성	대소면	대풍리 풍동(중방골). 대풍리에서 으뜸되는 마을
사다산면	甘玆洞			
사다산면	稜內谷	음성	대소면	내산리 능안.
사다산면	水春洞			
사다산면	水春村前坪			
사다산면	九飛來坪			
사다산면	泉谷洞	음성	대소면	태생리 천곡(새미실)
사다산면	泉谷洞前坪	음성	대소면	태생리 천곡(새미실)
사다산면	靑龍谷			
사다산면	小井隅			
사다산면	長竹坪			
사다산면	曺谷			
사다산면	上古音防			
사다산면	下古音防			
사다산면	利大谷			
사다산면	下古音坪			
사다산면	舊川邊			
사다산면	上五柳前坪	음성	대소면	오류리
사다산면	洪谷			
사다산면	上五柳洞			
사다산면	防等谷	음성	대소면	대풍리 방축골. 중방골 동쪽에 있는 마을
사다산면	日陽谷平			
사다산면	日暘谷			
사다산면	中五柳川邊	음성	대소면	오류리 중오.
사다산면	中柳川邊洞	음성	대소면	오류리 중오. 방금이와 아랫말 사이에 있는 마을
사다산면	梧山後坪大鳥谷界	음성	대소면	오산리
사다산면	梧山坪	음성	대소면	오산리
사다산면	四甲坪			
사다산면	中五柳洞	음성	대소면	오류리 중오.
사다산면	岩谷			
사다산면	下五柳前坪	음성	대소면	오류리 하오(아랫말)
사다산면	下五柳洞	음성	대소면	오류리 하오(아랫말)

사다산면	下五柳坪	음성	대소면	오류리 하오(아랫말)
사다산면	五柳三上坪	음성	대소면	오류리
사다산면	五柳三前坪	음성	대소면	오류리
사다산면	五三洞	음성	대소면	삼호리 오삼리(가래뭉지). 연호동 북쪽에 있는 마을
사다산면	讌湖上坪	음성	대소면	삼호리 연호동(讌湖洞), 가래뭉지 남쪽에 있는 마을
사다산면	讌湖前坪	음성	대소면	삼호리 연호동(讌湖洞).
사다산면	長沙坪			
사다산면	讌湖洞	음성	대소면	삼호리 연호동
사다산면	洑潭坪			
사다산면	讌湖前坪洞	음성	대소면	삼호리 연호동
사다산면	牛頭前坪	음성	대소면	삼호리 쇠머리(우두). 연호동 서남쪽에 있는 마을
사다산면	陳頃			
사다산면	新洑坪			
사다산면	小竹洞前	음성	대소면	삼호리 소죽(작은죽골)
사다산면	小竹洞前坪	음성	대소면	삼호리 소죽(작은죽골)
사다산면	書堂谷	음성	대소면	태생리 서당고개. 외생에서 소석리 소당이로 넘어가는 고개
사다산면	小竹洞	음성	대소면	삼호리 소죽(작은죽골). 내산리 큰죽골의 남쪽에 있는 마을
사다산면	馬差坪			
사다산면	中洑坪			
사다산면	陵內谷	음성	대소면	내산리 능안
사다산면	甘山洞			
사다산면	舞初岑谷			
사다산면	沙山第一洞	음성	대소면	내산리 사산(살천이)
사다산면	沙山第二洞	음성	대소면	내산리 사산
사다산면	沙山第三洞	음성	대소면	내산리 사산
사다산면	沙山前谷	음성	대소면	내산리 사산
사다산면	沙山後谷	음성	대소면	내산리 사산
사다산면	內洞			
사다산면	眉山前坪			
사다산면	眉山洞			
사다산면	鈴山前坪	음성	대소면	내산리 영산(방울미)
사다산면	栢洞			
사다산면	鈴山洞前坪	음성	대소면	내산리 영산(방울미)
사다산면	栢洞第二洞			

사다산면	栢洞前坪			
사다산면	鈴山洞	음성	대소면	내산리 영산(방울미)
사다산면	檢城洞前坪	음성	대소면	대풍리 검성골
사다산면	檢城洞	음성	대소면	대풍리 검성골. 강당 서쪽에 있는 마을
사다산면	檢城洞酒店	음성	대소면	대풍리 검성골
사다산면	栗乳谷初			
사다산면	栗乳谷			
사다산면	栗乳谷終			
사다산면	大竹洞	음성	대소면	내산리 대죽(큰죽골)
사다산면	大竹前坪	음성	대소면	내산리 대죽(큰죽골)
사다산면	機谷			
사다산면	酒池谷			
사다산면	書堂後坪	음성	대소면	태생리 서당고개
사다산면	馬槎坪			
사다산면	書堂洞	음성	대소면	태생리 서당고개. 외생에서 소석리 소당이로 넘어가는 고개
사다산면	鷄頭前坪	음성	대소면	대풍리 닭의머리(계두리)
사다산면	鷄頭洞	음성	대소면	대풍리 계두리
사다산면	閑寺谷			
사다산면	植谷			
사다산면	防築洞	음성	대소면	대풍리 방축골. 중방골 동쪽에 있는 마을
사다산면	楓洞前坪	음성	대소면	대풍리 풍동(중방골). 대풍리에서 으뜸되는 마을
사다산면	中防谷	음성	대소면	대풍리 풍동(중방골)
사다산면	中防前谷	음성	대소면	대풍리 풍동(중방골)
사다산면	輔習谷			
사다산면	楓洞	음성	대소면	대풍리 풍동(중방골)
사다산면	篤寺谷			
사다산면	廣惠院機坪			
사다산면	機洞			
사다산면	新寺里谷			
사이면	敦山代木坪	음성	소이면	비산리 돈산(돌미)
사이면	敦山村	음성	소이면	비산리 돈산(돌미)
사이면	敦山後坪	음성	소이면	비산리 돈산(돌미)
사이면	水稷			
사이면	伐木坪			
사이면	堰場村	음성	소이면	충도리 가락구미=방죽밑
사이면	堰場前坪	음성	소이면	충도리 가락구미=방죽밑. 벳돈저수지 밑에 있는 들

사이면	小場坪			
사이면	九禮坪	음성	소이면	후미리 구레골. 동촌 남쪽에 있는 들
사이면	九水谷坪			
사이면	細谷	음성	소이면	충도리 수세골. 주머니골 서남쪽에 있는 골짜기
사이면	早稻坪	음성	소이면	비산리 조도(오랫말)
사이면	早稻村	음성	소이면	비산리 조도(오랫말)
사이면	早稻前坪	음성	소이면	비산리 조도(오랫말)
사이면	伐里坪	음성	소이면	문암리 벌말(평촌)
사이면	伐里村	음성	소이면	문암리 벌말(평촌)
사이면	加子洞			
사이면	坊基			
사이면	新垈村	음성	소이면	후미1리 새터(신대)
사이면	三街			
사이면	水明坪			
사이면	碑石下柳谷	음성	소이면	비산1리 비선거리(비석동)
사이면	三街里			
사이면	下柳谷			
사이면	沙峴	음성	소이면	비산2리 모래고개. 새말에서 돌미로 넘어가는 고개
사이면	石峴	음성	소이면	중동4리 돌고개
사이면	倭堤			
사이면	碑石村	음성	소이면	비산1리 비선거리(비석동)
사이면	碑石坪	음성	소이면	비산1리 비선거리
사이면	長財洞			
사이면	防築內洞	음성	소이면	대장리 방축골
사이면	防築煎坪	음성	소이면	대장리 방축골
사이면	長邱幕			
사이면	德外坪			
사이면	碑石	음성	소이면	비산1리 비선거리
사이면	洑坪			
사이면	伐垈村	음성	소이면	문암리 벌말(평촌)
사이면	敦峙谷			
사이면	元忠後將軍谷			
사이면	元忠里			
사이면	獨洑坪			
사이면	斗坪			
사이면	沃野坪			
사이면	梧里谷			

사이면	冶谷			
사이면	路谷			
사이면	大吉谷			
사이면	陽錢里			
사이면	下陽錢村	음성	소이면	충도2리 아랫벳돈(하양전)
사이면	卜陽錢坪	음성	소이면	충도2리 아랫벳돈
사이면	上陽錢坪	음성	소이면	충도3리 웃벳돈(상양전)
사이면	城村坪			
사이면	梨木坪			
사이면	可木			
사이면	梅述坪			
사이면	道南前坪	음성	소이면	충도1리 도래원숭이
사이면	道南村	음성	소이면	충도1리 도래원숭이(도남)
사이면	後谷			
사이면	皮木谷			
사이면	水稅谷			
사이면	囊谷	음성	소이면	충도리 주머니골
사이면	上陽錢前坪	음성	소이면	충도3리 웃벳돈(상양전)
사이면	伏巳谷			
사이면	虎巖			
사이면	應谷			
사이면	西邊			
사이면	松峴	음성	소이면	금고2리, 충도1리, 송고개. 심고심이에서 충도리 가락구미로 넘어가는 고개
사이면	西邊村			
사이면	大谷	음성	소이면	금고2리 큰골. 심고심이 북쪽에 있는 골짜기로 예전에 마을이 있었음.
사이면	三古前坪	음성	소이면	금고2리 삼고심이
사이면	三古坪	음성	소이면	금고2리 삼고심이
사이면	三古村	음성	소이면	금고2리 삼고심이
사이면	牛目坪	음성	소이면	금고2리 우목. 지형이 臥牛形인데 소의 눈에 해당하는 곳
사이면	莫洞			
사이면	丞相洞			
사이면	獨岩村	음성	소이면	금고1리 독바우
사이면	牛目村坪	음성	소이면	금고2리 우목
사이면	元隅			
사이면	山直村	음성	소이면	대장1리 산직말
사이면	山直村坪	음성	소이면	대장1리 산직말

사이면	長莫坪	음성	소이면	대장2리
사이면	屯負山			
사이면	長莫後坪	음성	소이면	대장2리
사이면	長莫村	음성	소이면	대장2리 한들 서북쪽의 마을로 군대가 장막을 치고 있었던 곳이라 전해짐.
사이면	長幕前坪	음성	소이면	대장2리
사이면	長幕洞	음성	소이면	대장2리
사이면	分武實	음성	소이면	대장1리 불무실. 한들 북쪽에 있는 골짜기로 풀무가 있었음.
사이면	長幕後谷	음성	소이면	대장2리
사이면	佛母谷			
사이면	沙陽坪			
사이면	五順峙	음성	소이면	대장1리 오순테. 남악골 북쪽에 있는 골짜기
사이면	南岳	음성	소이면	대장1리 나맥이. 한들 동쪽에 있는 마을
사이면	大坪村	음성	소이면	대장1리 한들
사이면	大坪	음성	소이면	대장1리 한들
사이면	大坪前坪	음성	소이면	대장1리 한들
사이면	外坪			
사이면	龍相洞坪	음성	소이면	금고1리 용상골
사이면	龍相洞	음성	소이면	금고1리 용상골. 김장골 뒷산에 있는 고개
사이면	金井村	음성	소이면	금고1리 금정(김장골)
사이면	大溥洞			
사이면	金井前坪	음성	소이면	금고1리 금정(김장골)
산척면	士太底			
산척면	加音巖垈	충주	산척면	영덕리 가음암대. 가마바위골. 덕해 새마을교와 아랫말
산척면	龍田	충주	산척면	영덕리 용대
산척면	內坪	충주	산척면	영덕리 내평(속들).
산척면	東莫洞	충주	산척면	영덕리 지속골의 동남쪽으로 뻗은 골짜기
산척면	德海洞垈	충주	산천면	영덕리 덕해
산척면	屯垈	충주	산척면	영덕리 둔대(둔터)
산척면	乾陵谷	충주	산척면	영덕리 건너골
산척면	上屯垈			
산척면	衣食洞			
산척면	白岳	충주	산척면	영덕리 백악골1−둔대 중간담 동쪽.
산척면	沙器店谷	충주	산척면	영덕리 사기점곡(사기장골)
산척면	楡峙		산척면	
산척면	新潭垈	충주	산척면	명서리 신담
산척면	西垈	충주	산척면	명서리 서대

산척면	葛田	충주	산척면	명서리 갈밭골
산척면	細昌川	충주	산척면	명서리 창내개울
산척면	自皮洞			
산척면	下細昌川			명서리 창내개울
산척면	三灘	충주	산척면	명서리 삼탄. 도덕에 있음.
산척면	占川	충주	산척면	명서리 점내. 비린내 동쪽에 위치.
산척면	頓多未谷			
산척면	明旵	충주	산척면	산척면
산척면	皮鵝谷	충주	산척면	송강리 피아골. 증편 북쪽의 발달한 골짜기
산척면	鼎巖	충주	산척면	명서리 정암(솥바우)
산척면	筆田洞			
산척면	防垈	충주	산척면	명서리 방터(방터)
산척면	芝北洞	충주	산척면	명서리 집부기
산척면	外道士洞			
산척면	內道士洞			
산척면	明巖			
산척면	後川			
산척면	合川	충주	산척면	석천리 합천내
산척면	張琴垈	제천	백운면	제천시 백운면 애련리 장금터
산척면	晚知坪	제천		제천시
산척면	石門洞	충주	산척면	석천리
산척면	松谷			
산척면	自皮谷			
산척면	黃屛谷			
산척면	栗峴			
산척면	龍穴			
산척면	茅亭			
산척면	鷹坪	제천		제천군 백운면으로 편입
산척면	鷹坪垈	제천		제천군 백운면으로 편입
산척면	大月峙坪			
산척면	大月峙垈			
산척면	院西	제천		제천군 백운면으로 편입
산척면	汰坪			
산척면	梅村垈	제천		제천군 백운면으로 편입
산척면	山莫谷			
산척면	佳亭	제천		제천군 백운면으로 편입
산척면	佳亭垈	제천		제천군 백운면으로 편입
산척면	中村			
산척면	內洞			

산척면	再峴			
산척면	再峴			
산척면	小月	제천		제천군 백운면으로 편입
산척면	小月垈	제천		제천군 백운면으로 편입
산척면	沙基洞			
산척면	下廣洞			
산척면	上廣洞			
산척면	同宜洞			
산척면	甘子坪			
산척면	松亭	충주	산척면	송강리. 노송이 많아 붙여진 이름
산척면	上江令			
산척면	小康令			
산척면	上山尺			
산척면	廣岩洞			
산척면	五淸谷			
산척면	長谷			
산척면	上山尺垈			
산척면	道長谷			
산척면	增村垈			
산척면	松亭垈			
산척면	道峰	충주	산척면	송강리. 월현 북쪽 길 양편으로 형성
산척면	小林	충주	산척면	송강리. 자연마을—큰말, 중터말
산척면	九老坪	충주	산척면	송강리 구리들(九老坪). 노랑터골 북쪽의 들판
산척면	月峴	충주	산척면	송강리 月現
산척면	鼠谷	충주	산척면	송강리 쥐실들로 추측
산척면	杏亭	충주	산척면	송강리 도골, 되골. 일제때 수령이 오랜 은행나무가 있어 행정이라고 함
산척면	桂尺坪			
산척면	溫今坪			
산척면	溫令坪			
산척면	谷洞			
산척면	帛岩			
산척면	上令今			
산척면	上今今			
산척면	上令今			
산척면	聖岩			
산척면	虎岩			
산척면	八每洞			

산척면	九卵峴			
산척면	龍巖垈			
산척면	黍谷坪			
산척면	黍谷垈			
성동면	仙谷			
성동면	內方正坪			
성동면	防築坪	음성	생극면	방축리
성동면	防築洞	음성	생극면	방축리
성동면	陸內洞	음성	생극면	방축리 능안. 방축리 동쪽에 있는 마을
성동면	陸谷			
성동면	函朴洞	음성	생극면	방축리 함박골. 방축동 동쪽에 있는 골짜기. 전에 함박꽃이 많이 피었음.
성동면	古防築洞門	음성	생극면	방축리
성동면	古防築洞	음성	생극면	방축리
성동면	屈灘谷口			
성동면	防築	음성	생극면	방축리
성동면	元堂坪			
성동면	車坪	음성	생극면	차평리
성동면	道德谷			
성동면	瓦谷口	음성	생극면	송곡리 와촌(야곡)
성동면	瓦谷垈	음성	생극면	송곡리 와촌(야곡)
성동면	瓦谷	음성	생극면	송곡리 와촌(야곡)
성동면	車谷	음성	생극면	차곡리
성동면	上車洞			
성동면	車坪陽峴	음성	생극면	차평리
성동면	車坪中里	음성	생극면	차평리
성동면	車坪中里垈	음성	생극면	차평리
성동면	冶谷	음성	생극면	송곡리 야곡(와촌). 송림 동북쪽에 있는 마을
성동면	冶谷垈	음성	생극면	송곡리 야곡(와촌).
성동면	佳泉洞			
성동면	佳泉坪			
성동면	林鳥垈	음성	생극면	임곡리 임오
성동면	林鳥洞	음성	생극면	임곡리 임오
성동면	林鳥	음성	생극면	임곡리 임오
성동면	品谷	음성	생극면	임곡리 품곡
성동면	品谷坪	음성	생극면	임곡리 품곡
성동면	八星山谷	음성	생극면	팔성리
성동면	松林	음성	생극면	송곡리 송림. 송곡리에서 으뜸되는 마을
성동면	松林坪	음성	생극면	송곡리 송림.

성동면	舞亭峴谷			
성동면	秣馬	음성	생극면	팔성1리 말마리. 토끼실(팔성3리) 북쪽에 있는 마을
성동면	秣馬坪	음성	생극면	팔성1리 말마리. 토끼실(팔성3리) 북쪽에 있는 마을
성동면	秣馬洞	음성	생극면	팔성1리 말마리
성동면	秣馬洞垈	음성	생극면	팔성1리 말마리
성동면	齊室			
성동면	知非坪	음성	생극면	팔성2리 지분내(지비내)
성동면	凡朴谷			
성동면	知非川	음성	생극면	팔성2리 지분내(지비내). 말마리 서남쪽의 마을
성동면	佛堂谷	음성	생극면	생리 불당골. 만태동 동남쪽에 있는 골짜기
성동면	知非垈	음성	생극면	팔성2리 지분내(지비내)
성동면	垈谷垈			
성동면	免谷坪			
성동면	免谷垈			
성동면	鶴谷			
성동면	昆巖坪	음성	생극면	신양리 곤지암(昆池岩, 곤재)
성동면	昆巖垈	음성	생극면	신양리 곤지암
성동면	昆池垈	음성	생극면	병암리 곤재(곤지). 관성리 동쪽과 신양리에 걸쳐 있는 마을
성동면	崑池坪	음성	생극면	병암리 곤재(곤지).
성동면	新坪	음성	생극면	신양리 새들(신평)
성동면	農浦坪	음성	생극면	신양리 다농포(多農浦, 다농개)
성동면	農浦新坪	음성	생극면	신양리 다농포
성동면	農浦洞垈	음성	생극면	신양리 다농포
성동면	農浦垈	음성	생극면	신양리 다농포
성동면	農浦	음성	생극면	신양리 다농포. 신양리의 중심마을. 땅이 비옥하여 수확이 많음.
성동면	城隍垈			
성동면	新坪垈	음성	생극면	신양리 새들(신평)
성동면	細銀谷			
성동면	繹兒谷			
성동면	新昌	음성	생극면	신양리 신창(새천이)
성동면	新昌垈	음성	생극면	신양리 신창(새천이)
성동면	新昌洞垈	음성	생극면	신양리 신창(새천이)
성동면	新昌洞	음성	생극면	신양리 신창(새천이)
성동면	蟾巖			

성동면	下笙	음성	생극면	생리 하생(넘말)
성동면	下笙洞垈	음성	생극면	생리 하생(넘말)
성동면	萬泰谷垈	음성	생극면	생리 만태동
성동면	萬泰洞	음성	생극면	생리 만태동
성동면	萬泰谷	음성	생극면	생리 만태동
성동면	柳谷坪			
성동면	下笙坪柳谷	음성	생극면	생리 하생(넘말)
성동면	倉洑坪			
성동면	倉洑坪垈			
성동면	狐洞坪			
성동면	中笙垈	음성	생극면	생리. 생리의 중심마을
성동면	中笙坪村垈	음성	생극면	생리
성동면	中笙	음성	생극면	생리
성동면	內垈谷	음성	생극면	생리 내대(안터). 생리 안쪽에 있는 마을
성동면	中基垈			
성동면	山際谷垈			
성동면	內垈	음성	생극면	생리 내대(안터). 생리 안쪽에 있는 마을
성동면	貴川垈			
성동면	內垈谷垈	음성	생극면	생리 내대
성동면	中笙洞垈	음성	생극면	생리
성동면	中笙坪	음성	생극면	생리
성동면	上笙坪	음성	생극면	생리
성동면	上笙新垈	음성	생극면	생리
성동면	丘郭洞			
성동면	丘郭洞垈			
성동면	通谷垈	음성	생극면	오생리, 통동. 도화동 동북쪽에 있는 마을. 오생리와 생리로 통함.
성동면	通谷坪	음성	생극면	오생리 통동
성동면	上笙垈	음성	생극면	생리
성동면	新垈坪	음성	생극면	도신리 신대(새터). 계탄 동남쪽에 새로된 마을. 차평리 신대도 있음
성동면	新垈	음성	생극면	도신리 신대(새터)
성동면	五龍垈	음성	생극면	오생리 오룡. 오생리 서남쪽에 있는 마을. 옛날에 용이 지나갔다 함.
성동면	五龍	음성	생극면	오생리 오룡
성동면	五龍洞坪	음성	생극면	오생리 오룡
성동면	樓浦	음성	생극면	오생리 아래다락개. 도화동 서북쪽의 마을. 옛날 윗쪽에 樓가 있었다 함.
성동면	樓浦前坪	음성	생극면	오생리 아래다락개(下樓). 도화동 서북쪽의

				마을. 옛날 윗쪽에 樓가 있었다 함.
성동면	樓浦洞垈	음성	생극면	오생리 아래다락개
성동면	樓浦垈	음성	생극면	오생리 아래다락개
성동면	葛朴谷垈			
성동면	軍令坪			
성동면	暖雲谷			
성동면	昆池巖	음성	생극면	병암리 곤재(곤지). 관성리 동쪽과 신양리에 걸쳐 있는 마을
성동면	昆池店垈	음성	생극면	병암리 곤재(곤지)
살미면	加谷坪			
살미면	加谷			
살미면	細浦里	충주	살미면	향산리 셋개
살미면	細浦上村	충주	살미면	향산리 셋개. 귀골 서쪽에 있는 마을
살미면	斗應山荷谷	충주	살미면	향산리 두룽산. 하실위에 있던 마을
살미면	陰月村			
살미면	長左谷			
살미면	馬外堂谷			
살미면	小香山前坪	충주	살미면	향산리 작은나냥이(소향산)
살미면	小香山貴洞	충주	살미면	향산리 작은나냥이
살미면	倉洞前坪	충주	살미면	향산리
살미면	昌洞	충주	살미면	향산리
살미면	蘭香洞	충주	살미면	향산리
살미면	大香山	충주	살미면	향산리 큰나냥이(대향산). 향산리에서 제일 큰 마을
살미면	松溪坪			
살미면	大香山坪	충주	살미면	향산리
살미면	大香山南谷	충주	살미면	향산리
살미면	蘭香坪	충주	살미면	향산리
살미면	蘭香初谷	충주	살미면	향산리
살미면	蘭香	충주	살미면	향산리
살미면	陽院			
살미면	蘭香坪	충주	살미면	향산리
살미면	蘭香	충주	살미면	향산리
살미면	好音坪	충주	살미면	세성리 홈실(호음실)
살미면	好音谷	충주	살미면	세정리 홈실. 주막거리 안쪽에 있는 마을.
살미면	新酒幕坪	충주	살미면	세성리 새술말 주막거리
살미면	水項	충주	살미면	세성리 물메기. 당무산에서 새터교를 건너 물메기골 입구에 있는 마을
살미면	延豊界	충주	살미면	연풍군 수회면계

살미면	新幕	충주	살미면	세성리 새술말
살미면	新酒幕	충주	살미면	세성리 새술막. 주막거리 살미면 소재지
살미면	桃花洞坪	충주	살미면	세성리 도화동. 도화낙지형의 명당자리가 있음.
살미면	新酒店	충주	살미면	세성리 새술말. 주막거리 살미면 소재지
살미면	桃花洞	충주	살미면	세성리 노화동. 새루막 서쪽 골짜기
살미면	新酒幕上坪	충주	살미면	세성리 새술말. 주막거리 살미면 소재지
살미면	冠峴坪	충주	살미면	세성리 갓고개
살미면	冠峴	충주	살미면	세성리 갓고개. 벌말과 설운리 사이에 있는 마을
살미면	牛毛谷坪	충주	살미면	세성리 호모곡. 갓고개에서 설운리로 가는 도로 북쪽에 있는 골짜기
살미면	下雪雲洞	충주	살미면	설운리 사설운
살미면	牛毛谷	충주	살미면	세성리 호모곡
살미면	上雪雲坪	충주	살미면	설운리 상설운
살미면	上雪雲洞	충주	살미면	설운리 상설운
살미면	栗木谷	충주	살미면	설운리 밤나무골. 양달말에서 상설운으로 가다가 왼쪽 골짜기 입구에 있는 마을
살미면	紫陽洞	충주	살미면	설운리 자랑골. 자랑골 입구에 있는 상설운 첫 번째 마을
살미면	上雪云	충주	살미면	설운리 상설운
살미면	大谷	충주	살미면	설운리 큰골. 자랑골과 햇골 사이, 북쪽으로 난 골짜기
살미면	雪雲坪	충주	살미면	설운리
살미면	花谷	충주	살미면	설운리 화약골(햇골). 상설운에서 가장 안쪽에 있는 마을
살미면	下雪雲坪	충주	살미면	설운리 하설운
살미면	花谷坪	충주	살미면	설운리 화약골(햇골)
살미면	連峰亭坪			
살미면	洞幕			
살미면	連峰亭			
살미면	店村坪	충주	살미면	설운리 점말
살미면	店村	충주	살미면	설운리 점마. 하설운에서 서남쪽으로 갓고개 너머 있는 마을.
살미면	小龍塘坪	충주	살미면	용천리 작은용당. 삼거리에서 수안보 쪽으로 가다가 남서쪽 골짜기에 있는 마을
살미면	小龍塘	충주	살미면	용천리 작은용당
살미면	大龍堂	충주	살미면	용천리 큰용당. 작은용당과 갈마고개 사이에 있는 마을

살미면	大龍塘坪	충주	살미면	용천리 큰용당
살미면	渴馬峴	충주	살미면	용천리 갈마고개. 용천2동과 중산리 신대의 경계에 있는 마을
살미면	延豊水回面	충주	살미면	연풍군 수회면계
살미면	渴馬峴祊	충주	살미면	용천리 갈마고개
살미면	渴馬峴坪	충주	살미면	용천리 갈마고개
살미면	松灘坪	충주	살미면	용천리 솔탱이골
살미면	內松灘	충주	살미면	용천리 솔탱이골
살미면	雙川坪	충주	살미면	용천리 쌍천(아랫가리내). 용천리 본마을
살미면	雙川洞	충주	살미면	용천리 쌍천
살미면	上雙川棋谷	충주	살미면	용천리 윗가리내(상촌). 솔고개전에 있는 마을
살미면	上雙川防魚項	충주	살미면	용천리 방아목(방아메기). 윗가리내에 속하고 연자방아가 있음.
살미면	延豊三界	충주	살미면	연풍군 수회면계
살미면	雙川	충주	살미면	용천리 쌍천
살미면	陳村	충주	살미면	용천리 진말
살미면	陣村後坪	충주	살미면	용천리 진말
살미면	陣村坪	충주	살미면	용천리 진말
살미면	陣村	충주	살미면	용천리 진말
살미면	泥谷	충주	살미면	용천리 진말
살미면	塘谷	충주	살미면	내사리 당재
살미면	露雲谷			
살미면	東幕前坪	충주	살미면	내사리 동막(동막골)
살미면	保沙谷	충주	살미면	내사리 보사골. 내사리의 중심마을
살미면	保沙前坪	충주	살미면	내사리 보사골
살미면	東幕坪	충주	살미면	내사리 동막(동막골).
살미면	東幕	충주	살미면	내사리 동막. 당재를 지나 36번 국도 북쪽에 있는 마을
살미면	保沙洞	충주	살미면	내사리 보사골
살미면	廣巖店			
살미면	三山洞			
살미면	立石店			
살미면	陳洞	충주	살미면	내사2리 진말
살미면	保沙坪	충주	살미면	내사리 보사골
살미면	陳洞坪	충주	살미면	내사2리 진말
살미면	登谷			
살미면	梅南坪	충주	살미면	신매리 매남
살미면	梅南	충주	살미면	신매리 매남(매내미). 신매리의 으뜸되는 마

				을
살미면	梅南萍	충주	살미면	신매리 매남
살미면	黑石店	충주	살미면	재오개 흑석. 하재오개 남동쪽
살미면	黑石	충주	살미면	재오개 흑석
살미면	初梅南	충주	살미면	신매리 매남
살미면	足峴南邊界	충주	살미면	재오개 발티. 도선동과 호암동 발티마을의 경계에 있는 고개
살미면	黑石坪	충주	살미면	재오개 흑석
살미면	上才又介	충주	살미면	재오개 상재오개. 큰구정골 안에 있는 마을
살미면	才又介前坪	충주	살미면	재오개
살미면	下才五介洞	충주	살미면	재오개 하재오개. 재오개 마을 아래쪽에 있는 마을
살미면	下才又介前坪	충주	살미면	재오개 하재오개
살미면	大化洞台庄里	충주	살미면	문화리 대화동
살미면	大化洞上坪	충주	살미면	문화리 대화동
살미면	論谷洞	충주	살미면	문화리 논골(논동)
살미면	武陵上坪	충주	살미면	무릉동
살미면	白石前坪			
살미면	白石洞			
살미면	大化洞下坪	충주	살미면	문화리 대화동
살미면	下大化洞	충주	살미면	문화리 대화동
살미면	上大花洞	충주	살미면	문화리 대화동
살미면	栗谷前坪	충주	살미면	문화리 밤골들. 밤골 앞에 있는 들
살미면	間栗谷	충주	살미면	문화리 밤골들
살미면	文旨	충주	살미면	문화리 문지
살미면	文旨前坪	충주	살미면	문화리 문지
살미면	擧茂谷			
살미면	木伐初前坪	충주	시내	목벌동
살미면	木伐上坪	충주	시내	목벌동
살미면	滑石前坪	충주	시내	목벌동 활석(곱도실)
살미면	滑石洞	충주	시내	목벌동 활석(곱도실)
살미면	間玉洞			
살미면	武浦下甬音店遙洞			
살미면	遙甬洞前坪	충주	시내	목벌동 요각골
살미면	遙甬洞	충주	시내	목벌동 요각골
살미면	院基	충주	시내	목벌동 원터. 곱도실 서북쪽에 있는 마을
살미면	院基後谷	충주	시내	목벌동 원터
살미면	眞意實	충주	시내	목벌동 진의곡

살미면	栗坪	충주	살미면	문화리 율평(밤골들). 밤골 앞에 있는 들
살미면	新堂下坪	충주	살미면	신당리
살미면	新堂坪	충주	살미면	신당리
살미면	新堂市基	충주	살미면	신당리
살미면	新堂里	충주	살미면	신당리
살미면	新堂上村	충주	살미면	신당리
살미면	龍洞	충주	살미면	무릉리 용골. 무릉동에 있는 골짜기
살미면	武陵洞	충주	살미면	무릉리
살미면	武陵坪	충주	살미면	무릉리
살미면	下武陵	충주	살미면	무릉리
살미면	大花洞前坪	충주	살미면	문화리 대화동
살미면	原坪			
살미면	大花同大坪	충주	살미면	문화리 대화동
살미면	小龍坪	충주	살미면	신당리 소용목
살미면	小龍村前坪	충주	살미면	신당리 소용목
살미면	小龍村	충주	살미면	신당리 소용목
살미면	新堂上坪	충주	살미면	신당리
살미면	梨洞坪	충주	살미면	신당리 이촌(배차골)
살미면	梨洞	충주	살미면	신당리 이촌(배차골). 신당리에서 으뜸마을
살미면	新基坪			
살미면	新基			
살미면	壺溪坪			
살미면	壺溪			
살미면	細谷	충주	살미면	신당리 세곡(가는골)
살미면	細洞坪	충주	살미면	신당리 가는골. 배차골 남쪽에 있는 마을
살미면	公里實坪	충주	살미면	공이리
살미면	公里實	충주	살미면	공이리
살미면	上公里實	충주	살미면	공이리 상촌(윗공이실)
살미면	公里實上坪	충주	살미면	공이리
살미면	公伊室龍藏洞	충주	살미면	공이리
살미면	公里實上谷	충주	살미면	공이리
살미면	公伊室	충주	살미면	공이리
살미면	堯甬洞	충주	살미면	공이리 욕갓골. 하리 위쪽에서 동쪽으로 난 골짜기
살미면	幽山	충주	살미면	공이리 유산. 공이교에서 동쪽 골짜기 안에 있던 마을
살미면	寒泉洞前坪	충주	살미면	공이리 찬샘물
소태양면	船倉	충주	소태면	엄정면 목계쪽 반고개. 아웅뎅이 등으로 구분

소태양면	船倉垈	충주	소태면	엄정면 목계쪽 반고개. 아웅뎅이 등으로 구분
소태양면	栗峴坪			
소태양면	月村在人坪	충주	소태면	양촌리 건느말, 옻나무거리, 막흐래기, 중간말
소태양면	月村垈	충주	소태면	양촌리
소태양면	松洞前坪	충주	소태면	양촌리
소태양면	松洞垈	충주	소태면	송곡
소태양면	城前坪			
소태양면	月村養谷	충주	소태면	월촌 북쪽에 있는 골짜기
소태양면	賜給坪			
소태양면	月村前坪	충주	소태면	양촌리
소태양면	陽村前坪	충주	소태면	양촌리
소태양면	陽村垈	충주	소태면	양촌리
소태양면	松洞	충주	소태면	송곡
소태양면	大內前坪			
소태양면	大內洞垈			
소태양면	佳亭後坪	충주	소태면	야동리
소태양면	佳亭垈	충주	소태면	야동리
소태양면	佳亭前坪	충주	소태면	야동리
소태양면	杏亭垈			
소태양면	垈洞坪			
소태양면	垈洞垈			
소태양면	冶洞新坪	충주	소태면	야동리
소태양면	三巨里垈			
소태양면	東幕新垈前	충주	소태면	동막동
소태양면	東幕新垈	충주	소태면	동막동
소태양면	東幕谷新村垈			동막동
소태양면	東幕谷垈	충주	소태면	동막동
소태양면	東幕垈	충주	소태면	동막동
소태양면	三陽洞垈	충주	소태면	동막동(삼양동 병합)
소태양면	三陽前坪	충주	소태면	동막동 옛 삼양동
소태양면	三陽垈	충주	소태면	동막동 옛 삼양동
소태양면	古存後坪			
소태양면	古存垈			
소태양면	古存前坪			
소태양면	歸晚垈			
소태양면	基洞前坪			
소태양면	冶洞基洞	충주	소태면	야동리

소태양면	冶洞基洞垈	충주	소태면	야동리
소태양면	冶洞前坪	충주	소태면	야동리
소태양면	冶洞垈	충주	소태면	야동리
소태양면	盆店洞	충주	소태면	야동리
소태양면	冶洞盆店垈	충주	소태면	야동리
소태양면	盆店洞前坪	충주	소태면	야동리
소태양면	九龍洞前坪	충주	소태면	구룡리
소태양면	九龍垈	충주	소태면	구룡리
소태양면	九龍洞垈	충주	소태면	구룡리
소태양면	九龍前坪	충주	소태면	구룡리
소태양면	西九龍洞垈			
소태양면	沙哭幕谷			
소태양면	西九龍前坪			
소태양면	西九龍垈			
소태양면	梧川後谷			
소태양면	梧村垈			
소태양면	梧村前坪			
소태양면	釜洞坪			
소태양면	釜洞垈			
소태양면	釜洞前坪			
소태양면	釜洞陵內垈			
소태양면	河南前坪	충주	소태면	주치리
소태양면	河南垈	충주	소태면	주치리
소태양면	周崎前坪	충주	소태면	주치리 주티동
소태양면	周崎垈	충주	소태면	주치리 주티동
소태양면	鳩垈谷			
소태양면	外陽前坪			
소태양면	外良前坪			
소태양면	五良垈	충주	소태면	오량리
소태양면	五良垈	충주	소태면	오량리
소태양면	五良前坪	충주	소태면	오량리
소태양면	五良垈	충주	소태면	오량리
소태양면	別廟坪			
소태양면	別廟垈			
소태양면	店谷			
소태양면	屈岩洞			
소태양면	別廟垈前			
소태양면	齋宮垈			
소태양면	齋宮前坪			

소태양면	齋宮坪			
소태양면	中靑龍垈	충주	소태면	중청동
소태양면	中靑前坪	충주	소태면	중청동
소태양면	自作谷垈			
소태양면	越峴谷			
소태양면	自作谷坪			
소태양면	可昌前坪			
소태양면	可昌垈			
소태양면	下靑垈	충주	소태면	중청리 청룡 아래쪽에 있는 마을
소태양면	下靑前坪	충주	소태면	중청리
소태양면	後谷	충주	소태면	중청리 청룡 뒤쪽에 있는 마을
소태양면	下靑龍坪	충주	소태면	중청리 청룡 아래쪽에 있는 마을
소태양면	德進洞垈	충주	소태면	중청리 하청에 딸린 마을
소태양면	下靑龍酒店	충주	소태면	중청리 행정리동
소태양면	獻垈坪			
소태양면	獻垈			
소태양면	獻垈前坪			
소태양면	福灘坪			
소태양면	福灘垈			
소태양면	武洞前坪			
소태양면	橋項谷			
소태양면	武洞垈			
소태양면	細浦後坪			
소태양면	五良谷	충주	소태면	오량리 내오량 바깥오량
소태양면	細浦垈			
소태양면	細浦前坪			
소태양면	細浦坪			
소태양면	細浦下村坪			
소태양면	鳥峴坪			
소태양면	造基坪			
소태양면	造基垈			
소태양면	龍城洞			
소태양면	一斗落谷			
소태양면	造基後坪			
소태양면	德隱前坪	충주	소태면	덕은리
소태양면	德隱垈	충주	소태면	덕은리
소태양면	德隱坪	충주	소태면	덕은리
소탄면	新松石河	음성	대소면	수태1리 신솔배기(신송). 구솔배기 북쪽에 있는 마을. 새로 생긴 마을

소탄면	新松石垈	음성	대소면	수태1리 신솔배기
소탄면	新松石前坪	음성	대소면	수태1리 신솔배기
소탄면	舊松石坪	음성	대소면	수태1리 구솔배기(구송). 가잠이 북쪽마을로 송백이 빽빽하게 들어서 있다는 뜻
소탄면	舊松石垈	음성	대소면	수태1리 구솔배기
소탄면	坪里後坪			
소탄면	坪里垈			
소탄면	坪里下坪			
소탄면	坪里			
소탄면	上台洞垈	음성	대소면	수태1리 한미(한미, 한산, 상산리). 음달말 동북쪽에 있는 마을
소탄면	下台洞垈	음성	대소면	수태2리 음달말(음달촌, 하태). 수인다랭이 동남쪽 마을
소탄면	下台右坪	음성	대소면	수태2리 음달말
소탄면	下台後坪	음성	대소면	수태2리 음달말
소탄면	寒泉洞			
소탄면	仁壽洞坪	음성	대소면	수태2리 수인다랭이. 음달말 동쪽에 잇는 마을
소탄면	壽仁洞垈	음성	대소면	수태2리 수인다랭이
소탄면	下台坪	음성	대소면	수태2리 음달말
소탄면	下台洞	음성	대소면	수태2리 음달말
소탄면	可也洞			
소탄면	可也洞坪			
소탄면	傍泝坪			
소탄면	可尺里垈			
소탄면	可尺里前坪			
소탄면	可尺前坪			
소탄면	富潤下坪	음성	대소면	부윤리 부윤. 마실안이 서쪽에 있는 마을로 앞산이 제비처럼 생김.
소탄면	富潤前坪	음성	대소면	부윤리 부윤
소탄면	富允前坪	음성	대소면	부윤리 부윤
소탄면	富潤垈	음성	대소면	부윤리 부윤
소탄면	富潤上坪	음성	대소면	부윤리 부윤
소탄면	貴達洞			
소탄면	貴達坪			
소탄면	貴達上坪			
소탄면	月鶴橋坪			
소탄면	本里下坪	음성	대소면	성본리가 본리의 일부를 병합. 본대1리(본리)가 북쪽에 있음.

소탄면	本里坌	음성	대소면	성본리 본리
소탄면	本里前坪	음성	대소면	성본리 본리
소탄면	城山後坪	음성	대소면	성본1리 성미(성뫼). 각골마을 동남쪽에 있는 마을
소탄면	秀泉谷			
소탄면	中柳谷	음성	금왕읍	유포리 중보들. 상보들 아래에 있는 들
소탄면	中柳浦谷	음성	금왕읍	유포리 중보들
소탄면	廣大坪			
소탄면	下柳洑谷	음성	금왕읍	유포리
소탄면	新村前坪			
소탄면	新村里			
소탄면	新里前坪			
소탄면	新里洞			
소탄면	閑三洞坪	음성	금왕읍	유포리 한삼골. 버들개 남쪽에 있는 마을
소탄면	閑三洞	음성	금왕읍	유포리 한삼골. 버들개 남쪽에 있는 마을
소탄면	城山前坪	음성	대소면	성본1리 성미(성뫼)
소탄면	城山里	음성	대소면	성본1리 성미(성뫼). 각골마을 동남쪽에 있는 마을
소탄면	弘昌後坪	음성	대소면	성본1리 홍창골
소탄면	大方洞	음성	대소면	
소탄면	弘倉洞坌	음성	대소면	성본1리 홍창골. 성미 남쪽에 있는 마을
소탄면	弘倉前坪	음성	대소면	성본1리 홍창골
소탄면	大寺洞坪			
소탄면	富潤後坪	음성	대소면	부윤리 부윤
소탄면	富潤里坌	음성	대소면	부윤리 부윤. 마실안이 서쪽에 있는 마을로 앞산이 제비처럼 생김.
소탄면	富潤上谷坪	음성	대소면	부윤리 부윤
소탄면	富潤回坪	음성	대소면	부윤리 부윤
소파면	墻內坪			
소파면	洑村坌			
소파면	大坪			
소파면	椿田坌			
소파면	三星谷			
소파면	楮田坪	음성	소이면	봉전리 저전(댁별). 성마루 북쪽에 있는 마을. 전에 딱나무가 많았음.
소파면	楮田坌	음성	소이면	봉전리 저전(댁별)
소파면	蕪基坪			
소파면	茂基坪			
소파면	城宗坪	음성	소이면	봉전리 성종(성마루)

소파면	杏村垈			
소파면	城宗垈	음성	소이면	봉전리 성종. 봉산 북쪽 산기슭에 있는 마을
소파면	發恩洞前坪			
소파면	發恩洞			
소파면	魚躍坪			
소파면	平地村垈			
소파면	坪村垈			
소파면	亭村前坪	음성	소이면	갑산1리 정자안(장지촌)
소파면	亭子村坪	음성	소이면	갑산1리 정자안(장지촌)
소파면	杏村坪			
소파면	定山垈			
소파면	德峴垈	음성	소이면	갑산리, 덕고개. 증탑골 서쪽에 있는 마을
소파면	楊洞垈			
소파면	楊洞坪			
소파면	栢子洞			
소파면	栢子洞坪			
소파면	斗斗以坪			
소파면	東村垈	음성	소이면	후미리 동촌(동양말)
소파면	東村后坪	음성	소이면	후미리 동촌
소파면	東村前坪	음성	소이면	후미리 동촌
소파면	松基頂坪			
소파면	廣大坪	음성	소이면	대장1리 대평(한들)
소파면	唐谷坪			
소파면	釜里坪			
소파면	細溪坪			
소파면	食溪坪			
소파면	後坪			
소파면	后坪垈			
소파면	寺近寺坪			
소파면	杏峴坪			
소파면	沙斤寺坪			
소파면	雪皮一里垈			
소파면	二里垈	음성	소이면	후미리 새터
소파면	雪皮二里垈			
소파면	雪皮三里垈			
소파면	雪皮四里垈			
소파면	雪皮前坪			
소파면	四里垈			
소파면	斗坪			

소파면	斗坪垈			
소파면	雪皮斗坪垈			
소파면	斗豆坪			
소파면	渴馬垈			
소파면	渴馬前坪			
소파면	五相里前坪	음성	소이면	옛 지명인 소파면에 오상동이 있었음.
소파면	五相垈	음성	소이면	오상동
소파면	芥坪			
소파면	五相前坪	음성	소이면	오상동
소파면	下坪			
소파면	杜平			
소파면	石橋坪			
소파면	漢川市垈	음성	소이면	중동리 한내(한천, 장터거리, 장터)
소파면	巨品坪			
소파면	底山垈			
소파면	恒洞坪			
소파면	厚美一里垈	음성	소이면	후미리
소파면	缶實坪			
소파면	厚美上洑坪	음성	소이면	후미리
소파면	水春村垈			
소파면	閥垈			
소파면	代谷			
소파면	厚美垈	음성	소이면	후미리
소파면	新垈前坪	음성	소이면	후미1리 새터(고자골, 신대)
소파면	陽基垈	음성	소이면	후미1리 양촌(양지말)
소파면	陽村垈	음성	소이면	후미1리 양촌(양지말)
소파면	陰基垈	음성	소이면	후미1리 음촌(음턱골)
소파면	陰基坪	음성	소이면	후미1리 음촌(음턱골)
소파면	自開洞			
소파면	陽智坪	음성	소이면	후미1리 양촌(양지말)
소파면	陽知坪	음성	소이면	후미1리 양촌(양지말)
소파면	大谷坪			
소파면	崔川坪			
소파면	黑三坪			
소파면	通山垈			
소파면	黑川坪			
소파면	文嚴坪			
소파면	墾谷坪			
소파면	棋西坪			

소파면	幕洞前坪			
소파면	幕洞垈			
소파면	幕洞上坪			
소파면	麗水谷坪			
신니면	毛陶院	충주	신니면	모남리의 원마을 서울로 가는 큰길에 위치
신니면	長在洞坪	충주	신니면	모남리 장자울 큰 골 아래 있는 마을
신니면	陽村		신니면	
신니면	蓼洞坪	충주	신니면	모남리 요곡동, 남악이에 딸린 작은 마을
신니면	蓼洞	충주	신니면	모남리 요곡동
신니면	同樂	충주	신니면	문락리 동락. 남악과 숭선 사이 신덕 저수지 서쪽
신니면	民義谷	충주	신니면	문락리 민이실골. 동그락산 동쪽
신니면	回文洞口	충주	신니면	문락리 회문. 동락 북쪽 산골중심에 형성.
신니면	回文坪	충주	신니면	문락리 회문
신니면	回文洞	충주	신니면	문락리 회문
신니면	崇善上寺洞	충주	신니면	문숭리 숭선. 숭선사 있었음.
신니면	上寺	충주	신니면	문숭리
신니면	中里			
신니면	中里前坪			
신니면	上崇善	충주	신니면	문숭리 숭선. 속새 서북쪽, 선비들이 많이 모여 놀았던 곳
신니면	德相谷	충주	신니면	문숭리 덕성골. 숭선 동쪽 골짜기
신니면	文內洞坪	충주	신니면	문숭리
신니면	文內洞	충주	신니면	문숭리
신니면	文內	충주	신니면	문숭리
신니면	內浦洞	충주	신니면	문숭리 내포(속개). 문숭리에서 으뜸되는 마을. 신덕 저수지 서쪽
신니면	冠谷坪	충주	신니면	문숭리 관돌들. 긴들 서쪽에 있는 들
신니면	內浦後坪	충주	신니면	문숭리 내포
신니면	支石坪			
신니면	支石			
신니면	楸洞	충주	신니면	화석리 방추(가래울). 가래나무가 많아 芳楸라 함.
신니면	化岳後坪	충주	신니면	화석리
신니면	化岳洞	충주	신니면	화석리
신니면	花岳後坪	충주	신니면	화석리
신니면	彌勒谷	충주	신니면	화석리 화심(미륵자골). 범바위골 남쪽 골짜기
신니면	德峴	충주	신니면	화석리 화심(덕고개). 화골 동북쪽 고개

신니면	深防里坪	충주	신니면	화석리 심방동
신니면	五里谷	충주	신니면	화석리 오리곡
신니면	中坪	충주	신니면	신청리 신의. 신의실 북쪽
신니면	本里	충주	신니면	신청리
신니면	水淸坪	충주	신니면	신청리 수청
신니면	上水淸	충주	신니면	신청리 수청
신니면	水淸洞	충주	신니면	신청리 수청. 용원 삼거리에서 노은면 가는 길에 주덕읍쪽
신석면	外龍北坪	충주	신니면	용원리 외룡1리(바깥용원). 신니면 면소재지
신석면	外龍安洞	충주	신니면	용원리 외룡1리
신석면	外龍後坪	충주	신니면	용원리 외룡1리
신석면	池架坪	충주	신니면	
신석면	龍院後坪	충주	신니면	용원리 외룡1리(용안)
신석면	城隍堂坪			
신석면	逢雨峴坪			
신석면	遠垈坪			
신석면	龜橋新垈			
신석면	龜橋後坪			
신석면	龜橋洞			
신석면	龜橋坪			
신석면	慶坪			
신석면	慶坪里			
신석면	院垈洞	충주	신니면	원평리 원터. 새터 남쪽에 있는 마을
신석면	龍堂前坪	충주	신니면	선당리 용당동. 용당이 남동쪽
신석면	龍塘村	충주	신니면	선당리 용당동
신석면	龍堂洞	충주	신니면	선당리 용당동
신석면	八松前坪	충주	신니면	송암리
신석면	花店前坪			
신석면	黑岩洞			
신석면	黑巖洞			
신석면	黑岩西坪			
신석면	東洛店			
신석면	大化前坪	충주	신니면	대화리
신석면	大化新垈	충주	신니면	대화리
신석면	暮陶院店	충주	신니면	모남리 도원. 모도원점
신석면	沙溱坪			
신석면	丙幕洞	충주	신니면	광월리 병막골. 신동 남쪽 골짜기
신석면	水越洞	충주	신니면	광원리(무너미) 광벌 서북쪽
신석면	牛金坪			

신석면	新垈洞	충주	신니면	광월리 새터. 원평리
신석면	基谷坪			
신석면	屯田坪			
신석면	竹田里			
신석면	竹田坪			
신석면	廣坪後坪	충주	신니면	광월리 광벌. 부용산 정동 기슭 또는 원평리
신석면	廣坪洞	충주	신니면	광월리 광벌
신석면	缶項坪			
신석면	上無愁洞			
신석면	炭峴	충주	신니면	광월리
신석면	小魯洞			
신석면	下無愁洞			
신석면	後洞			
신석면	無愁洞			
신석면	案前坪			
신석면	大谷坪			
신석면	桐花洞	충주	신니면	대화리 도화, 동화실. 꽃티 서남쪽
신석면	沃野坪			
신석면	獨玆坪			
신석면	東幕谷			
신석면	茱萸谷			
신석면	大化洞	충주	신니면	대화리
신석면	大化東坪	충주	신니면	대화리
신석면	小化洞	충주	신니면	대화리 (작은 꽃치) 꽃치 서편
신석면	桃庄北坪	충주	신니면	송암리 도장골. 담안 서남쪽. 복숭아 나무 많음.
신석면	桃庄新坪	충주	신니면	송암리 도장골
신석면	桃庄洞	충주	신니면	송암리 도장골
신석면	淡安後坪	충주	신니면	송안리 담안
신석면	淡安洞	충주	신니면	송안리 담안. 도장골 동북쪽 돌이 많음.
신석면	梧谷			
신석면	可長谷坪			
신석면	八松院	충주	신니면	송암리 담안 동북쪽. 대나무 밭이 있고, 큰 소나무 8그루가 있었다
신석면	八松洞	충주	신니면	송암리
신석면	八松上里	충주	신니면	송암리
신석면	八松中里	충주	신니면	송암리
신석면	鳳凰前坪	충주	신니면	선당리
신석면	鳳凰里	충주	신니면	선당리

신석면	講堂里		신니면	
신석면	八松坪	충주	신니면	송암리
신석면	八松下里	충주	신니면	송암리
신석면	五里谷	충주	신니면	화석리 방추
신석면	龍堂後坪	충주	신니면	선당리
신석면	仙谷洞			
신석면	大谷坪			
신석면	梧公洞坪			
신석면	堂峴前坪			
신석면	獐坪			
신석면	宗坪			
신석면	校洞			
신석면	墓谷			
신석면	都庄谷			
신석면	內龍安洞	충주	신니면	용원리 내룡(안용원). 용원 안쪽에 있는 마을. 외룡 남쪽 1㎞.
신석면	九飛安坪		신니면	
신석면	官前坪			
신석면	糟糠坪			
신석면	內龍東里	충주	신니면	용원리 내룡
신석면	廣谷			
신석면	竹谷			
신석면	茂基洞			
신석면	溫水洞坪	충주	신니면	마수리 온수골들. 새말 남쪽
신석면	石峴坪			
신석면	溫水洞	충주	신니면	마수리 온수골들
신석면	祠堂谷	충주	신니면	마수리 신석. 온수골 동쪽
신석면	蛇谷	충주	신니면	마수리 신석
신석면	新村	충주	신니면	마수리 새말. 마제 북쪽으로 있는 마을
신석면	新村前坪	충주	신니면	마수리 새말. 마제 북쪽으로 있는 마을
신석면	龍沼洞			
신석면	內載谷			
신석면	舉石浦洞	충주	신니면	마수리 신석(들둑개). 온수골 동쪽
신석면	舉石上坪	충주	신니면	마수리 들둑개.
신석면	山直前坪	충주	신니면	화안리
신석면	山直洞	충주	신니면	화안리
신석면	判官坪			
신석면	大壯嚴谷			
신석면	淡內坪			

신석면	顔巷洞	충주	신니면	화안리 안항동
신석면	春橋坪			
신석면	方開洞	충주	신니면	화안리 방아다리들
신석면	佛谷	충주	신니면	화안리 부처골
신석면	坎屯坪			
신석면	花山洞	충주	신니면	화안리
신석면	面牙谷			
신석면	寺谷	충주	신니면	화안리 절골
신석면	石峴	충주	신니면	화안리 돌고개재
신석면	木洞	충주	신니면	화안리 목골
신석면	玄岩坪			
신석면	石浦洞	충주	신니면	화안리
신석면	道也坪			
신석면	馬蹄洞	충주	신니면	마수리 마제. 뒷산이 말발굽처럼 생김.
신석면	龜飛岸坪	충주	신니면	마수리(구비안) 마제 뒤뜰
신석면	墻內坪			
신석면	墻內洞			
신석면	鳥尾坪			
신석면	鶴城洞	충주	신니면	견학리 학성
신석면	城底坪	충주	신니면	견학리
신석면	鶴城前坪	충주	신니면	견학리 학성
신석면	鶴城里	충주	신니면	견학리 학성
신석면	城底村	충주	신니면	견학리
신석면	鶴城內	충주	신니면	견학리 학성
신석면	杏花村	충주	신니면	견학리 살구나무백이(향촌)
신석면	垈谷	충주	신니면	견학리 향촌1리(터골). 성밑 마을 남쪽 골짜기
신석면	垈谷前坪	충주	신니면	견학리 향촌1리(터골)
신석면	江池坪			
신석면	新坪	충주	신니면	견학리 향촌2리(새들)
신석면	新坪洞	충주	신니면	견학리 향촌2리(새들)
신석면	松楸谷坪			
신석면	天上開坪			
신석면	中湺坪			
신석면	中湺洞			
신석면	上湺坪			
신석면	龜飛川坪	충주	신니면	마수리 구비안
신석면	龜飛內洞	충주	신니면	마수리 구비안
신석면	馬墳坪			

신석면	監洑酒店			
신석면	池觀村			
신석면	眞田坪			
앙엄면	末巖坪	충주	앙성면	단암리 말암
앙엄면	末巖垈	충주	앙성면	단암리 말암
앙엄면	聖住谷	충주	앙성면	능암리 성주골
앙엄면	末巖後坪	충주	앙성면	단암리 말암
앙엄면	豆石坪			
앙엄면	小南坪			
앙엄면	玉湖坪			
앙엄면	山倚室坪			
앙엄면	堂底坪			
앙엄면	檢丹後坪	충주	앙성면	단암리 검단
앙엄면	石塘坪			
앙엄면	檢丹坪	충주	앙성면	단암리 검단
앙엄면	嶼垈			
앙엄면	檢丹里垈	충주	앙성면	단암리 검단 옷바위와 느락골 중간에 위치
앙엄면	檢丹垈	충주	앙성면	단암리 검단
앙엄면	大秋坪			
앙엄면	水南坪			
앙엄면	水南川邊			
앙엄면	漢峙			
앙엄면	末口里坪			
앙엄면	末口里			
앙엄면	內垈	충주	앙성면	단암리 안말
앙엄면	麗沙谷			
앙엄면	大谷	충주	앙성면	영죽리 큰골. 음촌에 딸린 마을
앙엄면	內垈坪	충주	앙성면	단암리 안말
앙엄면	大地坪			
앙엄면	東山底			
앙엄면	晩樂坪	충주	앙성면	단암리 만락. 느락골이라고도 함. 단암리에 맨처음에 위치
앙엄면	晩樂後坪	충주	앙성면	단암리 만락. 느락골이라고도 함. 단암리에 맨처음에 위치
앙엄면	鵝湖坪			
앙엄면	遠坪			
앙엄면	晩樂洞垈	충주	앙성면	단암리 만락. 느락골이라고도 함. 단암리에 맨처음에 위치
앙엄면	松亭坪			

앙엄면	小基谷坪	충주	금가면	사암리 기곡. 터골
앙엄면	小基谷	충주	금가면	사암리 기곡. 터골
앙엄면	大基谷	충주	금가면	사암리 기곡. 터골
앙엄면	夾大谷			
앙엄면	陵谷坪	충주	앙성면	영죽리 능골
앙엄면	油坔			
앙엄면	中方付洞	충주	앙성면	중전리 중방 599번 지방도로 좌측 남강 cc입구
앙엄면	寺谷坪			
앙엄면	寺谷			
앙엄면	中方前坪	충주	앙성면	중전리 중방
앙엄면	中方坔	충주	앙성면	중전리 중방 599번 지방도로 좌측 남강 cc입구
앙엄면	草谷	충주	앙성면	중전리 초골
앙엄면	防築谷	충주	앙성면	중전리 방추골
앙엄면	中方坪	충주	앙성면	중전리 중방
앙엄면	篤宿谷			
앙엄면	訟坪			
앙엄면	別岳坪			
앙엄면	鋤音後坪	충주	앙성면	강천리 서음(선바리)
앙엄면	鋤音坪	충주	앙성면	강천리 서음(선바리)
앙엄면	鋤音坔	충주	앙성면	강천리 서음(선바리)
앙엄면	鋤音里坪	충주	앙성면	강천리 서음(선바리)
앙엄면	鋤音里坔	충주	앙성면	강천리 서음(선바리)
앙엄면	甘坔坪			
앙엄면	江亭坪	충주	앙성면	강천리 강정동
앙엄면	江亭坔	충주	앙성면	강천리 강정동 중전교를 건너 우측
앙엄면	仰谷坪			
앙엄면	鋤音峴	충주	앙성면	강천리 서음(선바리)
앙엄면	紡谷			
앙엄면	彷谷			
앙엄면	水陵谷			
앙엄면	楮田坪	충주	앙성면	중전리 저전(닥밭말). 중천교에서 좌측
앙엄면	守能谷			
앙엄면	楮田坔	충주	앙성면	중전리 저전(닥밭말).
앙엄면	槐木亭坪			
앙엄면	鵲谷坪	충주	앙성면	모점리 까치골. 모정과 고촌 중간
앙엄면	溫水谷坪	충주	앙성면	돈산리 온수들
앙엄면	發五嶼坪			

앙엄면	半花島坪			
앙엄면	庫村垈	충주	앙성면	모점리 고촌. 모정에 딸린 작은 마을
앙엄면	問谷			
앙엄면	鵲谷	충주	앙성면	모점리 까치골
앙엄면	茅亭後坪	충주	앙성면	모점리 모정
앙엄면	茅亭前坪	충주	앙성면	모점리 모정
앙엄면	茅亭里垈	충주	앙성면	모점리 모정. 모점교와 앙암 저수지 사이에 있는 마을
앙엄면	洑浦			
앙엄면	沙器幕付洞			
앙엄면	錚谷			
앙엄면	爭谷			
앙엄면	眞木亭			
앙엄면	泥谷			
앙엄면	佛堂谷	충주	앙성면	모점리 불당골.
앙엄면	小盤長耳谷			
앙엄면	東幕洞垈	충주	앙성면	모점리 동막골. 앙암저수지 위로 형성.
앙엄면	完將峙			
앙엄면	基谷	충주	금가면	사임리 기곡(터골)
앙엄면	里竹林底			
앙엄면	山水谷			
앙엄면	梧陽谷	충주	앙성면	모점리 오양골
앙엄면	梧甲谷	충주	앙성면	모점리 오갑골. 사기점에서 동막으로 올라가다 중간쯤 좌측
앙엄면	浮隅坪			
앙엄면	窟岩坪	충주	앙성면	모점리 굴바우
앙엄면	沙器幕垈	충주	앙성면	모점리 사기막골. 오양골 다음에 좌측
앙엄면	槐谷			
앙엄면	楸洞前坪	충주	앙성면	모점리 가래울. 모점리에 딸린 자연 마을
앙엄면	楸洞垈	충주	앙성면	모점리 가래울
앙엄면	細谷	충주	앙성면	목미리 가는골. 하율에서 선밭골로 올라가는 고개
앙엄면	道德坪			
앙엄면	沙器店坪	충주	앙성면	모점리 사기점골 앙암저수지 지나 사점교 건너
앙엄면	月峴坪			
앙엄면	長亭川邊			
앙엄면	舊垈隅			
앙엄면	周南坪			

앙엄면	芝開谷			
앙엄면	楸峴	충주	앙성면	모점리 가래울
앙엄면	要谷	충주	앙성면	중전리 밤골. 닥밭말 입구에서 우측
앙엄면	下栗洞前	충주	앙성면	중전리 밤골
앙엄면	上栗洞垈	충주	앙성면	중전리 밤골
앙엄면	上栗木洞垈			
앙엄면	虎南谷			
앙엄면	鶴谷			
앙엄면	秋垈坪			
앙엄면	上栗洞口	충주	앙성면	중전리 밤골
앙엄면	中洑邊			
앙엄면	下栗木洞	충주	앙성면	목미리 하율. 갈터고개를 넘어 좌측
앙엄면	寬長谷			
앙엄면	下栗木洞垈			
앙엄면	下栗洞前坪			
앙엄면	下栗前坪	충주	앙성면	목미리 하율
앙엄면	下栗垈	충주	앙성면	목미리 하율
앙엄면	下栗前坪	충주	앙성면	목미리 하율
앙엄면	細谷垈	충주	앙성면	목미리 가는골. 하율에서 선밭골로 올라가는 고개
앙엄면	細谷洞口坪			
앙엄면	細谷洞坪	충주	앙성면	목미리 가는골.
앙엄면	鶴尾坪	충주	앙성면	목미리 학미. 갈터고개를 지나 내리막길을 지나 곧은길 우측
앙엄면	鶴尾垈	충주	앙성면	목미리 학미
앙엄면	內谷	충주	앙성면	영죽리 안골
앙엄면	鶴尾洞	충주	앙성면	목미리 학미
앙엄면	四周坪			
앙엄면	鶴尾下坪	충주	앙성면	목미리 학미
앙엄면	川浦後坪	충주	앙성면	강천리 샘개(천포)
앙엄면	川浦坪	충주	앙성면	강천리 샘개(천포)
앙엄면	川浦垈	충주	앙성면	강천리 샘개(천포)
앙엄면	硯隅	충주	앙성면	강천리 벼루모랭이. 샘개 마을에서 남한강 따라 우측
앙엄면	石同谷			
앙엄면	板院下坪			
앙엄면	頭埋坪			
앙엄면	板院村			
앙엄면	板院坪			

앙엄면	板院垈			
앙엄면	杏樹亭			
앙엄면	杏樹坪			
앙엄면	院村坪			
앙엄면	廣院坪	충주	앙성면	영죽리 너른이. 후곡에 딸린 자연 마을
앙엄면	廣院垈	충주	앙성면	영죽리 너른이
앙엄면	廣洞	충주	앙성면	영죽리 너른이
앙엄면	下廣院垈	충주	앙성면	영죽리 너른이
앙엄면	內板院坪			
앙엄면	下永竹	충주	앙성면	영죽리 영죽
앙엄면	下永竹垈	충주	앙성면	영죽리 영죽
앙엄면	新村垈	충주	앙성면	영죽리 새말. 양촌에 딸란 자연마을
앙엄면	新村	충주	앙성면	영죽리 새말
앙엄면	花石洞垈			
앙엄면	新垈坪	충주	앙성면	영죽리 새터(새말)
앙엄면	小谷村	충주	가금면	탑평리 작은골. 안반내 북쪽 기슭에 골짜기
앙엄면	小谷村坪	충주	가금면	탑평리 작은골
앙엄면	瓦村垈	충주	앙성면	중전리 기와골
앙엄면	好德里垈	충주	앙성면	영죽리 호덕거리. 양촌에 딸린 마을
앙엄면	好德隅	충주	앙성면	영죽리 호덕거리
앙엄면	要谷垈			
앙엄면	要谷坪	충주	앙성면	중전리 밤골. 닥밭말 입구에서 우측
앙엄면	堯谷			
앙엄면	上永竹坪	충주	앙성면	영죽리
앙엄면	上永洞垈	충주	앙성면	영죽리
앙엄면	寬長峙			
앙엄면	中村垈			
앙엄면	上永竹洞	충주	앙성면	영죽리
앙엄면	道德洞			
앙엄면	永竹峴	충주	앙성면	영죽리
앙엄면	小細谷	충주	앙성면	목미리 가는골. 하율에서 선밭골로 올라가는 고개
앙엄면	大細谷	충주	앙성면	목미리 가는골.
앙엄면	爾羅谷			
앙엄면	黑岩			
앙엄면	永竹洞坪	충주	앙성면	영죽리
앙엄면	島村上垈	충주	금가면	도촌리
앙엄면	島村垈	충주	금가면	도촌리
앙엄면	島坪	충주	금가면	도촌리

앙엄면	雙巨門垈	충주	앙성면	영죽리 쌍가마골
앙엄면	雙巨丈里坪			
앙엄면	郎谷			
앙엄면	山幕	충주	앙성면	중전리 산막. 음촌에 딸린 마을
앙엄면	二峴	충주	앙성면	지당리 이문현
앙엄면	山幕前	충주	앙성면	중전리 산막. 밤골따라 들어가는 초입 우측
앙엄면	山幕垈	충주	앙성면	중전리 산막
앙엄면	上永竹界	충주	앙성면	중전리 산막
앙엄면	三峴	충주	앙성면	지당리 삼당현
앙엄면	藥水谷			
앙엄면	城埠谷			
앙엄면	長巖谷			
앙엄면	萬林谷			
앙엄면	隱谷	충주	앙성면	영죽리 음촌. 양촌과 영죽천을 경계로 남쪽
앙엄면	永竹前坪			
앙엄면	侮谷			
앙엄면	城隍堂峴	충주	앙성면	영죽리 서낭당골
앙엄면	周谷口			
앙엄면	靑山谷			
엄정면	豚島			
엄정면	陵內谷			
엄정면	宿古地			
엄정면	台山洞			
엄정면	小台山坪			
엄정면	幕峴			
엄정면	幕峴里			
엄정면	魯谷	충주	엄정면	율릉리 노곡. 영덕천 남쪽의 마을
엄정면	魯谷坪	충주	엄정면	율릉리 노곡들
엄정면	江津坪	충주	엄정면	율릉리 강진들. 수풍 마을과 노실 마을 사이에 있는 들
엄정면	文乃谷			
엄정면	金童沼			
엄정면	禿谷坪			
엄정면	斗之坪	충주	엄정면	율릉리 두지울
엄정면	栗旨洞			
엄정면	上栗旨坪			
엄정면	栗里	충주	엄정면	율릉리 율리. 19번국도를 따라 영덕천 북쪽으로 형성.
엄정면	沙來谷	충주	엄정면	율릉리 사랫골

엄정면	栗旨坪			
엄정면	栗旨			
엄정면	龍峴里			
엄정면	平章洞			
엄정면	平章坪			
엄정면	法峴坪	충주	가금면	용전리 법헌
엄정면	法峴谷	충주	가금면	용전리 법현
엄정면	法峴	충주	가금면	용전리 법현
엄정면	香林坪	충주	엄정면	용산리 향림. 마을로 올라가는 갈림길 남쪽으로 길게 형성된 들
엄정면	香林里	충주	엄정면	용산리 향림
엄정면	下香林里	충주	엄정면	용산리 향림
엄정면	上香林里	충주	엄정면	용산리 웃향림
엄정면	兎山	충주	엄정면	용산리 토산
엄정면	郁谷			
엄정면	池谷			
엄정면	內倉場村	충주	엄정면	괴동리 내창
엄정면	內倉場垈	충주	엄정면	괴동리 내창
엄정면	內洞	충주	가금면	봉황리 내동(안골)
엄정면	內洞坪	충주	가금면	봉황리
엄정면	鶴坪			
엄정면	美谷洞	충주	엄정면	미내리 미곡
엄정면	美谷坪	충주	엄정면	미내리 미실앞들. 미실마을과 웃미실 마을 사이에 있는 들
엄정면	道龍坪	충주	엄정면	추평리
엄정면	家城坪			
엄정면	後洞坪	충주	엄정면	후곡 뒷골
엄정면	後洞	충주	엄정면	후곡 뒷골
엄정면	內蒼洞			
엄정면	內倉洞	충주	엄정면	괴동리 내창
엄정면	里門洞	충주	엄정면	괴동리 이문안. 내창에 딸린 자연마을
엄정면	長保坪			
엄정면	長洑坪			
엄정면	沒固池			
엄정면	斗里洞			
엄정면	斗里坪			
엄정면	三峴			
엄정면	三峴店			
엄정면	三峴谷			

엄정면	三峴里			
엄정면	分土谷	충주	엄정면	신만리 분터골.
엄정면	寺谷			
엄정면	炭方里	충주	엄정면	신만리 탄방
엄정면	德村			
엄정면	新垈洞			
엄정면	新基村			
엄정면	加長谷			
엄정면	竹底谷			
엄정면	長鶴谷			
엄정면	新基坪			
엄정면	東道里			
엄정면	高山洞坪			
엄정면	高山坪			
엄정면	槐亭洞	충주	엄정면	괴동리 괴정
엄정면	槐亭坪	충주	엄정면	괴동리 괴정
엄정면	碑石洞	충주	엄정면	괴동리 비석
엄정면	碑石坪	충주	엄정면	괴동리 비석
엄정면	板橋坪			
엄정면	藪巨里			
엄정면	九萬里	충주	엄정면	신만리 구만이. 족동에 딸린 자연마을의 하나
엄정면	簇子洞坪	충주	엄정면	신만리 족동
엄정면	簇子洞	충주	엄정면	신만리 족동
엄정면	胎封坪			
엄정면	杏亭坪	충주	엄정면	괴동리 행정
엄정면	白雲山			
엄정면	栗田里			
엄정면	栗田坪			
엄정면	造山坪			
엄정면	耆甘坪			
엄정면	直洞	충주	엄정면	추평리 직동. 괴동리 행정을 지나 있는 삼거리에서 우측
엄정면	直洞坪	충주	엄정면	추평리 직동
엄정면	金花谷			
엄정면	山藥洞			
엄정면	白也谷			
엄정면	回龍谷			
엄정면	下酒泉			

엄정면	酒川洞			
엄정면	蟹里谷			
엄정면	白楊谷			
엄정면	酒泉			
엄정면	上酒泉			
엄정면	加洞			
엄정면	斗水谷			
엄정면	斗水洞			
엄정면	佳陽坪	충주	엄정면	가춘리
엄정면	佳陽里	충주	엄정면	가춘리. 진등이를 넘어 추평저수지 끝 부분과 북쪽으로 투수골
엄정면	文旺谷			
엄정면	無酒谷	충주	엄정면	가춘리 무주치. 가양에 딸린 자연마을의 하나
엄정면	無酒洞	충주	엄정면	가춘리 무주치.
엄정면	白也洞			
엄정면	白也坪			
엄정면	味巖			
엄정면	細方洞			
엄정면	中峰坪	충주	엄정면	유봉리
엄정면	柳谷			
엄정면	柳洞			
엄정면	沙實谷			
엄정면	嘉景州谷			
엄정면	中峰里	충주	엄정면	유봉리 중봉.
엄정면	中峰前坪	충주	엄정면	유봉리 중봉
엄정면	杻峴谷	충주	엄정면	유봉리 싸리재
엄정면	杻峴	충주	엄정면	유봉리 싸리재
엄정면	杻峴洞	충주	엄정면	유봉리 싸리재
엄정면	寺谷坪			
엄정면	峙峴			
엄정면	藪坪			
엄정면	三峰洞			
엄정면	細方坪			
엄정면	春門坪	충주	엄정면	가춘리
엄정면	春門洞	충주	엄정면	가춘리
엄정면	春門	충주	엄정면	가춘리
엄정면	粉土洞			
엄정면	楸洞	충주	엄정면	추평리

엄정면	中峴			
엄정면	中峴坪			
엄정면	倉前坪			
엄정면	藩里坪			
엄정면	藩里			
엄정면	廣岩坪	충주	엄정면	추평리 넓은바위들(넘바위)
엄정면	廣岩里	충주	엄정면	추평리 넘바위.
엄정면	塔洞坪	충주	엄정면	추평리 탑들
엄정면	塔洞	충주	엄정면	추평리 탑들
엄정면	塔坪	충주	엄정면	추평리 탑평.
엄정면	星尾坪			
엄정면	星尾洞			
엄정면	明池洞			
엄정면	大化洞坪			
엄정면	玉城臺坪	충주	엄정면	원곡리 옥성
엄정면	玉城洞	충주	엄정면	원곡리 옥성
엄정면	栗坪			
엄정면	楮枝坪			
엄정면	公審坪			
엄정면	多谷里			
엄정면	多谷坪			
엄정면	簇堂谷			
엄정면	風流岩谷			
엄정면	月谷			
엄정면	月谷坪			
엄정면	夏日洞	충주	엄정면	원곡리 하일.
엄정면	夏日谷	충주	엄정면	원곡리 하일
엄정면	小林谷	충주	엄정면	유봉리
엄정면	小林里	충주	엄정면	유봉리
엄정면	夏日里	충주	엄정면	원곡리 하일
엄정면	夏日坪	충주	엄정면	원곡리 하일
엄정면	院堂坪			
엄정면	院堂里			
엄정면	院堂洞			
엄정면	玉城坪	충주	엄정면	원곡리 옥성
엄정면	玉城臺	충주	엄정면	원곡리 옥성
엄정면	玉城谷	충주	엄정면	원곡리 옥성
엄정면	石谷			
엄정면	中論谷	충주	엄정면	논강리

엄정면	望嶺峴			
엄정면	上論洞	충주	엄정면	논강리
엄정면	論理谷	충주	엄정면	논강리 웃논리골
엄정면	下論洞	충주	엄정면	논강리
엄정면	末九里坪	충주	엄정면	논강리
엄정면	玉粧谷坪			
엄정면	玉帳坪			
엄정면	玉藏谷			
엄정면	卒可室谷	충주	엄정면	논강리 졸개실골.
엄정면	江峴谷	충주	엄정면	논강리 강현
엄정면	舊亞堂谷			
엄정면	江峴	충주	엄정면	논강리 강현
엄정면	道張谷坪	충주	엄정면	논강리 도둑놈골
엄정면	聖智谷			
엄정면	上葛坪	충주	엄정면	논강리 웃갈매기. 강현에 딸린 자연마을.
엄정면	上葛里	충주	엄정면	논강리 웃갈매기
엄정면	中葛洞	충주	엄정면	논강리
엄정면	寒泉谷			
엄정면	下葛山	충주	엄정면	논강리 아래갈매기
엄정면	陵里洞			
엄정면	舟村前坪			
엄정면	舟村坪			
엄정면	陵里			
엄정면	更奇坪			
엄정면	馬山洞	충주	엄정면	목계리 말산
엄정면	內山溪坪	충주	엄정면	목계리 안산. 목계리 동남쪽으로 뻗은 산자락 끝에 솟은 봉우리
엄정면	內山溪			
엄정면	崗谷坪			
엄정면	崗谷			
엄정면	命洞坪			
엄정면	外山溪			
엄정면	新垈	충주	금가면	문산리 신대. 문곡 서북쪽에 위치한 마을
유등면	荷潭上坪	괴산	불정면	하문리
유등면	荷潭前坪	괴산	불정면	하문리
유등면	荷潭下坪	괴산	불정면	하문리
유등면	廣之坪			
유등면	石潭坪			
유등면	舞童坪			

유등면	江邊坪			
유등면	卽文洞坪	괴산	불정면	하문리
유등면	卽文洞	괴산	불정면	하문리
유등면	剡洞山幕			
유등면	陶村垈			
유등면	剡洞			
유등면	剡洞西村			
유등면	剡洞前坪			
유등면	剡洞坪			
유등면	文朴洞	충주	이류면	문주리 문백이
유등면	剡洞北邊			
유등면	剡洞上坪			
유등면	忠烈祠坪	충주	이류면	매현리
유등면	酒飮城坪			
유등면	酒飮城西			
유등면	酒飮城上			
유등면	梅山下坪	충주	이류면	매현리 매산
유등면	梅山下洞	충주	이류면	매현리 매산
유등면	舊書堂谷			
유등면	梅山前坪	충주	이류면	매현리 매산
유등면	梅山坪	충주	이류면	매현리 매산
유등면	梅友洞			
유등면	梅山垈	충주	이류면	매현리 매산
유등면	梅山洞	충주	이류면	매현리 매산
유등면	書堂垈	충주	이류면	매현리 매산. 본래 서당골로 불림.
유등면	書堂前坪	충주	이류면	매현리 매산
유등면	悔村洞			
유등면	會村坪			
유등면	會村前坪			
유등면	月浦坪			
유등면	月浦上坪			
유등면	長承里陰地下村			
유등면	長承陽村	충주	이류면	매현리 장성백이. 매산과 수련이 갈라지는 곳
유등면	長承酒店	충주	이류면	매현리 장성백이
유등면	八松谷			
유등면	長承陰村	충주	이류면	매현리 장성백이
유등면	谷內谷			

유등면	長承上坪			
유등면	安寺廊谷			
유등면	中坪			
유등면	炭洞後坪	충주	이류면	탄용리 탄동. 탄용리 동쪽
유등면	丹楓谷			
유등면	炭洞垈	충주	이류민	탄용리 탄동
유등면	炭洞	충주	이류면	탄용리 탄동
유등면	馬谷洞			
유등면	龍馬谷	충주	이류면	탄용리 용마루골
유등면	腰谷	충주	이류면	탄용리 요골. 양짓말 뒤의 골짜기
유등면	炭洞俊坪	충주	이류면	탄용리 탄동
유등면	炭洞新垈	충주	이류면	탄용리 탄동
유등면	山屯谷			
유등면	炭洞下坪	충주	이류면	탄용리 탄동
유등면	弓洞前坪	충주	이류면	탄용리 소용
유등면	弓洞	충주	이류면	탄용리 궁동
유등면	小龍洞俊谷			
유등면	作食谷			
유등면	四峴谷	충주	이류면	탄용리 네고개. 탄용에서 목도로 넘어 가는 고개
유등면	囊谷			
유등면	小龍洞	충주	이류면	탄용리 소용
유등면	三巨里谷			
유등면	豆潭洞口	충주	이류면	두정리 두담(파소). 두정리와 용소(용추골) 따서 두담이라 함.
유등면	道長谷	충주	이류면	두정리 도쟁이골. 도둑골 아래 골짜기
유등면	店村	충주	이류면	두정리 점말. 음달말 옆에 있는 밭
유등면	豆潭垈	충주	이류면	두정리 두담
유등면	發仰谷			
유등면	豆潭坪	충주	이류면	두정리 두담
유등면	水使谷			
유등면	子鷲谷			
유등면	上墨旁谷			
유등면	豆潭谷	충주	이류면	두정리 두담
유등면	豆潭	충주	이류면	두정리 두담
유등면	東幕谷	충주	이류면	문주리 월은. 월계사 있는 골짜기
유등면	豆潭前坪	충주	이류면	두정리 두담
유등면	上豆潭前	충주	이류면	두정리 웃파소. 파소 우측
유등면	柳等谷	충주	이류면	만정리 버드실. 만적 남쪽 산속

유등면	黃垈上坪	충주	이류면	만정리 황대
유등면	黃垈前坪	충주	이류면	만정리 황대
유등면	黃垈洞	충주	이류면	만정리 황대, 은구비 황터골. 만적의 서쪽. 붉은 황토가 많음.
유등면	黃垈店	충주	이류면	만정리 황대
유등면	老結坪			
유등면	老結下坪			
유등면	銀九飛坪	충주	이류면	만정리 은구비들(은겁들). 만적 서북쪽
유등면	銀九飛店	충주	이류면	만정리 은구비
유등면	晚積上坪	충주	이류면	만정리 만적
유등면	萬積前坪	충주	이류면	만정리 만적
유등면	萬積酒店	충주	이류면	만정리 만적
유등면	萬積坪	충주	이류면	만정리 만적
유등면	虎巖谷	충주	이류면	만정리 범바우골
유등면	晚積洞			
유등면	萬積下坪	충주	이류면	만정리 만적
유등면	佳山上坪			
유등면	佳山谷			
유등면	佳山洞坪			
유등면	水車俊坪			
유등면	水車洞店			
유등면	池內坪			
유등면	龍頭院酒店			
유등면	麻田洞前坪			
유등면	麻前洞	충주	이류면	만정리 삼밭골. 은구비동 남쪽
유등면	麻前坪	충주	이류면	만정리 삼밭골. 은구비동 남쪽
유등면	篤井前坪			
유등면	篤井里	충주	이류면	만정리 독정. 만적 동남쪽. 뒷산에 독처럼 생긴 바위가 있음.
유등면	篤井坪	충주	이류면	만정리 독정
유등면	篤井洞	충주	이류면	만정리 독정
유등면	內篤井	충주	이류면	만정리 독정
유등면	內篤井坪	충주	이류면	만정리 독정
유등면	山井洞	충주	이류면	두정리 산정(산우물, 사나물)
유등면	山井坪	충주	이류면	두정리 산정
유등면	山井里	충주	이류면	두정리 산정
유등면	內浦前坪	충주	이류면	두정리
유등면	內浦垈	충주	이류면	두정리
유등면	拘巖洞			

유등면	內浦俊坪	충주	이류면	두정리
유등면	上修峴里	충주	이류면	매현리 수현
유등면	修峴上坪	충주	이류면	매현리 수현
유등면	下修峴洞	충주	이류면	매현리 수현
유등면	怪石谷			
유등면	修峴下洞	충주	이류년	매현리 수현
유등면	基洞坪	충주	이류면	매현리 터골
유등면	基洞坌	충주	이류면	매현리 터골
유등면	基洞	충주	이류면	매현리 터골
유등면	月隱洞	충주	이류면	문주리 월은(달은터, 다른터). 수주에서 서북쪽
유등면	月隱下坪	충주	이류면	문주리 월은
유등면	逑景谷			
유등면	鮮明洞	충주	이류면	문주리 수주. 수주지가 있는 골짜기로 해가 먼저 뜬다 함.
유등면	鮮明坪	충주	이류면	문주리 수주
유등면	鮮明下村	충주	이류면	문주리 수주
유등면	鮮明中村			
유등면	水周上坪	충주	이류면	문주리 수주
유등면	水周坪			
유등면	水周坪村	충주	이류면	문주리 수주
유등면	水周洞	충주	이류면	문주리 수주
유등면	水周俊谷	충주	이류면	문주리 수주
유등면	八峰洞	충주	이류면	문주리 팔봉
유등면	八峰下村	충주	이류면	문주리 팔봉
유등면	八峰下坪	충주	이류면	문주리 팔봉
율지면	中洑坪			
율지면	水山西店	괴산	불정면	추산리 수산(물미)
율지면	水山西洞	괴산	불정면	추산리 수산(물미). 추산리에서 으뜸되는 마을
율지면	朱峰谷			
율지면	聖才坪			
율지면	長永酒店			
율지면	長永洞			
율지면	楸洞	괴산	불정면	추산리 추동(가래울). 물미 북쪽에 있는 마을. 가래나무가 많음.
율지면	楸洞後谷	괴산	불정면	추산리 추동(가래울)
율지면	冶谷			
율지면	水山東里	괴산	불정면	추산리 수산(물미)

율지면	水山坪	괴산	불정면	추산리 수산(물미)
율지면	小塔洞	괴산	불정면	탑촌리 탑들. 탑촌에서 중심되는 마을
율지면	上牟村	괴산	불정면	탑촌리 모촌(보리촌). 탑들 북동쪽에 있는 마을
율지면	升積谷			
율지면	牟村	괴산	불정면	탑촌리 모촌(보리촌).
율지면	柿木洞			
율지면	下牟村	괴산	불정면	탑촌리 모촌(보리촌).
율지면	新垈洞			
율지면	大塔洞			
율지면	塔洞後坪			
율지면	水春坪			
율지면	幕衣洞	괴산	불정면	탑촌리 막의(마고실). 탑들 남동쪽에 있는 마을
율지면	大東朔洞			
율지면	幕衣坪	괴산	불정면	탑촌리 막의(마고실)
율지면	幕衣上坪	괴산	불정면	탑촌리 막의(마고실)
율지면	堯谷	괴산	불정면	창산리 욧골. 단풍이 서쪽 아늑한 곳에 있는 골짜기
율지면	丹楓谷	괴산	불정면	창산리 단풍이(단풍리)
율지면	丹楓洞	괴산	불정면	창산리 단풍이(단풍리). 놀미 북쪽에 있는 마을. 주위 산에 고운 단이 많음.
율지면	大月峙			
율지면	長城坪			
율지면	南倉洞	괴산	불정면	청산리 남창(창리). 창산리 서쪽에 있는 마을
율지면	南倉後坪	괴산	불정면	청산리 남창(창리)
율지면	遊山前坪			
이안면	法峴	충주	이류면	완오리법고개, 주정동에서 가금면 가는 고개
이안면	桃泉坪		이류면	
이안면	佳亭里	충주	이류면	완오리 가쟁이. 온수골 북쪽
이안면	上佳亭洞	충주	이류면	완오리 가정(가쟁이)
이안면	家越坪			
이안면	宮越坪			
이안면	佳亭閑垈	충주	이류면	완오리 가정(가쟁이)
이안면	閑峙			
이안면	綿谷			
이안면	院堂谷	충주	이류면	완오리 원당골
이안면	篤洞	충주	이류면	본리 독동. 이안 동북쪽에 위치. 기와집말
이안면	平章坪	충주	이류면	본리 평창골. 당저 뒷산 골짜기로 안에 들이

				있음
이안면	本利安里	충주	이류면	본리 이안. 노계 북동쪽
이안면	本利安前坪	충주	이류면	본리 이안
이안면	活堂坪	충주	이류면	본리 활당이. 홍창골 서북쪽 골짜기
이안면	洪倉洞	충주	이류면	본리 홍창골
이안면	堂底里	충주	이류면	본리 당저. 옛날에 큰 창고가 있어 홍창골이라 함.
이안면	間篤洞	충주	이류면	본리 독동
이안면	篤洞陽谷里	충주	이류면	본리 독동
이안면	佳亭酒幕村	충주	이류면	완오리 가정
이안면	芳尋谷		이류면	
이안면	物求谷		이류면	
이안면	永平洞	충주	이류면	영평리 영평2구. 대소원에서 서북쪽 개울건너편
이안면	三洲上坪	충주	이류면	영평리 영평1구 삼주리. 말무덤이 서쪽
이안면	三洲洞	충주	이류면	영평리 영평1구 삼주리
이안면	三洲前坪	충주	이류면	영평리 영평1구 삼주리
이안면	三洲下坪	충주	이류면	영평리 영평1구 삼주리
이안면	斗山前坪	충주	이류면	영평리 두산
이안면	斗山坪	충주	이류면	영평리 두산 남쪽들
이안면	斗山洞	충주	이류면	영평리 두산
이안면	亭爭上坪	충주	이류면	본리 정쟁이들. 노계 앞 들판
이안면	亭爭中坪	충주	이류면	본리 정쟁이들
이안면	斗間洞谷	충주	이류면	영평리 두산
이안면	亭爭下坪	충주	이류면	본리 정쟁이들
이안면	老溪洞	충주	이류면	본리 노계
이안면	老溪上坪	충주	이류면	본리 노계
이안면	老溪前坪	충주	이류면	본리 노계
이안면	黑坪上坪	충주	이류면	완오리 흑평(검은들)
이안면	黑坪	충주	이류면	완오리 흑평(검은들)
이안면	黑坪洞	충주	이류면	완오리 흑평(검은들)
이안면	上黑坪洞	충주	이류면	완오리 흑평(검은들)
이안면	塔谷	충주	이류면	완오리 거리실. 사리실에 있음. 탑 흔적이 있다.
이안면	巨里上谷	충주	이류면	완오리 거리실
이안면	巨里洞	충주	이류면	완오리 거리실
이안면	巨里前坪	충주	이류면	완오리 거리실
이안면	巨里衕	충주	이류면	완오리 거리실
이안면	巨里中坪	충주	이류면	완오리 거리실

이안면	聖主谷	충주	이류면	완오리 거리실
이안면	酒井里	충주	이류면	검단리 상검단(주정동)
이안면	上酒井里	충주	이류면	검단리 상검단(주정동)
이안면	栗峴	충주	이류면	완오리 밤고개
이안면	新垈	충주	이류면	완오리 신촌
이안면	新垈洞	충주	이류면	완오리 신촌
이안면	上檢丹洞	충주	이류면	검단리 상검단. 검단리 서쪽, 검을 巨로 발음하기도 함.
이안면	上檢丹里洞	충주	이류면	검단리 상검단
이안면	下檢丹里洞	충주	이류면	검단리 하검단. 충주대 동쪽으로 흐르는 요도천과 달천강 사이.
이안면	下檢丹洞	충주	이류면	검단리 하검단
이안면	印綬隅			
이안면	中檢丹山直邨	충주	이류면	검단리
이안면	山直上邨			
이안면	新垈前坪	충주	이류면	완오리 신촌
이안면	佛方前坪			
이안면	佛方坪			
이안면	佛方洞			
이안면	城宗前坪	충주	이류면	장성리 성종1, 2구(성마루)
이안면	城宗坪	충주	이류면	장성리 성종1, 2구(성마루)
이안면	城宗洞	충주	이류면	장성리 성종1, 2구
이안면	釜淵坪	충주	이류면	장성리 부연(가마소). 성마루 동남쪽
이안면	釜淵洞	충주	이류면	장성리 부연
이안면	釜淵	충주	이류면	장성리 부연
이안면	長在	충주	이류면	장성리 장재동(장자터)
이안면	長在洞	충주	이류면	장성리 장재동
이안면	長在坪	충주	이류면	장성리 장재동
이안면	長在坪村	충주	이류면	장성리 장재동
이안면	淸洞谷			
이안면	葛柯谷			
이안면	斗坐坪			
이안면	切臼里坪			
이안면	黃鳥坪			
이안면	切臼坪			
이안면	樓隱坪	충주	이류면	장성리 성종2구(누운골)
이안면	金谷坪	충주	이류면	금곡리 상금곡(쇠실)
이안면	金谷洞	충주	이류면	금곡리 상금곡(쇠실)
이안면	虎德谷	충주	이류면	금곡리 호랑이골(범도골).

				서래말에 있는 골짜기
이안면	茅亭坪			
이안면	梨木谷			
이안면	梨木谷			
이안면	白德洞			
이안면	草幕谷			
이안면	鑰店谷	충주	이류면	금곡리 상금곡, (놋점골, 놋초골), 금곡리 서쪽
이안면	金谷	충주	이류면	금곡리 상금곡(쇠실)
이안면	蒙等墟			
이안면	松村			
이안면	外野峴			
이안면	大召院下坪	충주	이류면	대소리 대소원동
이안면	大召院洞	충주	이류면	대소리 대소원동
이안면	大召院	충주	이류면	대소리 대소원동
이안면	大召院上坪	충주	이류면	대소리 대소원동
이안면	野隱坪	충주	이류면	대소리 대소2구(비래이들, 드랭이들)
이안면	上大召院洞	충주	이류면	대소리 마치 웃말, 대소원 위쪽 마을
이안면	院垈坪	충주	이류면	대소리 대소2구
이안면	重重洞	충주	이류면	대소리 중정이골. 대소원 서남쪽
이안면	馬致洞坪	충주	이류면	대소리 마치동
이안면	馬致洞	충주	이류면	이류면 마치마을 주덕면 신양리 마치
주류면	上馬致	충주	주덕면	신양5리 마치마을
주류면	下馬致洞坪	충주	주덕면	신양5리 마치마을
주류면	下馬致前坪	충주	주덕면	신양5리 마치마을
주류면	下新垈洞	충주	주덕면	신양3리 새터
주류면	下新垈下坪	충주	주덕면	신양3리 새터
주류면	下新垈前坪	충주	주덕면	신양3리 새터
주류면	地近坪	충주	주덕면	신양5리 지근들. 삼거리 서남쪽 들.
주류면	地斥坪	충주	주덕면	신양5리 지근들
주류면	下新垈左坪	충주	주덕면	신양3리 새터
주류면	唐水谷	충주	주덕면	신양5리 당수골, 삼거리 남쪽 골짜기
주류면	上新垈上坪	충주	주덕면	신양3리 웃새터
주류면	上新垈洞	충주	주덕면	신양3리 웃새터
주류면	中新垈坪	충주	주덕면	신양3리 새터
주류면	早稻谷			
주류면	桂谷			
주류면	細浦			

주류면	龜藏洞			
주류면	內淸洞			
주류면	陽地洞			
주류면	水春街			
주류면	平地洞	충주	주덕면	삼청리 평지말
주류면	平地前坪	충주	주덕면	삼청리 평지말
주류면	美樂洞	충주	주덕면	삼청리 미락리 미나기 미락곡. 평지말 남
주류면	美樂洞坪			
주류면	旺坪			
주류면	王垈坪			
주류면	美樂前坪	충주	주덕면	삼청리 미락리
주류면	斗基坪			
주류면	大旺洞			
주류면	栗峴坪			
주류면	墨洞前坪	충주	주덕면	삼청리 묵동
주류면	墨洞	충주	주덕면	삼청리 묵동. 먹벙골 능촌 남동쪽
주류면	墨洞左坪	충주	주덕면	삼청리 묵동
주류면	墨洞左中坪	충주	주덕면	삼청리 묵동
주류면	墨洞左下坪		주덕면	
주류면	上淸洞陰地坪			
주류면	上淸洞坪	충주	주덕면	삼청리 삼청동
주류면	牛鼻沙伊谷	충주	주덕면	삼청리 쇠고사리 삼방–음성 무네미고개 옆 용광로지
주류면	上淸前坪	충주	주덕면	삼청리 삼청동
주류면	薔方谷坪	충주	주덕면	삼청리 삼방마을
주류면	占嚴坪	충주	주덕면	삼청리 삼방리 뒷산 절바위 동산마을 경계
주류면	外三方前坪	충주	주덕면	삼청리 삼방이 배극렴의 은거지로 알려짐
주류면	外三方洞	충주	주덕면	삼청리 삼방이
주류면	軍冠谷坪			
주류면	梨洞	충주	주덕면	삼청리 배나무골. 능말 남쪽 마을
주류면	富洞	충주	주덕면	삼청리 능말 남쪽 부엉골
주류면	陵谷前坪	충주	주덕면	삼청리 능촌. 능말
주류면	陵洞	충주	주덕면	삼청리 능촌. 능말 미락리 서북쪽
주류면	陵洞前坪	충주	주덕면	삼청리 능촌
주류면	陵洞前下坪	충주	주덕면	삼청리 능촌
주류면	道也尾坪	충주	주덕면	신중리 돼미들. 신촌마을 남쪽들
주류면	道也尾中坪	충주	주덕면	신중리 돼미들. 신촌마을 남쪽들
주류면	道也尾下坪	충주	주덕면	신중리 돼미들
주류면	望川浦	충주	주덕면	신중리 망청개

주류면	望淸洞坪	충주	주덕면	신중리 망청개
주류면	望淸洞	충주	주덕면	신중리 망청개. 주덕초교 북쪽, 청군 패배지
주류면	望淸中坪	충주	주덕면	신중리 망청개
주류면	望淸坪	충주	주덕면	신중리 망청개
주류면	望淸下坪	충주	주덕면	신중리 망청개
주류면	定塞坪	충주	주덕면	신중리 중새들. 주덕초교 북서쪽
주류면	下薪田坪	충주	주덕면	창전5리 섯밭들
주류면	龍祥谷坪	충주	주덕면	창전5리 용산골. 섯밭재 동쪽의 길 골짜기
주류면	龍上谷坪	충주	주덕면	창전5리 용산골
주류면	龍上谷上坪	충주	주덕면	창전5리 용산골
주류면	薪田東後坪	충주	주덕면	창전5리 섯밭들. 섯밭재의 서쪽에 있는 들
주류면	貴陵坪			
주류면	草豆洞前坪			
주류면	草豆洞坪			
주류면	草豆洞			
주류면	草豆洞後坪			
주류면	草豆後上坪			
주류면	素光池谷坪			
주류면	通山坪	충주	주덕면	신중리 통미. 신중이레 있는 산
주류면	通山	충주	주덕면	신중리 통미
주류면	通山前坪	충주	주덕면	신중리 통미
주류면	倉田一里	충주	주덕면	창전1리
주류면	倉田二里	충주	주덕면	창전리
주류면	倉田三里	충주	주덕면	신중리
주류면	三里	충주	주덕면	신중리
주류면	軒坪			
주류면	黃田	충주	주덕면	월암 뒷산 황술재(서남쪽)
주류면	寺尺洞坪	충주	주덕면	대곡리 세척골, 맹골 북-서 골짜기
주류면	寺尺谷	충주	주덕면	대곡리 세척골. 시척골,
주류면	寺尺谷上坪	충주	주덕면	대곡리 세척골. 시척골
주류면	月巖洞			
주류면	孟洞坪	충주	주덕면	대곡리
주류면	孟洞	충주	주덕면	대곡리 맹동, 맹골. 칠성마을
주류면	孟洞右坪	충주	주덕면	대곡리 맹골. 칠성마을
주류면	大谷洞坪	충주	주덕면	대곡리 큰골마을. 원대곡
주류면	大谷洞	충주	주덕면	대곡리 큰골마을. 원대곡
주류면	奭三伊谷	충주	주덕면	대곡리 웃벌목 서남골짝 석삼이골
주류면	鶴街里			
주류면	鶴街里坪			

주류면	倉田洞	충주	주덕면	창전1리 창전마을
주류면	倉田前洞	충주	주덕면	창전1리 창전마을
주류면	薪田里	충주	주덕면	창전5리 섯밭재. 은버들 동남쪽에 있는 마을
주류면	薪田里左坪	충주	주덕면	창전5리 섯밭재
주류면	中多樂坪	충주	주덕면	창전4리 다라기들
주류면	書堂谷	충주	주덕면	창전5리 서당골. 삿밭들 남동쪽 골짜기
주류면	城山	충주	주덕면	창전5리 성미골. 서당골 남쪽에 있는 골짜기
주류면	城山谷	충주	주덕면	창전5리 성미골
주류면	默隱谷			
주류면	上多樂坪	충주	주덕면	대곡리 다래기들. 안동산미 동쪽의 들
주류면	飛龍川	충주	주덕면	대곡리 비룡내. 안동산미 동쪽의 개울
주류면	東山內川	충주	주덕면	대곡리 동산미
주류면	東山里	충주	주덕면	대곡리 동산미. 큰골 동쪽에 있는 마을
주류면	內古邑索里坪			
주류면	東山二里	충주	주덕면	대곡리 동산미
주류면	嚴城谷坪	충주	주덕면	대곡리 엄동생골
주류면	嚴城谷	충주	주덕면	대곡리 엄동생골. 바깥동산미 서쪽 마을
주류면	拜巖西下谷	충주	주덕면	대곡리 배암산. 동산미 동남쪽의 산
주류면	伐木坪	충주	주덕면	대곡리 벌터. 큰골 남쪽의 마을
주류면	淳旭谷			
주류면	淳旭谷坪			
주류면	寺巖谷			
주류면	長承谷			
주류면	長承谷坪			
지내면	天流坪			
지내면	鐵流谷			
지내면	蘆坪			
지내면	范木坪			
지내면	栗坪			
지내면	金井前坪	음성	삼성면	덕정리 금정(김정). 덕정리에서 으뜸이 되는 마을 ,
지내면	金井垈	음성	삼성면	덕정리 금정(김정). 덕정리에서 으뜸이 되는 마을
지내면	策灘			
지내면	次其谷坪			
지내면	水淸下坪			
지내면	佳束前坪			
지내면	佳束垈			
지내면	內谷坪			

지내면	佳內谷			
지내면	外巖坪			
지내면	白石谷			
지내면	年坪			
지내면	細谷坪			
지내면	內洞坪			
지내면	庫倉坪			
지내면	防築洞垈	음성	삼성면	양덕리 방축골. 전에 방죽이 있었음
지내면	九谷坪			
지내면	土谷坪			
지내면	上崖			
지내면	憲墟坪			
지내면	更地坪			
지내면	杜耕坪			
지내면	沙洋丑坪			
지내면	漁笛坪			
지내면	防築洞坪	음성	삼성면	양덕리 방축골. 전에 방죽이 있었음.
지내면	加西洞垈	음성	삼성면	덕정리 가서(골가래실)
지내면	香谷坪			
지내면	山古之坪			
지내면	水淸坪			
지내면	水淸垈			
지내면	馬鍊坪			
지내면	德地垈	음성	삼성면	덕정리 덕지리
지내면	德池前坪	음성	삼성면	덕정리 덕지리
지내면	德地前坪	음성	삼성면	덕정리 덕지리
지내면	石隅坪			
지내면	龍堂坪	음성	삼성면	덕정리 용뎅이. 모라내 북서쪽 들
지내면	率里谷坪			
지내면	樗坪			
지내면	鶴坪			
지내면	巖立坪			
지내면	減連坪			
지내면	江上北			
지내면	松谷			
지내면	粧鼓目			
지내면	大寺束垈	음성	삼성면	대사리. 큰절이 있었음
지내면	廣谷坪			
지내면	道治谷坪			

지내면	後谷坪			
지내면	龍山坪			
지내면	新林坪			
지내면	夒尾谷			
지내면	大寺西垈	음성	삼성면	대사리. 큰절이 있었음
지내면	車峴			
지내면	大寺西下坪	음성	삼성면	대사리. 큰절이 있었음
지내면	大寺面前坪	음성	삼성면	대사리. 큰절이 있었음
지내면	加樂洞			
지내면	桃花洞			
지내면	良谷後坪	음성	삼성면	양덕리. 양곡리
지내면	良谷垈	음성	삼성면	양덕리. 양곡리
지내면	陽谷前坪	음성	삼성면	양덕리. 양곡리
지내면	加樂洞垈			
지내면	良谷前坪	음성	삼성면	양덕리. 양곡리
지내면	源九坪			
지내면	泥九坪			
지내면	龍塘坪	음성	삼성면	덕정리 용뎅이. 모라내 북서쪽에 있는 들
지내면	泥串坪			
지내면	安康塘坪			
지내면	德橋前坪	음성	삼성면	양덕리 덕교동.
지내면	莫長谷坪			
지내면	斗嶺			
지내면	林泉坪			
지내면	桑木坪	음성	삼성면	덕정리 상나무들. 오공가리 남쪽에 있는 들
지내면	德橋洞垈			
지내면	院下里	음성	삼성면	용성리 원하리
지내면	院下里垈	음성	삼성면	용성리 원하리
지내면	小川前坪	음성	삼성면	용성리 소천(자근내)
지내면	小川垈	음성	삼성면	용성리 소천(자근내)
지내면	陵谷			
지내면	加山前坪	음성	삼성면	용성리 가산(가산이)
지내면	書堂谷			
지내면	加山垈	음성	삼성면	용성리 가산(가산이)
지내면	春橋坪			
지내면	加山坪	음성	삼성면	용성리 가산(가산이)
지내면	加山谷	음성	삼성면	용성리 가산(가산이)
지내면	加山洞前坪	음성	삼성면	용성리 가산(가산이)
지내면	院洞垈	음성	삼성면	용성리 원동.

지내면	皮也谷			
지내면	斗嶺後坪			
지내면	斗嶺垈			
지내면	新基谷坪			
지내면	獨谷			
지내면	蓮池谷			
지내면	蓮池谷坪			
지내면	島龍山垈			
지내면	玉洋地坪			
지내면	城山垈			
지내면	城山上坪			
지내면	龍山垈			
지내면	防築坪			
지내면	陽凉谷			
지내면	小禮陽谷			
지내면	禮陽谷坪			
지내면	島野谷坪			
지내면	成山天作谷			
지내면	天作谷坪			
지내면	廣牧坪			
천기읍면	永淸後坪	음성	삼성면	청룡리 영청골(영청곡)
천기읍면	堅橋坪			
천기읍면	年井坪			
천기읍면	年井下坪			
천기읍면	年井北坪			
천기읍면	沙汰坪			
천기읍면	店洞坪	음성	삼성면	상곡리 점골(정골). 웃정골과 아래정골을 합한 마을
천기읍면	下店洞	음성	삼성면	상곡리 하점동(아래정골)
천기읍면	上谷洞	음성	삼성면	상곡리
천기읍면	上谷坪	음성	삼성면	상곡리
천기읍면	上谷下坪	음성	삼성면	상곡리
천기읍면	蕉坪			
천기읍면	趙酒幕坪			
천기읍면	燕巢谷			
천기읍면	鷰巢谷西坪			
천기읍면	永淸上坪	음성	삼성면	청룡리 영청골(영청곡)
천기읍면	永淸洞	음성	삼성면	청룡리 영청골(영청곡)
천기읍면	弓惠坪			

천기읍면	龍山坪	음성	삼성면	청룡리 용산리(졸용미). 청룡리 동남쪽에 있는 마을
천기읍면	龍山洞	음성	삼성면	청룡리 용산리(졸용미). 청룡리 동남쪽에 있는 마을
천기읍면	墨巖坪			
천기읍면	上水多洞			
천기읍면	水多洞中坪			
천기읍면	水多洞下坪			
천기읍면	泉谷	음성	삼성면	천평리 천곡
천기읍면	小泉谷	음성	삼성면	천평리 소천곡. 벙겄들 동남쪽과 대소면 태생리 큰새미실과 경계
천기읍면	法坪	음성	삼성면	천평리 법평(벙겄들). 소천곡 북쪽의 마을
천기읍면	法坪洞	음성	삼성면	천평리 법평(벙겄들)
천기읍면	內基坪			
천기읍면	博城坪			
천기읍면	博城村			
천기읍면	松仙坪			
천기읍면	松仙前坪			
천기읍면	井之坪			
천기읍면	瓢山下坪	음성	삼성면	선정리 표산
천기읍면	瓢山洞	음성	삼성면	선정리 표산
천기읍면	洞山瓢小			
천기읍면	沙月坪			
천기읍면	沙月東坪			
천기읍면	長舊川			
천기읍면	瓢山上坪			
천기읍면	槐台洞	음성	삼성면	선정리 괴테. 송상골 북쪽에 있는 마을
천기읍면	新垈下坪	음성	삼성면	상곡리 신대(새터말)
천기읍면	新垈	음성	삼성면	상곡리 신대(새터말)
천기읍면	防築坪			
천기읍면	小切里坪	음성	삼성면	선정리 쇠저리. 내거름 동쪽에 있는 들
천기읍면	小切上坪	음성	삼성면	선정리 쇠저리. 내거름 동쪽에 있는 들
천기읍면	川防村			
천기읍면	川防下坪			
천기읍면	金井洞	음성	금왕읍	행제리
천기읍면	金井後坪	음성	금왕읍	행제리
천기읍면	松仙上坪			
천기읍면	博城			

찾아보기